高等院校精品课程系列教材

 浙江省普通高校"十三五"新形态教材

课程网址：http://www.wdjjlt.org/yl/portal.php

经济学原理

PRINCIPLES OF ECONOMICS

国彦兵 编著

图书在版编目（CIP）数据

经济学原理 / 国彦兵编著 . —北京：机械工业出版社，2020.5（2023.12 重印）
（高等院校精品课程系列教材）

ISBN 978-7-111-65378-3

I. 经… II. 国… III. 经济学 – 高等学校 – 教材 IV. F0

中国版本图书馆 CIP 数据核字（2020）第 062666 号

本书系统地介绍了现代经济学的基本概念、原理和方法，属于经济学的初级普及课程，对学生没有其他课程基础的要求。作为新形态教材，本书集成了讲解视频、课件等大量多媒体数字资源，并开通了微信公众号，建立了教学网站供师生交流互动。本书注重现代经济学与我国市场经济实践的结合，提供了大量的中国案例与对中国经济的解释，同时还开设了"快乐学习"和"延伸阅读"等专栏，让学习经济学变成一个愉快的过程。

本书可作为非经济学类本科专业的基础课或通识课教材、经济学类本科专业中级经济学的先修课教材，也可作为专科各专业的专业基础课以及高中开设的大学先修课教材，还可作为经济学爱好者的入门读物。

出版发行：机械工业出版社（北京市西城区百万庄大街22号　邮政编码：100037）
责任编辑：杜　霜　　　　　　　　　责任校对：李秋荣
印　　刷：固安县铭成印刷有限公司
版　　次：2023年12月第1版第3次印刷
开　　本：185mm×260mm　1/16
印　　张：21.5
书　　号：ISBN 978-7-111-65378-3
定　　价：49.00元

客服电话：(010) 88361066　68326294

版权所有 · 侵权必究
封底无防伪标均为盗版

前 言
PREFACE

屈指算来,我从事高等教育工作已经有30多年了,距离第一次参与教科书的编写工作正好30年。那是在1988年,我以编委的身份参加了《现代西方经济学教科书》的编写工作(陕西人民出版社1989年5月出版),这本书由全国20所高校共同编写。30多年来,我虽然讲过多门经济学类的课程,但最主要的还是从事经济学原理课程的教学,见证了这几十年大学经济学原理课程的变迁。在开始的时候,我国大学中整个的经济学理论体系还是以马克思主义政治经济学为基础的。随着改革开放的进行,人们对现代经济学的认识发生了变化,其在大学经济学科体系中的地位不断加强,课程也变成了"西方经济学"这个相对比较中性的名字。西方经济学课程最初在经济、管理类专业中开设,时间为一个学期,后来逐渐分为微观经济学和宏观经济学两门课,分两个学期开设。近些年,很多院校的经济类专业采用了"经济学原理+中级微观经济学+中级宏观经济学"的模式,课程分三个学期开设。同时,很多非经济类专业也开始开设经济学原理课程作为通识课。本书就是在这样的背景下编写的。

本书是为零基础的学生编写的,不需要先修高等数学等课程,适用于大学第一学期开设的经济学原理课程。本书注重对现代经济学基本理论及研究方法的介绍,注重对政府相关政策及实际经济活动的分析,省略了一些比较高深、难懂的理论,这些内容可以通过中级经济学进一步学习。作为一本入门级或普及的经济学初级教材,本书既可以作为经济学类专业的初级教材,也可以作为各类非经济学类专业学生的基础课或通识课的教材,当然也可以作为高职高专类学生的基础课教材,同时还可以作为高中生大学先修课教材或者自学者的参考书。

本书在编写过程中获得了浙江省普通高校"十三五"新形态教材建设项目立项和温州大学新形态教材建设项目立项,同时还获得了温州大学先修课项目的支持。所谓新形态教材,就是通过移动互联网技术,以嵌入二维码的纸质教材为载体,嵌入视频、音频、作业、试卷、拓展资源、主题讨论等数字资源,将教材、课堂、网络资源三者整合,实现线上线下相结合的新型教材。与传统教材相比,本新形态教材具有以下几个特点:

(1)开放性。传统纸质教材的内容和形式都是封闭的,是对各种知识点按照一定的学科逻辑顺序进行编排，形成一个封闭的系列化线性结构。而本书则是对纸质教材与网络资源进行一体化的设计，把教材与网络资源有机结合，利用网络资源不断地充实、丰富教材内容，教材中的二维码链接指向的内容可以扩展，从而使教材不再封闭，实现开放性。

（2）时效性。经济理论和经济形势是不断变化的，教学内容也应该跟随这些变化做出适当的调整。传统教材受到出版周期的限制难以及时更新，新形态教材可以突破这一限制，二维码链接指向的内容可以随时增减、修改，以适应形势的变化。

（3）互动性。本书专门配套建设有自己的网站和微信公众号，在网站上可以实现交流互动，这种互动不仅仅是在师生之间，还可以是生生之间；不仅是本班学生之间，还可以是与同时开课的其他班级之间；不仅是本校师生之间，还可以是其他院校使用本教材的师生之间，甚至自学者或其他访问此网站的网友之间都可以互动。

（4）娱乐性。本书的一个重要特色就是主张快乐学习经济学，每章都设立了快乐学习的栏目，介绍与本章内容有关的小说和电影作品，让学生体会和理解所学理论的实际应用，学会运用经济理论解释社会经济现象和人的行为，激发学生学习的积极性和主动性，在快乐中学习。

（5）扩展性。本书配套网站会根据每章内容推荐相关的国内外名家作品，包括"好文网摘""好书推荐"，所推荐的内容都是通俗易懂的，并不全都是专业论文和著作，同时还在每章给出了一定数量的"讨论与应用"题目，多数属于开放性的题目，不一定有标准答案，要求学生在网上讨论、交流，从而提高学生认识问题、分析问题、解决问题的能力。

在本书的编写过程中，我参考了大量的国内外经济学教材，并在参考文献中列出，特此对这些教材的作者表示衷心的感谢。

由于本人水平所限，本书不可避免地会存在一些不足和错误之处，敬请广大读者批评指正。

下面为本书配套网站和微信公众号，欢迎大家关注。

本书网站　　　　　　　本书微信公众号

编者

2020 年 2 月

教学建议
SUGGESTION

本书是为零基础的学生编写的，不需要学习高等数学等先修课程，适用于大学第一学期开设的经济学原理课程。除了介绍经济学的基本概念、基本原理之外，本书更加注重对经济学方法和政府经济政策的介绍，通过学习可以让学生得到经济学思维方式的训练，学会用经济学家的视角看问题，能够对人的行为和社会经济现象进行经济学解释，有助于学生将来更好地参与经济活动和理解国家经济政策。

教学方法与手段建议

本书为浙江省普通高校"十三五"新形态教材，配套有大量的多媒体网络数字资源。除了传统的理论教学（课堂教学），我们还应该积极引导学生充分利用这些网络资源，关注本书的微信公众号，接收与课程教学有关内容的推送；通过扫描书中的二维码阅读"快乐学习""延伸阅读"等内容，参与思考题及"讨论与应用"部分内容的互动；同时还可以下载课件及观看讲解视频，从而实现教材、课堂、网络资源三者融合，以及线上线下结合的新型教学模式。这些教学方式的改革可以激发同学们自主学习的积极性，让同学们在快乐中学习经济学，以取得更好的学习效果。

学时分配建议

本书完整内容适用于 64 学时的教学计划，在对一些内容进行精简之后也适用于 48 学时的教学计划。下表给出了两个教学计划学时分配的建议，仅供参考。带 * 的章节为选讲内容，教师可以自主选择略讲或不讲，精简这些部分对课程体系及内容完整性影响不大。

章节	教学内容	学习要点	学时建议1	学时建议2
第1章	经济学启航	稀缺性与选择	2	2
		世上没有免费的午餐		
		微观经济学与宏观经济学		
第2章	像经济学家一样思考	两种不同类型的经济学家	2	2
		作为科学的经济学		
		经济学方法上的谬误		
		经济学家经常意见不一致的原因		
第3章	交易可以让每一个人变得更好	交易与分工	2	2
		比较优势		
		比较优势的应用		
第4章	需求和供给	*市场与竞争	3	4
		需求		
		供给		
		供给与需求相互结合		
第5章	弹性	需求弹性	3	4
		供给弹性		
		*其他弹性		
		*弹性的应用		
第6章	供求均衡与政府政策	价格管制	3	4
		*配额		
		税收		
第7章	消费者剩余与生产者剩余	消费者剩余	3	4
		生产者剩余		
		消费者剩余与生产者剩余的运用		
第8章	效用和需求	效用理论	2	3
		需求曲线		
		*收入效应与替代效应		
第9章	生产和成本	成本与利润	3	4
		短期生产		
		短期成本		
		*长期成本		
第10章	完全竞争市场	完全竞争市场的含义	2	2
		利润最大化原则与企业均衡		
		完全竞争市场的供给曲线		
第11章	垄断	垄断市场的含义	3	3
		垄断企业的定价策略与福利损失		
		价格歧视		
		*关于垄断的公共政策		
第12章	*垄断竞争与寡头	垄断竞争市场的特征与均衡	0	3
		广告与品牌		
		寡头垄断市场的特征与模型		
		囚徒困境与寡头市场		

（续）

章节	教学内容	学习要点	学时建议1	学时建议2
第13章	*生产要素市场	生产要素的需求 生产要素的供给及价格 洛伦茨曲线与基尼系数	0	2
第14章	市场失灵与政府政策	市场失灵 外部性 公共产品与公共资源 *信息不对称	2	4
第15章	国内生产总值	一国收入、支出与GDP GDP的核算方法 名义GDP与实际GDP GDP的局限性	2	2
第16章	消费物价指数与生活成本	CPI的概念与计算 用CPI校正经济中的变量 CPI的局限性	2	2
第17章	*经济增长	经济增长的含义 经济增长的源泉 经济增长的公共政策	0	3
第18章	失业	失业与失业率 摩擦性失业 结构性失业	2	2
第19章	银行与货币	什么是货币 银行系统与货币创造 货币供给管理	2	2
第20章	通货膨胀	物价水平与货币价值的关系 古典通货膨胀理论 通货膨胀的成本	3	3
第21章	总需求与总供给	总需求曲线 总供给曲线 用总需求-总供给模型解释短期经济波动	3	3
第22章	宏观经济政策	财政政策 货币政策 宏观经济政策的运用	4	4
合计			48	64

注：带*的内容，48学时教学计划选讲。

目 录
CONTENTS

前言
教学建议

第1章　经济学启航 …………………… 1
1.1　稀缺性与选择 …………………… 1
快乐学习　小说《魔王勇者》 …………… 3
1.2　世上没有免费的午餐 …………… 4
快乐学习　电影《威尼斯商人》 ………… 8
1.3　微观经济学与宏观经济学 ……… 9
1.4　小结 …………………………… 11
延伸阅读　经济学鸟瞰 …………………… 11
关键词 …………………………………… 11
思考题 …………………………………… 11
讨论与应用 ……………………………… 12

第2章　像经济学家一样思考 ………… 14
2.1　两种不同类型的经济学家 …… 14
快乐学习　小说《致命的均衡：奇案中的经济学》 ………………………… 16
2.2　作为科学的经济学 …………… 17
快乐学习　电影：《大白鲨》 …………… 19
2.3　经济学方法上的谬误 ………… 20

2.4　经济学家经常意见不一致的原因 ………………………… 22
2.5　小结 …………………………… 23
延伸阅读　经济学小史（上） …………… 23
关键词 …………………………………… 23
思考题 …………………………………… 23
讨论与应用 ……………………………… 24

第3章　交易可以让每一个人变得更好 ………………………… 26
3.1　交易与分工 …………………… 26
快乐学习　小说《大抉择：关于自由贸易与贸易保护主义的寓言》（第3版） …………………… 28
3.2　比较优势 ……………………… 29
快乐学习　电影《首席执行官》 ………… 33
3.3　比较优势的应用 ……………… 34
3.4　小结 …………………………… 35
延伸阅读　经济学小史（下） …………… 35
关键词 …………………………………… 36
思考题 …………………………………… 36
讨论与应用 ……………………………… 36

第4章 需求和供给 ·············· 38
4.1 市场与竞争 ·············· 38
快乐学习 小说《他是否还活在人间》 ··· 39
4.2 需求 ····················· 40
快乐学习 电影《史蒂夫·乔布斯》 ····· 44
4.3 供给 ····················· 44
4.4 供给与需求相互结合 ······ 47
4.5 小结 ····················· 50
延伸阅读 经济学中的那支铅笔 ······ 50
关键词 ························· 50
思考题 ························· 51
讨论与应用 ····················· 51

第5章 弹性 ······················ 53
5.1 需求弹性 ·················· 53
快乐学习 小说《狼与香辛料》 ······· 59
5.2 供给弹性 ·················· 60
快乐学习 电影《阿西们的街》 ······· 62
5.3 其他弹性 ·················· 63
5.4 弹性的应用 ················ 64
5.5 小结 ····················· 67
延伸阅读 经济学十大原理 ·········· 67
关键词 ························· 67
思考题 ························· 67
讨论与应用 ····················· 67

第6章 供求均衡与政府政策 ······ 69
6.1 价格管制 ·················· 69
快乐学习 小说《了不起的盖茨比》 ····· 72
6.2 配额 ····················· 73
快乐学习 电影《没事偷着乐》 ······· 74
6.3 税收 ····················· 75
6.4 小结 ····················· 79

延伸阅读 计划经济时代的票证 ······ 79
关键词 ························· 79
思考题 ························· 79
讨论与应用 ····················· 80

第7章 消费者剩余与生产者剩余 ··· 82
7.1 消费者剩余 ················ 82
快乐学习 小说《边际谋杀：奇案中的
　　　　　 经济学》 ············ 85
7.2 生产者剩余 ················ 86
快乐学习 电影《甜心先生》 ········ 88
7.3 消费者剩余与生产者剩余的运用 ··· 89
7.4 小结 ····················· 94
延伸阅读 新自由主义经济学 ········ 94
关键词 ························· 94
思考题 ························· 94
讨论与应用 ····················· 95

第8章 效用和需求 ················ 97
8.1 效用理论 ·················· 97
快乐学习 小说《在超市遇见亚当·
　　　　　 斯密》 ·············· 100
8.2 需求曲线 ·················· 101
快乐学习 电影《甲方乙方》 ········ 104
8.3 收入效应与替代效应 ········ 105
8.4 小结 ····················· 107
延伸阅读 需求曲线向下倾斜规律：
　　　　　 一场争论 ············ 107
关键词 ························· 108
思考题 ························· 108
讨论与应用 ····················· 108

第9章 生产和成本 ················ 110
9.1 成本与利润 ················ 110

快乐学习　小说《小岛经济学：鱼、美元和经济的故事》……… 112
9.2　短期生产 ………………… 113
快乐学习　电影《点球成金》 ……… 117
9.3　短期成本 ………………… 118
9.4　长期成本 ………………… 121
9.5　小结 ……………………… 123
延伸阅读　企业是什么 ……… 123
关键词 ………………………… 124
思考题 ………………………… 124
讨论与应用 …………………… 124

第10章　完全竞争市场 ……… 127
10.1　完全竞争市场的含义 …… 127
快乐学习　小说《格列宝历险记：自由市场寻踪》 ……………… 129
10.2　利润最大化原则与企业均衡 … 130
快乐学习　电影《大创业家》 ……… 134
10.3　完全竞争市场的供给曲线 … 135
10.4　小结 …………………… 140
延伸阅读　看不见的手和看得见的手 … 140
关键词 ………………………… 140
思考题 ………………………… 141
讨论与应用 …………………… 141

第11章　垄断 ……………………… 143
11.1　垄断市场的含义 ………… 143
快乐学习　小说《贼巢》 …… 145
11.2　垄断企业的定价策略与福利损失 …………………… 146
快乐学习　电影《告密者》 … 150
11.3　价格歧视 ………………… 151
11.4　关于垄断的公共政策 …… 154
11.5　小结 …………………… 156

延伸阅读　新政治经济学与公共选择理论 …………………… 157
关键词 ………………………… 157
思考题 ………………………… 157
讨论与应用 …………………… 157

第12章　垄断竞争与寡头 ……… 160
12.1　垄断竞争市场的特征与均衡 … 160
快乐学习　小说《黑色幽默经济学》 … 164
12.2　广告与品牌 ……………… 165
快乐学习　电影《电子情书》 ……… 167
12.3　寡头垄断市场的特征与模型 … 168
12.4　囚徒困境与寡头市场 …… 172
12.5　小结 …………………… 174
延伸阅读　好玩的博弈故事 … 174
关键词 ………………………… 174
思考题 ………………………… 175
讨论与应用 …………………… 175

第13章　生产要素市场 ………… 179
13.1　生产要素的需求 ………… 179
快乐学习　小说：《夺命的冷漠：奇案中的经济学》 …………… 184
13.2　生产要素的供给及价格 … 184
快乐学习　电影《反托拉斯行动》 … 189
13.3　洛伦兹曲线与基尼系数 … 189
13.4　小结 …………………… 191
延伸阅读　经济学帝国主义 … 191
关键词 ………………………… 191
思考题 ………………………… 192
讨论与应用 …………………… 192

第14章　市场失灵与政府政策 … 195
14.1　市场失灵 ………………… 195

快乐学习　小说《绿色国王》……… 196
14.2　外部性 ……………………… 197
快乐学习　电影《罗生门》………… 201
14.3　公共产品与公共资源 ………… 202
14.4　信息不对称 …………………… 205
14.5　小结 …………………………… 207
延伸阅读　诺贝尔经济学奖 ………… 207
关键词 ………………………………… 207
思考题 ………………………………… 208
讨论与应用 …………………………… 208

第15章　国内生产总值 ………… 211

15.1　一国收入、支出与GDP …… 211
快乐学习　小说《人民的名义》…… 213
15.2　GDP的核算方法 …………… 214
快乐学习　电影《我不是药神》…… 217
15.3　名义GDP与实际GDP ……… 218
15.4　GDP的局限性 ……………… 221
15.5　小结 …………………………… 222
延伸阅读　GDP的历史 …………… 223
关键词 ………………………………… 223
思考题 ………………………………… 223
讨论与应用 …………………………… 223

第16章　消费物价指数与生活成本 …… 226

16.1　CPI的概念与计算 …………… 226
快乐学习　小说《看不见的心：一部
　　　　　　经济学罗曼史》……… 230
16.2　用CPI校正经济中的变量 …… 231
快乐学习　电影《惊爆内幕》……… 235
16.3　CPI的局限性 ………………… 236
16.4　小结 …………………………… 238
延伸阅读　奥派经济学 ……………… 238
关键词 ………………………………… 238

思考题 ………………………………… 238
讨论与应用 …………………………… 239

第17章　经济增长 ………………… 241

17.1　经济增长的含义 ……………… 241
快乐学习　小说《阿特拉斯耸耸肩》… 244
17.2　经济增长的源泉 ……………… 245
快乐学习　电影《伯纳德行动》…… 248
17.3　经济增长的公共政策 ………… 249
17.4　小结 …………………………… 253
延伸阅读　有趣的经济学读物 ……… 253
关键词 ………………………………… 253
思考题 ………………………………… 253
讨论与应用 …………………………… 254

第18章　失业 ……………………… 256

18.1　失业与失业率 ………………… 256
快乐学习　小说《鲁滨逊漂流记》… 260
18.2　摩擦性失业 …………………… 260
快乐学习　电影《楚门的世界》…… 263
18.3　结构性失业 …………………… 264
18.4　小结 …………………………… 267
延伸阅读　凯恩斯革命 ……………… 267
关键词 ………………………………… 267
思考题 ………………………………… 267
讨论与应用 …………………………… 268

第19章　银行与货币 ……………… 270

19.1　什么是货币 …………………… 270
快乐学习　小说《红楼梦》………… 273
19.2　银行系统与货币创造 ………… 274
快乐学习　电影《一出好戏》……… 278
19.3　货币供给管理 ………………… 279
19.4　小结 …………………………… 281
延伸阅读　比特币与区块链 ………… 282

关键词 …………………………………… 282
思考题 …………………………………… 282
讨论与应用 ……………………………… 282

第20章　通货膨胀 …………………… 285

20.1　物价水平与货币价值的关系 …… 285
快乐学习　小说《看不见的珍藏》 …… 289
20.2　古典通货膨胀理论 ……………… 289
快乐学习　电影《国家破产之日》 …… 294
20.3　通货膨胀的成本 ………………… 294
20.4　小结 ……………………………… 297
延伸阅读　历史上的恶性通货膨胀 …… 297
关键词 …………………………………… 298
思考题 …………………………………… 298
讨论与应用 ……………………………… 298

第21章　总需求与总供给 …………… 301

21.1　总需求曲线 ……………………… 301
快乐学习　小说《拯救亚当·斯密》 … 305
21.2　总供给曲线 ……………………… 306
快乐学习　电影《开罗紫玫瑰》 ……… 310

21.3　用总需求-总供给模型解释短期
　　　经济波动 ……………………… 311
21.4　小结 ……………………………… 313
延伸阅读　新经济史学 ………………… 313
关键词 …………………………………… 313
思考题 …………………………………… 313
讨论与应用 ……………………………… 314

第22章　宏观经济政策 ……………… 316

22.1　财政政策 ………………………… 316
快乐学习　小说《钱商》 ……………… 320
22.2　货币政策 ………………………… 321
快乐学习　电影《起跑线》 …………… 324
22.3　宏观经济政策的运用 …………… 325
22.4　小结 ……………………………… 327
延伸阅读　有趣的经济学现象 ………… 328
关键词 …………………………………… 328
思考题 …………………………………… 328
讨论与应用 ……………………………… 328

参考文献 …………………………… 331

第 1 章
CHAPTER1

经济学启航

经济学（Economics）一词来源于古希腊语，意指家庭财产管理，亚当·斯密《国富论》的发表标志着其成为一门独立的学科，此后经过 200 多年无数经济学家的不断努力，到今天已经发展成为一个非常广泛、复杂而又十分有趣的庞大的学科体系。从本章开始，我们就要开启探索这门古老而又年轻的学科的神秘之旅，来学习经济学的基本原理和基本的分析方法，在此基础上大家可以进一步地对经济学的其他内容进行学习，从而掌握这门科学。我们的学习首先从"经济学是研究什么问题的"开始，本章主要介绍稀缺性与选择问题、机会成本的概念和生产可能性边界的理论模型，以及经济学原理的两大组成部分：微观经济学和宏观经济学。

1.1 稀缺性与选择

我国古代著名思想家孟子曾经说过这样一段话："鱼，我所欲也；熊掌，亦我所欲也。二者不可得兼，舍鱼而取熊掌者也。"这就是选择问题，而这样的选择我们每时每刻都在进行着，选择构成了我们生活的全部。不仅仅是个人，一个国家、一个社会、一个民族也随时进行着各种各样的选择。经济学就是从研究选择开始的。

1.1.1 稀缺性

人是有着各式各样的欲望的，而要满足这些欲望就要消费各种物品与劳务。由于人们的欲望是无限的，而生产各种物品与劳务的资源是有限的，因此，有限的资源不可能满足人们无限的欲望，这样就生产了稀缺性的问题。所谓**稀缺性**（scarcity），指的就是针对人们的欲望而言，满足这些欲望的物品与劳务、生产这些物品与劳务的资源总是稀少不足的。

稀缺性是一个相对的概念，是相对于人的欲望而言的，而不是一个物品或劳务绝对数量多与少的问题。有些物品数量很多，但也是稀缺的；

本章课件

而有些物品虽然数量很少，但也不一定稀缺。比如，当红明星的签名照，虽然数量很多，但由于需要的人更多而仍然是稀缺的；而一个普通人的签名照，虽然数量很少，但由于没人需要也可能是不稀缺的。同时，稀缺又是一个绝对的概念，古今中外稀缺是普遍存在的，在任何时候、任何地方都有稀缺的存在，并且在可以预见的未来，人类也没有办法解决稀缺的问题，人类所拥有的资源不可能完全满足人类的各种需要与欲望，这将是人类社会永恒面临的一个普遍现象。

根据稀缺与否，我们可以把物品与劳务分为两类：一类是不用付出代价可以获得的，如阳光、空气，这些来源充足、不需要任何努力和花费就可以自由获取的不稀缺的物品与劳务，我们称之为"**自由取用物品**"（free goods）；另一类是我们日常生活中的绝大部分物品与劳务，这些是用稀缺的资源生产出来的，数量有限，不能满足所有人的所有需要，因此必须付出代价才能得到，要用其他的稀缺物品与劳务去交换。这一类稀缺的物品与劳务，我们称之为"**经济物品**"（economic goods）。自由取用物品是不存在价格的，而经济物品则有价格，不能免费取得。

自由取用物品与经济物品在一定条件下是可以相互转化的，比如，空气受到了污染，如果我们想获得干净的空气就必须付出代价，这时清新的空气就变成经济物品了。自由取用物品不是经济学研究的对象，如果我们生活中的所有物品可以在不付出代价的情况下随意获取，那经济学就没有存在的必要了。正是由于稀缺性的存在，才产生选择、交换、成本、市场等一系列问题，才使得经济学得以产生和发展。所以，稀缺性是经济学得以存在的前提条件和基石。读者如果有兴趣可以自行到 https://v.youku.com/v_show/id_XN-DA3MjE4NzcONA==.html?spm=a2hzp.8253869.0.0 上阅览、学习。

1.1.2 选择

由于人的欲望是无限的，而满足欲望的资源是有限的，因此人们的欲望是不可能得到全部满足的。这样就产生了如何利用既有资源尽量多地满足人们欲望的问题。同一资源有不同的用途，不同的用途对人欲望满足的程度也是不同的，这就需要选择，尽量地做到物尽其用。这种选择是无处不在的，不仅个人需要选择，一个社会、一个国家也需要选择。对于一个经济社会来讲，选择主要包括以下三个方面：

- 生产什么？
- 如何生产？
- 为谁生产？

这是任何社会、任何国家，甚至一个处于群居状态的动物界也都必须面对和解决的**三个基本问题**。生产什么指的是先生产什么后生产什么，生产哪些不生产哪些，各种商品生产多少，等等；如何生产指的是用哪些资源来生产哪些产品，由谁来生产，用什么样的方式来生产，等等；为谁生产指的是生产出来的产品归谁所有，如何分配，最终由谁来消费，等等。只有解决了这三个基本问题，一个社会才能正常地延续、运转和发展。这三个基本问题本质上就是资源配置问题，是如何把有限的资源配置到人们无限的欲望和需求中的问题。

对于这三个基本问题，不同的社会有不同的解决方式：①依照本能或者自然的方式解决。例如，一个狩猎的原始部落生产什么可以由遇到什么动物来决定，如何生产可以看手头有木棍还是石头，为谁生产可以是把猎得的肉平均分配或者按事先约好优先分配给老人、小孩等。②运用行政命令的方式解决，甚至一个专制君主一个人就可以解决这三个问题。例如，秦始皇决定修建一座万里长城，动员全国的资源来修，修好的长城可以全部归专制君主一人，然后他再赏赐给自己喜欢的人。③运用计划的方式解决。例如，改革开放前的中国，由一个专门的计划部门在年初时制订各种详细的计划，生产哪些产品、各生产多少、由谁来生产，用什么资源生产，生产出来的产品交给谁，最后谁消费哪些产品，等等。然后把计划下达到每一个单位，各单位严格按照计划来生产、运输、分配、消费等。④用市场的方式解决，每一个经济主体都面向市场，独立决策、自主经营、自负盈亏，以市场信号决定自己的生产、消费等活动，由市场来主导解决三个基本问题，实现资源的配置。根据解决三个基本问题的不同方式可以分为不同的经济体制，如自然经济、行政命令经济、计划经济、市场经济等。

经济学就是研究一个社会如何解决这三个基本问题，即如何进行资源配置的。经济学并不研究这三个问题本身，而是研究一个社会应该采取何种方法来解决这三个问题，如何能够运用有限的资源最大限度地满足人们的各种需求。现代经济学也不研究其他经济制度下的资源配置问题，而是主要研究在市场经济条件下如何解决这三个基本问题、实现资源的优化配置的，所以现代经济学只是市场经济制度条件下的经济学。

快乐学习

小说《魔王勇者》

作者：［日］橙乃真希　　　　　　　　　　　　　　　　　译者：云青

出版：湖南美术出版社、云南美术出版社 2012 年

2013 年被改编成 12 集同名动画作品。

故事梗概：中世纪人类与魔族大战长期持续，勇者为了结束战争拯救人类，只身一人前往魔王的城堡，要与魔王决一死战。外表和人类的妙龄少女几乎一样的魔王却不跟勇者开战，而是要求勇者同意成为归她所有的人。勇者一口回绝后，她开始给勇者用经济学理论分析人魔战争，告诉勇者自己一直就是在等待勇者出现，要跟勇者一同寻找解决人魔之间矛盾的真正方案。勇者最后同意与魔王签署彼此拥有对方的契约。然后二人各自隐藏了自己的身份，以剑客和红色学士的名义开始改变这个世界。

他们先来到越冬之村改造农业技术，要解决人类的食物问题，同时还收徒办学。魔族与人类在极光岛开战，在魔王、勇者的配合下，人类夺回了极光岛，实现了短暂和平。魔王打算在魔界召开集合八大氏族的会议——忽邻塔大会，讨论与人类的关系问题，同时，人类教会也在暗中进行战争准备。

一方面，忽邻塔大会上，魔族一边倒，要与人类开战，魔王左右为难。虽然在火龙大公的支持下，魔王决定暂缓出兵，但其又遭到暗杀。另一方面，人类打造出战争利器——火枪。双方战争一触即发。

开门都市陷落，人类与魔族之间力争和平的希望之火即将熄灭。勇者与魔王、女骑士一起前往光之塔去劝服光之精灵，为和平开始最后的努力之旅。

包含的经济学原理：小说中的魔王在外界的图书馆长大，拥有非常丰富的知识，尤其是经济学知识，比如一开始就运用经济学理论说服勇者与自己订立契约等。

魔王认为，要想彻底结束人魔之间的战争实现永久和平，只靠战场上的厮杀是办不到的，即使战争结束了，人口的增加必然带来对食物的大量需求，而以目前贫瘠的土地和落后的耕作方式是不可能生产出足够所有人需要的粮食的，结果就会出现饥荒和动乱；而由于没有了战争需求的刺激，工业发展也会受到影响，会有工人失业，社会问题会更加严重。魔王认为解决这些问题的关键是食物问题，保证人们能够吃饱才能实现和平、稳定，逐步达到繁荣。

于是魔王和勇者来到越冬之村进行实验，他们先是改进耕作技术，然后又引进可以在贫瘠土地上种植并且产量高、营养丰富、口感好、易保存的农作物新品种——马铃薯。他们这样做，就是要在既有的资源约束条件下实现更大的产出，即通过技术创新和新要素的引进来突破现有生产的可能性边界，实现经济的增长。

这部小说中有多处运用经济学原理对问题进行分析，大家可以通过阅读或者观看动画的形式来欣赏魔王的经济学，并可以与我们本课程中所学的经济学理论进行对照。

1.2 世上没有免费的午餐

由于稀缺性的存在，人们需要随时做出大量的选择，但这些选择不是随意做出的，任何选择行为都是有代价、需要支付成本的，人们就是通过比较不同选择的成本来决定自己的选择的。

1.2.1 机会成本

同一种资源有各种不同的用途，在我们选择了其中一种用途的时候，就意味着放弃了其他用途，那些放弃的用途就是我们做出这种选择所付出的代价，即机会成本。**机会成本**（opportunity cost）又叫择一成本，指的是我们为了得到一种东西而放弃的其他东西。

人们总是会同时面临多个机会，而在这些机会中只能选择一个，因此你选择了其中一个机会就是放弃了其他的机会，有得必然有失，每一次选择都是以失去其他机会为前提的。比如，你晚上可以在寝室里上网、聊天，也可以去教室或图书馆自习，或者去看电影、逛街，等等，但是在这么多可能当中你只能选择做一件事，而一旦你做出了某一个选择，就意味着你放弃了其他的各项选择。如果每一项选择都会给你带来一定的收益的话，你所放弃的机会的收益就是你这项选择的机会成本。当然你这项选择的机会成本并不是你所放弃的其他所有机会给你带来的可能的收益的总和,而是除了你现在这项选择之外另一个可能给你带来最高收益的那个机会的收益,因为你即使不做现在的选择,也只能在其他机会中选择一个。也就是说,你现在的选择是放弃了另外一个机会获得的,那这次选择的机会成本就是你所放弃的另外一个机会的可能收益。

机会成本是经济学中一个重要的概念,平时人们在考虑一件事物的成本时通常只是考虑为这件事物花费了多少,即只考虑投入成本,而往往忽略了因为得到这一事物而损失的其他收益,如自有房屋应得的租金、老板自己如果做其他工作所能获得的收入、用自有资金投资而损失的利息,等等。为这件事物花费的投资再加上因为得到这件事物而损失的其他机会的收益之和才是这件事物的全部成本。因为不管是你投入的,还是因此事物而损失的利益,都是你为了得到某种东西而放弃的其他东西,这都是成本。所以,有机会成本的概念才是完整的成本概念。

著名经济学家、诺贝尔经济学奖获得者米尔顿·弗里德曼的名言"世上没有免费的午餐",很好地诠释了机会成本的概念。他认为"世上没有免费的午餐"是经济学中最重要的一条原理,是整个经济学中最精髓的内容,而经济学的其他内容不过是对这条原理的解释和说明。这个原理说明,我们在做任何事、做任何选择的时候都要支付成本,即使有人提供不要钱的午餐,在你享用这一午餐时也不是免费的,因为你起码付出了时间成本,在你吃这顿午餐的时间内你还可以有其他的选择,比如去赚钱,去谈一笔生意,等等,现在你选择了吃这顿不要钱的午餐,就失去了其他的机会,这就是你为这顿不要钱的午餐付出的成本。经济学所研究的就是我们在考虑机会成本的前提下如何做出最合理的选择的问题,什么样的选择才是成本最低、收益最高的,也就是如何将既定的有限资源进行合理的配置和利用,以达到最理想的效果。读者如果有兴趣可以自行到 https://v.youku.com/v_show/id_XNDA3MjE4NzcyOA==.html?spm=a2hzp.8253869.0.0 上阅览、学习。

1.2.2 生产可能性边界

下面我们引入一个新的经济学理论来对以上内容进行进一步说明。

假设有一个经济社会,只生产电脑和大米两种产品,在一定的技术水平下,这个社会运用其全部资源所生产的两种产品的情况如图 1-1 所示。

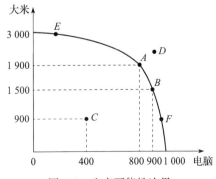

图 1-1 生产可能性边界

在图 1-1 中,我们用横轴表示电脑的数量,用纵轴表示大米的数量。图中这条曲线就是**生产可能性边界**(production possibility frontier),又叫生产可能性曲线,指的是一个社会在资源和技术水平既定的条件下所能生产的两种产品最大数量组合的曲线。从图中可以看出,这个社会如果把全部的资源都用来生产电脑,可以生产 1 000 台,这时大米的产量为 0 吨;如果把资源全部用来生产大米,可以生产 3 000 吨,这时电脑的产量为 0 台。当然这是两种极端的情况,也可以把现有的资源做一个分配,一部分用来生产电脑,剩下的部分用来生产大米,这样就可以得到多个电脑和大米的产量组合,如在 A 点生产 800 台电脑和 1 900 吨大米,或者在 B 点生产 900 台电脑和 1 500 吨大米等,这些组合点连起来就形成了生产可能性边界。

由于资源的有限性,这个社会不管怎么组合自己的资源,所能实现的最大产量组合也只能是位于生产可能性边界上的某点,不可能实现更大的产量组合,如图中的 D 点就是在当前资源状况和技术水平下所不能实现的产量。而生产可能性边界内部的任意一点,如图中的 C 点,都是现有资源和技术水平下可以实现的两种产品的产量组合。曲线以外的产量都不能实现,曲线以内的产量都可以实现,这就是生产可能性边界的含义。

在生产可能性边界上,这个社会可以实现电脑和大米两种商品的最大产量组合,对于这种情况,我们称之为"有效率"。所谓**效率**(efficiency),指的是这样一种状态:一件事物的各部分之间,在不使其中至少一部分变坏的情况下,其他的任何一部分都不可能变得更好。比如在 A 点,800 台电脑和 1 900 吨大米的产量组合是把现有的资源全部利用起来之后所能实现的最大产量,这时,如果想增加电脑的产量就必须减少大米的产量,想增加大米的产量就必须减少电脑的产量,不减少其中一种产品的产量,就不可能再增加另一种产品的产量了。生产可能性边界内部的各点属于无效率的点,所谓无效率,指的是在不使其中其他部分变坏的情况下,至少可以使其中一部分变得更好。比如在 C 点,400 台电脑和 900 吨大米的组合点,在生产这个产量组合的时候,这个社会的资源并没有得到全部的利用,存在着闲置或失业,如果采取相应的措施,提高资源的利用率,那么就可以在不降低电脑产量的前提下增加大米的产量,或者在不降低大米产量的前提下增加电脑的产量,甚至可以同时提高两种产品的产量,使其产量组合点直至生产可能性边界上。

对于处于生产可能性边界上的有效率的产量组合点而言,如果想增加某种产品的产量,就必须减少另外一种产品的产量,这说明了两个问题:一是社会要对两种产量的组合进行选择,受资源和技术水平的制约,两种产品的总产量不可能再增加了,只能通过权衡取舍来确定两种产品的产量比例,从而最大限度地满足社会需要;二是要增加一种产品的产量就必须以放弃另一种产品产量为代价,这就是用一种产品来表示另外一种产品的机会成本。比如从 A 点到 B 点,电脑的产量增加了 100 台,而大米的产量则减少了 400 吨,这说明为了得到这 100 台电脑放弃了 400 吨大米,每台电脑的机会成本就是 4 吨大米;如果是从 B 点到 A 点,则说明每得到 1 吨大米需要放弃 1/4 台电脑,即 1 吨大米的机会成本是 1/4 台电脑。我们可以用生产可能性边界的斜率来表示电脑(横轴产品)的机会成本,用其斜率的倒数来表示大米(纵轴产品)的机会成本。

在生产过程中产品的机会成本并不是一成不变的,而是会随着产品产量的增加而呈现出越来越大的递增的趋势。从图 1-1 中可以看出,在电脑的产量比较小的时候,生产可能性曲线比较平坦,斜率较小,说明用大米表示的电脑的机会成本比较小,多生产 1 台电脑需要放弃的大米数量比较少。随着电脑产量的增加,生产可能性曲线的斜率越来越大,说明用大米衡量的电脑的机会成本在不断递增,多生产 1 台电脑需要放弃的大米的数量越来越多。同样,随着大米产量的不断增加,生产可能性曲线的斜率越来越小,说明用电脑衡量的大米的机会成本也是逐渐递增的,即多生产 1 吨大米需要放弃的电脑的数量也越来越多。

关于机会成本递增的问题,我们可以这样理解:假如刚开始时这个社会的绝大部分资源都用来生产大米,电脑的产量很小,处于图 1-1 中的 E 点。由于资源不可能完全均匀,是存在差异的,有的可能更适合生产电脑、不适合生产大米,而有的可能更适合生产大米、不适合生产电脑,但在刚开始时不管适合生产电脑还是适合生产大米的资源都用来生产大米了。这时,由于在 E 点资源已经全部被利用了,没有多余的资源了,因此要增加电脑的生产就必须减少大米的生产,把资源从大米的生产上转移过来。最先转移过来的资源肯定是那些最适合生产电脑而最不适合生产大米的资源,由于这些资源非常适合生产电脑,因此稍微转移过来一点就足以生产 1 台了,而这些资源本来就不适合生产大米,转移出来之后对大米的产量几乎没多大影响。这样一来,在开始的时候,多生产 1 台电脑需要放弃的大米的数量就非常少,或者说用大米表示的电脑的机会成本非常小,这时生产可能性曲线的斜率非常小。随着电脑产量的增加,适合生产电脑而不适合生产大米的资源已经全都转移到电脑的生产上来了,如果要继续增加电脑的产量,就要把那些既适合生产电脑也适合生产大米的资源从大米生产中转移过来,每多生产 1 台电脑需要转移过来的资源数量就会增加,由此造成的大米产量减少的数量也会增加,电脑的机会成本就会提高,生产可能性曲线的斜率不断变大。而一旦电脑的产量已经很大,而大米的产量很小的时候,如在 F 点,这就表明这时这个社会的绝大部分资源都用来生产电脑了,留在大米生产上的资源肯定是非常适合大米生产而不适合电脑生产的,再继续增加电脑的产量,就会导致大量的资源被转移过来,使得电脑产量也增加得很少,而给大米生产造成的损失却非常大,也就是说电脑的机会成本非常高了,这时生产可能性曲线斜率也变得非常大。

生产可能性边界是既定资源和技术水平下一个社会生产的两种产品最大的产量组合,任何边界外面的产量组合点都是当前不可能实现的。但是在较长的一段时间后情况可能会发生变化,一个社会可以突破原有生产可能性边界的约束,实现更高的两种产量的组合。生产可能性边界有两个前提条件:资源既定和技术水平既定。如果这两个条件发生了变化,那么生产可能性边界也会发生变化,比如资源增加了(引进外资、移民等)或者发生了技术进步,生产可能性边界就可能会向外扩张,这样就不再受到原来生产可能性边界的约束,可以实现两种产品的更大的产量组合。

图 1-2 表示的就是资源增加或者技术进步引起的生产可能性边界移动的情况:如果把所有资源都用来生产电脑,电脑产量由 1 000 台增加到 1 300 台;如果把所有资源都用来生产大米,大米产量由 3 000 吨增加到 3 500 吨,整个生产可能性边界都向外扩张了。当然,由于资源或技术进步的性质不同,生产可能性边界向外扩张可以是平行的,也可以是不平行的,并且可以只是横轴或者纵轴产量的扩张,另一个轴上的产量不变。生产可能性边界向外扩张之后,这个社会两种产

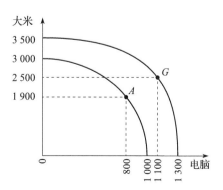

图 1-2 生产可能性边界的移动

品的产量组合点也会发生变化，比如从 A 点移动到 G 点，新的产量组合点与原来的组合点相比，两种产品的产量都增长了，这就是属于经济增长，而不只是两种产品产量组合发生变化。

生产可能性边界是一个非常重要的理论，通过这一曲线我们可以了解到许多重要的概念：稀缺性、选择、机会成本、经济增长等。我们在以后的经济学学习过程中还会反复地接触和运用这些内容。

快乐学习

电影《威尼斯商人》

上映时间：2004 年 9 月 3 日　　　　　　　　导演：迈克尔·莱德福
出品国家：美国　　　　　　　　　　　　　出品公司：美国包里公司
根据莎士比亚同名话剧改编

故事梗概： 成功的威尼斯商人安东尼奥（杰瑞米·艾恩斯饰）为人诚实、正直，借钱给别人从不收取利息。他的好朋友巴萨尼奥（约瑟夫·费因斯饰）为了向富家小姐鲍西亚（琳恩·柯林斯饰）求婚，向他借 3 000 达克特（13~19 世纪意大利威尼斯铸造的金币），而安东尼奥的钱都投入到海上贸易中去了，拿不出这么多钱，于是他被迫以自己尚未回港的商船作为抵押物向另外一个富有的犹太放债人夏洛克（阿尔·帕西诺饰）借钱。

虽然安东尼奥曾经公开侮辱过夏洛克，并且借钱给别人不收利息而挡了夏洛克的财路，夏洛克对他耿耿于怀，但夏洛克还是借了 3 000 达克特给他，并且不收他的利息，也不要他以商船作为抵押物，只是提出了一个条件：如果安东尼奥不能按期归回贷款，他将会从安东尼奥身上割下一磅肉。

结果安东尼奥的商船在海上出事，投资血本无归，无法按时还夏洛克的钱。夏洛克把安东尼奥告上法庭，要求按照契约割下他的一磅肉。鲍西亚女扮男装装扮成律师在法庭上为安东尼奥辩护，她认为夏洛克有权依据契约割安东尼奥一磅肉，但不能多割也不能少割，并且不能流一滴血，这样才符合契约精神。而夏洛克无法做到，只好认输。就这样，鲍西亚巧妙地挽救了安东尼奥的性命，而夏洛克则因谋害威尼斯市民的罪名受到惩罚。

包含的经济学原理： 这部电影中包含非常多的经济原理，我们可以从以下几个方面来看：

利息理论。 夏洛克是个以放高利贷为业的商人，电影中在很多地方有关于放贷收取利息是否合理的争论，夏洛克（实际上是莎士比亚）的很多观点与 300 多年后著名经济学家费雪关于利息理论的观点是高度契合的，符合现代经济学的主流意识。

供求理论。 电影中夏洛克的女儿从信犹太教改为信基督教，夏洛克的仆人朗斯洛特就说，如果大量的人改信基督教，猪肉的价格就要飞涨了，因为犹太教徒是不吃猪肉的，改为基督教徒就可以吃了，如果改信基督教的人多，就会导致猪肉需求的增加，猪肉的价格就会上涨。

风险与回报。 鲍西亚的父亲是个大富豪，他给鲍西亚留下了三个匣子，由求婚者从中选择一个，选中预定的那一个就可以与鲍西亚成婚并继承巨额财富，选错了不仅不能娶到鲍西亚，并且还要终身不娶任何人。这就是一个风险极大的赌博，但由于鲍西亚拥有美丽的容貌与巨额的财富,冒这个风险的收益也是非常大的,因此还是有人愿意尝试。

分散风险。安东尼奥把生意和财产分散到不同的地方,从而一艘船或一个地方的投资失败了也并不会给他的全部财产带来致命的影响。

契约精神与契约规则。这是市场经济得以正常运行的基石。电影中共涉及三个契约:夏洛克与安东尼奥的借款契约、三个匣子的契约以及鲍西亚把戒指交给巴萨尼奥订立的契约。电影中最后的冲突也是在尊重而不是破坏契约的前提下解决的,夏洛克与安东尼奥的契约没什么问题,只是借款的抵押物有失"公允",鲍西亚也认为应该履行契约,并且要严格履行,这一磅肉不能多也不能少,同时契约中只规定割肉没规定流血,所以流血就不满足契约的要求了。

1.3 微观经济学与宏观经济学

经济学是一个极其庞大的学科体系,除了基本的经济理论,还包括大量的经济学分支(如国际经济学、发展经济学、产业经济学、制度经济学、福利经济学等)和经济学学派(如奥地利学派、芝加哥学派、凯恩斯学派、货币主义、供给学派、合理预期学派等),而这一庞大学科体系的理论基础就是经济学原理,包括微观经济学和宏观经济学两部分。

1.3.1 微观经济学

微观经济学(microeconomics)又叫个体经济学,是以单个的经济主体为考查对象,研究企业和家庭如何做出决策,以及他们如何在特定的市场上进行交易。微观经济学的**微观**(micro)是从物理学中引入的概念,意思是微小的,所以微观经济学也叫小经济学。相应地,宏观经济学的**宏观**(macro)则是指巨大的,所以宏观经济学也叫大经济学。我们可以用图1-3来对微观经济学进行说明:

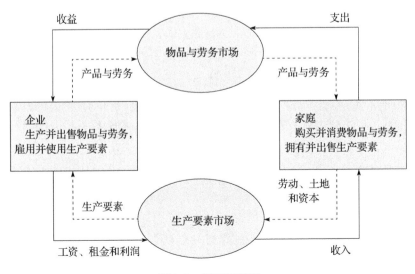

图1-3 循环流量图

微观经济学的研究对象是单个的经济主体，也就是家庭和企业。家庭指的是所有的消费者，同时也是所有生产要素的拥有者，家庭通过在生产要素市场上出售或出租自己拥有的生产要素获取收入，再用收入在物品与劳务市场上购买自己所需要的产品与劳务来完成消费过程。企业指的是所有的生产者，同时也是生产要素的需求者，企业在生产要素市场上购买自己所需要的各种生产要素，在企业内部完成生产过程，再把生产出来的产品与劳务在物品与劳务市场上出售，以获取用来购买生产要素所需的收入。在家庭和企业之间还存在着两个市场：物品与劳务市场和生产要素市场。**生产要素**（factors of production）就是企业在生产过程中的投入品，包括劳动、土地、资本等。

在图1-3循环流量图中，共有两个循环，即内圈和外圈。内圈是物质的循环，劳动、土地、资本通过生产要素市场从家庭流向企业，企业使用这些生产要素生产出产品，通过物品与劳务市场流向家庭，这样形成一个循环；外圈则是货币的循环，家庭向企业支付购买产品与劳务的货币，从而企业获得收益，而企业又将这些收入用来向家庭购买生产要素，以工资、地租、利润等形式变为家庭的收入。我们可以通过一个例子来看这种循环，比如你钱包中有10元，中午你用来订一份快餐，这就相当于在产品与劳务市场上进行了购买，你支出的这10元就构成了快餐店的收益，快餐店收到这10元后会用它来支付房租，或者给送外卖的小哥支付工资等，最终它又会到达某一个生产要素所有者（消费者）手中，从而开始下一轮的循环。

微观经济学研究的是家庭和企业如何做出自己的决策，如何在产品与劳务市场和生产要素市场上进行相互交易，交易的产品和要素的价格如何确定，市场如何实现均衡以及政府的政策如何影响经济主体的决策和市场均衡。

1.3.2 宏观经济学

宏观经济学（macroeconomics）又叫总体经济学，是以整体经济作为研究对象，考查一个经济体的经济总量如何确定，整体经济如何运行，政府相关政策对经济运行影响等问题。宏观经济学不再考查家庭、企业这些单个的经济主体，而是把这些经济主体看成一个整体，也不再分析单个物品、劳务与要素的交易问题，而是分析整个国民经济的运行问题，比如经济增长、经济周期、通货膨胀、失业，等等。

宏观经济学与微观经济学虽然都是经济学，但也有差别，它们研究的对象、领域不同，研究方法、各种理论模型也有着相当大的差异，甚至可以看成两个不同的学科，所以通常也是通过两门课程来分别讲授。宏观经济学与微观经济学又有着非常密切的关系，它们互为基础。一个经济体的宏观经济就是由一个一个的单个经济主体构成的，宏观经济的运行最终也是由一个一个的单个经济主体的经济活动组成的，宏观经济的改变也依赖于千千万万的独立经济主体的决策变化，所以研究宏观经济而不了解微观经济是不行的。同时，各个微观经济主体的决策行为以及其行为的结果又受到各种宏观经济变量和宏观经济形势的影响，所以不考虑宏观经济而只研究微观经济也是行不通的。比如，当一个经济体出现通货膨胀，这必然会影响到家庭和企业这些独立的经济个体的决策行为和经济活动，而这些活动又会反过来对通货膨胀和宏观经济运行产生影响，使通货膨胀的程度发生变化。当政府要采取措施治理通货膨胀的时候，政府的政策也要通过影响家庭和企业的决策进而改变其经济行为来达到目标。

因此，我们在经济学的学习过程中，必须同时学习微观经济学和宏观经济学。虽然先学习前者还是先学习后者并没有必然的顺序，先学一门对另一门的学习也具有非常大的帮助，但人们习惯上都是先学习微观经济学，本书也是按这样的顺序来安排的。

1.4 小结

经济学就是一门研究个人、企业、政府及整个社会针对稀缺性所做出的选择，以及研究影响和协调这些选择所做出的激励的社会科学。经济学研究的范围非常广泛，涉及我们生活的方方面面，是一门充满了神秘和乐趣的学科，同时也是一门需要付出艰辛和努力才能学好的学科。本书将把最基础的经济学原理和方法介绍给大家，让我们从这里启航，开始经济学的探索之旅吧。

延伸阅读

经济学鸟瞰

在刚开始学习经济学的时候，我们非常有必要先对这门学科有一个总体的认识，了解一些关于经济学学科本身的基本知识和大体轮廓，这将有助于我们日后的学习。本文将回答这样一些问题：经济学这个名词来源于哪？为什么开始时叫政治经济学，后来却改名叫经济学了呢？现代经济学是从什么时间开始的？什么是主流经济学？什么是非主流经济学？什么叫甜水学派？什么叫盐水学派？主流经济学的研究方法是什么？庞大的经济学学科都包括哪些内容？读者如果有兴趣可以自行到 http://www.wdjjlt.org/yl/forum.php?mod=viewthread&tid=296 上阅览、学习。

关键词

稀缺性　自由取用物品　经济物品　　　经济学　微观经济学　宏观经济学
三个基本问题　机会成本　生产可能性边界

思考题（扫描各题右侧二维码可以查看参考答案参与讨论）

1. 什么叫稀缺性，其特点有哪些？
2. 任何一个人类社会都必须面对和解决的三个基本问题是什么？
3. 什么叫生产可能性边界，其两个前提条件是什么？
4. 如何理解机会成本递增？
5. 如何突破生产可能性边界的约束？
6. 如何理解效率？
7. 什么是微观经济学？什么是宏观经济学？二者的关系是怎样的？
8. 简述两部门的循环流量图。
9. 什么是计划经济？什么是市场经济？

■ 讨论与应用（扫描各题右侧二维码可以参与本题讨论）

1. 我们生活中的物品可以分为自由取用物品与经济物品。在一定条件下，自由取用物品与经济物品之间是可以相互转化的。试分析下列新闻，理解自由取用物品在什么条件下可以转化为经济物品。

   （1）据《北京晨报》报道，2012年9月16日下午，陈光标在北京宣布将在17日开卖罐装新鲜空气，售价为4~5元。新鲜空气的原产地分别来自井冈山、延安等10个红色革命地区，玉树、香格里拉等10个少数民族地区，甚至还有来自中国台湾的。

   （2）《华西都市报》2009年12月23日报道：日前，网络ID为yaocrystal520的女孩将黄河水包装为精制礼品，并以68.4美元一瓶在网上公然叫卖。买家称5款黄河水分别取源头巴颜喀拉山、河套平原、黄土高原、壶口瀑布和位于山东的黄河入海口，是最纯正的母亲河河水。女孩称，长期漂流在外的游子，如果想念家乡，便可以购买黄河水以此慰藉。

   （3）《兰州日报》报道：2004年3月，一座18层的高楼在兰州市城关区旧大路109号楼几米之外高耸而起，挡住了109号楼13家住户的阳光，同时也损害了他们住房的隐秘性，一怒之下，13住户将这位"高邻"的开发商——甘肃路桥宏大房地产开发集团有限公司告上了法庭。4月29日，在市中院的协调下，13住户拿到了共计24万元的赔偿金。

2. 温州做皮革生意的张老板2006年经过30多轮竞价后，以166万元的高价拿下了吉祥车牌浙C88888，这创下了当时国内单一车牌拍卖价格的最高纪录。一开始，张老板的妻子陈女士把这副车牌挂 在了花196万元新买来的宝马760上。但好景不长，张老板夫妇很快债务缠身，只好拍卖该宝马车抵债。张老板夫妇没舍得放弃浙C88888车牌，后来过户到了一辆不到5万元的长安七座面包车上。不过，车牌引来的麻烦却是不断。一个月内被交警怀疑是套牌车而查了5次。根据这个案例思考：

   （1）为什么这个车牌会拍出天价？

   （2）如果所有车牌都进行拍卖，对一城市车辆保有量会有什么影响？如果其他城市的车牌仍然免费，又会有什么影响？

   （3）为什么该车牌挂到面包车上警察会查车？

3. 机会成本是为了得到某个东西而放弃的其他东西，那么在下面的例子当中，他们得到了什么？放弃了什么？

   （1）小李可以找一份全职工作，也可以去上大学，他选择了上大学。

   （2）小李可以找一份全职工作，也可以去上大学，他选择了去工作。

   （3）老张家有一间临街的店面，他可以选择把店面租出去，每月收入5 000元，自己去打工，可收入3 500元，也可以自己开一个小卖部，每月有7 000元的收入。他选择把店面租出去。

   （4）在题目（3）的情况下，老张选择自己开店。

4. 网络中有很多虚拟物品，比如游戏中的装备、QQ币等，这些虚拟物品存在稀缺性吗？如果存在，是由什么原因产生的？如果不存在，为什么消费者需要付费才能得到？

5. 小吃街上有3个经营者，他们每天都工作10小时，并且都提供炒饭和煮面条两种产品。在1小时内，甲可以提供1份炒饭或1份面条，乙可以提供2份炒饭或者1份面条，丙可以提供1份炒饭或2份面条。

(1) 在下列四种情况中，他们一共能够提供多少产品：

    A. 三个人把所有时间都用来提供炒饭。

    B. 三个人把所有时间都用来提供面条。

    C. 三个人都分别把一半时间用于提供两种产品。

    D. 甲分别把一半时间用于提供两种产品，乙只提供炒饭，丙只提供面条。

(2) 画出由这三个人组成的经济的生产可能性边界，并在图中找出题目(1)中的A、B、C和D点。

(3) 解释为什么生产可能性边界的形状是这样的。

(4) 题目(1)中四种配置中有哪一种是无效率的吗？请解释。

6. 画出一个两部门的循环流量图，判断下列交易直接涉及循环流量图的哪些部分。

(1) 小华花35元钱看了一场电影。

(2) 小张去做家教挣了300元。

(3) 小明花1 999元买了一部小米手机。

(4) 某服装厂向其工人小王支付了2 500元的工资。

7. 温州有个红日亭，有一些老人每天在这里为路人提供免费的早餐，夏天还为路上提供免费的伏茶，而这样的伏茶免费供应点在温州有500多处。这些早餐或伏茶真的是免费的吗？路人因吃这些早餐或者伏茶失去了什么？

8. 你捡到了50元钱，决定用这50元钱去看一场电影，那么你看这场电影的机会成本应该是多少呢？

    A. 没有，因为钱是捡来的。

    B. 50元，因为这50元你可以用来买其他的商品或劳务。

    C. 50元再加上你看一场电影的时间的价值。

    D. 50元加上你看一场电影的时间的价值，再加上你买了一包爆米花的价值。

9. 下列问题中哪些属于微观经济学，哪些属于宏观经济学？为什么？

    A. 中国经济增长了7.4%。

    B. 中国政府宣布提高汽油的零售价格。

    C. 家庭决定他们的收入中多少用于消费，多少用于储蓄。

    D. 失业和通货膨胀之间存在的相互替代的关系。

10. 我国政府规定节假日高速公路七座以下小汽车免费通行，但在节假日高速公路经常造成大面积的拥堵，试分析节假日期间在高速公路上行驶和不在高速公路上行驶的小汽车的机会成本。而政府后来又规定，由于节假日免费通行，高速公路将延长收费年限，试分析这一规定对小汽车驾驶人的影响及其机会成本。

11. 现在有100元钱，由你分配给4个人，下列分配方案中，哪些是有效率的？为什么？

    A. 4个人平均分配，每人得25元。

    B. 第1个人得70元，剩下的3个人每人得10元。

    C. 第1个人得50元，第2、3个人各得25元，第4个人得0元。

    D. 第1个人得55元，剩下的3个人每人得15元。

12. 下列各项哪些可能会使一国的生产可能性边界向外移动？为什么？

    A. 引进外资。

    B. 减少失业。

    C. 技术进步。

    D. 产业结构调整，关停高耗能的项目。

第 2 章
CHAPTER2

像经济学家一样思考

学习经济学,不仅要学会一大堆的概念、原理和模型,更重要的是要学会经济学所特有的一套观察个人行为及社会现象的思维方式,也就是要学会像经济学家一样思考。只有具备了健全的经济学思维能力,你才能够真正地理解这个世界。本章将简单地介绍经济学的思维方式与研究方法,为以后各章的学习与思维训练打下一个基础,主要包括介绍两种不同类型的经济学与经济学家,作为科学的经济学,经济学方法上经常出现的一些谬误以及经济学家经常出现意见分歧的原因。

2.1 两种不同类型的经济学家

根据研究的目的和出发点、研究方法、所得到的结论和成果的不同等方面,我们可以把经济学分为理论经济学和政策经济学,相应地,经济学家也可以分为两类:作为科学家的经济学家和作为政策顾问的经济学家。

2.1.1 作为科学家的经济学家

本章课件

作为科学家的经济学家,指的是那些把经济学看成是一门科学,并努力按照科学家的客观性来探讨他们的主题的经济学家。这些经济学家运用的研究方法与物理学家、化学家、生物学家等其他学科的科学家一样:先是进行观察事实,在假设的基础上提出自己的理论,然后收集数据,对数据进行分析,以期证明或否定自己的理论。

科学的一个重要功能就是解释世界,经济学也一样。经济学是解释人类行为的一门科学。据传,牛顿因为被树上掉下来的苹果砸到了脑袋而发现了万有引力定律。这一定律不仅能够解释为什么苹果熟了会掉下来,还可以解释我们生活中观察到的很多现象,如宇宙中天体的运动。几百年以来,这一理论不断地被验证,至今仍然是物理学上最重要的定理之一。作为科学家的经济学家,也是要找出这样的理论来,从观察到的经济现象中通过冷静的思考与研究，提炼出简单的定理，用以解释人们的决策行为和经济运动。比如经济增长问题，到底有哪些因素会决定或影响一国的经济增长。

与物理、化学等学科研究没有生命和意识的对象不同，经济学研究的对象是人，人可以相互感知，并且不同的人有着各自不同、彼此独立的动机，这样就使得经济学的研究难度更大。一般来讲，人们把不涉及人的自然科学称为"硬科学"，而把研究人的社会科学称为"软科学"，经济学就属于这样的软科学。人们普遍认为"硬科学"更为严格，因而也更为科学，这也是有些人并不把经济学看成是科学的原因之一。

2.1.2 作为政策顾问的经济学家

经济学家不仅要进行科学的研究，并且还会进行对策的研究，为政府、企业，甚至个人出谋划策，在面对某些问题的时候应该采取什么样的应对措施，如何做才能取得更好的结果。在这个时候，这些经济学家就不再是以科学家的身份来研究经济学了，而是以政策顾问的身份为人提供建议。社会对经济学有诸多期待，经济学被社会赋予了多种的职能，经济学家也就有了多重的身份。当经济学家试图去解释世界时，他们是科学家；当经济学家试图去帮助或改善世界时，他们是政策顾问。

还有一些经济学家，信奉"理论为自然立法"的观念，崇尚理性主义，他们不是要对世界进行解释，而是依据自己的理念进行设计，建构一个符合理性原则的、美好的社会愿景，然后努力地去实现这一愿景。他们回避用经验事实去检验其理论，在其理论与现实世界相抵触的时候，他们不是去修改自己的理论，而是力图去改变世界使之符合自己的理论。他们认为理论可以指导人们的实践活动，目的是要建立一个他们理想中的新世界。

2.1.3 实证经济学与规范经济学

我们可以把经济学家表述问题的方式分为两大类：实证表述和规范表述。

实证表述（positive statements）指的是回避价值判断，做出关于世界是什么样子的陈述。它关注事实和因果关系，试图运用科学的语言来描述经济行为，并用科学的方法说明经济实际上是什么样子的。实证表述可能是正确的，也可能是错误的，我们可以用实际的数据来对其进行检验。比如，"政府发行货币过多会导致通货膨胀""汽车保有量过多会导致城市道路的拥堵"等就属于实证表述。

规范表述（normative statements）指的是以价值判断为基础，做出关于世界应该是什么样子的陈述。它首先确立一个价值标准，明确什么是好的，什么是不好的，然后寻找如何达到好的结果的途径，或者为了达到理想的目标应该采取什么样的措施等。由于规范表述取决于价值，而不同的人有不同的价值标准，所以没有办法进行检验。比如，"政府应该治理通货膨胀""为减少城市道路拥堵应该控制新车上牌数量"等就属于规范表述。规范表述表达了一种观点，但没有声称这是可以检验的事实，因此不属于科学的经济学。

运用实证的研究方法得出的结果就是实证经济学，运用规范的研究方法得出的结果就是规范经济学。这是两种不同的经济学，其区别在于是否以价值判断为前提、解决的问题是什么和应该是什么,是否具有客观性(即是否能运用现实数据来进行验证)。同时二者又有密切的联系,规范分析往往以实证分析为基础,而由于不可能完全排斥价值判断,实证分析中也可能带有价值色彩,这两种分析方法经常是混合使用的。

快乐学习

小说《致命的均衡:奇案中的经济学》

作者:[美]马歇尔·杰文斯   译者:罗全喜,叶凯
出版:机械工业出版社2005年版

故事梗概:这是一部经济学侦探小说,故事情节围绕着一件凶杀案的侦破展开。美国哈佛大学经济学院一名优秀的青年教师丹尼斯·戈森自杀了,因为哈佛大学职称和终身制评定委员会刚刚拒绝聘任他为经济学教授。对一个学者来说,被拒绝聘任可能是终生耻辱,而对戈森这样的经济学家来说,为此自杀就太不值得了,因为即使在哈佛被拒也完全可以在其他学院找到理想的教职。但紧接着,更恐怖的事情发生了,评定委员会里投他反对票的两个委员相继被杀害。警察在案发现场找到了戈森未婚妻香农小姐的手套,于是香农成为重要的嫌疑人被逮捕。经过法庭的审理,香农被控二级谋杀罪成立,被判处终身监禁。

戈森的同事、著名经济学家亨利·斯皮尔曼意识到事情不会这么简单,整个事件有很多不符合常理之处,他总感觉有些线索在暗示凶手另有其人。在哈佛大学校友组织的一次"海上哈佛"活动的游船上,斯皮尔曼教授偶然之中读到了一位同事的社会学著作,在该著作中,他发现其中有明显违背经济学原理的内容,他把这一发现与整个谋杀事件的前因后果进行了梳理,终于明白了不仅香农是被冤枉的,而且戈森也不是自杀。而这时,整个事件的凶手就与斯皮尔曼教授近在咫尺,并且已经知道了斯皮尔曼教授发现了他的罪行……

包含的经济学原理:这部小说中包含了大量的经济学原理,涵盖了几十个重要的知识点。书中通过各种现实生活中的案例将深奥的经济学解释得通俗易懂,使读者在阅读侦探小说的过程中,发现经济学的乐趣,并产生学习兴趣。本书被美国上百所大学列为经济学必读参考书目,很多经济学家认为读此书比学一个学期的经济学原理收获更大。

书中主人公亨利·斯皮尔曼教授的原型是著名经济学家、1976年诺贝尔经济学奖获得者米尔顿·弗里德曼(Milton Friedman),他这样评价该书:"这本小说是如此令人如痴如醉,如此引人入胜,如此构思精巧。要完整地学习经济学原理,很难找到一种比阅读此小说更愉悦,更轻松的方法了。"

本书作者马歇尔·杰文斯为威廉·俾烈特,E.M.史蒂芬(三一大学杰出经济学教授),肯尼斯·G.艾兴格(弗吉尼亚大学经济学教授)三人小组的笔名。笔名由两位著名经济学家的名字组成:阿尔弗雷德·马歇尔,于1890年发表划时代著作《经济学原理》,这本书构成了现代经济学的基础;威廉·杰文斯,被称为边际效用理论之父。这三位经济学教授为避免枯燥乏味的经济学理论使学生失去兴趣,把一些干巴巴的经济学术语融合在情节曲折生动的凶杀奇案中,写出了系列经济学侦探小说。这是其中的一本,在后面的章节中我们还将介绍他们的另两本经济学侦探小说。

2.2 作为科学的经济学

经济学家运用与物理学、生命科学等自然科学同样的研究方法来研究经济学，这些研究方法包括以下这几种基本要素：

- 观测真实世界，以获取相应的数据。
- 在观察到的事实的基础上，提出合理的假设，系统地说明原因和结果的可能解释（假说）。
- 再一次进行观察和数据整理，通过比较具体事实的结果和由假说预测的结果，对因果解释进行检验（证伪）。
- 根据这些比较，接受、拒绝或修改假说。
- 继续运用事实对假说进行检验，当结果得到不断验证时，假说就演变成一种科学的理论。

所谓科学的经济理论，无非就是可以被证伪（观测到的结果与预测的结果不相符合）但还没有被证伪的假说。**假说**（hypothesis）就是建立在一系列的假设之上的一个理论，但是仍然有待于数据或者实验的证实。可证伪性是科学的必要条件，不可证伪的假说是不能成为科学的，或者只能是"非科学"，而如果已经被证伪了，也就不能成为科学了。在没有被证伪之前，科学的理论就只是一种随时可能被证伪的假说。

2.2.1 观察事实

经济学的研究从观察真实世界的事实开始，收集经济活动的事实，当发现了以往的经济理论所不能解释的现象，新的经济学理论的需求就产生了。经济现象看上去是杂乱无章的，所以经济学对事实的观察与其他自然科学学科相比是非常困难的，这主要是由于几个方面的原因：一是从事经济活动的人是有意识的，苹果熟了掉下来并不是它自己决定要掉下来，而人的活动则不同，掺杂着人的情感和成本收益分析，这种有目的的活动与无意识的变化完全不一样；二是大量的经济活动是相互关联的，牵一发而动全身，我们研究一个简单的经济现象可能就会涉及整个国家甚至世界的全部内容；三是经济活动难以再现，物理、化学等学科中可以通过可控试验使现象多次重现，但经济学不行，你不能因为想研究通货膨胀就让这个社会再经历一次物价全面上涨的过程。所以经济学经常像天文学家、进化论生物学家等一样使用这个世界碰巧向他们提供的数据。

观察真实世界、获取必要数据是经济研究的第一步，也是非常重要的一步，我们通过对经济现象的梳理和数据的整理，提炼出所要研究的问题，一个好的问题的提出甚至比回答这个问题更重要，因为这有可能会指明经济学学科的发展方向，促进经济学的发展。

2.2.2 假设

由于经济现象纷繁复杂，要想从这看似杂乱的各种事实中提炼出问题来，就必须从中寻找有用的信息，确定哪些与我们所考虑的问题有关，哪些无关，哪些重要，哪些不重要，也就是要在做出正式构建理论假说前先做出合理的假设。

假设（assumption）就是对现实世界中的事物做出假定性的说明。假设可以使复杂的世界简单化，使解释这个世界变得更加容易。比如，我们在本书上一章介绍生产可能性边界的时候就假设一国拥有的资源和技术水平不变。虽然资源和技术水平是可能会发生变化的，但在短时间变化不会很大，我们假设其不变就可以使我们的分析变得简单容易，使我们能够更好地理解机会成本、效率等概念。

经济学的一个基本假设就是**经济人**（economic man）假设，又称为**理性人**（rational man）假设，指的是人们基于他们期望的收益和成本进行选择，系统而有目的地尽最大努力去实现自己的目标。做出这样一个假设是非常重要的，可以使分析问题变得简单，对于外界的某种激励，我们就可以预期人们会做出同样的反应。比如某种商品价格上涨了，我们就可以预期人们会减少购买，而不是有的人少买，有的人多买。需要说明的一点是，这种经济人假设并不是假设每个人都是自私自利、物质至上、不负责任、一心向钱看的，而只是强调人们会根据自己的成本收益做出选择。不同的人对收益和成本的界定和衡量是不一样的，这些不同的界定和衡量可能会影响人们的行为。经济学并不否认慷慨、公益精神或其他美德的现实性或重要性。

假设是经济理论的一个重要或关键的要素。假设和事实之间的区别在于，事实是客观真实的，而假设则不一定是客观真实的。比如，经济学中，假设厂商的唯一目标是实现利润最大化，这显然是不完全符合实际的，厂商除了追求利润外很可能还有其他的目标，如追求企业的规模、市场占有率、社会责任等。关于假设是不是应该符合客观真实，在经济学界一直存在着争论，但有一点，如果完全符合客观真实，实际上也就不需要做出假设了。读者如果有兴趣可以自行到 https://v.youku.com/v_show/id_XNDA3MjE4Nzc1Ng==.html?spm=a2hzp.8253869.0.0 上阅览、学习。

2.2.3 经济模型

在确立好必要的假设之后，经济学家就可以开始建构自己的理论了。所谓经济理论或者原理，指的就是关于经济行为或经济现象的陈述，这种陈述能够预见某种行动的可能效果。理论的形成就是从某些前提假设出发，经过一定的逻辑演绎推理，得出证明为正确的结论。当然仅仅理论推导上证明是正确的还远远不够，还必须通过检验。经济学家从观察到的事实和数据中提取并建立关于经济行为的因果假说，这种假说是一个有条件的陈述，设定了所研究的变量之间的关系，典型的假说会遵循"如果—那么"的形式，然后再用现实世界中观察到的数据去检验这些假说。经过这样的检验，经济学家试图发现能够上升为理论和原理水平的假说，通过这样一个个的假说，系统地整理事实、解释事实，并从事实中得出一般性的结论。

经济学家通常用经济模型来表述自己的研究成果。所谓**经济模型**（economic model），是指用来描述所研究的经济事物的有关经济变量之间相互关系的理论结构，通常用图形或方程式构成。经济模型是对现实世界的一个抽象表述，这意味着解释或理解某项事物时并不需要所有的细节，而只是关注有限的几个变量与因素就可以了。比如你要画一张图告诉你朋友如何到你家来,你并不需要把这一路上看到的所有东西都画上去,只要画上主要的道路和几个简单的标志就可以了。画得太多了反而会太乱,喧宾夺主,更不好找。本书上一章所介绍的生产可能性边界和循环流量图就是典型的经济模型。

2.2.4 检验

科学的经济学理论必须要通过预测现实世界中的事件来进行检验。如果所得的证据支持该理论,那么就可以初步接受该理论;如果证据不支持,那么就应该重新构建该理论,或者通过修改假设或假说来对理论进行修正,修改之后再次进行检验,直到通过检验,或者最后放弃该理论。

对于经济理论的检验,并不是一次检验通过就万事大吉了,一次检验通过只能说这一次没有被现实世界证伪,并不能据此就认定它是一个正确的理论了,不能保证以后不会把这一理论证伪。对于经济理论的检验,我们只能证伪而不能证实。也就是说,不管通过了多少次检验,都不能说这就是一个正确的理论,而只要有一次通不过检验则可以确定这一理论存在问题。我们常讲"实践是检验真理的唯一标准",通过实践,我们可以把本不是真理的理论给否定掉,却不能通过实践把一个理论检验成真理。

一个科学的经济学理论的构建和检验过程可以用图 2-1 来表示。

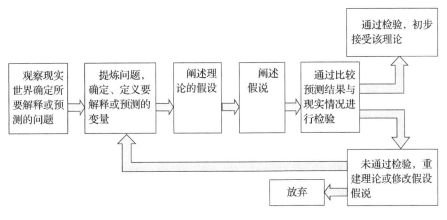

图 2-1 经济理论的构建与检验

快乐学习

电影:《大白鲨》

上映时间:1975 年　　　　　　　　　　导演:史蒂文·斯皮尔伯格
出品国家:美国　　　　　　　　　　　　出品公司:环球影业

该电影根据彼得·本奇利的同名小说改编,1976 年获第 48 届"奥斯卡"奖最佳电影剪辑、最佳配乐和最佳音响奖。

故事梗概:这是一部根据真实事件改编的电影。艾米蒂是一个景色优美的小海岛,每年夏天都会吸引大量的游客来这里度假,而岛上的居民也都以提供旅游服务为生。一天夜里，一群年轻人在海边狂欢，其中一对情侣下海游泳，结果女孩却再也没有上来。第二天，巡警在沙滩上发现了女孩支离破碎的尸体。经过检查，人们确定这是一只鲨鱼的杰作。警察局长布罗迪（罗伊·施奈德饰）想要关闭海滩，但镇长不同意，认为这会对岛屿的发展带来不利的影响，同时验尸官也认为是女孩游泳时卷进了螺旋桨内而不是被鲨鱼咬死的。结果，鲨鱼再次出现，咬死了一名小孩，小孩的母亲悬赏捕捉凶手，于是大批捕鲨猎人来到这里，很快捕到一只小虎鲨。

警长请来的一位鲨鱼专家麦特·伯氏（理查德·德莱弗斯饰）却认为凶手不可能是这只小虎鲨，但镇长坚持问题已经解决，海滩继续开放，结果鲨鱼再次出现咬死了一名游客。这下，他们不得已只能雇用著名捕鲨人昆特（罗伯特·肖饰）来捕杀这只鲨鱼。昆特熟知鲨鱼特性并拥有一套专业捕鲨设备。三位勇士出海去对付鲨鱼，终于在远海区发现了大白鲨。但这只大白鲨不但逃出了他们的陷阱，还开始攻击他们的渔船，连昆特也不幸葬身鱼腹，最后布罗迪用气枪击中了大白鲨口中的氧气瓶，消灭了它。

包含的经济学原理：经济学的理性人假设认为人们总是基于他们期望的收益和成本进行选择，系统而有目的地尽最大努力去实现自己的目标。小说中的镇长和警长就都是理性人。

艾米蒂岛是一个旅游景点，整个岛上的居民几乎都靠旅游业谋生，一旦海滩关闭，居民就会失去赖以生存的服务收入。这位镇长坚信阻止关闭海滩是为了实现城镇利益最大化，同时也是他自己利益的最大化，因为如果小镇的人们收入下降，面临失业和贫穷，镇长在连任选举时是不可能获得支持选票的，所以他的所作所为是理性的。

警长布罗迪关闭海滩的行为也是理性行为，他也考虑到经济利益方面的影响，认为鲨鱼再次袭击会给小镇的旅游经济带来更大的损失，所以在抓到鲨鱼之前宁可承受关闭海滩这种短期的损失。

这两个都是理性的人，并且都宣称自己出于对艾米蒂岛最大利益的考虑，却做出了截然相反的决定。镇长考虑的是短期影响（比如对周末假期和接下来国庆节旅游旺季的冲击），而布罗迪考虑的是鲨鱼袭击导致的长期后果。

2.3 经济学方法上的谬误

经济学研究的内容非常广泛，经济关系非常复杂，涉及很多的变量，在处理这些变量的过程中，我们很难准确地把握它们相互之间的关系，可能只看到表面的现象而混淆了事件背后的真正原因。同时经济问题对我们的影响又非常个人化，这常常使我们难以客观地思考。这样一来，在经济学的研究过程当中就可能会出现方法论或逻辑学上的谬误。失之毫厘，谬以千里，这些谬误对我们认识现实世界、探究经济理论、解释经济现象都会造成非常大的影响，必须尽量避免。经济学方法上的谬误主要有以下几个方面。

2.3.1 合成谬误

把对个体来讲是真的事实假设成对由这些个体组成的整体也必然是真的，这种逻辑推理的谬误就称为**合成谬误**（the fallacy of composition），又叫作合成推理的谬误。对局部来讲是对的东西，仅仅说明对于局部是对的，并不一定说明对整体来讲也是对的，如果硬要把局部是对的东西放大到整体，很可能就会得出错误的结论。比如，一个农民丰收了，取得了高产，那对农民自己来讲是一件好事，可以获得更多的收入，但如果所有农民都丰收了就并不一定是好事了。所有农民都丰收会导致农产品供给的增加，这很可能会使农产品价格下跌，农民反而会因此减少收入。

与合成谬误相对应，还有一种谬误是**分割谬误**（division fallacy），即基于整体拥有某性质，而推论其中的部分或全部个体都具备该性质，这是一种以全概偏。

2.3.2 后此谬误

我们如果只是因为一件事情发生在另一件事情之前，就认定前者为后者的原因，那么我们就犯了**后此谬误**（the post hoc fallacy），又叫作在此之后的谬误。后此（post hoc）是"后此，所以因此"（post hoc, ergo propter hoc）的缩写。它是从拉丁文翻译而来的，整个短语的意思是"在此之后，因而必然由此造成"。这是逻辑学中经常遇到的谬误，我们观察到事件 A 在事件 B 之前的事实，但并不证明事件 A 就是事件 B 的原因，比如，"小明感冒了，他吃了一些感冒药，然后他发烧了。所以，一定是这感冒药让他发烧的"。发烧可能是感冒本身造成的，未必是感冒药造成的，把发烧的原因归结于吃感冒药就是一种后此谬误。

在实现世界中，这种后此谬误是非常普遍的，在观察问题的过程中经常会出现这种似是而非的观点。如果根据用后此谬误的方法建立的理论来进行决策很可能会造成损失，达不到预期的效果。天亮之前公鸡会打鸣，如果因此就认为公鸡打鸣是天亮的原因就太荒谬了，你即使杀死所有的公鸡也不可能阻止天亮。

2.3.3 不能保持其他条件不变

在进行经济研究的过程中我们要做出必要的假设，其中一个重要的原因就是要力图做到其他条件保持不变，从而只分析我们认为重要的少数几种变量之间的相互关系。但在实际的研究过程中，经常会出现**不能保持其他条件不变**（failure to hold other things constant）的情况，这样一来，变化了的其他条件就会干扰我们的分析，从而不能够准确地获得我们所要研究的重要变量之间正确的相互关系。

有人提出一种观点，降低税率可以在增加财政收入的同时减少预算赤字。其依据是美国肯尼迪政府 1964 年的"减税"大大降低了税率之后，1965 年政府收入马上就有所上升。据此，他们认为降低税率便可提高政府的收入。这一推理的错误就在于它忽略了 1964～1965 年期间的经济增长。由于人们的收入在这一时期有所上升，因此，即使税率降低了，政府收入依然有所增加。进一步的研究表明，如果 1964 年没有降低税率，1965 年政府收入会达到更高的水平。这一研究结果显然是没有能够坚持保持其他条件（即收入）不变的原则。因此，如果想得到正确的研究成果，那我们就必须切记：当你分析一个变量对经济体系的影响时，一定要保持其他条件不变。

2.4 经济学家经常意见不一致的原因

在人们的印象中，经济学家总是在很多问题上争来吵去，永远达不成一致意见，以至于著名剧作家萧伯纳曾经这样讽刺经济学家："即使把所有经济学家首尾相接地排成一队，他们也达不成一个共识。"那么，经济学家真不可能达成一致的意见吗？是什么原因导致经济学家的意见经常不一致呢？

2.4.1 经济学家的意见分歧经常被放大

之所以在人们的印象中经济学家总是存在意见分歧，一个重要原因可能是媒体有意无意地放大了这种分歧。当经济学家对某一问题的看法已经达成共识的时候，编辑记者可能就会认为这样的情况没什么新闻价值，因此，在全行业对某一问题形成一致意见的时候一般不会去报道。而一旦出现某位经济学家对某一问题发表了不同意见，或者不同的经济学家意见出现分歧的时候，他们才认为有了新闻价值。所以，大家从媒体上看到关于经济学家之间没有达成一致意见的领域要远远大于实际上已经取得共识的领域。

另外，政府或者其他不同的利益集团也会对经济学家的观点分歧起到推波助澜的作用，他们会运用自己的各种资源，支持、鼓励、推动那些对他们有利的观点，甚至在经济学家中寻找代理人，争取话语权。这就使得一些其实并不一定代表主流认知的经济学观点会被人为放大，给人们造成经济学界分歧严重的印象。

尽管人们看到的经济学家表面上的分歧比实际上的分歧要大，但同时也不可否认，在许多问题上，经济学家确实是难以达成一致的意见的。之所以这样，主要是以下两个方面的原因。

2.4.2 价值判断的不同

经济学家都是生活在现实世界中的人，有自己的喜怒哀乐和价值取向，而这些不可避免地会体现在其研究或观点中。经济学家从不同的价值观出发，站在不同的立场上，对同一个问题必然会有不同的判断，有不同的观点。更有一些经济学家会代表不同的利益集团，从本集团的角度出发，表述对本集团有利的观点，这样代表不同利益集团的经济学家就会发出不同的声音，比如，当石油或者房产涨价或降价的时候经常有经济学家做出观点相反的评论。这种由于价值判断不同而导致的经济学家之间意见分歧的情况属于规范经济学的范畴。

2.4.3 模型建构的差异

经济学家是运用经济模型来进行经济学分析和研究的，而经济模型是对现实世界的简化呈现，需要设定大量假设条件从而把一些不重要的因素排除在模型的分析之外。但不同的经济学家对重要因素的重要性判断并不相同，这样就会导致假设条件不同，因此，不同的假设条件下得出不同的结论也就顺理成章了。但是，如果进行更深入的研究与比较，这些持不同观点的经济学家可能会发现他们讨论的其实是同一问题的不同方面。

2013年，中国社科院工业经济研究所发布了一项名为"中国经济学人热点调研"的专业调查报告，对未来十年中国贫富差距做出了判断。28%的经济学家认为贫富差距会得到改善，中产阶级将扩大，进而发展成橄榄型社会；19%的经济学家认为贫富差距将维持目前这一水平。此外，将近两成（17%）的经济学家认为此事"不好说"。这些调研数据呈现出较为均匀的分布状态，这表明经济学家在这一问题上有较大分歧。

这种由于模型建构导致的观点上的差异可以通过收集数据来检验哪个更符合现实，这样，争论最终会平息，但这花的时间比较长，比如，上例中提到的问题可能要到十年后才能得出结论。由于现实经济一直处在变化过程中，有些模型会随着时间的推移而失去意义，新的模型又会产生，所以经济学家们总会有一些不一致的观点，而政策的决策者们必须做出决策，相信某一派经济学家的观点。

2.5 小结

经济学家们的思维方式是由其研究的对象决定的，这使得经济学与其他的自然科学和社会科学都不同，形成了自己独特的研究方法和研究工具。关于这些，我们在以后的学习中会有更深的体会和认识。学会像经济学家一样思考，使我们拥有与众不同的看问题的角度和方法，使我们更加深入、全面地了解我们所处的现实世界，这十分有助于我们的生活、工作和学习。

延伸阅读

经济学小史（上）

自1776年亚当·斯密的《国富论》发表以来，经济学已经走过了240多年的历程，期间伟大的经济学家不断涌现，精彩的理论层出不穷，经济学由此发展成为一门欣欣向荣、不断发展的科学，被誉为"社会科学皇冠上的明珠"。本文简单地勾勒出了经济学发展的历史进程，让大家领略经济学演进传承的精彩。由于内容较多，本文分上下两部分，上部分主要介绍古典经济学发展阶段，从亚当·斯密到马克思，经济学前100年的精彩演绎。读者如果有兴趣可以自行到 http://www.wdjjlt.org/yl/forum.php?mod=viewthread&tid=297 上阅览、学习。

关键词

实证表述　规范表述　假说　假设　　经济人　经济模型　合成谬误　后此谬误

思考题（扫描右侧二维码可以查看参考答案并参与讨论）

1. 经济学家可以分为哪两种不同的类型？
2. 什么是实证表述？什么是规范表述？二者的区别与联系是什么？
3. 为什么说经济学对事实的观察比自然科学

研究难度更大？
4. 经济学的研究方法包括哪些？
5. 什么是假设？假设与客观真实之间的关系是什么？
6. 如何理解经济人假设？
7. 什么是经济模型？
8. 对经济理论的检验会有哪些结果？
9. 举例说明什么是合成谬误？
10. 举例说明什么是后此谬误？
11. 经济学家们经常出现意见分歧的原因是什么？

◆ 讨论与应用（扫描各题右侧二维码可以参与本题讨论）

1. 根据统计数据，平均而言，已婚男性比年龄和教育水平相同的未婚男性赚取的收入多，能不能由此得出"结婚是原因，更高的收入是结果"的结论？在研究这一问题的时候应该注意一些什么问题？

2. 请判断下列各项属于实证表述还是规范表述，并做相应的解释。

    a. 在网店的冲击下，很多实体店将要倒闭。
    b. 应该提高国有企业的经济效益，以巩固公有制为主体的经济制度。
    c. 利率降低会使股市行情变好。
    d. 政府应保证国民经济保持较稳定的增长率。
    e. 火车站票应该降低售价。
    f. 冰淇淋销售量与游泳溺水死亡人数正相关。

3. 有这样一种说法：建立一个确切反映已经发生过的事件的经济模型要比建立一个预测未来事件的模型容易。你认为这种说法正确吗？为什么？这对建立一个良好的经济模型的困难意味着什么？

4. 米尔顿·弗里德曼强调经济学的预测功能，他认为经济学是实证科学。具体说来，实证经济分析方法的任务和终极目标是提供和发展一种能够对尚未观察到的现象做出合理的、有意义的预测。他认为只要理论与未来的预测相符，就不必在意其假定前提是否现实。

    保罗·萨缪尔森认为，科学只提供描述，最多是在描述的基础上进行解释，而不能提供任何预测。经济学的理论知识只是对经济现实进行的解释，严格检验那些依照这个理论的逻辑推演产生的推论是否与所要解释的经验事实相一致。如果一致，就是不被证伪，这个理论暂时就是可以接受的；如果不一致，这个理论就必须被修正和摈弃。

    你如何看这两位著名经济学家的观点？

5. 经济学家为什么喜欢说证据支持理论，而不是说证据证明理论是正确的？

6. 大多数时候，你的室友在听音乐时都会把音乐放得很响，而你是一个喜欢安静的人，你建议她买一副耳机，她回答："尽管我喜欢用耳机，但眼下我还有其他更重要的事情要用钱。"你与一位学经济学的朋友讨论此事，谈话如下：

    朋友："买一副耳机多少钱？"
    你："15元。"
    朋友："这个学期你觉得保持一个平和安静的环境值多少钱？"
    你："30元。"
    朋友："如果你送一副耳机给室友，那就是一个有效率的行为。你的所得大于你的所失，收益大于成本，你应该这样做。"
    你："我买耳机，这不公平，并不是我发出了噪声。"

    a. 上述说法中，哪部分是实证命题，哪部分是规范命题？
    b. 罗列证据支持你的观点——室友应改变自己的行为。同时，站在你室友的角度

罗列证据——你应该买耳机。

c. 如果你们学校寝室管理规定学生可以在寝室有无限制地听音乐，谁的观点将胜出？如果规定在有人抱怨的情况下就得停止听音乐，谁将可能胜出？

7. 你认为马克思主义政治经济学是属于实证经济学还是规范经济学？为什么？

8. 一个外星人来到地球，并观察到如下现象：早上当人们带伞时，这一天往往会下雨。外星人得出结论：雨伞引起下雨。

   a. 外星人犯了什么错？

   b. 外星人的错误中，预期起了什么作用？

   c. 如果实际上是由温度、湿度和风向等引起了下雨，那么外星人确定雨伞引起下雨，他还犯了什么错误？

9. 为什么经济学家要假设"所有其他条件不变"或者"没有其他变化"？什么时候其他的某些条件也可能会发生变化？

10. 假设两个经济学家争论对待失业的政策，一个经济学家说："政府应该对失业宣战，因为它是最大的社会不幸。"
    另一个经济学家则说："通货膨胀才是最大的社会不幸"。这两位经济学家：

    a. 有意见分歧是因为他们有不同的科学判断。

    b. 有意见分歧是因为他们有不同的价值观。

    c. 实际上根本没有意见分歧，只是似乎有分歧。

11. 假设研究表明学习的时间越长，学生得分越高，这种关系能保证每位学生学习时间越长得分越高吗？

12. "经济学的分析从根本上来说是错误的，因为它假设人们的动机是自私的。但这是不对的，我就不是一个自私的人，而且我所认识的大部分人也都不自私。"请评价该说法。

第 3 章
CHAPTER3

交易可以让每一个人变得更好

在现代经济社会，人们不可能自己生产所需要的所有商品，而是用自己生产的商品或劳务去与其他人进行交换。我们每天都享受着大量跟我们素不相识的人为我们提供的产品与服务，我们的生存就依赖于这些遍布世界各地的陌生人。现代经济本质上是一种相互依存的经济，没有人能孤立地生存。那么人们为什么要选择这样的相互依存呢？比起自给自足的生活方式，这种相互依存的生活方式可以给人们带来哪些好处呢？各国之间的国际贸易也是一种相互依存，它又有什么好处呢？本章将对此进行初步的分析，主要内容包括交易与分工、比较优势的含义及其应用。

3.1 交易与分工

交易（exchange）又叫交换，指的是人们用一种东西换取另一种东西的过程。通常情况下，我们用货币去换取物品或劳务。交易是我们每天都要进行的活动，在我们身边，交易随处可见。同时，交易还可以带来分工，交易与分工使我们的生活变得更好。

3.1.1 交易的好处

本章课件

人们为什么要进行交易呢？答案就是要让自己的状况变得更好。比如，小明花 100 元从一位学长手里买了一辆二手自行车，对于小明来说，他会认为这辆可以在接下来的日子里让他不再在校园里步行奔波赶时间去上课的二手自行车比 100 元更有价值，而卖给小明二手自行车的学长可能因为快毕业了自行车没用了，或者想换一辆新车而认为把它换成 100 元对自己更好。人们总认为交易应该是等值的，但实际上交易不可能等值，如果是等值的，就没必要交换了。每个人都是用对他自身而言价值较少的东西来换取价值更高的东西。就上面的例子而言，小明认为这辆二手车的价值高于 100 元，而学长则认为这 100 元的价值高于这辆二手自行车，只有在这样的情况下交易才能发生。

交易不像体育比赛，必然有一方输一方赢，也不像零和游戏，一方所得是另一方所失。交易双方都可以从交易中获得利益，每一个参与交易的人都可以通过交易而变得更好。

需要说明的是，我们这里讲的交易指的是自愿的交易，是在平等、自由的基础上进行的交易。交易双方不是依附关系，也不存在强买强卖的情况。交易双方都是各自独立自主地衡量自己的收益和成本，能够平等地进行讨价还价并且可以自由地决定是否退出交易。在这种情况下，交易肯定能够使双方的所得大于自己的所失，从而双方都能从交易中得到好处。

在交易中，我们把用一定数量的某种东西能够交易多少数量的其他东西称为**交易条件**（terms and conditions），小明用 100 元买了辆二手自行车，那么交易条件就是一辆二手自行车 = 100 元。购买者和出售者都希望交易条件对自己更有利，卖者希望价格高一些，而买者希望价格低一些，而最后成交的价格则取决于双方的讨价还价。在了解了交易和交易条件的不同后，我们在听到某个人说"被坑"或"被宰"了的时候就不会认为这个人是因为交易而遭受损失了，很多时候他这么说只是在表达他希望为这种商品或劳务支付更少（购买者）或者通过这种商品或劳务得到更多（出售者）的愿望罢了。

3.1.2 分工与专业化

交易可以让每一个人变得更好，除了交易本身会让参与交易的人以低的成本获取高的收益之外，由交易导致的劳动分工和专业化还可以提高生产效率，从而产出更多的产品。**劳动分工**（division of labor）指的是把生产划分为许多细小的专业步骤或作业任务，让每个劳动者专门从事其中的某一部分。**专业化**（professionalization）则是指让个人或者国家各自集中精力去完成某一项（或一系列）任务，从而使得每个人或国家都能够发挥其特殊技能或资源优势。通过劳动分工和专业化可以充分地发挥每一个人的特长，而不是让每一个人都平庸地去做每一件事。

经济学之父亚当·斯密曾经详细地论证过劳动分工与专业化带来的劳动生产率的提高，他的代表作《国富论》中有一个著名的例子，描述了一个大头针工厂的专业化生产："一个人抽出金属丝，另一个人把它拉直，第三个人再把它切断，第四个人削尖，第五个人打磨顶部做出头……用这种方法，做一枚别针的工序被分为 18 个单独的操作程序。"这种程序使得 10 个人一天内可以制造 48 000 枚大头针，而如果"所有人都单独工作，则每个人一天都无法生产出 20 枚，甚至可能连一枚大头针也生产不出来"。亚当·斯密还总结了分工能提高劳动生产率的三个主要原因：第一，劳动者的技巧因业专而日进；第二，由一种工作转到另一种工作，通常须损失不少时间，分工可以免除这种损失；第三，许多简化劳动和缩减劳动的机械的发明，使一个人能够做许多人的工作。

亚当·斯密认为这种劳动分工和专业化的结果是极大地提高了产品产量，这是经济增长的源泉。亚当·斯密《国富论》的全称叫作《国民财富的性质和原因的研究》，其开篇就讨论分工，认为这种劳动分工与专业化就是国民财富增长的重要原因，导致的财富增长将实现"普遍的丰裕,连最底层的人们都能享受到它的恩惠"。

劳动分工和专业化可以提高劳动生产率从而生产更多的物品与劳务,那么分工与专业化是怎么产生的呢?答案是来源于交易。亚当·斯密曾经分析了分工的缘由,他认为分工源于一种人类倾向,"这种倾向就是互通有无,物物交换,互相交易""这种倾向为人类所共有,亦为人类所特有"。这个道理很简单,如果没有交易,生产者就不能预期自己生产出来的专业化商品能够卖出去,换回自己所需要的其他商品,他就不敢专业化地只生产某种商品。只有交易发达了,他能够预期他的产品可以交换出去,他才可以放弃其他产品的生产,专业化地生产自己所擅长的商品。并且交易越发达,分工也就越细。

分工的发展完全是建立在交易发展的基础上的,不是由分工决定交易,而是由交易决定分工。亚当·斯密甚至进一步地发展了这一思想,提出了所谓的**斯密定理**(Smith theorem):只有当对某一产品或者服务的需求随着市场范围的扩大增长到一定程度时,专业化的生产者才能实际出现和存在。随着市场范围的扩大,分工和专业化的程度不断提高。反过来说,如果市场范围没有扩大到一定程度,即需求没有多到使专业生产者的剩余产品能够全部卖掉时,专业生产者不会实际存在。人们普遍认为,斯密定理是经济学的理论基础,如果没有斯密定理,经济学的理论大厦就将崩塌。

快乐学习

小说《大抉择:关于自由贸易与贸易保护主义的寓言》(第3版)

作者:[美]罗塞尔·罗伯茨　　　　　　　　　　　　译者:陈宇峰
出版:中国人民大学出版社,2010年
1994年被《商业周刊》评为年度最佳商业类图书。

故事梗概:艾德是美国一家电视机制造公司的CEO,由于日本电视机的竞争,他的企业利润下降,处境艰难,濒临倒闭。为了挽救自己的企业,也为了保护由于受到日本企业的竞争而生存日益困难的制造业,艾德找到了自己的好朋友——担任国会议员的法兰克,希望他帮忙在国会推动一项立法,实行贸易保护主义政策,通过法案把日本竞争对手排除在外。经过不懈的努力,他即将说服法兰克。但就在成功的前夜,他辗转反侧、心中忐忑不安,说什么都睡不着了。这时,十九世纪伟大的经济学家大卫·李嘉图出现了。

原来李嘉图去世后他的灵魂一直不能进入天堂,天堂法庭给他开出了一个升入天堂的条件,那就是说服艾德放弃贸易保护主义思想,使之相信自由贸易的好处。于是李嘉图开始为艾德讲解比较利益理论,讲解相互贸易带来的好处。他还带领艾德穿越时空,到未来的两个美国看一下。一个实行自由贸易的美国,四十多年后成为一个科技进步的现代国家,已经不再生产电视,而是通过贸易获得,人们生活得富足、快乐;另一个实行保护主义的美国则止步不前,封闭落后,人们的生活也陷入贫困。

在李嘉图的帮助下,艾德充分认识到按照比较利益原则实行自由贸易的好处。虽然他的工厂倒闭了,但这是市场竞争下的自然现象,对整个国家来讲却是有利的。

包含的经济学原理:罗塞尔·罗伯茨是美国圣路易斯市华盛顿大学经济、政治和公共政策默里·魏登鲍中心的约翰·M. 奥林高级研究员，美国国家公共电台的时事评论员。他这部小说的故事情节非常简单，书中摒弃了复杂的经济学术语，从日常生活中的现象出发，为读者深入浅出地讲述了比较利益理论。该书涉及与全球经济有关的一系列广泛的话题，从关税、配额问题到失业工人，再到他们下一代的生活，对其一一进行了深入细致的剖析，是我们学习经济学理论尤其是贸易理论不可多得的一本参考书。

本书第 1 版完成于 20 世纪 90 年代初期，由于日本在世界范围内的经济扩张，美国人民纷纷担心他们的生活水准将由此受到损害，美国国内上上下下都处于一种谈日本而色变的紧张气氛之中；本书的第 2 版是在北美自由贸易区（NAFTA）签订之后才完稿，而彼时的美国人又认为墨西哥是美国的下一个威胁；现在出的是第 3 版。作为经济自由主义的坚定支持者，罗伯茨教授每次在关键时刻都会大力宣扬自由贸易的好处，给大众以信心。

新版《大抉择》一书收录了大量的最新数据以及对当今热点问题的讨论，包括服务外包、制造业在现代经济中的角色、全球化与经济发展、比较优势、贸易协定的政治经济学等。

3.2 比较优势

劳动分工和专业化可以提高劳动生产率从而生产出更多的产品与劳务，以创造更多的财富。那么，劳动分工和专业化的依据是什么呢？什么因素决定了谁去从事什么？专业化生产后又是如何获利的呢？答案就是比较优势，劳动分工与专业化其实是追求比较优势的另一种说法。

3.2.1 绝对优势

这里讲的优势指的是能够以比其他人更低的成本生产出产品与劳务的情况。对于成本的衡量可以有两种方法。一种是用比较投入成本的方式，如果一个生产者生产某种产品时比其他生产者所需的投入少，那么我们就可以说这个生产者在这种产品的生产上具有**绝对优势**（absolute advantage）。如果每个人或国家都在某种产品生产上具有绝对优势，那么当大家都集中精力专业化地生产自己具有绝对优势的产品时就可以极大地提高劳动生产率，实现产出量的最大化，然后在分工的基础上开展相互贸易，进而每一个人都可以从中获益。

绝对优势原理是亚当·斯密提出来的，它解决了具有不同优势的个人或国家之间的分工和交易的合理性。但是，这只是经济中的一种特例，当两个人相比，一个在所有产品生产上都处于绝对优势地位，而另一个都处于绝对劣势地位时，这种理论就没办法解释其分工问题了。在分工与交易问题上更一般的原理是比较优势学说。

3.2.2 比较优势

衡量成本的另一种方法是比较不同生产者的机会成本。如果一个生产者在生产某种物品时比其他生产者放弃了更少的其他物品，就是说他生产这种物品的机会成本更低，那么他就在这种物品的生产上具有**比较优势**（comparative advantage）。每个生产者都专业化地生产自己具有比较优势的产品，然后在此基础上进行相互交易，那么每个人都可以从中获得好处。下面我们就通过一个例子来分析人们如何从专业化生产某种他们拥有比较优势的产品中获利。

假设小李和陈伯各自经营着一家小吃店，他们都只生产和出售炒面和凉皮两种食品。

小李是个快手，假设她90秒钟就可以生产1份炒面或者1份凉皮。如果她把全部时间用来生产炒面，1个小时可以生产40份；如果她把全部时间用来生产凉皮，1个小时也可以生产40份。每多生产1份炒面就必须减少1份凉皮，反之，每多生产1份凉皮就要减少1份炒面。因此，小李生产1份炒面的机会成本是1份凉皮，生产1份凉皮的机会成本是1份炒面。小李的顾客购买相同数量的炒面和凉皮，因此她平均分配她的时间，1小时内生产20份炒面和20份凉皮。其生产可能性情况如表3-1所示。

与小李相比，陈伯的效率要低一些，生产的速度比较慢，假设他用全部的资源生产炒面，1个小时可以生产6份，但陈伯比较擅长生产凉皮，假设他用全部资源来生产凉皮，1个小时可以生产30份。无论陈伯怎么分配这两个产品之间的生产时间，其生产能力不变，都是2分钟生产1份凉皮，10分钟生产1份炒面。因此，陈伯生产1份炒面的机会成本是5份凉皮，生产1份凉皮的机会成本是1/5份炒面。与小李的顾客一样，陈伯的顾客也购买相同数量的炒面和凉皮，他必须用50分钟生产炒面，用10分钟生产凉皮，每小时生产5份炒面和5份凉皮。其生产可能性情况如表3-2所示。

从两家小吃店的数据中我们可以看出，小李在炒面和凉皮这两种产品上都具有绝对优势，而陈伯则都处于绝对劣势的地位，如果按照绝对优势原理，二者之间是没办法开展相互交易的。但是如果按照比较优势原理就不一样了。我们先看陈伯，他虽然在两种产品的生产上与小李相比都处于不利的地位，但他却在凉皮的生产上具有比较优势，因为他生产凉皮的机会成本是1/5份炒面，低于小李生产凉皮的机会成本1份炒面。而小李则在炒面上具有比较优势，因为她生产炒面的机会成本是1份凉皮，低于陈伯生产炒面的机会成本5份凉皮，小李虽然在凉皮的生产上具有绝对优势，但却不具有比较优势，其生产的机会成本远高于陈伯。这样我们可以看到，小李和陈伯都可以找到自己具有比较优势的产品和不具有比较优势的产品，如果两个人都集中资源生产自己具有比较优势的产品，然后在专业化生产的基础上进行交易，那么两个人就都可以获得更多的好处。

现在我们假设两个小吃店之间进行专业化的分工，如表3-3所示。

从表3-3中可以看出，在分工前，小李生

表3-1　小李的生产可能性

项目	分钟/份	份/小时
炒面	1.5	40
凉皮	1.5	40

表3-2　陈伯的生产可能性

项目	分钟/份	份/小时
炒面	10	6
凉皮	2	30

表3-3　小李和陈伯从交易中获利的情况

单位：元

	小李	陈伯
a) 生产（分工前）		
炒面	20	5
凉皮	20	5
b) 生产（分工后）		
炒面	35	0
凉皮	5	30
c) 交易		
炒面	卖10	买10
凉皮	买20	卖20
d) 交易后		
炒面	25	10
凉皮	25	10
e) 交易获利		
炒面	5	5
凉皮	5	5

产 20 份炒面和 20 份凉皮，陈伯生产 5 份炒面和 5 份凉皮。分工开始后，陈伯放弃炒面的生产，若把全部资源用来生产凉皮可生产 30 份，而小李则把炒面的产量提高到 35 份，剩下的资源用来生产凉皮，可生产 5 份。与分工前相比，两个人炒面和凉皮的产量都增加了 10 份，由一共 25 份增加到一共 35 份。在分工的基础上两个人进行彼此之间的交易，我们假设其交易的比例为 1 份炒面交换 2 份凉皮，在此交易条件下，小李卖出 10 份炒面，买入 20 份凉皮，陈伯则卖出 20 份凉皮，买入 10 份炒面。

交易完成后，小李拥有 25 份炒面（生产 35 份，卖给陈伯 10 份）和 25 份凉皮（生产 5 份，从陈伯处买入 20 份），陈伯则拥有 10 份炒面（没有生产，从小李处买入 10 份）和 10 份凉皮（生产 30 份，卖给小李 20 份），两个人都比分工前增加了 5 份炒面和 5 份凉皮。这就是分工和交易给两个人带来的利益。这一过程我们还可以通过图 3-1 来分析。

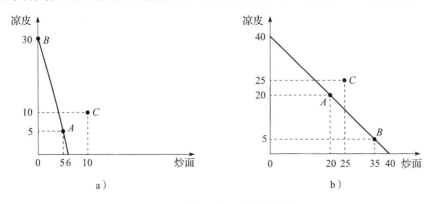

图 3-1　从专业化和交易中获益

图 3-1a 代表陈伯的生产情况，图 3-1b 代表小李的生产情况。从图中可以看出，在分工以前，两个人都在 A 点进行生产，陈伯生产 5 份炒面和 5 份凉皮，小李生产 20 份炒面和 20 份凉皮。开展分工后，两个人的生产点由 A 向 B 移动，最后在 B 点实现两种产品的数量组合，陈伯生产 0 份炒面和 30 份凉皮，小李生产 35 份炒面和 5 份凉皮。交易之后，两个人的两种产品数量组合点移动到 C 点，陈伯拥有 10 份炒面和 10 份凉皮，小李则拥有 25 份炒面和 25 份凉皮。可以看出，两个人的 C 点都处于其生产可能性边界的外边，也就是说他们都突破了生产可能性边界的束缚，获得了比自己生产更多的产品，这就是专业化生产和交易带来的利益。读者如果有兴趣可以自行到 https://v.youku.com/v_show/id_XN-DA3NTg3OTA1Ng==.html?spm=a2hzp.8253869.0.0 上阅览、学习。

3.2.3　交换比例与交易的利益

在上面的例子当中，我们假设小李和陈伯的交易条件或交换比例为 1 份炒面 = 2 份凉皮，那么这一交换比例是如何确定的呢？

首先，根据他们各自的机会成本可以确定其交换比例的上限和下限，比如我们的例子中，小李生产 1 份炒面的机会成本是 1 份凉皮，陈伯生产 1 份炒面的机会成本是 5 份凉皮，那么他们之间炒面与凉皮的交换比例就会限制在 1:1 与 1:5 之间。如果交换比例小于 1:1，小李就会退出交易，因为她少生产 1 份炒面就可以多生产 1 份凉皮，如果她用 1 份炒面交换来的凉皮少于 1 份，那她就肯定不能满意，还不如自己生产。在这种情况下，她可能宁肯去出售凉皮来换取炒面，因为她多生产 1 份炒面就要少生产 1 份凉皮，而出售凉皮则可以用不到 1 份凉皮的代价换来 1 份炒面。显然，这一交易价格下小李和陈伯都想出售凉皮购买炒面，交易没法达成；如果交换比例大于 1∶5，陈伯就会退出交易，因为他减少 5 份凉皮就可以多生产 1 份炒面，如果要用多于 5 份凉皮来交换 1 份炒面，他肯定也会不满意而宁肯自己生产。同样，在这样的交换比例下，陈伯可能会出售炒面来换取凉皮，因为多生产 1 份炒面只需放弃 5 份凉皮，却可以换来多于 5 份的凉皮。因此，在这一交易价格下两个人都想出售炒面购买凉皮，交易同样没法达成。综上所述，只有交换比例在 1∶1 与 1∶5 之间时才是两人都能够接受的比例，1∶1 和 1∶5 就构成了两人进行交易的交换比例的下限和上限。

在交换比例的上限和下限确定之后，这中间的哪一个比例才是双方都认可的交换比例呢？这就要看双方讨价还价的能力了。每一个人都希望交换比例对自己更有利，从而使自己在交易过程中获得更多的好处。在交易过程中，两个人机会成本之间的差额就是交易的利益，而交易价格则决定了这些利益是如何在两个人之间进行分配的。在我们的例子中，两个人生产 1 份炒面的机会成本分别为 1 份凉皮和 5 份凉皮，那么交易带来的利益就是 4 份凉皮。当交易价格为 1∶2 时，小李得到 2－1＝1 份凉皮的利益，陈伯得到 5－2＝3 份凉皮的利益。如果交易价格变成 1∶3，则李小获得 3－1＝2 份凉皮的利益，陈伯获得 5－3＝2 份凉皮的利益。

可见，交易价格离自己的机会成本越远，则自己获得的利益越多，对自己越有利，对对方越不利。所以，交易时人们都会尽量地使交易价格远离自己的机会成本而接近对方的机会成本。在讨价还价的过程中，谁对对方产品需要的程度越强烈、越急于达成交易，那么交易的价格就越对谁不利，或者说，交易价格取决于双方对对方产品需要的程度。但不管达成的交易价格是多少，它肯定会处于两个人机会成本即交易价格的上限和下限之间的某个位置，这样交易双方就都可以从交易当中获得好处。

3.2.4　比较优势与国际贸易

前面我们讨论的是个人根据比较优势原理进行专业化分工和交易，则每一个人都可以得到好处。其实不仅是个人，国家与国家之间也可以依据比较优势原理进行专业化分工和国际贸易，贸易的结果同样对每一个国家都有好处。

比较优势原理是由著名古典经济学家大卫·李嘉图（David Ricardo）首先提出来的，他举了一个两个国家（英国和葡萄牙）都生产两种商品（葡萄酒和毛呢）的例子，说明了两个国家都可以通过基于比较优势的贸易和专业化而获益。以此原理为基础，李嘉图继承和发展了由亚当·斯密提倡的自由贸易思想。这一原理历经了 200 多年的考验，至今仍然是国际贸易理论的重要基础，是坚持自由贸易政策的理论核心和反对贸易保护主义的主要依据。

通过贸易，各国的人们都可以享受来自世界各地的产品与服务，也可以把他们自己的产品与服务销售到世界各地。各国被贸易和其他经济关系日益联结成一个有机整体，全球化进程不断加快，而全世界的人都从这种全球化的进程以及专业化和贸易中获益。而每一个国家在比较优势的基础上参与到全球化与专业化分工体系中去，可以更好地发挥自己的长处，弥补自己的短板，促进本国经济的发展。从全球范围来看，全球化与专业化分工体系能够促进资源在全世界范围内更有效的配置，从而提高整个世界的产出量，使经济更加繁荣，世界各国人民也会从中获益。

快乐学习

电影《首席执行官》

上映时间：2002 年　　　　　　　　　　　　　　　　导演：吴天明
出品国家：中国　　　　　　　　　　　　　　　　出品公司：山东电影制片厂

故事梗概：本片是以海尔集团首席执行官张瑞敏为原型创作的。

负债 147 万濒临破产的集体企业青岛电冰箱厂 35 岁的新任厂长凌敏（石凉饰）第一次踏出国门，去德国科隆引进利勃公司生产线。几经谈判，他终于用低价买下了一条去掉了自动化部件的生产线。

在市场的巨大压力下，上级要求凌敏加大产量，但凌敏顶住了压力，坚持质量第一。尽管凌敏坚持对员工进行技术培训，但还是出现了 76 台不合格品。凌敏被激怒，毅然将这些冰箱全部砸毁。经过几年锲而不舍的努力，海尔牌冰箱获得了中国电冰箱史上的第一块金牌。

在邓小平南方谈话鼓舞下，凌敏决定实行多元化战略，他用企业积累的全部资金买下了 800 亩地开始建设海尔工业园。当后续资金无处筹措时，美国 AE 公司提出以购买控股权为条件提供资金支持，但遭到了凌敏的拒绝。正当凌敏陷入绝境时，青岛市决定把中国证监会下达的 5 000 万股股票指标全部分配给海尔，这使得工业园顺利建成。

工业园建成后，凌敏提出二次创业，兼并了 18 家企业，并将产品成功打入国际市场。在凌敏"赛马机制"的激励下，一批有理想的年轻大学生来到海尔，迅速成长为开拓国际市场的主力军。面对国际反倾销，凌敏警觉地意识到：国际化即本土化，要冲破国际市场的重重壁垒，必须加快在国外建厂的步伐。于是，海尔把国外建厂的第一个目标选在了经济最发达的美国，这使海尔发展成为一个国际性的大公司。

包含的经济学原理：影片开始的第一组镜头就是表现凌敏等人到德国科隆引进利勃公司生产线的谈判，对方开价 450 万美元，但中方只肯出 200 万美元，谈判陷入僵局。后来凌敏提出去掉一些自动化程度比较高的零部件，用手工代替，无非是多投入一些劳动力。最后双方以 230 万美元的价格成交。这一交易过程充分体现了比较优势的原理，海尔当时拥有丰富的劳动力资源，而缺乏的就是先进的设备，这些先进设备就是我们不具有比较优势的产品，购买来这些先进设备就可以极大地提高劳动生产率，生产出更多更好的电冰箱来。去掉自动化程度高的部件用手工劳动代替，实际上也可以看成一个交易的过程，我们投入（付出）劳动力就可以节约（收益）自动化程度高的零部件（节约了宝贵的外汇），这正是用自己具有比较优势的产品交换自己不具有比较优势的产品。在这一过程中节约外汇的机会成本就是投入了更多的劳动力，实际是用劳动去交换的。

当海尔出口产品遭遇到贸易壁垒的威胁时，海尔采取了到美国内部市场去投资建厂的方式，这是绕过贸易壁垒的一种可行的措施，不仅可以直接在当地生产占领对方的市场，还可以充分利用当地的各种资源，实现资源的有效配置。

3.3 比较优势的应用

比较优势原理不仅可以用来分析人与人之间、国家与国家之间的相互交易，它还可以有更广泛的应用，其实在我们日常生活中到处都可以用到比较优势原理，人们总在自觉或不自觉地以此原理指导自己的活动。

3.3.1 个人生活中的比较优势原理

比较优势原理可以用这样一句话来概括："两利相权取其重，两弊相权取其轻"。这就是说我们要认识到自己的优势在什么地方，尽量发挥我们自身的优势，克服劣势，做到扬长避短，从而取得最好的效果。而不是眉毛胡子一把抓，不分主次，捡了芝麻丢了西瓜。比如，我们参加诸如高考或研究生入学考试这样的以总分排序的考试，在临近考试的较短时间内，就要把时间更多地分配给自己擅长、容易拿分的科目，而对于需要长期积累、短期内难以有明显提高或者自己可能不擅长的短板科目，我们就要少分配一些时间。每一门科目的每一分都是有机会成本的，增加一门科目的1分就要以放弃另一门科目的相应分数为代价，而根据自己的具体情况，不同科目分数的机会成本并不一样，我们要做的就是选择机会成本最低的科目。比较优势原理实际上也就是选择最小的机会成本，从而获得最大的收益。

著名经济学家萨缪尔森曾经在他发行量极大的教科书《经济学》中举了这样一个例子：在一个小镇上，有一个水平最高的律师，同时她也是全镇最好的打字员，那么她是应该自己既做律师业务又自己打字制作文件，还是应该专门雇用一个专职打字员，而自己则专心从事律师业务呢？与专职打字员相比，这个律师在律师业务和打字水平上都具有绝对优势，而打字员则在两方面都处于绝对劣势。对律师来讲，她从事律师业务的收入要远高于打字的收入，如果聘一个专职打字员为她打字，省下的时间去处理案件，那多得到的收入在支付了打字员的报酬后会有很大的剩余，因此，她雇用一个专职打字员是很划算的，同时打字员在律师这里也得到了工作并赚取了收入，这样对两个人都是有好处的。

3.3.2 中国的对外开放

在改革开放前，中国对内提倡独立自主、自力更生，对外实行闭关锁国的政策，经济发展非常缓慢。改革开放后，我们打开国门，开始利用我们的比较优势，参与到国际分工体系中来，通过国际贸易和国际经济合作，极大地促进了经济发展和人民生活水平的提高。中国的改革开放是一个充分发挥比较优势的成功案例。

改革开放初期，我国资本缺乏、技术水平落后，只有丰富的劳动力资源，因此我们就发挥这一比较优势，大规模引进外资，兴办中外合资、中外合作和外商独资企业，设立经济特区和沿海对外开放城市，建立出口加工企业，大力发展对外贸易，尤其是出口贸易，通过出口劳动密集型商品换回国内需要的机器设备等资本密集型商品，开展劳务输出及对外承包工程，开展多种形式的国际经济合作。通过这一系列的对外开放措施，我国充分发挥了自己劳动力资源方面的比较优势，日益融入到国际分工体系中去，使我国经济得到了迅速的发展，人民生活水平日益提高。对外开放成了我国的一项基本国策。

我国还采取了一项"以市场换技术"的政策，就是开放我国巨大的消费市场，引进外商直接投资，引导外资企业的技术转移，获取国外先进技术，并通过消化吸收，最终形成我国独立自主的研发能力，提高我国的技术创新水平。我国市场上外资企业具有相对技术优势，我国企业无法完全满足市场，而引进的技术是优于我国的技术的，利用它能生产出我们国内还不能生产或是能生产但质量差、成本高、资源消耗多、缺额大，需要长期大量进口的先进产品，特别是那些高、精、尖产品。通过这些措施，我国迅速地缩小了与国际先进技术水平的差距，并在引进技术的基础上大力开展技术创新，研发具有自主知识产权的高新技术，使我国的技术水平有了大幅度提高，目前已经拥有了以高铁技术等为代表的一大批具有国际领先水平的技术。

通过40多年的实践，我国已经从改革开放中获取了巨大的利益，经济长年保持快速增长，目前已经成为全球第二大经济体，人民的生活水平不断改善，国家经济实力不断增长，国际地位和影响力日益提高。

3.4 小结

交换或交易是人的一种天性，或曰"天赋倾向"。通过交易，我们可以用自己评价低的商品交换来自己评价高的商品，从而提高我们的福利水平。更重要的是，在交易的前提下可以形成社会分工，每一个人都能从事自己最擅长的工作，从而提高劳动生产率，优化资源配置，产出更多的财富。交易可以使每一个人从中得到好处，对于一个国家来讲也是如此。

❖ 延伸阅读

经济学小史（下）

经历了古典经济学的辉煌之后，经济学的发展进入一个低谷期，一直到边际革命的爆发。门格尔、杰文斯和瓦尔拉斯共同开创了经济学的新时代，之后由马歇尔完成经济学的新古典阶段。凯恩斯革命使经济学走向了另一个方向，而凯恩斯经济学失灵之后整个现代经济学进入了一个群雄并起、精彩纷呈的时代，认同与反对凯恩斯者长期对垒，共同构成了主流经济学的内容。本文的下半部分就对经济学后一百多年的发展历程进行了一个简单的介绍。读者如果有兴趣可以自行到 http://www.wdjjlt.org/yl/forum.php? mod = viewthread&tid = 742 上阅览、学习。

关键词

交易　交易条件　劳动分工　专业化　斯密定理　绝对优势　比较优势

思考题（扫描右侧二维码查看答案参与讨论）

1. 什么是交易？举例说明交易如何让每一个人变得更好？
2. 通常人们所说的"被坑"或"被宰"指的是什么？
3. 什么是交易条件？
4. 什么是劳动分工和专业化？交易和分工之间是什么关系？
5. 什么是绝对优势和比较优势，二者的关系是什么？
6. 举例说明比较优势原理。
7. 举例说明比较优势和贸易利益。
8. 试分析比较优势原理在我国对外开放过程中的运用。

讨论与应用（扫描每题右侧二维码参与讨论）

1. 每当中日之间有摩擦的时候，就会有人提出"抵制日货"的口号，你认同这个口号吗？为什么？

2. 刘能和赵四各有一块土地，他们各自种西瓜和甜瓜两种作物。刘能可以生产这两种产品的下列任意一种组合：（a）100公斤西瓜和0公斤甜瓜；（b）50公斤西瓜和25公斤甜瓜；（c）0公斤西瓜和50公斤甜瓜。赵四可以生产这两种产品的下列任意一种组合：（a）50公斤西瓜和0公斤甜瓜；（b）25公斤西瓜和40公斤甜瓜；（c）0公斤西瓜和80公斤甜瓜。请回答下列问题：
   (1) 画出刘能与赵四两个人的生产可能性曲线。
   (2) 刘能生产西瓜的机会成本是多少？甜瓜呢？赵四生产西瓜的机会成本是多少？甜瓜呢？
   (3) 在西瓜的生产上谁具有绝对优势？在甜瓜生产上呢？
   (4) 在西瓜的生产上谁具有比较优势？在甜瓜生产上呢？
   (5) 如果两个人之间进行交换，交换比例可能是怎么样的？
   (6) 运用题中的数据，分析两个人是如何通过专业化生产和交易使每个人都变得更好的。

3. 有一种说法："中国要用八亿件衬衫才能换一架大型空客飞机（A380）"。这种说法反映了经济学上的什么原理？你认为这样的交换合理吗？为什么？

4. 中美之间存在着巨额贸易差额，2009年，在一场中国举办的高峰论坛中，著名经济学家克鲁格曼与中国经济学家展开了一场针锋相对的激烈对话。中国经济学家认为，中国对美国之所以存在巨额贸易顺差，是因为中国在劳动密集型产品上具有比较优势，中国的东西在世界市场上看起来比较便宜，大家才会选择。而克鲁格曼则认为，比较优势仅决定出口什么、进口什么，并不决定出口数量或盈余数量（意即巨额贸易顺差或贸易不平衡主要是政策决定的）。你如何评价双方的观点？

5. 评论下述观点：
   (1) 自给自足，不依赖于外部力量，使一个国家走向繁荣之路。
(2) 自给自足的国家的消费可以突破生产可能性边界的约束。
(3) 只有在每种产品上都具有绝对优势的国家才应该努力实现自给自足。
(4) 自给自足的国家最多只能在生产可能性边界上实现消费。

6. "一个国家可以超越其资源限制的极限而生存，整个世界却不能"。你同意这句话吗？说说你的理由。

7. 假设有同学说："中国经过40多年的改革开放，经济和科学技术都得到了快速的发展，已经成为世界第二大经济体，因此，我们现在应该继续与世界上的先进国家或地区如美国、欧盟进行贸易，而不应该再与落后的国家如非洲一些国家进行贸易。"你应该如何纠正他这种看法？

8. 下列说法是正确的还是错误的？请分别做出解释。
(1) 即使一个国家比另一个国家在所有产品的生产上都具有绝对优势，两个国家仍然都能从贸易当中获得好处。
(2) 一个能力特别强的人可以在所有方面都具有比较优势。
(3) 如果交易能够给一个人带来好处，那么它就不会给另一个人也总是带来好处。
(4) 如果贸易能给一个国家带来好处，那么这个国家中的每一个人就都能从中获益。

9. 在改革开放以前或者更早的时候，我国的农民分散在农村广阔的土地上，由于道路和车辆的限制，运输成本很高。那时大多数人生活在自己的小村子里，他们不但自己种粮食，还自己做衣服和需要的家具等其他必需品，用货币买东西的情况比较少。请从比较优势的角度分析为什么这些农民的收入有可能会随着交通成本的下降而上升。

10. 如果一个国家生产一双皮鞋的成本是另一个国家的2倍，那么这个国家有可能与另一个国家相比在皮鞋生产上具有比较优势吗？请做出解释。

11. 有人主张我国只应该进口我国不能生产的产品，你认为这是一个好的建议吗？为什么？

第 4 章
CHAPTER4

需求和供给

需求和供给是经济学中最常用的两个概念，曾经有人讲过这样一句话："你甚至可以使鹦鹉成为一个博学的经济学家，它必须学习的全部就是'供给'与'需求'这两个单词。"虽然这只是一句笑话，但也反映出了这两个概念的重要性。需求和供给是决定价格的两个重要的市场力量，经济学家可以用它们来解释很多现象，如为什么会有过剩和短缺，价格为什么会产生上下波动等。这两个概念将贯穿我们整个经济学分析的始终。本章我们就来介绍这两个重要的概念，主要内容有：市场和竞争、需求、供给以及供给与需求的相互结合等。

4.1 市场与竞争

需求和供给都是在市场上形成和发挥作用的，所以我们在讨论这两个概念之前先要了解市场以及市场竞争的含义。

4.1.1 市场的含义

市场（market）指的是由某种物品或劳务的买者与卖者组成的集合。市场可以是有交易场所的，如菜市场、超市、加油站等，也可以是没有交易场所的，如股市、外汇市场、网店等。只要有买者和卖者就构成了一个市场，他们在市场上通过讨价还价来达成交易，买者在市场上的行为构成需求，卖者在市场上的行为构成供给。

市场由大量的看上去杂乱无章的买者和卖者构成，他们各自有自己的目的和利益，彼此讨价还价，似乎很混乱。但各种商品又会以适当的方式生产出来，又被运输到适当的地点以满足人们的需要。这看上去似乎就像是一个奇迹。但通过以后的学习我们会看到，市场既不混乱，也不是一个奇迹，而是有着一套内在的逻辑体系，这一逻辑体系协调着个人和企业的活动，使整个经济能够正常运转。

4.1.2 市场竞争

只要存在着市场就会有竞争,竞争在买者之间或者卖者之间进行,而在买者和卖者之间是不存在竞争的。面对卖者,想得到自己所需要的商品的买者之间会展开竞争,最后出价高者得;面对买者,想把自己的商品售出的卖者之间会展开竞争,最后索价低者得。而竞争的程度则与买者或卖者的数量有关,数量越多则竞争性越强,数量越少则竞争性越弱,当只有一个买者或者一个卖者的时候,就没有竞争了。

如果一个市场上有大量的买者和卖者,那么我们就称其为**竞争市场**(competitive market)。由于买者和卖者众多,每一个买者或卖者在市场当中所占的份额就非常小,其购买或出售数量的变化不足以对整个市场产生明显的影响,从而也没有能力影响市场上的价格。比如,奶茶市场就是一个竞争市场,由于奶茶店比较多,大家都提供基本相同的产品,对奶茶价格的控制力就比较小,你卖的价格高了,消费者就到别的店去买了。单个消费者购买的数量也不可能太多,不会影响到奶茶的价格。

在本章当中,我们假设市场是完全竞争的,这是竞争市场的最高形态。这种完全竞争的市场起码要满足两个条件:一是市场上销售的产品都是相同的,二是市场上有足够多的买者和足够多的卖者。在满足这两个条件的市场上,单个的买者和卖者都是市场价格的接受者,没有影响价格的能力,只能按照市场价格买进他们想买的东西或者出售他们想卖的东西。这种市场只是一种理想状态,严格满足这些条件的市场实际上是不存在的,经济学中一般认为农产品市场非常接近于这种完全竞争的市场,那里的农产品差别不大,而买者和卖者的数量也比较多。但现实中我们所接触的市场绝大多数并不是这样,或者产品存在差异,如汽车、服装等市场;或者卖者的数量很少,如移动通信、加油站等,甚至还有只有一家卖者的市场,如供电、供水等。关于市场的不同类型,我们将在以后的章节中进行讨论。

完全竞争的市场是一种高度抽象的市场形态,做这样一个假设可以让我们的分析变得简单,同时在其他类型的市场里也存在着竞争(完全垄断除外,这也是一种高度抽象的市场),运用完全竞争市场分析出的许多结论也同样适用于其他存在竞争因素的市场。读者如果有兴趣可以自行到 https://v.youku.com/v_show/id_XNDA3MjE5MzEzNg==.html?spm=a2hzp.8253869.0.0 上阅览、学习。

快乐学习

小说《他是否还活在人间》

作者:[美] 马克·吐温　　　　　　　　　　　　　　　　　　译者:冰语

出版:载《马克·吐温短篇小说选》,团结出版社,2017年1月

故事梗概: 四位具有很高艺术水平的年轻画家画了很多画,但由于没有名气,一幅都卖不出去,穷困潦倒,连买卷心菜的钱都没有,经常饿肚子。为了摆脱困境,他们研究了世界著名画家的成功经验,总结出画家都是死了才会出名的结论。于是他们决定让他们中

的一个人"死"掉,其他人大力宣传炒作,把他打造成一个著名画家,使其画作大幅度涨价,四个人分享财富。结果通过抽签,法朗斯瓦·米勒成为那个要"死"掉的人。

于是,米勒留在家里疯狂地画画,其他三个人都出去推销米勒的画并进行各种宣传、炒作,同时散布流言:米勒这位伟大的艺术家只有三个月的寿命了。结果米勒声名鹊起,画作价格大涨。三个月后,米勒如期"去世",他们为之举行了隆重的葬礼,包括改名换姓后的米勒在内的四个人亲自抬棺埋葬了一个蜡做的假人。

米勒"去世"后,他的画作价格开始暴涨,其名作《晚祷》原来 8 法郎都卖不出去,后来竟然卖到了 55 万法郎的高价,他们四个人都获得了巨额的财富。最后,米勒享受了世界著名画家的声誉但只能隐姓埋名过着富裕的生活,郁郁寡欢度过余生;其他三人则放弃了自己成名的机会,牺牲了自己的绘画天赋,但是不用装死,他们可以名正言顺地享受米勒那些昂贵的画作带来的财富而过着富裕、舒适的生活。

包含的经济学原理:这是马克·吐温的一篇黑色幽默小说,讽刺了世人对艺术的势利态度。但这篇小说也揭示了一个普遍存在的现象:画家死后其画才会值钱。最典型的就是凡·高了,他一生画了 1 000 多幅画,但生前只卖出了 1 幅,死后其画作价格却成千上万倍地上涨。这种现象说明了什么经济学原理呢?

商品的价格是由供给和需求共同决定的,绘画等艺术品当然也不例外。当画家去世后,其画的数量就不可能再增加了,这时供给就不变了,那么随着需求的增加,画的价格就会不断地上升。那么需求为什么会增加呢?

购买这些绘画的人基本上是出于收藏或者投资的目的,这些人都是买涨不买跌的。如果画家还活着,还能画出更多的作品,那么市场上的画肯定就不值钱了,人们的需求就不会旺盛;并且画家活着还可能不断进步,画出更好的画,这也会使现存的画贬值。但一旦画家去世了,这些就都不可能了,想收藏、投资画家的作品就只能购买现存的作品,需求自然就高了。另外,为了使自己收藏和投资的作品升值,这些人也会宣传和炒作该画家及其作品,吸引更多的人收藏和投资,这样需求自然就增加了。

画家死后其作品会升值是相对于活着的时候的作品而言的,并不是说一死就会成为名画家,是否能成为名画家还取决于其作品的艺术成就。

4.2 需求

买者在市场中的行为形成需求,我们在此以奶茶市场为例进行分析。

4.2.1 需求的含义及表示方式

需求(demand)指的是在一定的时期内,在各种可能的价格下,消费者愿意并且能够购买某种商品的数量。在这一定义中有这样几个关键点:一是在一定时期内,需求是在某个市场上,在某个时间,对某种商品的需求,不是一个抽象的一般概念。二是各种可能的价格和相应的购买量,需求不是指某一个具体的购买数量,有一个价格就有一个购买量,需求是指与多个可能的价格相对应的多个购买数量，需求表达的是一种关系，价格变动序列和购买数量变动序列之间的一一对应的关系。三是愿意并且能够，想买没有能力买不能构成需求，比如一个并不富裕的大学生想买辆高档车代步；有能力买不愿意买也不能构成需求，比如时尚的大学生对于低档、粗糙的服装。既有购买的欲望，又有购买的能力才能构成现实的需求，二者缺一不可。

对于需求的概念，我们可以用四种方式来进行表述：文字、表格、函数和图形。其实几乎所有的经济理论我们都可以用这四种方式来进行表述。上面给出的需求的定义就属于文字表述，下面我们再来看一下其他三种表述方式。

需求表（demand schedule）指的是在影响消费者购买数量的其他因素保持不变的情况下，反映一种物品的价格和其需求量之间关系的表格，如表4-1所示。

表4-1 小张对奶茶的需求表

奶茶的价格（元）	奶茶的需求量（杯）
0.00	7
1.00	6
2.00	5
3.00	4
4.00	3
5.00	2
6.00	1
7.00	0

我们把表4-1的数据画到一个图上就可以得到**需求曲线**（demand curve），需求曲线更直观地表达了在每一个价格下消费者的购买量，如图4-1所示。

图4-1中我们用横轴表示小张对奶茶的需求量Q，纵轴表示奶茶的价格P，图中向右下方倾斜的曲线D即小张对奶茶的需求曲线，它表明了在每一个可能的价格下小张购买奶茶的数量。

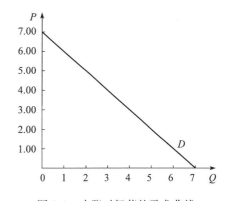

图4-1 小张对奶茶的需求曲线

在上面的需求表和需求曲线中，我们都把需求描述为需求量和价格之间的关系，这是一种简化了的描述。实际上影响消费者购买某种商品数量的并不仅仅是商品自身价格这一种因素，以下这些因素同样会影响到消费者购买某种商品的数量。

- 消费者的收入：通常情况下，消费者收入提高，商品的需求量也会增加，但也有相反的情况，收入增加，需求量减少（由此我们可以把商品分为正常商品和劣质品，见第5章）。
- 消费者的偏好：消费者对某种商品偏好程度增强时，该商品的需求量就会增加，反之就会减少。
- 相关商品价格：某种商品价格不变而其他相关商品价格发生变化时，也可能会影响到这种商品的需求量。这种相关商品可以分为替代品和互补品两种。**替代品**（substitute goods）是指两种可以分别独立满足消费者同一欲望从而在使用中经常相互代替的商品，如牛肉与羊肉、出租车与公交车、可口可乐与百事可乐等，当两种相互替代的商品中一种商品的价格上升时，另一种商品的需求数量就会增加；**互补品**（complement goods）是指必须共同使用才能完成一个消费过程从而满足消费者某一欲望的商品，比如汽车和汽油、电脑和软件、手机和充电器等，两种互补的商品中一种商品的价格上升时，另一种商品的需求数量就会减少。
- 消费者对未来的预期：如果消费者预测某种商品的价格可能会上涨，那么可能现在这种商品的需求量就会增加。
- 其他因素。

我们用 a、b、c、d 来分别表示消费者的收入、偏好、相关商品价格与消费者对未来的预期，用 p 来表示商品本身的价格，用 Q_d 来表示需求量。那么，我们就可以得到式（4-1）：

$$Q_d = f(a, b, c, d\cdots, p) \tag{4-1}$$

上式即为需求函数，假定消费者的收入、偏好、相关商品价格以及消费者对未来的预期等在短期内是比较稳定的，不会发生变化，那么上式就可以简化为：

$$Q_d = f(p) \tag{4-2}$$

上式说明了需求量和其本身价格之间存在的依存关系，经济学家用需求定理来对这一关系进行说明。**需求定理**（law of demand）又称为需求曲线向下倾斜规律，是对商品需求量与其价格之间反方向变化的一种描述。在其他条件不变的情况下，一种商品价格上升，其需求量就会减少；一种商品价格下降，其需求量就会增加。需求定理是经济学中的一个非常重要的定理，后面我们还会继续讨论（见第 7 章）。如果读者有兴趣可以自行到 https://v.youku.com/v_show/id_XNDA3MjE5NDk1Mg==.html?spm=a2hzp.8253869.0.0 上阅览、学习。

4.2.2 个人的需求与市场的需求

上面我们讨论的是一个单一的消费者的需求问题，但市场上不可能只有一个消费者，当存在多个消费者的时候，就会出现市场需求的问题。所谓市场需求，指的就是市场上所有的人对某种物品或劳务的需求状况。

现在我们假设在奶茶市场上只有小张和小王两个消费者，他们在奶茶的各种可能的价格下各自对奶茶有一定的需求数量，而把他们的需求数量加在一起就可以得到整个市场在此价格下对奶茶的需求量，如表 4-2 所示。

表 4-2 整个市场奶茶的需求表

奶茶的价格（元）	小张对奶茶的需求量（杯）	小王对奶茶的需求量（杯）	整个市场对奶茶的需求量（杯）
0.00	7	8	15
1.00	6	7	13
2.00	5	6	11
3.00	4	5	9
4.00	3	4	7
5.00	2	3	5
6.00	1	2	3
7.00	0	1	1

我们可以画出小张和小王对奶茶的需求曲线，然后将两人的需求曲线在水平方向上相加就可以得到整个市场对奶茶的需求曲线，这样得到的需求曲线与根据表 4-2 第 1 列奶茶的价格与第 4 列整个市场对奶茶的需求量的数据画出的需求曲线是一样的，如图 4-2 所示。

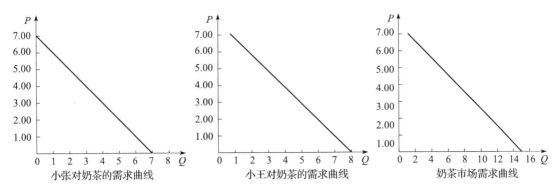

图 4-2 从个人需求曲线得到市场需求曲线

如果把所有买者的需求曲线加总,就可以得到**市场需求曲线**(market demand curve),它描绘了在所有其他因素相同的条件下,一个市场上的总需求量和市场价格之间的关系。

4.2.3 需求的变化和需求量的变化

前面我们讲过,需求所表达的是一种关系,有一个价格就有一个需求量,价格发生变化需求数量也会随之变化,需求所表达的就是这种价格和需求数量之间的一一对应的关系。当这种关系发生变化的时候,我们就称其为**需求的变化**(change in demand)。具体来讲,当商品的价格没有发生变化,而是其他因素变了,这就导致消费者对某种商品的需求数量发生了变化。比如,由于咖啡价格变高了,人们转而更多地购买奶茶,这就是奶茶的需求发生变化了。这种需求的变化,或者说需求关系的变化,表现为需求函数本身的变化和需求曲线的变化,变成了新的需求函数和新的需求曲线,如图4-3所示。图中原来的需求曲线为 D,但由于某种价格以外的因素发生变化了,比如,咖啡变贵了,人们对奶茶的需求就增加了,需求曲线就向右移动到 D_1,这表明在任何一个价格下,人们购买奶茶的数量都增加了;同样地,当需求曲线向左移动到 D_2 的时候,就表明人们对奶茶的需求减少了。值得注意的是,需求曲线的变化并不一定总是平行移动,发生旋转、扭曲等也表示需求的变化。

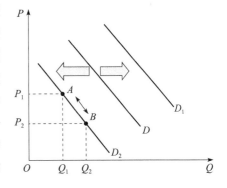

图 4-3 需求变化与需求量变化

需求量的变化(change in the quantity demanded)指的是在其他因素不变的情况下,由于商品价格变化引起的需求数量的变化。这种变化是在原来的价格与需求量的一一对应关系内的变化,而不是这种需求关系发生了变化。需求量的变化表现为同一个需求函数式中由于自变量变化导致的因变量的变化,在图形上则表现为同一条需求曲线上点的移动。如图4-3,当价格由 P_1 下降到 P_2 时,需求量由 Q_1 增加到 Q_2,需求曲线上的 A 点就移动到了 B 点,这就是需求量的变化,当然,从 B 点到点 A 的移动也一样。

快乐学习

电影《史蒂夫·乔布斯》

上映时间：2015 年　　　　　　　　　　　　　导演：丹尼·鲍尔
出品国家：美国　　　　　　　　　　　　　　出品公司：环球影业

故事梗概：这是一部苹果公司创始人史蒂夫·乔布斯的传记影片。

电影从乔布斯（迈克尔·法斯宾德饰）从大学退学开始讲起，他先是在一家游戏公司工作，后来在朋友史蒂夫·沃兹尼亚奇（塞斯·罗根饰）处发现其开发的一款可与电视机连接使工作过程可视化的电脑主板，感觉具有广阔的发展前景，于是他们到家酿计算机俱乐部（一个早期的业余计算机爱好者俱乐部）推广这款产品，但无人感兴趣。后来一个计算机配件老板订购了 50 台，这是他们卖出的第一批产品。

随后，二人成立了苹果公司，开发出"苹果Ⅱ"，这是人类第一台个人计算机，一经推出便大获成功。后来乔布斯与公司多数人的经营理念不一致，其开发的电脑定价太高，销量不好，同时 IBM 公司也推出了个人电脑，抢占了大量市场，董事会把这些归咎于乔布斯，剥夺了他的经营权，随后乔布斯离开了苹果公司。

后来，苹果公司经营陷入困境，甚至濒临破产。在危难之际，乔布斯又重新回到苹果公司，进行了大刀阔斧的改革，停止了不合理的研发和生产，结束了与微软公司多年的专利纷争，并开始研发大量的新产品，使苹果公司焕然一新，再次走向辉煌。

包含的经济学原理：乔布斯刚从大学休学的那个时期，市场上出售的计算机都是商用的，体积庞大、价格昂贵、使用复杂，所以都是一些大机构和狂热的电脑爱好者在用，普通人根本没可能购买，因此市场需求非常小。在这样的背景下，乔布斯发现了好朋友沃兹尼亚奇开发的那款电脑主机（即苹果Ⅰ），他敏锐地感觉到，这款能与电视机连在一起、体积小、操作简便的计算机必定具有广阔的市场需求。但是，包括他的好朋友沃兹尼亚奇在内，几乎没人赞同他的观点，大家认为这种产品不可能有市场需求。沃兹尼亚奇在发明"苹果Ⅰ"的时候还是惠普公司的员工，按照合同，他发明的东西惠普具有优先使用权，但惠普也认为普通人对电脑不可能有需求而婉拒了这一产品，这才使苹果公司得以诞生。

通过这个事例我们可以看到，需求并不仅仅是对市场上已有产品的需求，也包括很多潜在的需求，而企业家的一个职能就是通过创新生产出这种具有潜在需求的商品，然后通过引导、刺激使这种潜在需求转化为现实的需求。乔布斯就是这样一位卓越的企业家，而个人电脑、智能手机都是将潜在需求转换成现实需求的成功实例。这样的企业家越多，市场上能够满足人们不断增长的物质文化需要的创新产品就越多，人民的生活水平和福利水平就会不断提高。

4.3　供给

市场是由需求和供给双方共同构成的，供给和需求实际上是一个问题的两个方面，理解了需求，也就很容易理解供给了。

4.3.1 供给的含义和表示方式

供给（supply）指的是在一定的时期内，在各种可能的价格下，生产者愿意并且能够向市场提供某种商品的数量。理解供给与理解需求一样，我们需要重视几个方面：第一，这是一个时点概念，是在某个市场上，在某个时间，对某种商品的供给，不是一个抽象的一般概念；第二，这是一个关系概念，供给不是指某一个具体的供给量，有一个价格就有一个供给量，它所表达的是价格变动序列和供应数量变动序列之间一一对应的关系；第三，愿望和能力的统一，只有一个方面不能构成供给。比如，某种商品市场销路很好，企业想向市场提供这种产品，但由于技术或者生产能力的限制没法生产；或者某企业有能力生产某种商品，但在当前市场条件下它认为生产这种商品无利可图而不愿意生产和供应，这些情况下就都构不成供给。

与需求的概念一样，除了上面的文字表述之外，我们还可以用表格、函数和图形等表述方法来说明供给。

供给表（supply schedule）指的是在影响生产者供应数量的其他因素保持不变的情况下，反映一种物品的价格和其供给量之间关系的表格，如表4-3所示。

我们把表4-3中的数据画到一个图上就可以得到**供给曲线**（supply curve），供给曲线更直观地表达了在每一个价格下生产者的供给量，如图4-4所示。

从图4-4中可以看出，小熊猫奶茶店奶茶的供给数量随着价格的上涨而增加，从而供给曲线S向右上方倾斜。这种供给数量与价格同方向变化的现象被称为**供给定理**（law of supply）。值得注意的是，与我们前面讨论的需求定理不同，供给定理并不十分重要，并且不同的企业或者同一企业的不同时期供给曲线可能是向上倾斜的，也可能是水平的或者向下倾斜的，甚至在某些情况下不存在确定的供给曲线。对此，我们在以后会继续讨论。

以上我们分析供给问题的时候实际上暗含了一个假设条件，假设供给量只取决于商品自身价格变化这一个因素，而实际上，除了商品自身价格外，还有很多因素会影响企业的供给量，比如：

表4-3 小熊猫奶茶店奶茶的供给表

奶茶的价格（元）	奶茶的供给量（杯）
0.00	0
1.00	0
2.00	1
3.00	2
4.00	3
5.00	4
6.00	5
7.00	6

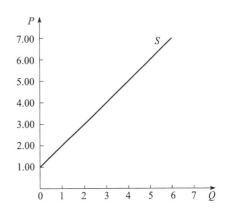

图4-4 小熊猫奶茶店奶茶的供给曲线

- 投入品价格。当投入品的价格发生变化之后，生产者的成本也会发生相应的变化，这就会影响生产者的供给量。比如，当牛奶的价格上涨了，每一杯奶茶的成本就会上升，在奶茶价格不变的情况下奶茶的利润就减少，奶茶的供给量就会减少。

- 技术变革。**技术变革**（technological change）指的是导致企业用同样数量的投入要素生产出不同数量产品的能力的变革，通常指的是技术进步。技术变革同样可以影响产品的成本，从而改变在相同价格下的供给量。
- 相关商品的价格。一个生产者可能并不只生产一种产品，如果一种产品替代某种产品的生产，则称其为**生产性替代品**（substitute in production），如奶茶和果汁；如果生产一种产品就必须同时生产另一种产品，那就是**生产性互补品**（complement in production），如牛皮和牛肉。当一种生产性替代品或生产性互补品价格发生变化，就会影响另一种产品的供给量，其中生产性替代品的价格与另一种产品的供给量呈反方向变动，如果汁价格上涨会导致奶茶的供给量减少；而生产性互补品价格上涨则会导致另一种产品供给量增加，二者同方向变化，如牛皮价格上涨会导致牛肉供给量增加。
- 预期。对未来价格变动的预期也会影响产品的供应量，如果预测楼价会上涨，开发商可能就会捂盘惜售，减少供给量；如果预测楼价下跌，开发商就可能会增加供给，加快销售去库存。
- 卖者的数量。卖者越多，供给量越大；卖者减少，供给量也会下降。
- 其他因素。

我们用 a、b、c、d、e 来分别表示投入品的价格、技术变革、相关产品价格、生产者对未来的预期以及卖者的数量等，用 p 来表示商品本身的价格，用 Q_s 来表示供给量。那么，我们就可以得到式（4-3）：

$$Q_s = f(a,b,c,d,e,\cdots,p) \tag{4-3}$$

上式即为供给函数，我们假定投入品的价格、技术变革、相关产品价格、生产者对未来的预期以及卖者的数量等在短期内是比较稳定的，不会发生变化，那么上式就可以简化为：

$$Q_s = f(p) \tag{4-4}$$

4.3.2 个别供给与市场的供给

市场上可能有若干个生产者，这样就产生了生产者的供给与市场的供给的问题。在每一个价格下，各个生产者都会有自己的供给量，把同一价格下各个生产者的供给量加在一起就得到了这一价格下整个市场的供给量。假设奶茶市场上只有小熊猫和新世纪两家奶茶店，可得到表4-4。

表4-4 整个市场奶茶的供给表

奶茶的价格（元）	小熊猫奶茶店奶茶的供给量（杯）	新世纪奶茶店奶茶的供给量（杯）	整个市场奶茶的供给量（杯）
0.00	0	0	0
1.00	0	1	1
2.00	1	2	3
3.00	2	3	5
4.00	3	4	7
5.00	4	5	9
6.00	5	6	11
7.00	6	7	13

表4-4中,我们把两家奶茶店第1列价格上的供给量相加就得了整个市场的供给量即第4列的数字,第4列的市场供给量与第1列的价格之间的一一对应关系就是市场供给。另外,我们可以把两个生产的供给曲线在水平方向上相加,得到整个奶茶市场的供给曲线,如图4-5所示。

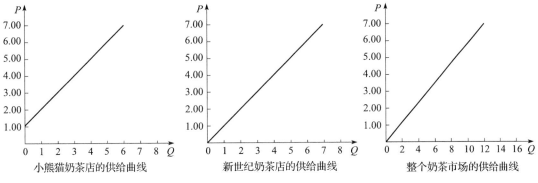

图4-5 从个别供给曲线得到市场供给曲线

图4-5中,我们把两个生产者的供给曲线相加得到了**市场的供给曲线**(market supply curve)。如果市场上的生产者有多个,道理也是一样的,把所有生产者的供给曲线在水平方向上相加就可以了。

4.3.3 供给的变化与供给量的变化

供给的变化(change in supply)指的就是当价格没发生变化,其他因素的变化导致供给数量发生了变化的情况。比如由于牛奶变贵了,同样价格下奶茶生产者的利润更低了,从而生产奶茶的数量就减少了。这种变化表现为供给函数本身发生了变化和供给曲线发生了移动。如在图4-6中,供给曲线S向右移动到S_1说明供给增加了,而向左移动到S_2说明供给减少了。

供给量的变化(change in the quantity supplied)指

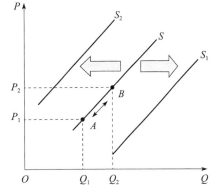

图4-6 供给的变化与供给量的变化

的是当其他因素保持不变,由于商品本身价格的变化而导致的供给数量的变化,也就是在原有的函数关系内由于自变量变化引起的因变量的变化,表现为同一条供给曲线上点的移动。如在图4-6中,由于价格从P_1上涨到P_2,相应的供给数量从Q_1增加到Q_2就属于供给量的变化,其表现为供给曲线S上从A点移动到B点,或者由于价格下降从B点移动到A点。

4.4 供给与需求相互结合

市场是由买者和卖者双方共同构成的,前面我们分别分析了买者的需求和卖者的供给,现在将二者结合起来,来讨论他们在市场上的交易情况。

4.4.1 供求均衡

均衡(equilibrium)原是一个物理学上的概念,指的是一个物体同时受到几个外力的作用，当这些外力大小相等、方向相反，也就是合力为零时，该物体所处的静止或匀速运动的状态。后来，英国经济学家阿尔弗雷德·马歇尔（Alfred Marshall）把这一概念引入经济学中，用来表示经济中各种力量相互作用，最后达到一个相对静止、不再变动的暂时稳定状态。在这种状态下，经济行为人已经得到了最大的好处，再调整决策已不可能使利益继续增加了，从而不再有改变行为的动力和趋势；或相互作用的两种相反的力量势均力敌，使力量所作用的事物不再发生变化。但这种均衡只是暂时的稳定，如果相互作用的各种力量发生变化，这种均衡就会被打破，然后继续相互作用达到新的均衡。均衡分析法是经济学中一种非常重要的研究分析方法。

现在我们就用均衡分析的方法来讨论市场价格决定的问题。首先我们把表4-2和表4-4中市场的需求和供给合并成表4-5。

表4-5　整个市场奶茶的供给-需求表

奶茶价格（元）	奶茶需求量（杯）	奶茶供给量（杯）	过剩或短缺	价格指向
0.00	15	0	短缺	上升
1.00	13	1	短缺	上升
2.00	11	3	短缺	上升
3.00	9	5	短缺	上升
4.00	7	7	相等	不变
5.00	5	9	过剩	下降
6.00	3	11	过剩	下降
7.00	1	13	过剩	下降

根据表4-5的数据，我们可以把供给曲线和需求曲线画到同一张图上，从而形成**供给-需求图**（supply-demanded diagram），这个图形是经济学分析中一个重要并且常用的图形，以后在本书中大家会经常见到它，如图4-7所示。

图4-7中，需求曲线D和供给曲线S相交于E点，在这一点上，市场上消费者对奶茶的需求量和生产者对奶茶的供给量正好相等，这一点叫作**市场均衡**（market equilibrium）点。这种需求量等于供给量时的价格称为**均衡价格**（equilibrium price），均衡价格下的买卖数量称为**均衡数量**（equilibrium quantity）。

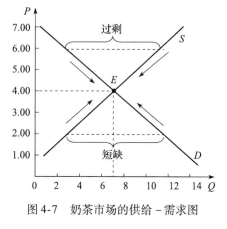

图4-7　奶茶市场的供给-需求图

在我们的例子中，均衡价格为4元，均衡数量为7杯。

在现实中，如果价格可以自由波动，当实际价格不是均衡价格的时候，就会引起市场的失衡，这种失衡会导致价格向均衡价格变化，只有达到均衡价格，市场才能实现均衡。比如，在我们的例子中，当价格为6元时，生产者愿意提供的奶茶数量为11杯，而消费者只愿意购买3杯，这样就会有8杯奶茶卖不出去，这种供给量大于需求量的状况就是**过剩**（surplus）。当存在过剩的时候，生产者为了卖出自己的商品就要降低价格，从6元降到5元，价格降低后需求量会相应增加，增加到5杯，同时供给量会减少，减少到9杯，但这时仍然存在着过剩，价格仍然有进一步下降的压力，只有当价格下降到4元的时候，需求量和供给量都是7杯，买卖双方正好平衡了，价格就不会继续下降了。

如果价格低于4元，假设是2元，这时的需求量为11杯，供给量为3杯，需求量就大于供给量，这种供不应求的状况叫作**短缺**（shortage）。在存在短缺的情况下，消费者为了买到自己喜欢的商品就会愿意付出更多的钱，从而导致价格提高，比如从2元提高到3元，这时需求量减少到了9杯而供给量增加到了5杯，短缺虽然缩小了但仍然存在，这样价格仍然有进一步上升的压力。只有价格上升到4元的时候，需求量和供给量才能实现相等，价格不再继续上升。可见，均衡价格是一种稳定的价格，当价格高于它时就会有价格下降的压力，当价格低于它时就会有价格上升的压力，只有价格达到均衡价格时才没有进一步变动的趋势。

均衡价格只是表示供求相等时的价格，当整个市场都按这个价格成交时，就既没有过剩也没有短缺，也就是实现了**市场出清**（market clearing），所有想买的人都买到了，所有想卖的人都卖出去了。但并不是说市场肯定是按均衡价格成交的，现实当中的实际成交价格可以是各种可能的价格，也就是说现实当中过剩和短缺实际上可能是普遍存在的，当存在过剩或短缺时价格就会有朝着均衡价格变动的趋势，但并不是说要等到了均衡价格时才会成交。均衡分析只是一种理论上的分析，但经济活动的本质是非均衡的。读者如果有兴趣可以自行到 https://v.youku.com/v_show/id_XNDA3NDY3MTU3Mg==.html?spm=a2hzp.8253869.0.0 上阅览、学习。

4.4.2 需求供给变化对均衡的影响

我们先来看需求变化的影响。假设由于某种原因，如消费者的收入提高了，导致对某种商品的需求增加了，在该商品供给不变的条件下，其影响可以用图4-8表示。

从图4-8中可以看出，需求增加之后，需求曲线 D 向右移动到 D'，均衡点从 E 变为 E'，均衡价格从 P_1 提高到 P_2，均衡数量从 Q_1 增长到 Q_2。如果由于某种原因需求减少了，则需求曲线会向左移动，这就导致均衡价格下降，均衡数量减少。因此，我们可以得出一个结论：需求与均衡价格和均衡数量都呈同方向变动。

再来看供给变动的影响，假设由于某种原因，如生产者的成本降低了，导致对某商品的供给增加了，在需求保持不变的情况下，其影响可以用图4-9表示。

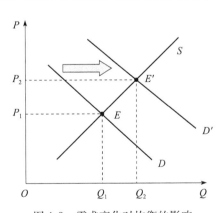

图4-8 需求变化对均衡的影响

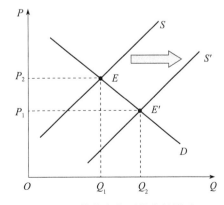

图4-9 供给变化对均衡的影响

从图4-9中可以看出，供给增加之后，供给曲线 S 向右移动到 S'，均衡点从 E 变为 E'，均衡价格从 P_2 下降到 P_1，均衡数量从 Q_1 增长到 Q_2。如果由于某种原因供给减少了，则供给曲线会向左移动，均衡价格上升，均衡数量减少。因此，我们可以得出一个结论：供给与均衡价格呈反方向变动，与均衡数量呈同方向变动。

最后我们再来看一下供给和需求同时发生变动的时候对均衡的影响。假设消费者收入增加和生产成本降低同时发生了，这就导致需求和供给同时增加，其影响可以用图 4-10 来表示。

从图 4-10 中可以看出，当需求和供给同时增加时，新的需求曲线 D' 和新的供给曲线 S' 相交于 E' 点，形成新的均衡。跟原来的均衡状态相比，均衡数量肯定是增加了，因为不管是需求的增加还是供给的增加都会使均衡数量增加。但是，对均衡价格的影响就不确定了，因为需求增加会导

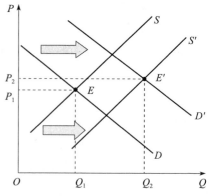

图 4-10　需求和供给同时变化对均衡的影响

致均衡价格上升，供给增加会导致均衡价格下降，二者同时增加时到底均衡价格是上升还是下降就要取决于二者增加的程度了。在本例中，由于需求增加的幅度大于供给增加的幅度，所以均衡价格有小幅上升；如果是供给增加的幅度大于需求增加的幅度，那么均衡价格可能就会下降。

图 4-10 中，我们只分析了需求和供给同时增加的情况，运用同样的方法，我们也可以分析需求和供给同时减少，或者一个增加一个减少的情况。

4.5　小结

需求和供给是经济学中两个非常重要的基础性概念，不管是微观经济学还是宏观经济学，都是围绕着这两个概念展开的（在宏观经济学中它们会化身为总需求和总供给）。本章我们初步介绍了这两个基本的概念，在接下来的章节中，我们将对此进行进一步的分析与介绍，并且运用这两个概念对各种经济问题进行深入的讨论。

◆ 延伸阅读

经济学中的那支铅笔

铅笔是普通得不能再普通的一种物品了，我们每一个人从小就开始使用铅笔。但你可能不知道的是，这支小小的铅笔里面隐藏着经济学的无穷奥秘！美国经济学家伦纳德·里德曾经写过一篇名叫《我，铅笔》的文章，这篇文章被称为经济学第一经典奇文。著名经济学家、诺贝尔经济学奖获得者弗里德曼曾极力推荐此文："据我所知，再也没有其他的文献像这篇文章这样简明扼要、令人信服且有力地阐明了亚当·斯密'看不见的手'的含义。"欲了解更多，读者如果有兴趣可以自行到 http://www.wdjjlt.org/yl/forum.php?mod=viewthread&tid=281 上阅览、学习。

◆ 关键词

市场　竞争市场　需求　需求表　需求的变化　需求量的变化　供给　供给表
需求曲线　需求定理　互补品　替代品　供给曲线　供给定理　供给的变化　供给量的变化

技术变革　生产性替代品　生产性互补品　　市场出清
均衡　供给需求图　市场均衡　过剩　短缺

❖ 思考题（扫描右侧二维码查看答案参与讨论）

1. 什么是市场，市场可以有哪些分类？
2. 为什么竞争不可能在买者和卖者之间进行？
3. 完全竞争市场的条件有哪些？
4. 什么是需求？影响需求量的因素有哪些？
5. 如何区分需求的变化和需求量的变化？
6. 什么是供给？影响供给量的因素有哪些？
7. 如何区分供给的变化和供给量的变化？
8. 经济学中均衡的含义是什么？
9. 供给和需求如何决定均衡价格？
10. 需求和供给的变化如何影响市场均衡？
11. 分析一个事件对市场均衡的影响需要哪几个步骤？

❖ 讨论与应用（扫描各题右侧二维码参与讨论）

1. 下列每一事件对航空客运市场的供给与需求会产生什么影响？为什么？
   (1) 多条高铁线路正式投入运营。
   (2) 航空燃料降价。
   (3) 出现针对航空业的恐袭事件。
   (4) 淡季时期航空公司机票打折。
   (5) "十一"长假到来，外出旅游人数增加。
   (6) 航空公司减少每天的航班数。
   (7) 航空公司降低每人免费托运行李的重量。
   (8) 机场采取了更加严格的安全检查措施。
   (9) 机场大巴票价上涨。

2. 下列事件会对国产智能手机的供给与需求产生什么影响？为什么？
   (1) 国内开发出新技术，使得手机重要零部件成本下降。
   (2) 苹果手机推出新一代机型。
   (3) 三星手机多次发生爆炸。
   (4) 国产手机大量出口。
   (5) 国内出现新的手机生产商。
   (6) 由于市场竞争激烈，手机价格普遍下降。
   (7) 开发出新的手机 App。
   (8) 国家制定新政策，规范手机市场，禁止新的手机生产厂商进入，对原有厂商进行清理整顿，淘汰不达标厂家。

3. 学校旁边有一条小吃街，街上除了大量的餐馆外，还有一些文具、饮品、水果店铺及小型超市等，现在小吃街上的餐馆纷纷推出了网上订餐和外卖业务，这会对学校的餐厅造成什么影响？对小吃街上的餐馆呢？对这些餐馆之外的其他店铺呢？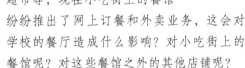

4. 近几年世界市场上石油价格大幅度下降，你认为以下哪些是可能的原因？为什么？
   (1) 页岩油的大量开发。
   (2) 中东恐怖势力活动增强，IS 崛起。
   (3) 中国经济增长速度放缓，进入新常态。
   (4) 委内瑞拉、俄罗斯等重要产油国经济、财政陷入困境。
   (5) 石油输出国组织出口增加，如对伊朗制裁解除导致伊朗石油出口增加。
   (6) 新能源汽车产业的发展。
   (7) 互联网技术的进步。

5. 某人在电视上看到一条消息：气候变化柑橘产量大幅减少。他马上就感觉出现了商机，柑橘产量下降必然会导致价格上涨。于是他决定马上收购一批柑橘储存起来，等价格上涨后谋利。

(1) 媒体上公开播出的关于柑橘减产的信息会对柑橘的供给需求产生什么影响？会对均衡价格产生什么影响？这种影响是在短期内马上就会显现出来，还是等到柑橘大量交易的时候才显现？

(2) 一个人能否根据公开的信息来做到低价买进、高价卖出，从而谋利？

(3) 如果此人不是通过这种公开的信息，而是提前通过其他途径知道今年的气候后导致柑橘减产，那他能不能在公众还不知道这个信息的时候来收购柑橘谋利呢？

6. 下面这些观点实际上是错的，你能找出错误并进行解释吗？

   (1) 如果一种商品的需求增加了，价格就会上升，而价格的上升又会导致需求下降，从而价格又回到原来的水平。

   (2) 供给增加会导致价格下降，而价格下降又会导致需求增加，供给需求同时增加的结果是均衡数量增加、均衡价格上涨或下降。

7. 为了应对楼市价格的上涨，各地纷纷出台楼市限购政策，如禁止居民购买第二套或第三套房，非本市户籍居民购房要满足诸如交够多少年社保、提高购房首付比例和房贷利率等条件，试分析这些限购政策对楼市的影响。

8. 当安卓手机刚刚推出时，可供它使用的应用程序很少，现在可供安卓手机使用的应用程序非常多，这些应用程序和手机属于替代品还是互补品呢？可供安卓手机使用的应用程序的增加会对苹果手机的需求产生什么影响？请解释。

9. 大四的张学姐通过对学校旁边黄焖鸡米饭餐馆的长期观察得到了四年来的价格与日销售量的数据，见下表。

年份	价格（元）	日销售量（份）
第1年	12	35
第2年	13	40
第3年	14	50
第4年	15	60

于是张学姐得出一个结论：黄焖鸡米饭的市场违背了需求定理。她的这个结论正确吗？为什么？

10. 请解释下列各事件将导致价格和需求量沿着小熊猫奶茶店的需求曲线运动还是需求曲线本身的移动，如果是需求曲线的移动，那是向左移还是向右移？

    (1) 其招牌奶茶的价格下降。
    (2) 凭学生证每杯奶茶优惠1元。
    (3) 由于牛奶涨价，每杯奶茶涨价1元。
    (4) 旁边新开的一家奶茶店正在开业优惠酬宾。
    (5) 天气热了，人们更喜欢购买冰镇奶茶。

11. 请解释下列事件描述的是供给的改变还是供给量的改变。

    (1) 梅雨季节到了，某超市准备了更多的雨伞。
    (2) 智能手机市场需求增加，中国新建了多家智能手机生产厂。
    (3) 一场台风过后，杨梅的产量下降了20%。

12. 下列说法是否正确？为什么？

    (1) 如果一种产品的需求和供给都增加了，这种产品的均衡数量肯定增加。
    (2) 如果一种产品的需求和供给都增加了，这种产品的均衡价格一定上升。
    (3) 如果一种产品的需求减少，供给增加，这种产品的价格既可能上升也可能下降，这要看需求和供给哪一个变化幅度更大。

第 5 章

弹 性

本章我们继续来讨论需求和供给的问题。从上一章我们知道,当价格发生变化的时候,需求量和供给量也会发生相应的变化,但价格的变化会引起需求量和供给量发生什么程度的变化呢?这就涉及弹性问题。这一问题对生产者、消费者以及政府政策制定者来讲具有非常重要的意义,可以影响他们对未来的预测及决策。本章对弹性问题进行讨论,主要是介绍需求弹性和供给弹性,同时也对收入弹性和交叉弹性进行简单的分析,另外还会列举若干运用弹性分析经济问题的事例。

5.1 需求弹性

根据需求定理我们知道,价格与需求量呈反方向变动,但这一定理只说明了变动的方向,而没有说明变化的幅度,现在我们就用需求弹性的概念对其进行进一步分析。读者如果有兴趣可以自行到 https://v.youku.com/v_show/id_XNDA3MjE5ODA4NA==.html?spm=a2hzp.8253869.0.0 上阅览、学习。

5.1.1 需求弹性的含义

弹性(elasticity)原本是一个物理学的概念,指的是一个物体受到外力的作用时会改变自己的形状,当外力撤去时物体恢复自己原来形状的能力,也就是物体对外力反应的灵敏程度。马歇尔把这一概念引入经济学,用来表示一个变量对另一个变量发生一定比例变化后的反应能力或者敏感度。我们对任意两个有因果关系的经济变量都可以进行弹性分析,作为原因的变量称为自变量,作为结果的变量称为因变量。弹性指的就是当自变量变动一个百分比的时候,因变量会变动多少个百分比。弹性的大小可以用弹性系数来表示,其计算公式为:

本章课件

$$\text{弹性系数} = \text{因变量变动比例} / \text{自变量变动比例} \tag{5-1}$$

需求表示的是价格变动引起的需求量的变动,价格是自变量,需求量是因变量,我们把消费者需求量的变动对价格变动反应的灵敏程度称为**需求价格弹性**（price elasticity of demand）。需求的弹性有很多种，我们可以对每一种影响需求量变动的因素进行弹性分析，但这些弹性中最重要的就是需求的价格弹性。所以我们一般把需求价格弹性简称为需求弹性。在以后，如果不加指明的话，我们讲的需求弹性指的就是需求价格弹性。

需求弹性的大小即弹性系数就等于需求量变动的百分比和价格变动的百分比的比率。我们用 E_d 表示需求价格弹性系数，用 Q 表示需求量，P 表示价格，需求价格弹性的公式为：

$$E_d = \frac{\Delta Q/Q}{\Delta P/P} = \frac{\Delta Q}{\Delta P} \cdot \frac{P}{Q} \tag{5-2}$$

这一公式表示的是：当价格变动百分之一的时候，需求量会变动百分之几，这代表了需求量对价格变动的敏感程度。需要说明的是，由于需求量与价格是呈反方向变动的，所以 ΔQ 和 ΔP 的变化方向总是相反的，因此需求弹性 E_d 通常是一个负值，但以后我们在讨论需求弹性的大小的时候一般不会考虑符号的问题，指的就是其绝对值的大小。

5.1.2 需求弹性的计算

我们现在仍然以第 4 章中奶茶的市场需求曲线为例来计算需求弹性。当每杯奶茶的价格从 3 元上涨到 5 元的时候，奶茶的需求量就会从 9 杯减少到 5 杯，根据这些数据我们就可以进行需求弹性的计算，如图 5-1 所示。

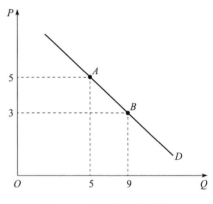

图 5-1　需求弹性的计算

奶茶的价格从 3 元上涨到 5 元，一共上涨了 2 元，以此除以开始的价格 3 元，得出的结果就是奶茶价格上涨的比率。同样，需求量从 9 杯减少到 5 杯共减少了 4 杯，以此除以开始时的 9 杯就是需求量减少的比率。然后用需求量减少的比率再除以价格上涨的比率就得到了奶茶的需求弹性。将这些数据代入式（5-2）可得：

$$E_d = \frac{\Delta Q/Q}{\Delta P/P} = \frac{(9-5)/9}{(3-5)/3} = \frac{4/9}{-2/3} = -0.67 \tag{5-3}$$

计算结果表明，奶茶的需求弹性为 -0.67，也就是说当奶茶的价格上涨 1% 的时候，需求量会下降 0.67%。

上面我们计算的是当奶茶价格上涨时，即图 5-1 中需求曲线上从 B 点移动到 A 点时的弹性，下面我们再来计算从 A 点移动到 B 点即价格下降时的需求弹性：

$$E_d = \frac{\Delta Q/Q}{\Delta P/P} = \frac{(5-9)/5}{(5-3)/5} = \frac{-4/5}{2/5} = -2 \tag{5-4}$$

从计算结果得知，当价格下降时，奶茶的需求弹性为 -2，即当价格下降 1% 的时候，奶茶的需求量会增加 2%。

比较式（5-3）和式（5-4）的计算结果我们发现，同样一条需求曲线，并且是需求曲线上同一条线段，涨价时和降价时的需求弹性差异很大。其原因就是计算的基础不同。不管是涨价还是降价，A 点与 B 点之间价格和数量的变动数量都是一样的，不同的就是计算变动比率的价格和数量的初始值，正是涨价和降价时价格和数量的初始值不同才导致需求弹性的计算出现了这么大的误差。为了解决这一问题，我们可以采用中点法来进行计算，初始值既不用价格与数量变动前的数值，也不用变动后的数值，而是采用二者的平均值，这样就可以让弹性的计算更加精确。用中点法进行计算的公式为：

$$E_d = \frac{\frac{\Delta Q}{(Q_1 + Q_2)/2}}{\frac{\Delta P}{(P_1 + P_2)/2}} \tag{5-5}$$

运用中点公式我们再来计算图 5-1 中需求曲线上 A 点与 B 点之间的线段上的需求弹性：

$$E_d = \frac{\frac{9-5}{(9+5)/2}}{\frac{3-5}{(3+5)/2}} = \frac{4/7}{-2/4} = -1.14$$

和

$$E_d = \frac{\frac{5-9}{(5+9)/2}}{\frac{5-3}{(5+3)/2}} = \frac{-4/7}{2/4} = -1.14 \tag{5-6}$$

可见，用中点公式计算就比较好地解决了初始值不同的问题，不管涨价还是降价，计算出来的需求弹性都是一样的。

5.1.3 需求曲线的斜率与弹性

需求弹性与需求曲线的斜率有着密切的关系，这里我们可以给出一个简单的拇指规则[一]：需求曲线的斜率越大，则需求弹性越小；需求曲线的斜率越小，则需求弹性越大。我们现在对图 5-2 进行比较。

图 5-2a 中需求曲线的斜率比较大（我们这里讲需求曲线斜率的大小同样不考虑符号问题，只比较斜率绝对值的大小），曲线比较陡峭，当价格上涨 10% 的时候，需求量下降小于 10%，这时的需求弹性小于 1，我们把这种情况称为**缺乏需求弹性**（inelastic demand）；而图 5-2b 正好相反，斜率比较小，曲线比较平坦，当价格上涨 10% 的时候，需求量的减少超过了 10%，需求弹性大于 1，这种情况我们称之为**富有需求弹性**（elastic demand）。并且从图中我们也可以看出来，需求曲线的斜率越大、越陡峭，弹性就越小；需求曲线的斜率越小、越平坦，弹性就越大。斜率与弹性呈反方向变化。我们现实生活中的绝大多数物品

[一] 拇指规则又叫经验法则，指的是一种可以用于多种情况的、简单的、经验性的、探索性的但不是很准确的原则。据说其起源于木工工人不用尺子而是用拇指来丈量木板的厚度或宽度，也有说起源于农民用拇指来测量播种的深度。

与服务都属于这两种情况,或者缺乏弹性,或者富有弹性。当然也可能存在需求弹性正好等于1的情况,我们称之为**单位需求弹性**(unit elastic demand),但这种情况只是偶然的,没有哪种物品或劳务的需求弹性必然是正好等于1的。

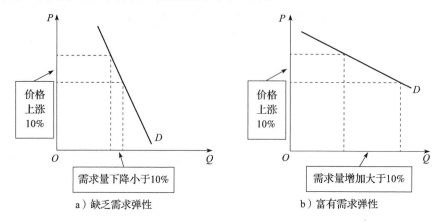

图5-2 需求曲线斜率与弹性

关于需求弹性,还存在两种极端的情况:完全无弹性和弹性无穷大,如图5-3所示。

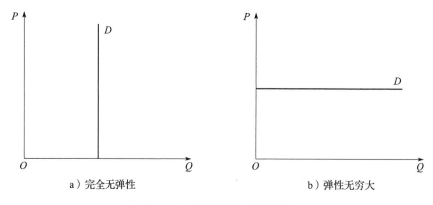

图5-3 需求弹性的极端情况

图5-3a的需求曲线为一条垂直于横轴的直线,其斜率为无穷大,在这种极端的需求曲线下,不管价格怎么变化,需求量都不发生改变,就是$\Delta Q=0$,这时的需求弹性也等于0,即**需求完全无弹性**(perfectly inelastic demand)。这种需求无弹性的商品在现实中几乎是不存在的,比较接近的商品如急救药品。图5-3b的需求曲线是平行于横轴的直线,其斜率为0,在这种极端的需求曲线下价格不会发生变化,在既定的价格下可以买进任何数量的商品,由于$\Delta P=0$,这时的需求弹性无穷大,即**需求完全富有弹性**(perfectly elastic demand)。在现实生活中,没有哪种商品的需求弹性是无穷大的,不过存在类似的现象,比如银行以不变的价格收购黄金,国家以保护价格收购农产品等。

前面我们分析了需求曲线的斜率和弹性之间的关系,但这种分析只是粗略的,实际上,向右下方倾斜的同一条需求曲线上不同点的弹性是不一样的。对于一条线性的需求曲线来讲,上面每一点的斜率都相等,但是弹性却不相等,这是由于斜率反映的是曲线上两个变动量的比率,而弹性反映的是变动率的比率。下面我们就以一条线性的需求曲线为例来分析曲线上各个点的弹性，如图 5-4 所示。

假设 C 点是线性需求曲线 AB 上的任意一点，我们先从 C 点引一条垂直于横轴的直线与横轴相交于 D，那么需求曲线 AB 的斜率就可以用 CD/DB 来表示，同时该需求曲线的斜率也可以用 $\Delta P/\Delta Q$ 来表示，那么就有 $CD/DB = \Delta P/\Delta Q$。现在我们要求 C 点的弹性，根据弹性计算公式有：

$$E_d = \frac{\Delta Q}{\Delta P} \cdot \frac{P}{Q} = \frac{DB}{CD} \cdot \frac{CD}{OD} = \frac{DB}{OD} = \frac{CB}{AC} \tag{5-7}$$

也就是说，需求曲线上任意点 C 的弹性值等于该点到与横轴交点的长度 CB 比上该点到与纵轴交点的长度 AC，根据这一计算方法，一条线性需求曲线上各点的弹性可以用图 5-5 来表示。

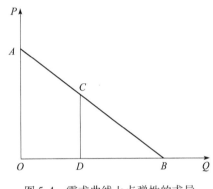

图 5-4　需求曲线上点弹性的求导

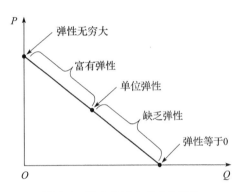

图 5-5　需求曲线上各点的弹性

5.1.4　需求弹性的决定因素

不同的商品需求弹性是不一样的，决定或影响商品需求弹性大小的因素主要包括以下几个方面：

- **必需品还是奢侈品**　一般来说必需品的需求弹性比较小，价格发生变化之后，购买数量不会发生较大的变化。比如，大米属于必需品，人们一个月吃多少大米不会有大的变化，所以大米价格变化后人们购买大米的数量变化并不大，其需求弹性比较小。而旅游相对来讲属于奢侈品，不是人们生活所必需的，当旅游价格发生变动的时候，人们对旅游的需求就会有较大的变动。
- **相近替代品的可获取性**　一种商品的替代品越多、替代程度越好，那它的需求弹性就越大。比如，洗衣粉、牙膏等洗漱用品品牌众多，这些品牌之间有较强的替代性，一个品牌涨价了，人们则可能选择其他的品牌，这种品牌的需求量就会下降很多，即需求弹性比较大。而对于缺乏替代品的商品，人们选择的可能性不大，甚至没得选择，比如糖尿病人每天需要注射的胰岛素就没有替代品，其需求弹性也就非常小。是否存在替代品是决定和影响需求弹性的一个非常关键的因素，现实其他影响因素也或多或少与是否存在替代品有关。
- **商品用途的广泛性**　一种商品的用途越广泛，那么其需求弹性就越大，因为在众多的用途当中,有些对人是重要的,而有些可能并不那么重要,这样当该商品价格发生变化后,那些人们认为不重要的商品的需求量可能就会发生变化。比如水的用途就非常广泛,可以喝,可以用来做饭,也可以用来刷牙、洗脸、洗澡、洗衣服、洗地等,当水的价格发生变化之后,人们用于喝的需求不会发生变化,但用于不是必需的其他方面的需求会发生很大的变化,所以水的需求弹性是很大的,通过水价上涨就可以在一定程度上产生节约用水的效果。如果一种商品的用途面很窄,那么它的需求弹性就会比较小,比如小麦,除了食用外几乎没有什么别的用途,所以小麦需求弹性就比较小。

- **市场定义的宽窄** 市场定义狭窄的商品往往有很多替代品,其需求弹性比较大;而市场定义宽泛的商品其替代品比较少,需求弹性也就比较小。比如,西装属于市场定义狭窄的商品,西装的需求弹性就比较大;而衣服则属于市场定义宽泛的商品,几乎没什么替代品,衣服的需求弹性就比较小。
- **购买花费占收入的比例** 一般来说,当一种商品的价格很低,占人们收入的比重比较小时,其需求弹性就比较小。比如一双袜子5元,价格上涨10%后变成5.5元,这对其需求量影响并不大,人们不会去刻意减少购买量。但如果一件商品价格比较高,占人们收入的比重比较大,那么这种商品的需求弹性就会比较大。比如当汽车价格上涨10%时,很多人可能就会推迟购买汽车的计划。这是由于人们在购买价格很低的商品时比较随意,不会郑重其事地去进行复杂的决策,价格因素在购买行为中的作用也就比较小。越是买一个大件,人们越会反复考虑、货比三家,在这种慎重考虑的过程中,价格变动的因素很可能就成为决策的依据,这时,相应的商品的需求弹性就比较大了。
- **时间的长短** 时间问题也是影响商品需求弹性的一个重要因素,一般来说在长期内弹性会更大,因为长期内人们的消费习惯会发生改变,并且有更多的时间可以调整需求、寻找替代品等。在短期内,若汽油涨价,人们还得开车,人们对汽车的需求量下降不会很明显;但在长期内人们就可以有更多的选择:更换小排量汽车、搬到工作地附近去住等,这样汽油的需求量就会比短期内下降得更明显,即需求弹性更大。

5.1.5 需求弹性与销售收入

需求弹性除了可以分析需求量对价格变动的敏感度以外,还有一个非常重要的用途,就是分析价格变动与商品销售收入之间的关系。销售收入也叫**总收益**(total revenue),用 TR 来表示,指的是销售一定的商品所得到的全部销售收入,等于商品价格与销售量的乘积。我们用 P 表示商品价格,用 Q 表示商品的数量,则有:

$$TR = P \cdot Q \tag{5-8}$$

由于价格与需求量是反方向变动的,所以当价格和数量发生变化之后,总收益也会出现增加或减少两种变化,价格的上升会使总收益增加,而同时出现的数量减少又会使总收益下降。那么这种变化之后的总收益跟变化之前的总收益相比到底是会增加还是减少呢?这就要看需求弹性的大小了。

比如,某个商品价格为4元时需求量为5个,那总收益就是20元。如果需求弹性为2,富有弹性,当价格上涨10%为4.4元的时候,需求量减少20%为4个,这时的总收益变成了 17.6 元,这时价格虽然提高了,但总收益却减少了;但如果它的需求弹性为 0.5,缺乏弹性,价格上涨 10%为 4.4 元,需求量减少 5%为 4.75 个,总收益变为 20.9 元。可见,当需求弹性比较大的时候,涨价会减少总收益,而降价则会增加总收益;当需求弹性比较小的时候,涨价会增加总收益,而降价则会减少总收益。进一步分析如图 5-6 所示。

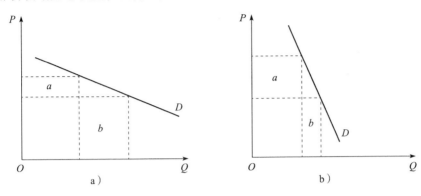

图 5-6 需求弹性与总收益

在图 5-6 中,我们用 a 的面积来表示由于价格变化导致的总收益的变动情况,用 b 的面积来表示由于数量变化导致的总收益的变动情况。在图 5-6a 中,需求曲线比较平坦,说明需求弹性比较大,这时 a 的面积小于 b 的面积,说明价格变动引起的总收益的变动量小于数量变动引起的总收益的变动量,这时如果商家想增加总收益的话应该降低而不是提高价格,这就是我们通常所说的薄利多销。很明显,薄利多销只适用于富有需求弹性的商品。在图 5-6b 中,需求曲线比较陡峭,说明需求弹性比较小,这时 a 的面积大于 b 的面积,说明价格变动引起的总收益的变动量大于数量变动所引起的总收益的变动量,这种情况下商家如果想增加总收益的话就不能降低价格了,而应该提高价格。这种缺乏弹性的商品不适用薄利多销。

快乐学习

小说《狼与香辛料》

作者:[日]支仓冻砂　　　　　　　　　　　　　　　　译者:林冠汾

出版:南海出版公司,2012 年

该部小说获得日本 2005 年第 12 届电击小说大奖银奖,2007 年轻小说指南"这本轻小说了不起"读者票选第一名,赫萝获得女性角色票选第一名。该小说还被改编成了漫画、动漫、游戏等多种艺术形式。

故事梗概:这是一部没有剑和魔法而是包含着大量的经济学内容的奇幻体轻小说。

罗伦斯是一位靠沿途贩卖一些小商品为生的旅行商人,有一天他途经正因收获祭而沸腾的帕斯罗村,离开后他发现自己的马车里面睡着一位长着长长的狼尾巴和两支尖尖的耳朵的少女,少女自称是"掌控丰收的贤狼——赫萝"。赫萝数百年来一直寄居在麦田当中守护着村落的丰收,同时也享受着村民每年为狼神举行的盛大祭典,今年罗伦斯买走了村子里麦田上收割的最后一把麦子,寄居在麦子中的赫萝就跟着麦子钻进了他的马车。

原来这位在流落异乡数百年的贤狼少女想家了,她死赖着罗伦斯要求他送她回到她出生的"遥远的北方",于是旅行商人罗伦斯和贤狼赫萝就开始了漫长的北方之旅。

一路上,他们进行着各种各样的交易,既有赚钱成功,又有投资失败;既会耍一些狡诈小伎俩,又会面临各种商业陷阱;既有激烈的商战,又有复杂的感情纠葛。就这样跌跌撞撞地一路向北,在演绎一连串精彩故事的同时介绍了大量的经济、贸易和金融知识。

包含的经济学原理:这部小说中讲述了大量的与经济学有关的知识,比如关于国际贸易、关税、汇率、结算;关于贸易形式、贸易组织、商业同盟;关于货币发行、币值变化、通货膨胀、货币兑换;关于投资、风险、投机、远期交易(期货);关于成本核算、交易价格等等。小说中介绍这些知识并不是像经济学课本中提出的干巴巴的概念,而是通过描述旅行商人和狼的有趣的行为和对话中用生动、鲜活的实例来说明的,既有趣又让人更容易理解。

尤其是其中的货币金融知识最为丰富,以至于日本角川集团旗下的出版社曾经专门出版了由日本第一生命经济研究所首席经济学家永滨利广编写的《<狼与香辛料>中有趣的货币经济学原理》一书。本书是一本货币经济学的科普读物,以小说《狼与香辛料》中的各种经典故事作为案例向读者介绍货币经济的基本原理与知识。

《狼与香辛料》这部小说是作者支仓冻砂在读大学期间就开始创作的,虽然他的专业是物理学,但书中所讲的经济学理论却受到了包括经济学专业人士、大学经济学老师的普遍认可,是我们寓教于乐地学习经济学原理的一本可读性很强的课外参考书。

5.2 供给弹性

供给弹性的分析与需求弹性非常类似,掌握了需求弹性之后就很容易理解供给弹性。

5.2.1 供给弹性的含义及影响因素

我们把生产者对某商品供给量的变动对价格变动反应的敏感程度定义为**供给价格弹性**(price elasticity of supply),简称为供给弹性。其计算公式为供给量变动的百分比除以价格变动的百分比,我们用 E_s 表示供给价格弹性系数,用 Q 表示供给量,P 表示价格,则供给价格弹性的公式为:

$$E_s = \frac{\Delta Q/Q}{\Delta P/P} = \frac{\Delta Q}{\Delta P} \cdot \frac{P}{Q} \tag{5-9}$$

与需求弹性通常为负值不同,供给弹性在一般情况下为正值,这是由于供给量的变化方向与价格的变动方向是一致的。为了使计算结果更加精确,我们在计算供给弹性时也可以运用中点法。

不同商品的供给弹性存在着很大的差异,一般来讲,决定商品供给弹性的因素主要包括:

(1)**生产的可调节性**。当商品价格发生变化后,企业就会根据变化了的价格对生产进行调整,这种调整的难易程度就决定了商品的供给弹性。如果调整生产改变产量比较容易,增加产量可以比较方便地获得所需的生产要素,减少产量富余出来的生产要素可以顺畅地转移到其他生产当中去,那么这种商品就是富有供给弹性的;而如果调整生产比较困难,产量也不容易改变,那么这种商品就是缺乏供给弹性的。

(2) **存储的可能性**。有些商品是可以长期储存的,有些则难以长期储存,比如鲜活的农产品。容易储存的商品就可以把储存当成一种调节手段,通过增加或减少库存的方式来使价格变动,因此容易储存的商品的供给弹性就比较高;而不容易储存的商品则很难用库存来调节供给量,生产多少就要销售多少,因此不容易储存的商品的供给弹性就比较小。另外,企业原材料的库存状况也会影响产品的供给弹性,价格上升时企业有充足的原材料库存来迅速扩大产量,此时商品的供给弹性就比较大。

(3) **时间因素**。时间因素主要体现在两个方面:一是单个商品生产周期越长则供给弹性越小,因为价格发生变化之后生产者即使调整产量也要在一段时间之后才能生产出产品来供应市场,因而当前供应市场的数量是由以前的价格决定的,而生产周期短的商品的产量则可以快速调整,以变动后的价格决定的产品供应市场,因此供给弹性比较大;二是从整个生产过程来看,时间越长供给弹性越大,因为在长期内企业可以充分地调整生产要素,如调整工人、设备甚至厂房等的数量来改变商品产量,但在短期内则来不及对这些生产要素进行调整。

(4) **生产要素因素**。如果企业生产所需的生产要素供给比较充足则其供给弹性就比较大,但如果生产要素供给受到很大的制约,那么企业扩大的生产就会受到影响,供给弹性就比较小,比如特殊地段的土地供应是有限的,那么在这些土地上建筑的房产的供给弹性就小,如海景房。

5.2.2 供给弹性的类型

根据弹性系数的大小,我们可以把供给弹性分为不同的类型,这里同样存在一个简单的拇指规则:供给曲线的斜率越大,则供给弹性越小;斜率越小,则供给弹性就越大,如图 5-7 所示。

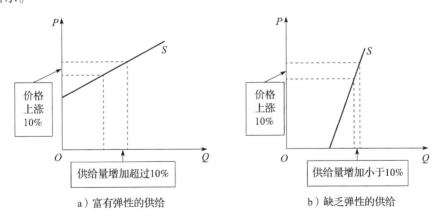

a) 富有弹性的供给　　　　b) 缺乏弹性的供给

图 5-7　供给曲线的斜率与供给弹性

在图 5-7a 中的供给曲线的斜率比较小,供给量变动的比率大于价格变动的比率,这时的供给曲线表示的就是**富有弹性的供给**(elastic supply);而在图 5-7b 中正好相反,供给曲线的斜率比较大,供给量变动的比率小于价格变动的比率,这时的供给曲线表示的就是**缺乏弹性的供给**(inelastic supply)。

我们生活中大多数商品或者是富有供给弹性的,或者是缺乏供给弹性的,但也存在一些特殊的情况,比如没有供给弹性和具有无穷大的供给弹性,如图5-8所示。还有一种情况是**单位供给弹性**(unit elastic supply),即供给量变动的比率与价格变动比率相同,供给弹性等于1,这是一种偶然的情况。

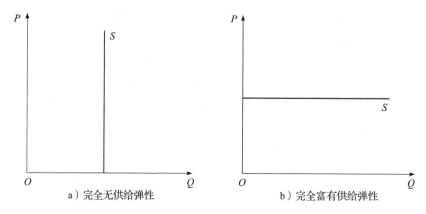

图 5-8　没有供给弹性和供给弹性无穷大

在图5-8a中,供给曲线垂直于横轴,其斜率为无穷大,这时不论价格发生什么样的变化,供给量都不变,这种情况我们称之为供给弹性为0,也就是**完全无供给弹性**(perfectly inelastic supply)。这种完全没有供给弹性的商品在现实中是极少见的,类似的如小摊贩卖的海鲜,不论价格多低都必须全部卖出去,否则就会臭掉,而不论价格多高也只有特定的数量出售,短时间内不可能增加供给量。在图5-8b中,供给曲线平行于横轴,其斜率为0,这时在价格不变的情况下供给的数量可以是任意的,这种情况我们称之为供给弹性无穷大,即**完全富有供给弹性**(perfectly elastic supply)。这种完全富有供给弹性的现象在实现中是存在的,但前提是多生产一件商品的单位成本不发生变化,比如程序软件、游戏等数字产品,以后我们还会对这种情况进行讨论。

快乐学习

电影《阿西们的街》

上映时间:1981年　　　　　　　　　　　　　　　　　导演:山本萨夫
出品国家:日本　　　　　　　　　　　　　　　　　出品公司:大荣电影公司

故事梗概:这是日本反映资本主义发展电影三部曲中的第二部,主要反映了自由竞争的资本主义,另两部分别是反映资本原始积累的《啊,野麦岭》和反映垄断资本主义的《华丽家族》。

20世纪70年代的日本为了应对石油危机与激烈的竞争,对产业结构进行了很大的调整。比如在汽车行业,各大汽车公司由大规模大批量生产转向高度组装化生产,从而大幅度地提高了产量，增加了出口，占领了国际市场。他们把"阿西"（日语汽车零件的意思，影片也借指生产这些零件的工人）外包给一些小公司和私人作坊来生产。在日本，有成千上万家设备简陋、劳动条件很差的中小工厂为这些大企业进行配套生产。这些小企业受到大企业的压制，加工费被压得很低，利润很少，很多小公司时刻处于破产的边缘。

早阪茂是一家街道小厂早阪制作所的老板，为了摆脱困境他决定改变受制于人的代工配套模式，进行技术创新，实行独立生产计划，但没能成功，早阪制作所最终还是倒闭了。

在这些小企业打工的阿西们努力干活，但生活条件没有改善，几个阿西组织了一个乐队，他们要喊出自己的声音，以发泄心中的郁闷。

包含的经济学原理：市场交易的供求双方中弹性大的一方更具有主动性，因为其可以低成本地改变数量甚至离场，因此价格的变动往往对他们有利；而弹性小的一方则处于不利的地位，他们难以减少或改变数量，往往就要接受不利的价格水平。

电影中的早阪制作所和日本千千万万个街道小工厂一样，为大企业加工配套汽车零件，这个行业工艺比较简单，产品没有多少技术含量，对大企业形成依赖，缺乏替代市场，并且这些小企业要养很多工人，很难减少产量，所以供给弹性很小。然而，它们面对的大企业的需求弹性却比较大，因为大工厂可以在众多的小工厂之间进行选择，替代性比较强。弹性小的一方在价格决定上没有话语权，不论对方定什么价格都得接受，所以加工费会越来越低，并且大工厂还会提出很多苛刻的条件，比如有一次他们晚交货了几个小时就被拒收产品，造成了巨大的经济损失。

市场上经常有大量的这样的小工厂倒闭，同时又有很多新的小工厂加入到其中。早阪茂认为，如果不改变这种状况的话，自己的企业必然难以逃避倒闭的命运。他所采取的措施就是进行技术创新，设计和生产具有自主知识产权的产品，这样就可以增加自己的产品与其他企业产品的差异，甚至使自己的产品具有唯一性，这样就可以减少竞争、减少可替代性，减小大企业对自己产品的需求弹性，可以在议价方面取得一定的话语权。

5.3 其他弹性

除了前面介绍的需求弹性和供给弹性之外，还存在着其他弹性，我们在这里主要介绍需求收入弹性和需求交叉弹性。

5.3.1 需求收入弹性

当人们的收入发生变化之后，其对某种商品的需求量也会发生变化，**需求收入弹性**（income elasticity of demand）所描述的就是需求量对收入变动的反应程度，即当收入变动百分之一的时候，需求量会变动百分之多少，其计算公式为：

$$需求收入弹性 = \frac{需求量变动百分比}{消费者收入变动百分比} \tag{5-10}$$

根据需求收入弹性的大小我们可以把商品分为不同的类型。

如果需求收入弹性大于0，即收入与需求量同方向变化，消费者收入增加时，这种商品的购买量也增加，那么这种商品就是**正常商品**（normal goods），我们生活中的绝大多数商品都属于这种正常商品。

我们可以对正常商品进行进一步的分类，需求收入弹性小于1的称为**必需品**（necessaries），这类商品需求量变化的比率小于消费者收入变动的比率，如食品；需求收入弹性大于1的称为**奢侈品**（luxury），这类商品需求量变动的比率大于消费者收入变动的比率。需要说明的是，这里的奢侈品与日常生活中人们所讲的奢侈品概念并不完全一样，我们是根据需求收入弹性来划分的，凡是需求收入弹性大于1且不属于必需品的商品都称为奢侈品。

如果需求收入弹性小于0，即收入与需求量呈反方向变化，消费者收入增加时这种商品的购买量不仅不会增加反而会减少，那么这种商品就是**劣质品**（inferior goods），如肥肉、籼米、公共交通等，人们在收入低的时候可能消费得比较多，一旦收入提高可能减少这类消费。

5.3.2 需求交叉弹性

需求交叉弹性（cross elasticity of demand）是需求交叉价格弹性的简称，指的是一种商品需求的变动对另外一种商品价格变动的反应程度。其计算公式为：

$$商品 X 对商品 Y 的需求交叉弹性 = \frac{商品 X 需求量变动的百分比}{商品 Y 价格变动的百分比} \tag{5-11}$$

上面公式所表达的是，当商品Y的价格变动百分之1的时候，商品X的需求量变动百分之多少，这一数值就是商品X对于商品Y的需求交叉弹性的弹性系数。

如果两种商品之间存在需求交叉弹性，或者说其需求交叉弹性系数不为0，其中一种商品价格发生变化后会导致另一种商品的需求量发生变化，那么我们称这两种商品为相关商品。根据其需求交叉弹性系数的数值，我们可以把相关商品分为替代品和互补品。

如果两种商品的需求交叉弹性大于0，即一种商品价格提高，另一种商品的需求量就会增加，那么这两种商品就称为替代品，它们可以分别独立地满足消费者的同一种欲望，比如牛肉和羊肉、洗衣粉和肥皂等。

如果两种商品的需求交叉弹性小于0，即一种商品价格提高导致另一种商品的需求量减少，那么这两种商品就称为互补品，它们必须结合起来才能共同满足消费者的某种欲望，如电脑和软件、汽车和汽油等。

如果两种商品的需求弹性等于0，也就是不存在需求交叉弹性，一种商品价格变化对另一种商品的需求量没有影响，那么这两种商品就称为无关商品，比如食盐和咖啡等。

5.4 弹性的应用

在经济学中，弹性是非常重要的概念和分析方法，掌握和运用弹性理论可以帮助我们理解很多复杂的经济现象。

5.4.1 农业收成与农民的收入

农业是一个特殊的行业，受自然条件的影响非常大，很多时候农业生产的投入与产出是成反比的，风调雨顺的年景投入不大，产量反而比较高，而遇到旱、涝、风、虫等自然灾难的年景，投入很大，产量却比较低。因此农业生产不可能像工业生产一样保持稳定的产量，农产品的供给量会不断地出现波动。从另一个方面来看，农产品属于必需品，缺乏需求弹性，人们对粮食的需求量是一个大致稳定的数量，不会随着价格的变化大起大落。由于粮食产品的需求缺乏弹性，就会出现当农业收成比较好从而供给增加的时候，粮食价格大幅度地下降，从而使农民的收入并不随着粮食的丰收而增加，反而会出现"谷贱伤农"的现象。我们可以从图 5-9 来看。

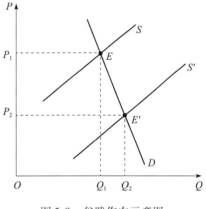

图 5-9 谷贱伤农示意图

从图 5-9 中我们可以看到，粮食的需求弹性比较小，需求曲线 D 比较陡峭，假设收成比较差的年景粮食的供给曲线为 S，与需求曲线相交于 E 点，这时的均衡价格为 OP_1，均衡数量为 OQ_1，农民的收入为 OP_1EQ_1。如果年景好，农民获得了丰收，粮食的供给曲线变为了 S'，与需求曲线相交于 E' 点，这时的均衡价格为 OP_2，均衡数量为 OQ_2，农民的收入为 $OP_2E'Q_2$。由图 5-9 可见，由于需求缺乏弹性，农民丰收之后的收入跟歉收时相比不仅没有增加，反而下降了。这种增产不增收的情况就是人们通常所说的"谷贱伤农"。

除了自然条件的变化引起的农产品产量增加会导致农民增产不增收之外，其他原因引起的产量增加，如采用先进的耕作技术、更换良种、使用化肥农药等，也会带来"谷贱伤农"的后果。那么既然如此，为什么农民还要想办法增加产量呢？其原因就在于每一个农民都会认为现在的价格是不会变化的，自己增加的产量对整个市场不会产生影响，而所有农民都这样想、这样做的话，就会使农产品总量增加，出现增产不增收的结果。

由于农业生产的这种特点，农产品价格经常会出现大幅度的波动，这样既不利于农业生产的稳定发展也会损害消费者的利益。为了保证农业生产的正常发展，各国政府通常都会对农业实行特殊的政策。比如实行农产品价格保护机制，当农产品丰收时，政府会以保护价格收购一部分农产品，防止市场上农产品的供给太多导致其价格大幅度下降，从而给农业生产带来损失；而当农产品供给不足的时候，政府则出售农产品以稳定价格，保护消费者的利益。关于这一问题我们将在下一章中继续讨论。

5.4.2 毒品犯罪与禁毒

毒品对个人、家庭以及社会的危害是巨大的，不仅会损害人的身心健康，造成巨大的财产损失，并且还会导致犯罪，因此各国都采取了各种政策措施来限制非法毒品的使用。那么这些限制毒品的政策措施效果如何呢？能不能达到减少毒品犯罪的目的呢？

减少非法毒品的使用应从两方面着手：一是从供给方面着手，二是从需求方面着手。从供给方面着手就是实行禁毒政策，打击毒品的生产制造和贩卖，从而达到减少供给、减少毒品犯罪的目的；从需求方面着手就是通过教育、宣传的方法让人认识到毒品的危害，减少潜在的吸毒者,从而达到减少毒品需求的目的。这些方法的效果我们可以用考虑到弹性因素的毒品市场的供给需求曲线来进行分析,由于毒品犯罪的数量难以估算,我们在这里用毒品的交易额,即吸毒者为购买毒品支付的货币额来表示毒品犯罪的多少(见图5-10)。

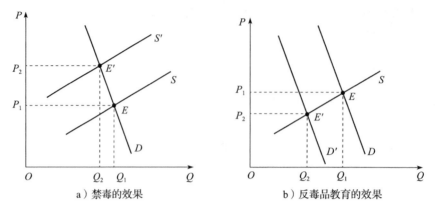

图 5-10 禁毒与反毒品教育效果示意图

吸毒属于成瘾性消费,吸毒者对毒品的心理和生理上的依赖非常强,所以对毒品的需求是缺乏弹性的,而毒品的生产制造与其他商品相比并没有过多的特殊之处,因此其供给弹性并无特别的性质。图5-10a反映的是禁毒的效果,假设在开始的时候毒品市场交易的均衡点在 E 点,均衡价格是 P_1,均衡数量是 Q_1,这时如果政府对制毒、贩毒行为采取严厉的打击措施,毒品的供给就会减少,从 S 减少到 S',新的均衡点为 E' 点,均衡价格为 P_2,均衡数量为 Q_2。通过比较前后两个均衡点,我们可以看出,政府采取禁毒措施后毒品的均衡价格大幅度提高了,但均衡数量减少得并不多,毒品交易额不仅没有减少,反而大幅度提高了。也就是说,禁毒政策并没有达到目的,不仅没有减少而是增加了与毒品有关的犯罪数量。尤其是由于毒品价格的大幅度提高,制造和贩卖毒品可能变得更加有利可图,于是会有更多的人铤而走险加入到制毒贩毒的行列中来,使禁毒工作面临更大的挑战。

图5-10b表示的则是另外一种减少毒品使用和毒品犯罪的措施,在这种政策下,假设不再去禁毒,允许毒品交易,但加大毒品危险的增长率和宣传力度,减少吸毒人数,从而降低对毒品的需求,使图中的需求向左移动,如从 D 移动到 D'。在这种政策措施下我们可以看到,毒品的均衡价格和均衡数量都出现了大幅度的下降,从而毒品交易额和与毒品有关的犯罪得到扼制,控制毒品的效果非常明显。

通过上面的分析我们可以知道,实行禁毒政策实际上效果并不一定好,反而有可能会带来相反的后果,比如毒品交易额上升、与毒品有关的犯罪增加。相反,毒品合法化可能会带来积极的效果,达到减少毒品消费与毒品犯罪的目的。但毒品政策是一个非常复杂的问题,除了经济学上的分析之外,还会涉及道德伦理等方面的问题,这实际上是一个规范性问题,经济学的分析不能代替或决定实际政策的制定与实施。另外,还有人提出另外一个问题,毒品的需求在短期内可能是缺乏弹性的,但在长期内可能弹性会变大,所以禁毒政策在长期和短期的内效果也许会有所不同。

5.5 小结

弹性问题实际上是对上一章所讲的需求和供给理论的进一步发展和深化,通过弹性的学习我们进一步加深了对需求和供给概念的理解,并且可以运用需求供给理论解释很多复杂的经济问题。弹性是非常重要而又非常实用的经济学概念,我们在以后的章节中还会不断地运用它对经济问题进行分析。

延伸阅读

经济学十大原理

现代经济学有很多基本的原理,很多经济学家为了方便简洁,都总结出了若干条最基本的原理。比如,著名经济学家曼昆就在他的《经济学原理》中总结了十大原理,他认为其经济学教材的其他内容就是对这十大经济学原理进一步的阐释和发展。读者如果有兴趣可以自行到 http://www.wdjjlt.org/yl/forum.php?mod=viewthread&tid=1340 上阅览、学习。

关键词

弹性　需求价格弹性　供给价格弹性　劣质品　正常物品
收入弹性　交叉弹性　必需品　奢侈品

思考题（扫描右侧二维码查看答案参与讨论）

1. 什么是弹性？其计算公式是什么？
2. 什么是需求弹性？依据弹性系数,需求弹性可以分为哪五种类型？
3. 决定需求弹性的因素有哪些？
4. 什么叫中点计算法？
5. 什么叫供给价格弹性？决定供给弹性的因素有哪些？
6. 什么叫需求收入弹性？如何根据需求收入弹性来区分正常物品、劣质品、必需品与奢侈品？
7. 什么叫需求交叉弹性？如何用需求交叉弹性来区分互补品与替代品？
8. 试运用弹性理论来分析"谷贱伤农"与毒品市场。

讨论与应用（扫描各题右侧二维码参与讨论）

1. 下列每一对商品中,你认为哪一种的需求弹性更高？为什么？
   (1) 手机与苹果手机。
   (2) 现房与期房。
   (3) 教材与小说。
   (4) 香烟与瓶装水。
   (5) 电影票与自行车。
2. 下列每一对商品中,你认为它们之间的需求交叉弹性是正值、负值还是零,为什么？
   (1) 网购与快递。
   (2) 咖啡与食盐。
   (3) 电动自行车与摩托车。
   (4) 手机与Wi-Fi。
   (5) 微信与支付宝。
3. 下列每一对商品中,你认为哪一种商品的需求收入弹性更高？有没有是负值的？为什么？
（1）LV包与双肩包。
（2）公立学校与私立学校。
（3）出租车与公交车。
（4）低档服装与高档服装。
（5）圆珠笔与手机。

4. 下列每一对商品中，你认为哪一种商品的供给弹性更高？为什么？
（1）手机与手机饰品。
（2）普通住宅与海边别墅。
（3）中式快餐与洋快餐。
（4）杨梅与柑橘。
（5）手工雕花蛋糕与普通蛋糕。

5. 日本是我国国产手机电子元器件的主要供应国，日本地震影响了其电子产业产品的生产，这造成我国手机行业的经济效益出现大幅度下滑，试运用弹性的相关理论对此现象进行解释。

6. 一个面包店的面包价格是4元，一个月能卖出1 500个面包，但这个面包店一个月要支付的各种成本为7 500元，从而存在亏损。面包店老板思考之后得出一个结论：只要把每个面包的价格提高1元，那就可以弥补亏损了。老板的这个想法正确吗？为什么？

7. 下列说法是否正确？为什么？
（1）如果一种商品的价格下降10%，销售量增加15%，那么其需求弹性就是大于1的。
（2）如果一种商品的价格下降10%，销售收入增加2%，那么其需求弹性就是大于1的。
（3）如果一种商品的需求增加了，即在每一个价格下需求量都比以前增加了同样的比例，那么其需求弹性也会增加相应的比例。
（4）在供给不变的情况下，某种商品的需求增加会导致均衡价格和均衡数量的增加，但从长期来看，如果这种需求的增加不断持续，那么均衡数量的增加会越来越大，而均衡价格的增加会越来越小。

8. 弹性的计算公式是因变量变动的百分比除以自变量变动的百分比，为什么要用两个变量变动的百分比来计算呢？可不可以用两个绝对量的变动量的比，也就是斜率来进行弹性的计算呢？

9. 假如你是一家香烟厂的老板，上个月你们的香烟价格提高了，结果总收益增加了，那么：
（1）如果你继续不断地提高香烟的价格，总收益还会一直增加下去吗？
（2）如果你联合其他的香烟生产厂家一起提高香烟的价格，情况会怎么样？
（3）如果所有烟厂一起提高价格，各个厂家的总收益在短期和长期内的变化会是怎么样的？

10. 据报道，最近几年由于产量不断增加，我国的苹果价格一直走低，果农辛苦一年连成本都收不回来，所以山东、陕西等地都出现了大量的果农砍掉苹果树改种其他农作物的行为，请用经济学原理对这一现象进行解释。

11. 某厂的两位经理在争论本厂产品是应该涨价还是降价。甲经理认为应该降价，薄利才能多销；乙经理则认为应该涨价，涨价才能得到更多的收益。你认为他们两个人做出不同的判断的原因是什么？他们各自应该具备什么样的前提条件才能使他们的判断正确？

第 6 章

供求均衡与政府政策

在前面几章我们介绍了经济学的分析方法和分析工具，尤其是需求和供给这两个非常重要的分析工具，在本章当中，我们就要运用这些分析工具对政府的经济政策进行分析。如果说前面讲的内容属于实证经济学的范畴，那么本章的内容就属于规范经济学的范畴了，因为我们是运用经济学的方法和工具来分析政府政策的好坏和应该如何做的问题。对政府经济政策的分析与研究是经济学的一项重要内容，在以后的章节中我们还会继续进行分析。本章我们主要对价格管制、配额和税收的相关政策进行分析和研究。

6.1 价格管制

在市场上，需求和供给两种力量相互作用最终达到均衡，形成均衡价格和均衡数量。但有时政府会认为均衡价格并不是理想的价格，因此政府要规定一个均衡价格以外的价格并强制执行，这就是**价格管制**（price regulation）。价格管制主要包括最高限价和最低限价两种方式。

本章课件

6.1.1 最高限价

最高限价（price ceiling）指的就是政府规定一个某种商品法定的最高价格，市场所有交易均应以此价格或更低的价格进行，高于此价格的交易即属于违法交易。政府这样做可能是出于保护消费者的目的，比如担心一些必需的消费品价格过高可能导致穷人买不起，同时也可以防止卖方哄抬物价趁机牟利。那么政府制定的最高限价能不能保护消费者的利益呢？如图 6-1 所示。

在图 6-1 中，假设某种商品的供给曲线 S 和需求曲

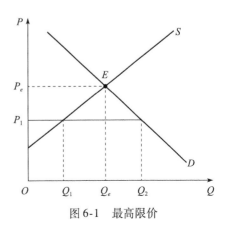

图 6-1 最高限价

线 D 相交于 E 点，这就是在没有人为干预的时候市场供求的均衡点，这时的均衡价格为 P_e，均衡数量为 Q_e。如果政府认为这个均衡价格太高，应该实施价格管制措施，如规定 P_1 的法定最高价格，要求市场所有的交易都必须按这一价格或者低于这一价格的价格进行，高于此价格即为违法交易，就要给予处罚，这就是最高限价的政策。需要注意的一点是，政府制定的最高价格肯定是要低于均衡价格的，如果最高价格高于均衡价格就没有意义了，因为当价格达到均衡价格的时候供求双方就已经实现均衡了，想买的都买到了，想卖的都卖出去了，没有人会花更高的价格来买了。也就是说，在这种情况下，即使政府不限制商品的价格，让人们自由交易也不可能超过法定的最高价格。

政府规定 P_1 为最高限价，此时需求量为 Q_2，供给量为 Q_1，存在 Q_1Q_2 数量的短缺，如果市场交易是自由的，在这种供不应求的情况下就会产生价格上涨的压力，买方会乐意出更高的价格来购买以当前价格买不到的商品，这样市场价格就会上涨。而随着价格上涨，卖方会提供更多的商品，买方会减少购买的数量，最终达到供求双方的均衡。但现在的问题是价格已经被政府限定死了，不能提高，这样就产生了实实在在的短缺，也就是说肯定有 Q_1Q_2 数量的想以现在的价格购买这种商品的消费者买不到这种商品了。

既然肯定有一部分消费者得不到商品，那么接下来的问题就是到底谁能得到呢？或者说如何把 Q_1 数量的商品在 Q_2 数量的消费者之间进行分配呢？一般来说主要有以下几种方式：

- 排队。先到先得，排在 Q_1 数量之后的消费者就买不到该商品了。在计划经济时期，到处可见排着长长的队伍购买各种商品的人，不仅中国，当年的苏联、东欧社会主义国家都是一样。
- 配给。由政府来确定谁能买到、买到多少，比如我国改革开放前为市民普遍发放各种票证（可参见本章延伸阅读）和各级官员批条子（持有条子的人可以凭条子购买一定数量的商品）等形式。
- 卖者的偏好。面对大量的需求者，如果不能提高价格，卖者就可能提高其他的条件，以自己的偏好来挑选购买者，比如面对众多房客的房东会提出一些条件来进行筛选：单身、不带小孩、为女客等。而在计划经济条件下则衍生出了普遍的"走后门"现象，那时掌握着大量稀缺商品的售货员是一个非常令人羡慕的职业。
- 黑市。有人按照法定的价格买不到商品，就想出高价来买；而有人能按法定价格买到商品但并不一定需要，就想高价卖出牟利，于是违法的黑市就诞生了。只要有价格管制存在就必然会导致黑市，即使有严厉的打击措施也杜绝不了。

不管用什么方式进行分配，能够得到商品的只能是一部分消费者，而其余的消费者是不可能得到商品的。并且从长期来看，由于供给和需求在长期内的弹性更大，在法定最高限价下，需求量会更大而供给量会更小，即供求之间的差额会更高，商品的缺乏会更严重，也就是会有更多的消费者不能在现行价格下得到自己想要的商品。因此，政府采用最高限价的方式来保护消费者利益的目标是不可能实现的。

6.1.2 最低限价

最低限价（price floor）又叫保护价格或者支持价格，指的就是政府规定一个某种商品法定的最低价格，要求市场所有交易都必须以此价格或更高的价格进行，任何以低于此价格的交易都属于违法交易。政府制定最低限价的原因可能是出于对某一个行业或者产业的保护，提高其产品的出售价格，增加总收益，从而刺激其扩大生产规模，促进行业或产业的发展。最低限价必须高于均衡价格才有意义，因为如果不加以限制，在自由市场交易情况下，价格最低也就是均衡价格的水平。而正是由于政府认为均衡价格太低了，不利于行业或产业的发展，才制定最低限价，如图6-2所示。

从图6-2中我们可以看出，政府认为均衡价格 P_e 太低了，从而规定 P_1 为最低限价。在 P_1 价格下，需求量为 Q_1，供给量为 Q_2，供给大于需求导致 Q_1Q_2 数量产品过剩。如果在自由交易的条件下，产品过剩会导致其价格下降到均衡价格，供给需求相等。但现在政府不允许降价，必须执行最低限价的政策，那么在这个最低价格下过剩的产品就没办法通过市场交易来消化，会一直存在。

政府实施最低限价政策的一个首要目标就是解决产品过剩的问题，如果这个问题解决不了，企业生产出来的产品卖不出去，对产业或行业进行保护的目标也不可能实现。各国实行最低限价最多的商品应该是农产品，由于农产品需求缺乏弹性，当农产品获得丰收后，其价格容易大幅度下降从而导致农民增产不增收的状况，不利于农业的稳定发展，因此很多国家对农产品实施了最低限价政策以保障农民的利益。这就涉及如何解决过剩农产品的问题。一般情况下，是由政府出资按照最低限价收购农产品，同时允许农民进行自由交易，而政府收购的这一部分农产品会出口到国外或者直接用于对贫困国家的援助，总之不在本国市场上销售，这样实际上是政府以一个需求者的身份进入市场，从而增加了市场上的需求，使需求曲线向右移动，如图6-3所示。

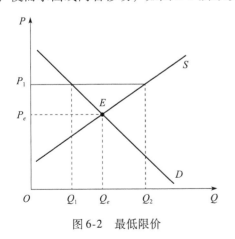

图6-2 最低限价

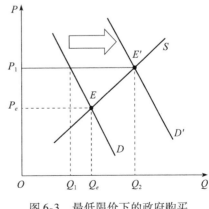

图6-3 最低限价下的政府购买

图6-3中的政府购买行为是政府以经济主体的身份参与市场，增加市场需求，使市场的均衡点从 E 移动到 E'，并没有改变市场的运行方式。因此，这种最低限价的政策措施是可以达到保护生产者的目的的。

最低限价的另一个例子是**最低工资**（minimum wage），各国为了保障工人利益通常会通过立法确定最低工资标准，规定在劳动者按法定工作时间提供了正常劳动的前提下，其雇主或用人单位必须支付不低于法律所规定的最低金额的劳动报酬。政府最低工资肯定是高于劳动市场上的均衡工资的。如图6-2所示，如果均衡工资为 P_e，最低工资为 P_1，那么劳动力市场上就会出现供大于求的情况，即存在 Q_1Q_2 数量的工人失业。

6.1.3 价格管制政策的评价

各国政府出于不同的目的会采取一些价格管制政策，尤其是曾经的社会主义国家更是如此。对于这些价格管制政策，经济学家们普遍持反对的态度，认为百弊而无一利。对此我们可以从以下几个方面来看：

第一，价格管制会导致资源浪费，破坏资源的优化配置。在自由市场条件下，如果存在短缺或者过剩的情况，供求双方会相互作用，最后达到供求的均衡，但在价格管制下市场机制就失去了作用，短缺和过剩不会消失。这样会产生资源的浪费，实行最高限价会使得想买的人买不到，资源没有用到该用的地方；实行最低限价会导致产品卖不出去，用在这种产品上的资源太多了。

第二，价格管制本意是帮助穷人，但反而会给穷人更大的伤害。比如最高限价的初衷是让穷人买得起必需的商品，但结果是很多人买不到，即使买得到也要付出时间、关系等更多的成本；实行最低工资保障制度会使得一部分人失去工作，而失去工作的往往是那些能力、经验比较差的人。比如在我国，农民工是弱势群体，实行最低工资可以让一部分农民工收入有所提高，但同时会使一部分农民工失去工作返回农村，而返回农村的肯定是那些农民工中素质比较差的人，他们来城市打工哪怕得到低于最低工资的报酬也会比在农村的状况更好，但最低工资保障制度的实行却使这些农民工弱势群体中最弱势的一部分失去了留在城市的机会，这实际上是以牺牲最弱势部分的利益来提高弱势群体中比较强势的另一部分的利益。

第三，价格管制会导致社会风气的败坏。政府的价格管制必然导致市场的不均衡，因此，一些市场参与者实现不了自己的目标，或者买不到商品，或者卖不出去商品。这些人为了实现自己的目的很可能就会采取一些不正当的交易手段，而这些做法就可能会导致社会风气的败坏，比如黑市、权钱交易、走后门、处于交易中优势的一方会采取一些歧视的措施，或者以物谋私等。读者如果有兴趣可以自行到（https://v.youku.com/v_show/id_XN-DA3MjIwMTMxMg==.html?spm=a2hzp.8253869.0.0）上阅览、学习。

快乐学习

小说《了不起的盖茨比》

作者：[美] 弗·司各特·菲茨杰拉德　　　　　　　　　　　　　　译者：于海生

出版：四川文艺出版社 2018 年 11 月出版

1998 年 7 月，《了不起的盖茨比》被美国现代图书公司选为 20 世纪全球百部英语小说第 2 名，其还多次被改编成戏剧或电影。

故事梗概：出生在美国中部农村的穷小子詹姆斯·卡兹一心想出人头地成为一个大人物，于是来到东部闯荡并改名为杰伊·盖茨比。在军队中担任上尉的时候，盖茨比爱上了一名漂亮、高贵的南方姑娘黛茜·费，但随后他就参加了一次大战，等回来后黛茜已经与一位来自芝加哥的体格健壮、举止粗鲁的长岛首富的继承人汤姆·布坎农结婚了。倍受打击的盖茨比开始不择手段地挣钱，终于从一个贫穷的军官变成一个百万富翁。

盖茨比在长岛的西端买下了一幢豪华别墅，与黛茜住的豪宅隔海湾相望。盖茨比天天大宴宾客，他的豪宅夜夜歌笙、灯火通明，就想引起对面黛茜的注意。后来在黛茜表弟的帮助下，两个人终于见面并旧情复燃。

黛茜开车碾死了丈夫的情妇，盖茨比为了保护黛茜而承担了责任，后来情妇的丈夫杀死了盖茨比，黛茜却连盖茨比的葬礼都没来参加，而是与丈夫一起去欧洲旅行了。

包含的经济学原理：本书作者菲茨杰拉德是美国著名小说家，他自1920年出版长篇小说《人间天堂》开始为人所知，1925年《了不起的盖茨比》的问世奠定了他在现代美国文学史上的地位，他成了20世纪20年代"爵士时代"的发言人和"迷惘的一代"的代表作家之一。

如果政府对市场进行管制限制或禁止某种商品的供应，那么这种商品的价格就会上涨，违法供应这种商品就会实现暴利，盖茨比的一夜暴富就属于这种情况。

1920—1933年，美国实行禁止出售酒类的法令，联邦政府规定酒精的生产、运输、销售和消费都是非法的，政府的禁令并不能消灭人们对酒的需求，合法交易市场不允许存在必然就会有黑市交易。由于是非法活动，酒的供应商在生产、运输和销售环节就面临巨大的风险，对这种高风险的回报就是高价格和丰厚的利润。盖茨比就是从事这种非法的酒类走私与出售活动，他与声名狼藉的梅耶合作买下了整个纽约和芝加哥的街道药店，酒类和阿司匹林一块在柜台上出售。

由于是非法生意，自然也就不用纳税，盖茨比后来把赚的钱又投入到合法的经营中去，把钱"洗白"了，就开始做起了百万富翁。

6.2 配额

政府除了进行价格的管制之外，还可能进行数量的管制，比如配额。**配额**（quotas）是指政府在一定时期内对某些特定的商品规定供给的数额上限，我们比较熟悉的有城市出租车的数量控制，国际贸易中的进出口配额等。政府规定的供给数额上限肯定是低于市场均衡数量的，否则就没有限制的必要了，因为在自由市场条件下的实际成交量最大就是均衡数量，政府认为这一均衡数量太多了才进行限制的。政府在对商品实行数量限制的时候并不限制其价格，这样必然导致实际的成交价格高于市场均衡价格，如图6-4所示。

在图6-4中，需求曲线D和供给曲线S相交于E点，

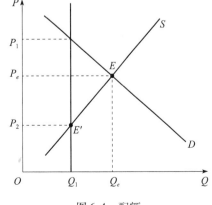

图6-4 配额

这时的均衡价格为 P_e，均衡数量为 Q_e。如果政府认为这一均衡数量过大，就会对供给数量进行限制，比如只允许向市场提供 Q_1 数量的商品，在此数量下消费者为了得到商品乐意付出的价格为 P_1，高于均衡价格。同时，在 Q_1 的数量下，供给者乐意接受的价格（实际上是供给者的边际成本，后面我们会讨论）为 P_2，那么 P_1P_2 就是卖者由于配额制度而获得的巨大好处。我们也可以这样分析，在供给不变的情况下，如果市场的均衡数量为 Q_1，那肯定是由于需求远小于现在的需求 D，其与供给曲线 S 在 E' 点相交，那么均衡价格就为 P_2，而在当前实际的需求 D 下，本来均衡数量与均衡价格都会大幅度提高，但由于政府实行了限额，供给的数量不能增加，就导致价格上涨到了 P_1，于是 Q_1 数量的销售者就获得了 P_1P_2 的额外的巨大利益。

由于数量管制能够产生巨大的利益，谁能得到这种配额就意味着能够获取极其丰厚的利润。那么如何来决定谁能获得这些配额呢？一般有这样几种方式：一是先到先得，由供给者提出申请，按申请的先后顺序分配配额；二是拍卖，政府公布配额的数量后由供给者进行投标，出价高者得，这种方式可以把中标的供给者所获得的巨额利润中的一部分转移到政府手中；三是审批，由供给者提出申请，政府有关部门根据一定的标准或条件选择其中一部分供给者获得配额，这种审批的方式往往使得负责的官员拥有很大的裁量权，供给者在对配额进行竞争的过程中有动力拿出一部分利润来贿赂官员，容易产生权钱交易的腐败问题。

与价格管制政策一样，数量管制政策也具有同样负面效果，由于政府制定的配额小于均衡数量，破坏了资源配置的优化配置，不能满足消费者的需求，即使能买到该商品的消费者也付出了很大的代价，降低了消费者的福利水平；同时还会导致权钱交易和地下黑市，败坏社会风气和法律环境。

我国在计划经济时期都是由政府来确定各种产品的数量，改革开放后虽然放开了市场，但还是保留了大量的数量管制政策。当前我国的数量管制政策主要采取行政审批的形式，大量的政府部门设置各种审批事项，从土地供给到企业的设立、经营、上市，从各种职业任职资格到人口落户，从运营交通工具到企业发布广告等，各种审批五花八门、数量庞大，虽然政府经营对各种审批项目进行清理、调整和取消，但一方面撤销另一方面又新设，这一问题始终不能得到根本解决，甚至出现越取消反而越多的情况。

需要说明的是，行政审批往往并不是限制不合格的生产者进入市场，而是在合格的生产者中只选择一部分给予配额，大量合格的生产者无缘进入市场，就如图 6-4 所表示的，所有合格的生产者构成了该产品的供给曲线，而行政审批只允许其中的一部分如 Q_1 数量的生产者向市场提供产品。

快乐学习

电影《没事偷着乐》

上映时间：1998 年　　　　　　　　　　　　　　　　　　　　导演：杨亚洲

出品国家：中国　　　　　　　　　　　　　　　　　　出品公司：西安电影制片厂

冯巩 1988 年获得第十八届金鸡奖最佳男主角奖、第六届大学生电影节最受欢迎的男演员奖，2000 年获得意大利远东国际电影节最佳故事片奖。

故事梗概：这部电影是根据作家张恒的长篇小说《贫嘴张大民的幸福生活》改编的，讲述了张大民（冯巩饰）带领着两个弟弟、两个妹妹，还有一个老母亲住在两间平房内，虽然生活艰辛，但乐观向上地过着有条不紊的幸福生活的故事。

为了结婚，张大民把弟弟妹妹和老母亲如同住集体宿舍一样挤在外屋，把内屋当成了自己的新房。但结婚没几天，弟弟三民带着媳妇郑重向全家宣布"我的春天也来了"。于是张大民把自己的新房用一张木板一分为二，两对夫妻在同一间房间内安顿下来，产生了不少尴尬。

张大民在院里的一块小空地上盖了一间只能容纳一张双人床的小屋，并且把一棵树盖到了屋内，树正好位于双人床的正中。儿子降生了，张大民给他取名为"小树儿"。

后来由于房屋拆迁，大民终于带着母亲、妻子云芳和儿子住上了宽敞的三居室新房，他告诫儿子："好好活着，你就能碰到好多好多幸福，没事你就偷着乐吧。"

包含的经济学原理：当价格低于均衡价格时，就会产生需求大于供给的短缺现象，这时如果允许价格自由浮动，那么价格就会上涨，从而供给增加，需求减少，短缺消失，市场达到均衡；但如果政府实行价格管制，不允许价格变动，短缺现象就会长期存在。改革开放前，我国与其他社会主义国家一样为了保障人民群众的基本生活水平，对生活必需品都实行政府定价，低价格导致了普遍的短缺。当时匈牙利的著名经济学家科尔内写了一本《短缺经济学》，他认为资本主义经济的特征是过剩，而社会主义经济的特征是短缺。

当时我国城镇的房屋由国家统一分配，只交很少的房租，国家又没有足够的财力建设新房，所有住房供应量不足。据统计，1978 年全国城镇人均居住面积仅有 3.6 平方米，缺房户达 869 万，占城市总户数的 47.5%，近一半城镇居民无房可住。该电影就反映了这种情况。

我国从 1980 年开始住房制度改革，1998 年停止住房分配，实行住房货币化，逐步实现了市场化的住房供给制度。经过几十年的建设，我国城镇居民住房状况发生了巨大的变化，到 2017 年，城镇人均住房面积从 3.6 平方米增加到 40.8 平方米，增长了 11 倍多，人们的居住环境得到了根本性的改善。

6.3 税收

税收（revenue）是指政府凭借政治力量、运用法律手段对社会财富的一部分进行强制征收，使之成为其财政收入的一部分。税收具有强制性、无偿性和固定性三个特征。税收是政府的一项非常重要的政策措施，从各个方面对我们的生活产生重要的影响，分析税收政策是经济学的一项重要内容。

根据不同的标准可以对税收进行不同的分类，比如根据税赋能否转嫁税收可以分为直接税和间接税。**直接税**（direct tax）指的是直接向个人与组织征收的、不能转嫁的税收，纳税人即税收的承担者，如所得税、遗产税等；**间接税**（indirect tax）指的是对商品和服务征收的税，这种税通常是向商品和服务的出售者征收，但出售者可以把这种税加到商品或服务的价格上卖给下家，从而把税收转嫁出去，纳税人并不一定是税赋的实际承担者，如增值税、消费税、关税等。由于间接税包含在商品与服务的价格之内所以又称为价内税，而直接税并不包括在商品与服务的价格之内,因此直接税又称为价外税。另外,根据税收的征税方式,其可以分为从价税和从量税。**从价税**(advalorem tax)依据商品或服务的价格来征收,以价格的一定比例来计算;**从量税**(unit tax)以商品的重量、容积、面积、长度等计量单位为标准,按固定单位税额来计算征收。

为了更方便地分析问题,我们在本节中将对以从量方式征收的间接税作为分析对象,而其他形式的税收的分析方法也与此类似。我们将重点分析当对某种商品征收一定金额的税收之后,商品的出售者和购买者会受到什么影响以及税收在双方之间如何分摊的问题。现在假设政府对每部智能手机征收 100 元的消费税,我们分别来看其对卖者和买者征收会带来什么结果。

6.3.1 对卖者征税

假设政府规定智能手机生产厂商每出售一台手机必须向政府缴纳 100 元的消费税,这样生产厂商就会把手机的价格提高 100 元,从而使得供给曲线向上平行移动。当然我们也可以这样思考,政府征税相当于增加了智能手机生产厂商的成本,从而使得生产厂商的赢利能力下降,在市场的每一个价格下都减少了供给的数量,因此供给曲线向上移动。由于政府是向卖方征税的,对买方(即消费者)没有什么影响,所以需求曲线不会发生变化。新的供给曲线与需求曲线会形成一个新的交点,如图 6-5 所示。

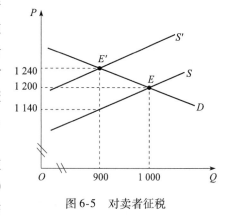

图 6-5 对卖者征税

在图 6-5 中,征税前的供给曲线和需求曲线相交于 E 点,此时均衡价格为 1 200 元,均衡数量为 1 000 台;当征收消费税后,供给曲线向上移动到 S',与需求曲线相交于 E' 点,这时的均衡价格上涨到 1 240 元,均衡数量减少到 900 台。在新的均衡条件下,消费者支付的价格是 1 240 元,但生产厂商收到这 1 240 元之后要向政府缴纳 100 元的消费税,实际得到的是 1 140 元。可以看出,虽然厂商是把 100 元消费税加在手机价格上出售,但实际上并没有把消费税全部转嫁到消费者身上,而是双方分摊了。因为在没有征收消费税时手机的均衡价格为 1 200 元,现在消费者多支付了 1 240 - 1 200 = 40 元,也就是承担了 40 元的消费税,而厂商则承担了 1 200 - 1 140 = 60 元的消费税。

税收这种政府政策与前面讲的配额政策是非常相似的,它们都使均衡数量减少了,并且只要调整税额就可以得到从 0 到征税前的均衡数量之间的任何一个新的均衡量,也就是说,任何一个配额数量都可以通过征税来实现;它们都是消费者承受了一个比均衡价格更高的价格所获得的,不同的是,配额制下消费者支付的高价所产生的利益由供给方获得,而现在是由政府以税收收入的方式获得了。税收政策除了像前面讲的价格管制与数量管制一样会导致资源配置的破坏、消费者福利水平的降低以及偷逃税款和黑市交易以外,还可能会导致走私犯罪,尤其是在征收关税的时候。

6.3.2 对买者征税

除了向生产厂商征税，政府也可以向消费者征税。假如政府规定消费者每购买一台智能手机，除了按市场正常价格向厂商进行支付之外，还必须向政府缴纳 100 元的消费税，这样需求曲线就会向下平行移动，因为原来的需求曲线表示在每一个数量上消费者乐意支付的价格，现在由于征收了消费税，只有在原价格降低 100 元的时候他才会购买相同的数量。当然也可以这样来考虑，由于需要缴纳消费税，因此消费者购买手机的实际价格提高了，而价格提高后其购买量就会减少，也就是在原来手机价格不变的情况下需求量减少，结果需求曲线向下移动。由于只是向消费者征税，生产厂商并没有受到影响，所以供给曲线不会发生变化。移动后的需求曲线会与供给曲线相交于一个新的均衡点，如图 6-6 所示。

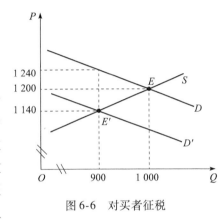

在图 6-6 中，征税之前的均衡点在 E 点，这时的均衡数量为 1 000 台，均衡价格为 1 200 元；当征收消费税后，需求曲线向下移动到 D'，与供给曲线相交于 E' 点，均衡数量减少到 900，均衡价格降低到 1 140 元。在新的均衡条件下，生产厂商得到 1 140 元的收益，而消费者在支付了 1 140 元的商品价格后还要向政府缴纳 100 元的消费税，实际支付了 1 240 元。政府征收的 100 元消费税虽然表面上是由消费者支付的，但实际上是由卖方和买方共同负担的，与原来没征税时的价格相比，消费者多负担了 1 240 - 1 200 = 40 元，生产者多负担了 1 200 - 1 140 = 60 元。

图 6-6 对买者征税

通过上面的分析我们可以看到，不管政府对生产者还是消费者征税，其结果是没有差别的，交易均衡数量都是从 1 000 台减少到了 900 台，消费者支付的价格都是 1 240 元，生产者得到的价格都是 1 140 元，消费税都是由买方和卖方共同分担，其中消费者负担 40 元，生产者负担 60 元。

6.3.3 赋税归宿

从上面的分析我们看到，政府不管是对买者还是对卖者征收消费税，其结果是一样的，都是由买卖双方共同承担的，但在这个过程中，买卖双方各自会承担多大的比例呢？这就涉及赋税归宿的问题。**赋税归宿**（tax incidence）又称税收归宿、税负归宿等，指的就是政府所征收的税收最后到底是由谁来承担的，税收负担是如何在市场参与者之间进行分配的。

税收在买者和卖者之间分摊的比例也就是赋税归宿，与政府向买者还是卖者征税无关，向哪一方征税，最后的结果都完全一样。决定赋税归宿的是弹性，即需求弹性与供给弹性。从图 6-7 上看，政府征收消费税其实就是在供给曲线和需求曲线之间打进一个楔子，这个楔子的高度就是征收的税额，楔子与需求曲线的交点代表了消费者支付的价格，与供给曲线的交点代表了供给者收到的价格，而楔子被不征税时的均衡价格一分为二，其中上半部分是消费者负担的税收，下半部分为供给者负担的税收。下面我们就以图 6-7 来分析弹性与赋税归宿之间的关系。

在图 6-7a 中，消费税额为 P_1P_2，以此为高度的楔子打入供给曲线 S 和需求曲线 D 之间，楔子与需求曲线的交点代表的价格 P_1 就是消费者支付的价格，与供给曲线交点所代表的价格 P_2 就是供给者所得到的价格，P_e 为没有征税时的均衡价格。在此图中，需求曲线比较陡峭，说明需求弹性比较小，而供给曲线比较平坦，说明供给弹性比较大。在这样的弹性状态下我们可以看到，消费者所承担的税收 P_1P_e 要远远大于供给者所承担的税收 P_eP_2。我们下面再看一下相反的情况，当需求弹性比较大、供给弹性比较小时的情况，如图 6-7b 所示。

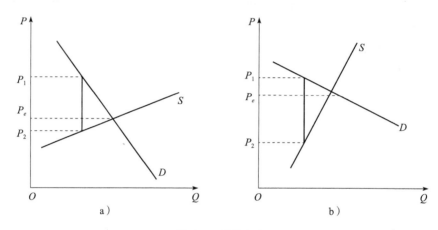

图 6-7　赋税归宿

从图 6-7b 中我们可以看出，需求曲线 D 比较平坦，说明需求弹性比较大；供给曲线 S 比较陡峭，说明供给弹性比较小。这种弹性状态下，供给者所承担的税收 P_eP_2 要远远大于消费者所承担的税收 P_1P_e。

一般来说，承担税收的多少与弹性成反比，弹性大的一方承担的税收较少，而弹性小的一方承担的税收较多。也有特殊的情况：如果需求弹性为 0 的，那么税收将由消费者全部承担，如果需求弹性是无穷大的，税收则由生产者全部承担；同样，如果供给没有弹性，则供给者承担全部税收，如果供给弹性无穷大则由消费者承担全部税收。

税收负担与弹性成反比的原因在于，弹性高的一方意味着有更多的选择，在由于征税导致价格对自己不利的时候可以离开市场；而弹性低的一方则选择比较少，即使价格对自己不利也只能留在市场上，这样就必然承担更多的税收。比如，如果需求弹性比较大而供给弹性比较小，当价格上涨时，消费者就不买了，生产者很难减少产量，只能自己降低价格来出售，这样消费者承担的税收就比较少，生产者承担的税收就比较多；而如果需求弹性小供给弹性大的话，当价格降低时，生产者可以很容易地减少产量，而消费者的需求量减少很困难，从而只能出更多的钱来购买，这样生产者承担的税收就比较少而消费者承担的税收就比较多。

了解税收负担与需求弹性之间的关系的原理有助于我们分析和理解很多现实的问题。比如，税收的一个标准应该是税负与其收入相适应，穷人少纳税，富人多纳税，从而使税收成为调节人们收入的一个工具。由于奢侈品往往是富人在消费，因此很多人认为应该对奢侈品征收重税。但是通过前面的分析我们知道，奢侈品的需求弹性往往很高，所以对奢侈品征税实际上可能达不到让富人负担更多的税收的目的，因为他们可以把税收转嫁给生产厂商。

与征税相反，还有一种情况是**政府补贴**（government grants），即政府对市场交易中的买方或者卖方在购买或出售商品时给予一定的现金补助或者其他优惠。这种补贴主要是一些生活生产的必需品或者国家重点支持的行业，如我国前些年搞的农机下乡补贴、现在的新能源汽车补贴等。与征税会导致需求曲线向下移动或供给曲线向上移动相反，政府补贴会导致需求曲线向上移动或供给曲线向下移动，消费者实际支付的价格降低、生产者实际得到的价格提高，也就是说政府补贴会在买者和卖者之间进行分配，分配的比例同样取决于双方各自的弹性，而与这种补贴是对买者的还是对卖者的无关。可以参考我们对税收的介绍自己尝试着对政府补贴的情况进行分析。如果读者有兴趣可以自行到 https://v.youku.com/v_show/id_XNDA3MjIwNDAxNg==.html?spm=a2hzp.8253869.0.0 上阅览、学习。

6.4 小结

现实中的市场实际上是由供给、需求以及政府政策共同决定和影响的，本章在前面介绍供给需求的基础上加入了政府政策的分析，这些政府政策对供给、需求、均衡数量、均衡价格等都会带来影响，从而对整个经济产生影响，这种影响的利弊目前在经济学界存在不同的认识，我们将在以后的章节中继续对更多的政府政策及其影响进行讨论。

延伸阅读

计划经济时代的票证

改革开放以前的计划经济时期，几十年不变的计划价格既抑制了生产又刺激了需求，几乎所有商品都存在严重的短缺。为了缓和供需矛盾，国家实行了票证制度，即城乡居民生活必需品实行凭证凭票凭券的计划供应。这些票证成了当时人们生存的必要条件，离开这些票证根本活不下去。读者如果有兴趣可以自行到 http://www.wdjjlt.org/yl/forum.php?mod=viewthread&tid=687 上阅览、学习。

关键词

价格管制　最高限价　最低限价　　从价税　从量税　赋税归宿　政府补贴
最低工资　配额　税收　直接税　间接税

思考题（扫描右侧二维码查看答案参与讨论）

1. 什么是价格管制，它包括哪两种形式？
2. 画图分析最高限价和最低限价。
3. 最高限价会导致短缺，有哪些方法来实现短缺商品的分配呢？
4. 试分析最低工资保障制度的影响。
5. 什么是配额，这种政策会造成什么损失？

6. 什么是税收，其特征是什么？
7. 什么是直接税？什么是间接税？
8. 从量税和从价税的区别是什么？
9. 试画图比较对买方征税和对卖方征税。
10. 什么叫赋税归宿，赋税归宿同弹性之间有什么关系？

讨论与应用（扫描右侧二维码参与讨论）

1. 请分析下列情况可能产生的影响：
   (1) 政府提高了最低工资的标准。
   (2) 政府对经济适用房实行最高限价政策。
   (3) 某市对共享自行车的投放采取总量控制。
   (4) 提高汽油消费税。
   (5) 对新能源汽车进行补贴。
   (6) 对出口商品进行退税。

2. 现在很多国家对国民实行免费医疗，尤其是对老人和低收入群体实行免费医疗，当然这些免费医疗并不是真的免费，国民是向政府缴纳了税收的，政府是用税收来支付或补贴国民的医疗费用，有些国家国民在纳税之外还要另外交纳一定的医疗保险，但这些国民在看病的时候不需要另外交费或只交极低的费用，这实际上就形成了医疗价格管制。那么：
   (1) 这种制度对病人有哪些好处，有哪些坏处？对医院呢？
   (2) 政府实施这样的政策应该注意哪些问题？
   (3) 免费或低价格必然带来短缺，应该如何解决呢？
   (4) 对比中国当前的医疗保险制度，有什么值得我们借鉴的吗？

3. 既然数量管制的目的可以通过税收来达到，任何一个配额数量都可以通过不同的税收额来实现，并且税收可以增加政府的收入，那么政府为什么还会采用配额这种数量管制 的方式呢？

4. 2007年6月，兰州牛肉面出现了涨价，原价小碗和大碗的牛肉面分别从2.30元涨到2.80元，从2.50元涨到3.0元。 调价的理由是原料上涨、成本增加等，牛肉面价格"跟风上涨"引起了许多市民的质疑，有的市民还拨打物价局价格举报中心电话进行咨询和举报。于是在6月26日，兰州市物价局联合兰州市工商局、质监局、卫生局和兰州牛肉拉面行业协会等部门，出台正式文件，限制每个级别的最高售价。其中，普通级大碗不得超过2.50元，小碗不超过2.30元。这一文件随即被称为"限价令"并引起了社会的广泛关注。
   (1) 你觉得政府出台这样的政策是否合适？
   (2) 针对这样的政策，牛肉面馆有可能采取什么样的对策？
   (3) 这种措施下，消费者能得到好处吗？为什么？
   (4) 你觉得这种政策能否长期执行？为什么？

5. 网约车是近年来发展很快的一种新的交通方式，为了规范网约车的发展，国家制定了相关规定，各地也出台了相关措 施，对网约车的准入做出了比较严格的规定。比如很多地方规定司机必须是本地的，车必须为本地车牌，对车的标准、报废年限做出了规定，规定司机必须与网约车平台签约等，有的地方还规定了网约车的数量限额。试分析这些措施对网约车司机、乘客、运营平台以及传统出租车企业有怎样的影响？

6. 在我国,"黄牛"是一个普遍存在的现象,这种现象存在的原因是什么?对市场和消费者会带来什么样的影响?你认为有没有必要完全消灭"黄牛"?如果要消灭,应该采取什么样的措施?

7. 根据我国相关法律法规的规定,民间个人借贷利率由借贷双方协商确定,但双方协商的利率不得超过中国人民银行公布的金融机构同期、同档次贷款利率(不含浮动)的4倍。超过上述标准的,应界定为高利借贷行为。据说当初制定这一标准时是最高法院委托中国人民银行提供方案,人民银行条法司有人提应该是5倍,有人提应该是3倍,最后取平均4倍。你认为这一倍数合适吗?为什么?如果不合适,应该是多少?或者可以进一步思考,高利贷的存在有没有必要性和合理性?

8. 2017年,中国工信部宣布正在研制禁售燃油汽车的时间表,此前德国、法国、英国等国都已经公布了时间表,在 2030~2040年停止生产和销售一切燃油汽车,改为零排放的新能源汽车。这是各国为保护环境而采取的措施,这一措施的实施你认为会对哪些行业领域产生影响呢?会产生什么样的影响?对消费者会带来什么样的影响?

9. 请谈谈你对黑市的理解,黑市存在的条件是什么?政府对黑市应该采取什么政策?

第 7 章
CHAPTER7

消费者剩余与生产者剩余

前面几章我们主要运用供给曲线和需求曲线分析了均衡价格和均衡数量如何确定的问题，这主要是讨论稀缺资源的配置方式，但是这种资源配置的效果如何呢？是让人更加满意还是不满呢？当资源配置方式发生变化后人们的福利水平是提高了还是降低了呢？本章就是从这个方面进行探讨。这一章和上一章一样，也属于规范分析。本章中我们先介绍两个衡量经济福利的分析工具——消费者剩余和生产者剩余，然后再用这两个工具来分析资源配置的效率问题。

7.1 消费者剩余

经济学有一个分支叫**福利经济学**（welfare economics），是研究资源配置对人们经济福利的影响问题的，而要研究经济福利问题首先就要确定经济福利是什么，消费者剩余就是衡量经济福利的一个重要指标。

7.1.1 支付意愿与需求曲线

假设某手机厂商推出一款新的手机，在某班级随机抽取了 5 名同学，调查他们肯花多少钱来购买这部手机。由于每个人对手机的评价是不一样的，每个人为购买这部手机乐意出的钱也不同。我们把一个人愿意为想购买的某件商品肯付出的最高价格称为**支付意愿**（willingness to pay）。当商品的价格等于或低于他的支付意愿的时候他就会购买这个商品，而当价格高于他的支付意愿的时候他就不会购买这一商品，所以我们也可以将支付意愿理解为消费者宁肯支付也不愿意得不到该商品的那个价格。支付意愿表示消费者对这种商品的评价，即这种商品值这么多钱。假设这 5 位同学对这部新手机的支付意愿如表 7-1 所示。

表 7-1 支付意愿

潜在消费者	支付意愿（元）
小明	1 100
小丽	1 000
小芳	950
小强	850
小红	800

从表 7-1 可以看出，支付意愿最高的是小明，只要手机等于或低于 1 100 元他就会购买；其次是小丽，手机等于或低于 1 000 元时她才会购买；再其次是小芳和小强；支付意愿最低的是小红，只有价格等于或低于 800 元时她才会购买这部手机。我们把手机价格和可能购买的人数通过表 7-2 表示出来：

表 7-2　手机需求表

手机价格（元）	需求数量（部）	消费者
>1 100	0	
>1 000 ~ 1 100	1	小明
>950 ~ 1 000	2	小明、小丽
>850 ~ 950	3	小明、小丽、小芳
800 ~ 850	4	小明、小丽、小芳、小强
<800	5	小明、小丽、小芳、小强、小红

根据上表中第 1 列和第 2 列的数字（即价格和需求量），我们可以画出这款手机的需求曲线，如图 7-1 所示。

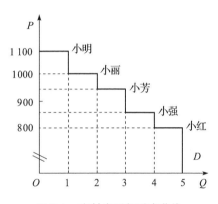

图 7-1　支付意愿与需求曲线

图 7-1 中的 D 曲线就是这 5 名同学的需求曲线。由于只有 5 个人，所以需求曲线是台阶状的，每一级台阶代表了一个消费者，台阶的高度表示消费者的支付意愿或者肯为这款手机支付的最高价格，如小明的支付意愿最高，为 1 100 元，小丽次之，为 1 000 元，小红的支付意愿最低，为 800 元。这样当手机价格为 1 100 元时需求量为 1 部（小明购买），价格为 1 000 元时需求量为 2 部（小明和小丽购买）等，只有价格降到 800 元时这 5 名同学才会全部购买。

实际上，我们看到的需求曲线都是由这样一个一个的小台阶构成的，由于本例中消费者的人数较少，所以台阶看起来比较明显，随着消费者人数的增加，这些小台阶会变得越来越细小和密集，而当人数足够多的时候，比如有成千上万名消费者的时候，这些小台阶就会变得非常细小，以至于我们看起来就是一条平滑的曲线了。需求曲线是台阶状的还是平滑的对我们分析支付意愿与消费者剩余没有影响。

7.1.2　支付意愿与消费者剩余

需求曲线在每一个数量上的高度都表示相应的消费者的支付意愿，但消费者在购买商品时并不是以各自支付意愿所表示的价格进行支付的，而是所有消费者按照同样的价格来购买，这样消费者的支付意愿和价格之间就形成了一个差额，这个差额就是**消费者剩余**（consumer surplus）。消费者剩余衡量了消费者自己感觉到所获得的额外利益，自己本来准备用较高的价钱来买这个商品，结果花了较少的钱就买到了，于是就会觉得自己赚了，因此消费者剩余实际上是消费者的一种主观感受。

我们现在假设在上面的例子中这一新款手机的定价为 900 元，那么对小明而言，他本来的支付意愿是 1 100 元,现在 900 元就买到了,那他就获得了 1 100 − 900 = 200 元的消费者剩余。同理,小丽获得了 1 000 − 900 = 100 元的消费者剩余,小芳获得了 50 元的消费者剩余。而由于小强和小红的支付意愿小于 900 元,所以当价格为 900 元时他们是不会购买这款手机的,因而他们就没有消费者剩余了,没有消费则既没有额外的利益也没有额外的损失。

单个消费者从所购买的商品中获得的额外利益称为"单个消费者剩余",所有消费者的单个消费者剩余之和我们称之为"总消费者剩余",如小明、小丽、小芳三人的单个消费者剩余之和:300 + 100 + 50 = 450 元。我们通常所说的消费者剩余既可以指单个消费者剩余,也可以指总消费者剩余。

这 5 位同学的消费者剩余也可以用图 7-2 来说明。图 7-2 中的需求曲线与图 7-1 中的需求曲线是完全一样的。

从图 7-2 可以看出,在消费者的支付意愿和价格之间形成了一个矩形,如小明以支付意愿 1 100 元为顶,以价格 900 元为底,以购买的手机数量为宽度的一个矩形,这个矩形的面积(1 100 − 900)× 1 = 200 元就是小明的消费者剩余,即图中最左侧的浅灰色的矩形的面积;同样,小丽的消费者剩余是中间矩形的面积(1 000 − 900)× 1 = 100 元,小芳的消费者剩余是最右边深灰色的矩形的面积(950 − 900)× 1 = 50 元。这 3 个人的消费者剩余之和即他们的总消费者剩余,也就是图中三块灰色的矩形面积之和,也可以说是需求曲线以下、价格线以上的面积。

如果消费者的数量足够多,以至于需求曲线变成了我们常见的平滑的曲线,运用需求曲线以下、价格线以上的面积来表示总消费者剩余的方法仍然有效,如图 7-3 所示。

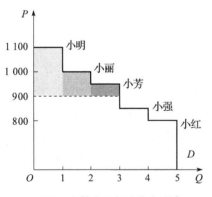

图 7-2 支付意愿与消费者剩余

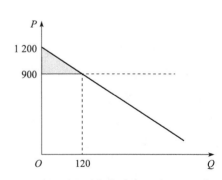

图 7-3 平滑需求曲线下的消费者剩余

在图 7-3 中,我们假设这款手机以 900 元的价格面向社会发售,大量的需求者形成了平滑的需求曲线,最后比如卖出了 120 万部,那我们如何计算这 120 万消费者的消费者剩余呢?当然可以把这 120 万部手机的消费者各自得到的消费者剩余加在一起,但更简单的方法就是计算上图中阴影部分的面积,即需求曲线以下、价格线以上的三角形的面积。按照图 7-3 中的数字,这个三角形的面积为 [(1 200 − 900)× 120]/2 = 18 000 万元,这就是 120 万消费者得到的总消费者剩余。如果读者有兴趣可以自行到 https://v.youku.com/v_show/id_XNDA3MjM3NDMyOA==.html?spm=a2hzp.8253869.0.0 上阅览、学习。

7.1.3 价格变化对消费者剩余的影响

商品价格的变化肯定会给消费者的福利带来影响,但这种影响到底有多大呢?我们仍以上面提到的新款手机为例,如图7-4所示。

当该款手机的价格为900元时,其需求量为120万部,这时的消费者剩余为 [(1 200 - 900) × 120]/2 = 18 000万元。在图7-4中我们用小写字母 a、b 和 c 分别代表其所在几何图形的面积,则当该款手机价格为900元时的消费者剩余就是 ($a+b+c$) 这个大三角形的面积。现在我们假设手机价格提高到1 000元,同时需求量减少到80万部,这时的消费者剩余变成了 [(1 200 - 1 000) × 80]/2 = 8 000万元,即面积 a。与价

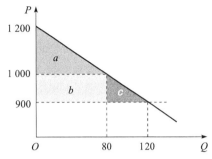

图7-4 价格变化对消费者剩余的影响

格提高前相比,消费者剩余减少了10 000万元,即减少了梯形 ($b+c$) 的面积。这就是价格上涨给消费者造成的福利损失,这种损失我们可以从以下两个方面进行分析。

首先看矩形 b 的面积,这一部分是价格上涨后仍然留在市场继续购买手机的80万人的福利损失,由于他们购买手机的价格提高了,消费者剩余自然就减少了,一共减少了 (1 000 - 900) × 80 = 8 000元;其次,面积 c 则是价格提高后离开市场放弃购买手机的40万人的福利损失,由于没有购买手机,自然也就没有消费者剩余了,这部分损失为 [(1 000 - 900) × (120 - 80)]/2 = 2 000万元。

当然图7-4也可以用来分析价格下降导致消费者福利增加的情况。比如,手机的价格从1 000元下降到900元,则消费者剩余就从开始时的面积 a 增加到面积 ($a+b+c$),增加的消费者剩余包括两个部分:一是原来的消费者由于价格降低而增加的消费者剩余,二是由于价格降低更多的消费者进入市场购买这款手机,新增加的消费者增加了面积 c 的消费者剩余。

快乐学习

小说《边际谋杀:奇案中的经济学》

作者:[美] 马歇尔·杰文斯　　　　　　　　　　　译者:王红夏　周天宇
出版:机械工业出版社2006年版

故事梗概:美丽的英属维尔京群岛位于大西洋和加勒比海之间,这里风光秀丽、气候宜人,既有宽广宁静的月半弯海滩,又有惬意的桂湾种植园酒店,是非常有名的度假天堂。经济学家、哈佛大学教授亨利·斯皮尔曼夫妇正和众多游客一同沐浴阳光,品味佳肴、美酒和音乐,享受着度假的舒适与快乐。但与沙滩、阳光、佳肴极不和谐的是一起起针对游客的谋杀案相继发生。

戴克将军和富特法官先后被杀,一位名叫菲茨休的游客也在游泳时离奇失踪。这些身

份特殊的游客都于悄无声息之中命归黄泉,每个被害人似乎都仇家累累,案件扑朔迷离,游客们人人自危,岛上的气氛令人窒息。

当地警方开始调查,他们通过分析谋杀动机,在岛上进行了深入的调查,最后锁定了两个犯罪嫌疑人。但是斯皮尔曼教授并不认同警察的结论,他认为人都是追求利益最大化的,即使是罪犯也不例外,他们在犯罪的时候也会追求最小的成本。当警方宣布"杀人犯"已经被缉拿归案时,斯皮尔曼教授运用经济学原理抽丝剥茧,异常理性地找出了真正的凶手。

包含的经济学原理:这是斯皮尔曼教授第二次出现在我们的眼前,上一次是我们在第2章介绍的《致命的均衡》,但实际上,《边际谋杀》却写于《致命的均衡》之前,并获得了萨缪尔森和弗里德曼的首肯。从此,作者连续创作了多部这种经济学侦探小说,斯皮尔曼这位借破案宣传经济学的教授侦探形象也开始深入人心。

这本小说中介绍了大量的经济学基本知识。文森特警官是克鲁斯湾小警局的一名侦探,由于工作范围的局限,他没能像大城市的探长一样拥有侦破大案后的风光。终于,此刻遇到了负责大案的机会,他专心致力于突破以待扬眉吐气。当他洋洋得意认为已将凶手缉拿归案时,殊不知其演绎了博弈论中"囚徒困境"的经典案例:当被单独审问时,在感到证据和偏见对自己不利的情况下,甚至是一个无辜的犯罪嫌疑人也会有巨大的动力承认犯罪。因为尽管他们实际上没有犯罪,但是在某种情况下,承认犯罪将会是其占优策略。

但斯皮尔曼教授却不认同警方的结论,认为罪犯另有其人,并运用经济学原理的推导找出了真凶克拉克夫妇。其原因则在于他们的行为违背了需求定理。桂湾种植园酒店消费价格比克鲁斯湾酒店高114%,但克拉克夫妇却要住桂湾酒店,而且到克鲁斯湾活动,这种违背经济学常识的行为,说明他们另有目的。斯皮尔曼正是从这一点出发,找到了克拉克夫妇犯罪的证据。

7.2 生产者剩余

与消费者通过市场交易可以得到额外的利益类似,生产者也可以通过交易得到额外的利益。

7.2.1 成本与销售意愿

现在有很多同学愿意在课余时间到校外做上门家教,以赚取一些收入,但由于不同的人偏好不一样,大家对外出做家教的成本的判断也是有很大差异的。这里讲的成本是指机会成本,即外出做家教失去的东西,比如备课、家教时以及来回路上花费的时间成本,交通费用,必要的学习资料费用等。这些成本就构成了每个人的**销售意愿**(sales wishes),即生产者愿意出售自己产品或服务的最低价格,当实际价格高于他的销售意愿时他就会出售自己的产品或服务。表7-3给出了4位同学外出做家教的成本:

表7-3 销售意愿

潜在生产者	成本(元)
小张	120
小王	100
小刘	90
小赵	75

从表中可以看出这4位同学的成本即销售意愿是存在差异的，这可能是由于他们对自己的时间成本评价是不同的。比如，有的同学可能课程不紧张，想利用课余时间锻炼个人的能力，从而对报酬的要求就不会太高；而有人可能要准备考研、考证、考公务员等，时间的成本就比较高，要求的报酬也比较高；也许有高年级同学正面临实习、毕业设计、找工作等，除非有相当高的报酬，否则也不会去做家教；另外，也有同学要求一个与自己能力相称的价格，等等。

根据表7-3的数据，我们就可以画出一条供给曲线，如图7-5所示。

图7-5中的供给曲线与图7-1中的需求曲线类似，也是台阶形的，一个台阶代表了一名同学，而台阶的高度则表示了该同学的成本。比如，小张做家教的成本是120元，只要报酬高于120元他就会同意去做家教；而小王做家教的成本是100元，只要报酬高于100元他就会去做家教；其余以此类推。

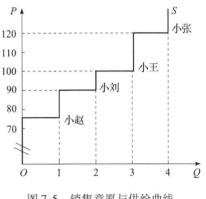

图7-5 销售意愿与供给曲线

与上一次讲到的需求曲线一样，如果生产者增加，供给曲线上的台阶就会变得细小和变密，当人数足够多时这条供给曲线就会变成我们经常看到的一条平滑的曲线。

7.2.2 销售意愿与生产者剩余

销售意愿反映的是生产者的成本，只要价格高于成本，生产者就会出售自己的产品或服务，这样在出售的价格和生产者的成本之间就会产生一个差额，这个差额就是**生产者剩余**（producer surplus）。与消费者剩余是消费者的主观评价不同，生产者剩余是实实在在的货币收入，是收益超过成本的部分，实际上是生产者获得的利润。

我们假设学生上门做家教的价格为110元，由于小张做家教的成本为120元，高于此价格，所以他不会去做家教，自然也没有生产者剩余；小王做家教的成本为100元，可以获得110－100＝10元的生产者剩余；同理可知小刘和小赵的生产者剩余分别为20元和35元。表7-3中的生产者剩余的情况也可以通过图7-6来表示。

我们用不同深度的灰色标出了当价格为110元时小王、小刘和小赵三个人的生产者剩余。与消费者剩余类似，我们可以把他们三个人各自的生产者剩余称为单个生产者剩余，把他们三个人的生产者剩余的总和称为总生产者剩余。从图7-6中可以看出，生产者剩余可以表示为价格线以下和供给曲线以上的面积。

如果乐意提供家教服务的同学足够多，家教服务的供给曲线就会变成一条平滑的曲线，如图7-7所示。

在平滑的供给曲线条件下，我们用价格线和供给曲线之间的三角形的面积来表示生产者剩余，在图7-7中，在价格为110元的情况下，假设乐意提供家教服务的同学人数为120人，则生产者剩余＝[（110－70）×120]/2＝2 400元。

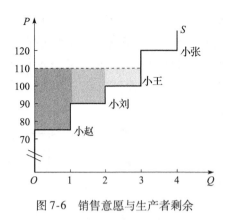

图 7-6 销售意愿与生产者剩余

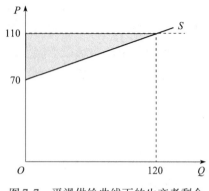

图 7-7 平滑供给曲线下的生产者剩余

7.2.3 价格变化对生产者剩余的影响

当价格发生变化后,生产者剩余也会受到影响,价格上升,生产者剩余会增加,价格下降,生产者剩余会减少,如图 7-8 所示。

现在我们假设由于某些原因市场对家教的需求减少了,从而使得家教的价格从 110 元下降到 90 元,在这一新的价格下乐意做家教的大学生人数减少到 60 人。这时的生产者剩余就从面积($a+b+c$)减少到面积 a,即从 2 400 元减少到 600 元,减少了 1 800 元。这些减少的生产者剩余可以分为两个部分:一部分是 b 的面积,这是在降价之后仍然选择继续做家教的那部分学生由于降价而减少的生产者剩余,共($110-90$)×$60=1 200$ 元;另一部分是面积 c,这是在降价之后不

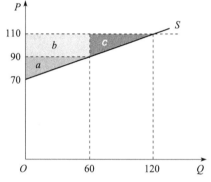

图 7-8 价格变化与生产者剩余

再继续做家教了,退出家教市场的那部分学生,由于不再继续做家教了自然也就没有生产者剩余了,这部分损失为 $[(110-90)×(120-60)]/2=600$ 元。

图 7-8 也可以用来分析价格上升之后生产者剩余增加的情况。比如家教报酬从 90 元增加到 110 元,生产者剩余则从面积 a 增加到面积($a+b+c$),其中面积 b 是原来家教市场上的学生由于价格上升而增加的生产者剩余,而 c 则是新加入到家教市场上来的大学生增加的生产者剩余。

快乐学习

电影《甜心先生》

上映时间:1996 年 12 月 13 日 导演:卡梅伦·克罗

出品国家:美国 出品公司:索尼影视娱乐公司

汤姆·克鲁斯,1997 年获第 69 届奥斯卡金像奖最佳男配角、第 54 届金球奖最佳男主角等多项大奖。

故事梗概：杰里·马奎尔（汤姆·克鲁斯饰）是国际运动员经纪公司的一名顶级经纪人，手下有72名签约运动员，平均每天接打264个电话。工作中，他发现了公司存在的问题，写了一份备忘录发给每位同事，提出"把爱投入工作，爱你的运动员，宁可减少工作量"的倡议，结果一个星期后被公司开除了。

于是杰里准备自己创业，但是除了会计多萝茜（蕾妮·齐薇格饰）之外，公司同事没有人想跟他一起离开。他所服务的客户也都选择留在经纪人公司而不肯继续接受他的服务，只有一个过气的橄榄球明星罗德（小库珀·古丁饰）乐意选择他做经纪人。于是只有两个成员、一个客户的经纪人公司就开张了。

杰里和罗德两个人互相鼓励，成为一对不离不弃的好朋友。杰里从各方面关心和帮助罗德，同他一起分析存在的问题，指出他的毛病，告诉他不要用脑子，而是要用心去比赛。在杰里的帮助下，罗德不断进步，渐近至臻境界。最后罗德终于取得成功，成为超级明星。罗德与杰里拥抱而泣，而那些拒绝了杰里的运动员也开始后悔了。

包含的经济学原理：杰里准备离开公司自己创业的时候，挨个儿给自己服务的运动员打电话，希望他们能离开国际运动员经纪公司而由自己继续给他们提供经纪人服务，并且开出了7%的服务费水平，而国际运动员经纪人公司的服务费标准是25%。那么为什么运动员们都选择继续留在国际运动员经纪人公司呢？

这是运动员们经过利益计算之后的选择，杰里虽然收费低，但风险也比较大，由于他的公司还没有成立，将来的运作、效益、发展甚至存续都存在不确定性，而国际运动员经纪人公司则是历史悠久、实力雄厚的大公司，具有很高的确定性。对于那些处于上升期的运动员来讲，需要的是稳定和可预期，害怕的是出现意外，因为任何意外导致的损失都可能会远远超过其经纪人服务费，计算这种意外损失的方法是损失的大小乘以发生的概率，大公司发生的概率应该远远小于杰里还没成立的小公司，所以他们选择留在大公司是理性的，是考量成本和收益后的结果。

但是对于罗德就不一样了，他有能力，但也存在一些短板，职业生涯一直不温不火，他这时需要的是一个能够崭露头角、一举成名的机会。他长期以来都是比较稳定的，但出现一些变化可能对他更有利。如果留在公司，按照那种固化的平稳程序很难发生改变，而跟杰里在一起可能会出现变化而突破自己，这时小公司的不确定性对他反而成了优势。

所以，其他运动员求稳而罗德求变，这就是他们有不同选择的原因。

7.3 消费者剩余与生产者剩余的运用

我们运用消费者剩余和生产者剩余这两个分析工具对市场效率以及税收的福利损失等问题进行简单的分析。

7.3.1 总剩余与一美元一票的尺度

在这里我们采取"一美元一票"的分析方法，就是把货币看成像选举中的选票一样，是完全平等的，不考虑货币的边际效用递减的问题㊀，也不管这一美元是被消费者、生产者还是政府获得，都是社会福利的一个组成部分。这样我们就可以把消费者剩余和生产者剩余看成一样的，都代表社会福利，可以直接进行加总计算，同时如果在他们之间出现了剩余的转移情况时也只是他们之间福利水平的转移，而不看成整个社会福利的损失或增进。

实际上在现实当中同样一块钱由不同的经济主体获得，不同的人评价是不一样的：有人可能认为我们经济活动的目的就是要增加消费者的福利水平，因此这一块钱被消费者获得最有价值；有的人可能认为生产者获得这一块钱可能更好，因为企业得到发展就可以为消费者提供更多更好的产品与服务；还有的人认为这一块钱被政府获得后更有利于促进社会公平、提高社会福利，比被私人获得起的作用更大。这些说法可能都有一定的道理，但在本书中我们不对此进行区分，我们认为这一块钱不管由谁获得结果都是一样的。

我们把消费者剩余与生产者剩余之和称为**总剩余**（total surplus），以此来表示交易过程中的社会福利状况。

总剩余 = 消费者剩余 + 生产者剩余 =（购买意愿 − 价格）+（价格 − 成本）
= 购买意愿 − 成本 = 需求曲线 − 供给曲线

我们可以通过图 7-9 来说明总剩余。

图 7-9 中，需求曲线 D 和供给曲线 S 相交于均衡点 E 点，这时的均衡价格为 P_e，均衡数量为 Q_e。上面的浅灰色三角形是消费者剩余，下面的深灰色三角形是生产者剩余，二者加在一起，即需求曲线与供给曲线之间的大三角形——总剩余。

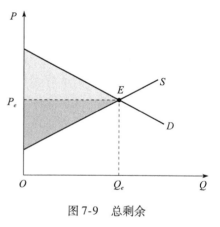

图 7-9　总剩余

通过图 7-9 我们看到，在双方的交易中，消费者和生产者都获益了，得到了消费者剩余或生产者剩余，他们之间的福利并不是此消彼长的零和游戏，而是正如我们在第 3 章所讲的，交易可以使每一个人变得更好，每个参与交易的人都比在自给自足的情况下提高了自己的福利水平。现在的问题是，这种市场均衡条件下的福利水平（即总剩余）是最大的吗？还有没有可能进一步提高福利水平？

7.3.2　市场的效率

如果资源的配置能够使总剩余实现最大化，那我们就认为这种配置是有**效率**（efficiency）的。如果配置是没效率的，则说明总效用还有增加的余地，交易双方如果能够对交易进行调整，就可以通过增加或者减少交易量的方式使总剩余增加，从而使一些潜在的剩余得以实现。而一旦把潜在的剩余都实现了，不管你如何调整交易量都不可能再使总剩余增加了，这时的资源配置状态就是有效率的了。

那么，在市场交易实现均衡的时候资源配置是不是有效率的呢？对此我们可以依据图 7-9 的情况，从以下三个方面进行分析。

㊀ 有关边际效用的概念见下章内容。

第一，商品是否由对它评价最高的人购买？消费者对商品的评价即其支付意愿，由需求曲线的高度来表示。从图 7-9 中可以看到，均衡价格为 P_e，所有对商品的评价高于均衡价格的消费者（即均衡点左侧的需求曲线）都会购买此商品，所有对商品的评价低于均衡价格的消费者（即均衡点右侧的需求曲线）都不会购买此商品，因此，此商品就是由对其评价最高的消费者购买的。

第二，商品是否由成本最低的生产者生产？生产者的成本也就是销售意愿，由供给曲线的高度来表示。从图 7-9 中可以看出，所有成本低于均衡价格的生产者（即均衡点左侧的供给曲线）都生产此商品，所有成本高于均衡价格的生产者（即均衡点右侧的供给曲线）都不生产此商品，因此，此商品由生产成本最低的生产者来生产。

以上两点说明，在市场交易达到均衡的时候，此商品由对它评价最高的消费者购买，由生产成本最低的生产者来生产，这是最理想的状态。如果改变消费者或者生产者，让对此商品评价低的人来购买，让生产成本高的人来生产，都不可能再增加福利了。

第三，均衡产量时总剩余是不是已经实现了最大化？从图 7-9 可以看到，在市场交易均衡条件下均衡产量已经使总剩余达到了最大值，任何其他产量都不可能再使总剩余增加了。对此我们可以通过图 7-10 来加以说明。

图 7-10 中，假设 Q_1 为任意一个小于均衡水平的数量，这时的消费者的评价是大于生产者的成本的，如果继续增加产量和消费量就会使总剩余增加，一直到产量达到均衡数量为止；而 Q_2 是任意一个大于均衡水平的数量，这时消费者的评价小于生产者的成本，如果减少产量和消费量就会使总剩余增加，一直到下降到均衡数量为止。因此，只有需求曲线和供给曲线相交的均衡点的产量时总剩余才是最大的，任何大于或者小于这一均衡水平的产量的总剩余都小于这个总剩余，大于或者小于均衡水平的产量在向均衡水平的产量靠拢时总剩余都会增加，而一旦达到均衡水平的产量时总剩余就不可能再增加了，此时总剩余最大。

上一章我们讲了政府的价格管制政策，即最高限价与最低限价，在实行价格管制的时候总剩余就不可能达到最大化，存在福利的损失，我们可以以最高限价为例进行说明，如图 7-11 所示。

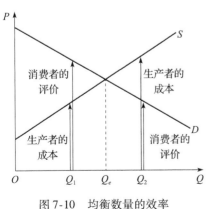

图 7-10　均衡数量的效率

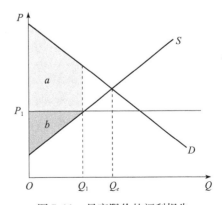

图 7-11　最高限价的福利损失

根据上一章的内容，我们假设图 7-11 中的 P_1 为政府制定的最高限价，这时生产者提供的产量就是 Q_1，生产者剩余为价格线与供给曲线之间的面积即深灰色的三角形 b 的面积；

而消费者的购买量也是 Q_1，消费者剩余为需求曲线与价格线之间的面积即浅灰色的直角梯形 a 的面积。消费者剩余与生产者剩余之和即总剩余就等于由深灰色和浅灰色共同构成的梯形 $(a+b)$ 的面积。这时的总剩余没有实现最大化，因此这种价格管制是没有效率的。如果政府放弃最高限价，允许价格自由变动，价格将会上涨到均衡价格，交易数量也会增长到均衡水平，总剩余将实现最大化。

同理，最低限价也是没有效率的，同学们可以用与对最高价格分析同样的方法对此进行分析。

7.3.3 税收的效率成本

上一章我们还讨论了税收的问题，现在我们运用消费者剩余和生产者剩余的概念继续对税收进行分析，分析征税对消费者、生产者、政府会生产什么样的影响，以及税收对社会福利会产生什么样的影响，如图 7-12 所示。

图 7-12 中，需求曲线和供给曲线相交于 E 点，均衡价格为 P_e，均衡数量为 Q_e。现在我们假设政府开始征收 P_1P_2 的税收，从图形上看就是在需求曲线与供给曲线之间打入一个楔子，这时均衡数量变成了 Q_1。征税不仅改变了消费者与生产者的价格，政府也获得了收入，另外各方的福利也发生了变化。

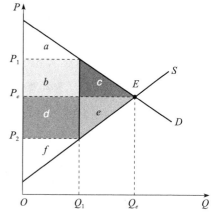

图 7-12　税收减少后的消费者剩余和生产者剩余

在没有征税以前，消费者是在 P_e 的价格下购买 Q_e 的数量，消费者剩余为大三角形的面积 $(a+b+c)$；征税后的价格为 P_1，购买量为 Q_1，消费者剩余减少到只有面积 a，损失了面积 $(b+c)$。征税前生产者是在 P_e 的价格下出售 Q_e 的数量，生产者剩余为面积 $(d+e+f)$；征税后的价格为 P_2 出售量为 Q_1，生产者剩余减少到只有面积 f，损失了面积 $(d+e)$。政府征税数量是每个商品征税的税额 P_1P_2 乘以商品的数量 Q_1，即面积 $(b+d)$，这其中面积 b 是从消费者剩余转移过来的，面积 d 是由生产者剩余转移过来的。

征税后一部分消费者剩余和一部分生产者剩余转化为税收被政府征收，根据"一美元一票"的尺度，这些利益不管是在消费者、生产者还是在政府的手里都是一样的，因此，从全社会的角度来看，这些利益的转移并没有影响到社会总体的福利水平。但是减少的消费者剩余中的另一部分（即面积 c）和生产者剩余中的面积 e 则是消费者和生产者白白损失了，没有被任何人所得到，是社会福利的纯粹损失。对于这一部分损失的社会利益［即 $(c+e)$］的面积，我们称之为无谓损失。

无谓损失（deadweight loss）又称为**福利净损失**（welfare loss），是指由于市场未处于最优运行状态而引起的社会成本，也就是当偏离竞争均衡时，损失的消费者剩余和生产者剩余。

我们可以通过表 7-4 来看税收对社会福利的影响。

表 7-4 税收对社会福利的影响

	没有税收时	有税收时	福利变动
消费者剩余	$a+b+c$	a	$-(b+c)$
生产者剩余	$d+e+f$	f	$-(d+e)$
政府	0	$b+d$	$+(b+d)$
总剩余	$a+b+c+d+e+f$	$a+b+d+f$	$-(c+e)$

配额也会造成无谓损失，其结果与政府征税非常类似，因为任何一个配额数量都可以通过征税一定量的税收来实现。与征税不同的是，图 7-12 中的 $(b+d)$ 这一部分利益不再由政府获得，而是转化为生产者的利润。在配额情况下，消费者依然是损失 $(b+c)$ 的消费者剩余，其中 b 部分转移给了生产者，c 部分白白损失了；而生产者则只损失了 e 部分的生产者剩余，但又获得了从消费者转移过来的 b 部分利益，因此生产者最后的利益情况要取决于得到的 b 和损失的 e 哪个更大。但从整个社会来讲，$(c+e)$ 的无谓损失没有发生变化。

政府征税会导致无谓损失，那么无谓损失的大小由什么决定呢？从图 7-13 可以看出，无谓损失的大小是由供给弹性或者需求弹性的大小决定的。图 7-13 中税收规模的大小都是相同的，各幅图片的区别只在于供给弹性或需求弹性的大小。

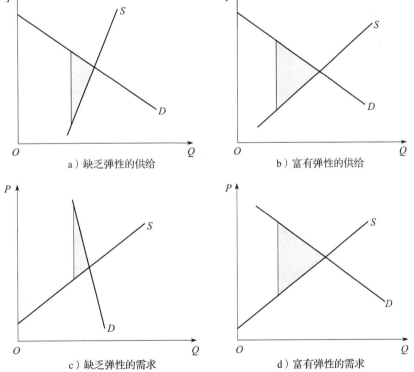

图 7-13 无谓损失与弹性

图 7-13a、图 7-13b 两个图中的需求弹性是一样的，可以看出，图 7-13a 中的供给曲线缺乏弹性，无谓损失就少，图 7-13b 中的供给曲线富有弹性，无谓损失就大；图 7-13c、图 7-13d 两个图中的供给弹性是相同的，图 7-13c 中的需求曲线缺乏弹性，无谓损失就小，

图 7-13d 中的需求曲线富有弹性，无谓损失就大。结论就是无谓损失的大小与供给曲线或需求曲线的大小成正比，越富有弹性征税时无谓损失就越大。

无谓损失的大小之所以与弹性有关，原因就是政府征税后会导致消费者支付的价格上升和生产者收到的价格下降，结果是消费者减少购买量、生产者减少出售量，如果越富有弹性，则减少的购买量或销售量就越多，实际的交易量就会更加远离均衡水平，从而造成市场的更大扭曲，无谓损失也就越大。读者如果有兴趣可以自行到 https://v.youku.com/v_show/id_XNDA3MjM3ODIwNA==.html?spm=a2hzp.8253869.0.0 上阅览、学习。

7.4 小结

本章我们学习了消费者剩余和生产者剩余的概念，并利用这两个分析工具得出了在市场实现了竞争均衡的时候最有效率的结论。但在现实中市场并不总是能够达到竞争均衡状态的，也就是说，很多情况下市场处于无效率的状态，存在无谓损失，除了我们本章提到的税收、政府管制之外，还有垄断等市场失灵的情况，这些我们在以后的章节中还会进一步介绍。

◆ 延伸阅读

新自由主义经济学

新自由主义经济学指的是20世纪二三十年代形成，到20世纪70年代开始迅速发展并一直在经济学中占据主流地位的主张自由放任理论与政策的经济学体系和流派。这并不是一个定义严格的学派，而更多的是一种经济思潮。很多经济学家，他们之间的观点也并不完全一致，甚至有的还有比较大的差异，但在自由化、私有化、市场化和全球化这些基本的思想和观念上是高度契合的。读者如果有兴趣可以自行到 http://www.wdjjlt.org/yl/forum.php?mod=viewthread&tid=1341 上阅览、学习。

◆ 关键词

福利经济学　支付意愿　消费者剩余　销售意愿　生产者剩余　总剩余　效率　无谓损失

◆ 思考题（扫描右侧二维码查看答案参与讨论）

1. 支付意愿的含义是什么？它与需求曲线是什么关系？
2. 什么叫消费者剩余？什么叫单个消费者剩余和总消费者剩余？
3. 价格变化如何影响消费者剩余？这时消费者剩余的变化分哪两个部分？
4. 销售意愿的含义是什么？它与供给曲线是什么关系？
5. 什么叫生产者剩余？生产者剩余与消费者剩余有什么不同之处？
6. 价格变化如何影响生产者剩余？这时生产者剩余的变化分为哪两个部分？
7. 什么叫一美元一票的尺度？
8. 为什么说市场均衡是有效率的？有效率可从哪三个方面来衡量？
9. 为什么说市场均衡可以使总剩余实现最大化？
10. 什么叫无谓损失？在什么情况下会出现无

谓损失？试举例说明。
11. 税收是如何导致无谓损失的？
12. 决定无谓损失的大小的因素是什么？试画图说明。

讨论与应用（扫描各题右侧二维码参与讨论）

1. 在下列情形下，试计算消费者剩余：
   (1) 小李在某网店看上了一款上衣，标价120元，而她只想用100元买下来，多次跟店家沟通未果。但在"双11"的时候，她以60元的优惠价拍下来了。
   (2) 某部电影上映时票价为60元，小张认为太贵了，若票价为40元的话他就可以去看，结果他在某网站上团购到了40元的电影票。
   (3) 课间某同学想在楼道的自动售货机上买一瓶2元的矿泉水，但却发现该品牌的矿泉水涨价到2.2元一瓶了，由于口渴，他仍然买了。

2. 在下列情形下，试计算生产者剩余：
   (1) 暑假期间小王得到一个到某知名公司实习一个月的机会，这个机会非常难得，对他将来的发展大有帮助，因此没有报酬他都乐意去实习，但最后该公司却给了他2 000元的实习工资。
   (2) 大四的小刘师姐马上就要毕业了，她想把自己的电动车卖掉，她的期望值是卖600元，于是她在自己的朋友圈发布了一条信息，开价700元。过了3天，有人肯出500元买这辆车，最后讨价还价后以550元成交。
   (3) 某位高年级同学准备出售一批自己使用过的二手课本，不论薄厚均标价10元，结果全部被低年级同学以10元的价格买走了。

3. 假设小张同学喜欢吃山东大煎饼，他对煎饼的评价如下：

对第1份煎饼的评价：7元
对第2份煎饼的评价：5元
对第3份煎饼的评价：3元
对第4份煎饼的评价：1元
   (1) 根据上面的数据推导出小张对山东大煎饼的需求表，画出他的需求曲线。
   (2) 如果煎饼的价格是4元，小张将买几份煎饼？他可以得到多少消费者剩余？在图中标出其消费者剩余。
   (3) 如果煎饼价格降到2元，小张购买煎饼的数量会发生什么变化？他的消费者剩余会发生什么变化？把这些变化在图中标出来。

4. 王哥是在学校门口卖山东大煎饼的小贩，他制作煎饼的成本如下：

第1份煎饼的成本：1元
第2份煎饼的成本：3元
第3份煎饼的成本：5元
第4份煎饼的成本：7元
   (1) 根据上面的数据推导出王哥山东大煎饼的供给表，画出他的供给曲线。
   (2) 如果煎饼的价格是4元，王哥将卖出几份煎饼？他可以得到多少生产者剩余？在图中标出其生产者剩余。
   (3) 如果煎饼的价格降到2元，王哥出售煎饼的数量会发生什么变化？他的生产者剩余会发生什么变化？把这些变化在图中标出来。

5. 把第3题中的小张作为消费者，把第4题中的王哥作为生产者，使之组成一个煎饼市场，并画出市场的需求曲线与供给曲线。

   (1) 当价格分别为2元、4元、6元时，找出小张的需求量和王哥的供给量,并分析这些价格中哪一个价格可以成为均衡价格。

(2) 找出在均衡条件下的成交数量、消费者剩余、生产者剩余和总剩余。

(3) 与均衡时相比,如果王哥多生产1份煎饼的同时小张也多消费1份煎饼,总剩余会发生什么变化?

(4) 与均衡时相比,如果王哥少生产1份煎饼的同时小张也少消费1份煎饼,总剩余会发生什么变化?

6. 政府征税会导致无谓损失,如果政府对商品销售实行补贴会发生什么变化?补贴指的是每成交一件商品政府就给予生产者或消费者一定的现金补助,试画图来分析实行政府补贴时消费者剩余、生产者剩余及总剩余的变化情况,同时分析这种补贴给予消费者或者生产者最后的结果一样吗?

7. 假设某品牌奶茶的需求曲线向右下方倾斜而供给曲线向右上方倾斜。

(1) 试画图分析奶茶市场均衡时的消费者剩余、生产者剩余及总剩余的情况,这时存在无谓损失吗?请解释原因。

(2) 如果政府对奶茶征收一定金额的税收,会对交易数量、交易价格、政府收入、消费者剩余、生产者剩余以及总剩余产生什么样的影响?这时存在无谓损失吗?

(3) 如果政府取消了税收,上面提到的各种变量会发生什么样的变化?消费者、生产者与政府,谁的利益会变好,谁的利益会变差?试解释。

8. 你的一位同学学完本章内容后讲,政府征税应该向食品等必需品征税,因为食品需求弹性小,无谓损失也小,对资源配 置状况的破坏也小;而另一位同学则认为应该向奢侈品征税,虽然奢侈品需求弹性大,无谓损失也大,但这样可以让富人承担更多的税收,有利于社会公平。你是什么观点呢?试对你的观点进行解释。

9. 我国火车票价格是由政府制定的,不允许随着市场供求状况的变化进行调整。以往每年临近春节的时候在火车站售票厅 就会排起长长的队伍,甚至有人为了买张票要排几天几夜队。近些年实行网上订票,各种抢票软件大行其道,但不管什么方式都会有人买不到票。

(1) 试画出火车票市场的需求供给曲线,并找出消费者剩余与生产者剩余。

(2) 火车票市场里存在无谓损失吗?为什么?

(3) 请你给出改变现在这种现象的方法,并进行解释。

10. 假设有一个关心社会福利、没有私心的计划经济的管理者,由他来决定各种商品的生产产量,你认为在他的管 理下能够使社会福利超过自由市场条件下的社会福利吗?试解释你的观点。

11. 一位同学说:在市场处于均衡时就不存在消费者剩余了,因为这时的价格正好等于消 费者愿意为此支付的价格。你同意他这种说法吗?请解释。

12. 你是否同意以下说法?请解释。

(1) 市场价格下降总是能增加该市场的经济效率。

(2) 如果在当前数量水平下支付意愿大于销售意愿就会存在无谓损失,但如果销售意愿大于支付意愿,则不会有无谓损失。

(3) 如果一个市场中的消费者剩余增加,则生产者剩余一定减少。

第 8 章
CHAPTER8

效用和需求

前面几章我们对需求曲线与供给曲线进行了讨论,并且运用这两条曲线对政府的有关政策进行了分析,但对于这两条曲线本身我们有必要进行进一步的探讨,探求这两条曲线背后的经济学原理,即由什么样的理论决定和影响着这两条曲线。本章我们先来分析需求曲线。产品与劳务市场上的需求是由家庭形成的,而家庭的目的是获得效用的最大化,因此需求曲线背后的经济学原理实际上就是效用理论。本章当中我们就主要介绍有关的效用理论以及需求曲线是如何形成的。

8.1 效用理论

人们之所以有需求,要购买某种物品与劳务,就是要进行消费,而消费的目的就是要从中获得某种程度的满足,效用理论就是对这种满足的评价,所以我们的分析就从效用开始。

8.1.1 效用

效用(utility)指的是人们从物品或劳务的消费中获得的满足程度,或者说是物品或劳务满足人们欲望的能力。效用是人对商品价值的一种主观评价,与商品本身的实际功能关系并不大,不同于马克思主义政治经济学中的使用价值概念。由于人们的欲望存在差异性,从而对同一商品满足欲望能力的评价(即效用)也是不同的。效用是因人而异的,同一个商品对不同的人来说效用是不一样的,比如香烟对吸烟的人有效用,但对不吸烟的人就没有效用;效用又是因时因地而异的,即使对同一个人来讲,同一个商品在不同的时间、不同的地点、不同的条件下效用也是不一样的,比如同一瓶矿泉水,对于同一个人在口渴时与口不渴时的效用也是不同的。

在经济学中,关于效用的理论有两种:一种是**基数效用论**(cardinal

本章课件

utility theory），这种理论认为效用是可以度量的，就像物品的长度、宽度、重量、体积等一样，可以用一个表示效用大小的**效用单位**（utility unit）来进行衡量，商品效用的大小可以用基数（1，2，3，…）来表示；另一种是**序数效用论**（ordinal utility theory），这种理论认为效用作为一种心理现象是无法衡量的，也不可能找到一种效用单位，但消费者对于不同的商品给自己带来的满足程度却可以进行比较，对商品效用的大小可以进行排序，用序数（第一，第二，第三，……）来表示。基数效用理论的核心是边际效用递减规律，而序数效用论则提出了无差异曲线和预算线，它们分别运用不同的方法解释了需求定理，诠释了需求曲线背后的经济学原理。

在本章中，我们主要介绍基数效用论的相关内容。

8.1.2　总效用与边际效用

总效用（total utility）指的是消费者在消费一定数量的商品之后，从这些消费当中得到的效用总和，记为 TU。总效用取决于消费商品的数量，一般来说消费的商品数量越多，则得到的总效用就越高。如果用 Q 表示消费品的数量，则有：

$$TU = f(Q) \tag{8-1}$$

边际效用（marginal utility）指的是消费者在消费最后一个单位的商品时获得的效用，或者说当消费者的连续消费过程中变动一个单位的消费量所引起的总效用的变化量，记作 MU。所谓边际，意思就是边上的，由于经济活动是连续不断的，边际量就可以理解为最后一个，即经济主体对自己的经济活动计划进行的一个微小的调整。我们在讨论效用问题的时候，就是消费者所消费的最后一个单位的商品，这最后一个单位的商品带来的效用或者说导致的总效用的变化量就是边际效用，用公式表示就是：

$$MU = \frac{\Delta TU}{\Delta Q} \tag{8-2}$$

式（8-2）表明边际效用等于总效用的变动量除以消费品数量的变动量，即当消费品变动一个单位的时候总效用会变动多少个单位。

我们可以通过一个例子来进一步说明总效用与边际效用。小王非常喜欢吃面包，有一天他饿了，一口气吃了6个面包，因此得到了如表8-1所示的效用：

表 8-1　总效用与边际效用

面包数量（个）	总效用	边际效用	面包数量（个）	总效用	边际效用
1	20	20	4	50	5
2	35	15	5	50	0
3	45	10	6	45	−5

表8-1中第一列表示小王连续吃的面包的数量，第二列表示消费相应数量的面包后所获得的总效用，第三列表示消费对应的那一个面包所得到的效用，即边际效用。总效用等于所消费的全部数量面包所产生的边际效用之和，如消费第1个面包的总效用等于第1个面包的边际效用，消费第2个面包时的总效用就等于第2个面包的边际效用再加上第1个面包的边际效用，往后以此类推。

根据表8-7，我们可以画出小王消费6个面包的总效用和边际效用的图形，如图8-1所示。

从图8-1可以看到，随着消费数量的增加，消费者从消费中获得的边际效用在不断下降，一直下降到0，即从这个单位商品的消费中没有得到满足，甚至下降到负数，这种情况就是**负效用**（negative utility），指的是商品给人们带来的不舒服或痛苦的感受。总效用是边际效用的加总，所以当边际效用大于0的时候，总效用是一直上升的，但是由于边际效用不断递减，上升的速度越来越慢，当边际效用下降到0的时候，总效用上升到最高点，边际效用变成负数后总效用开始下降，所以总效用曲线是一条先上升然后下降的曲线，上升与下降的拐点即最高点与边际效用等于0的点相对应。

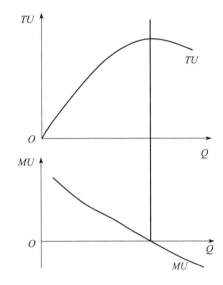

图8-1　总效用与边际效用

8.1.3　边际效用递减规律

从图8-1中我们看到，随着小王吃面包的数量不断增加，他从每个面包当中获得的满足感不断降低，这种现象通常被称为**边际效用递减规律**（the law of diminishing marginal utility），就是指在其他条件保持不变的情况下，随着消费者对某种商品消费量的增加，消费者从该商品连续增加的每一消费单位中所得到的效用增量（即边际效用）是递减的。这里的其他条件是指，比如应该在同一时间内，如果今天吃了一个面包，明天再吃一个，那结果就不能运用这一规律来解释了；还有前后消费的商品应该是一样的，前面吃的面包不带馅，后面吃的加上了自己喜欢的馅或者果酱，那结论可能就会不同；再有就是消费者的偏好应该保持不变，不能在消费过程中突然改变了自己的嗜好，比如变得特别喜欢或者讨厌某种消费品，其边际效用的递减完全是消费数量变化引起的而不是其他因素。

为什么边际效用会递减呢？这主要有两个方面的原因。

第一是人的生理或心理上的原因。人们通过消费来满足自己的欲望，当欲望比较强烈的时候，消费给人带来的满足感就比较大；已经通过消费使欲望下降以后，再继续进行消费获得的满足感也会下降；而欲望已经得到了满足，如果继续消费的话就可能就不再没有满足的感觉，甚至有痛苦的感觉（即负效用）了。陈佩斯主演的小品《吃面条》就描绘了这一过程，他在吃第一碗面的时候觉得味道非常好，几口就吃完了，并且还意犹未尽；吃第二碗面时虽然没有第一碗那么顺畅，但也比较快地吃完了，这时他已经吃饱了；吃第三碗面的时候表情就比较痛苦了，吃完后蹲都蹲不下去了；在吃第四碗面时很明显已经非常痛苦了，吃完后直接送医院了。

第二是资源配置的原因。由于商品用途的多样性，在人们的消费过程中，首先要满足重要的用途，从而从中得到的满足程度也就比较高，其次才会满足不重要的用途，随着用途重要性的下降，消费者从中得到的满足感也会不断下降。比如水的用途就很多，可以用来饮用、洗浴、清洗、浇花等，当水的数量很少的时候，人们肯定是把这些有限的水用在饮用这种最重要的用途上，而随着水的数量的增加，人们就会把这些水用到不那么重要的用途上，随着重要性降低，从每一个单位的水的消费中获得的满足程度必然也不断地下降。

我们在理解边际效用递减规律的时候，应该注意的一个问题就是要区分边际效用与总效用，不能把二者混淆起来。有人举出一些例子，比如感冒了吃药，第一天可能没什么效果，第二天有一点效果，第三天效果明显了，第四天就好了；学生考试第 60 分比第 59 分带来的满足感更强；集邮收集一套 12 生肖的邮票，获得第 12 枚凑齐了一整套，这第 12 枚的效用比前面第 11 枚效用大；等等。这些例子都没有区分总效用与边际效用，第 4 天、第 60 分、第 12 枚，表面上看它们带来了更大的效用，但实际上它们都是跟前面的结合在一起才带来了这些效用，也就是说，这些效用是总效用，而不是边际效用。

边际效用递减是一个很有意义的现象，如果边际效用递增，比如人如果越吃越饿，越吃越想吃，像传说中的"饕餮"一样，那么不管有多少资源都不够人吃。幸亏我们生活在一个边际效用递减的社会，人们在消费一定数量的商品后就会因为边际效用减少到没有满足感而停下来，不至于永无休止地消费下去。否则，我们就不可能从消费中得到满足了，越消费越不满足，欲望越大，人就不可能有幸福感，同时整个地球可能连一个人都承载不了。读者如果有兴趣可以自行到 https://v.youku.com/v_show/id_XNDA3MjM4NTI0NA==.html?spm=a2hzp.8253869.0.0 上阅览、学习。

快乐学习

小说《在超市遇见亚当·斯密》

作者：[美] 罗塞尔·罗伯茨　　　　　　　　　　　　　　译者：闫鲜宁
出版：中信出版社 2009 年 10 月出版

故事梗概：即将毕业的斯坦福政治学专业的学生拉蒙·费尔南德斯是一名全国闻名的网球运动员，已获得最近三届美国大学联盟锦标赛的单打冠军。一次地震后，他发现大盒子超市所有商品的价格都上涨了一倍，这导致一名钱没带够的妇女不能给她的孩子买到足够的食品，他当即在超市门口发表了一次慷慨激昂的演讲进行谴责。在一位激进的朋友的鼓动下，拉蒙决定在学校也进行一次演讲并组织游行抗议活动，结果演讲虽然很成功，但激动的抗议者却砸坏了大盒子超市在斯坦福大学内的一幢玻璃大楼。

学校的教务长鲁斯·利伯教授注意到拉蒙，开始利用各种机会给拉蒙讲经济学原理，她从地震后超市涨价是不是合理开始，从日常生活中的各种现象出发，深入浅出地系统介绍了经济学的各种理论。她主要围绕着价格主题，向拉蒙讲解市场机制以及自由竞争的重要性，灌输亚当·斯密"看不见的手"的理念。她这样做其实有一个目的，就是认为拉蒙这样的拥有巨大名声的人如果将来从政会有很大的优势，而良好的经济学素养将对其未来的事业有极大的裨益，就像她所说的：经济学并不是非常实用，但是某一些人一定要了解，比如政治家。

20 年后，就像鲁斯所预见的，拉蒙这个来自于古巴的年轻人决定回古巴竞选总统，而鲁斯教授对他所进行的经济学教育也会影响其今后的行为。

包含的经济学原理：继我们在第 3 章介绍了《大抉择：关于自由贸易与贸易保护主义的寓言》之后，我们又介绍了罗塞尔·罗伯茨教授的第二本经济学小说。这本小说的原名叫作《万物皆有价》（*The Price of Everything*），从原书名上就可以看出这部小说是在讲价格问题，比如为什么地震后超市提高价格反而最公平？鸡蛋降价为什么能扩大就业市场？大学毕业生为什么不接受薪水最高的工作？24 小时加油站能让你在凌晨 3 点也有油加，不会影响你的正常生活，可是为什么政府一开始限制油价就会出现油荒？等等。

价格是人们在进行交易时进行决策的重要依据，是实现资源配置的重要信号，因此经济学在讨论优化资源配置的时候都是从价格着手来进行分析的。这本小说虽然都是在讲价格，但并没有止于解释这些价格问题本身，而是通过对这些具体问题的分析揭示自由经济的理念，阐述通过市场机制实现资源优化配置的思想，倡导运用经济学家的眼光看问题。

这本小说语言简练而风趣幽默，适合没有经济学基础的人阅读，是一本非常好的经济学原理的入门普及读物，可以让大家在轻松的阅读过程中思索经济学的思想。

8.2 需求曲线

依据边际效用递减规律，我们可以推导出向下倾斜的需求曲线。

8.2.1 消费者的效用最大化

消费者消费的目的就是获得效用，并且是要获得最大的效用，即得到最大的满足。但人的总体欲望是无穷大的，只要不断地进行满足欲望的各种消费，其效用也就会不断地增加，那什么时候能够达到最大呢？很显然，如果没有条件的限制，人的效用可能永远都实现不了最大化。我们的经济学不研究这种无条件的消费行为，而是研究在一定的约束条件下消费者如何实现自己的效用最大化的问题。一般来讲，消费者为了实现自己的消费满足应该考虑以下几个方面的问题。

- 自己喜欢什么。每个人都有自己不同的偏好，各种商品也是千差万别，自己喜欢的商品才能给自己带来更大的效用。消费者从消费中获得的效用是其偏好和口味的直接结果，因此，消费者想获得效用最大化就要首先依据自己的偏好选择自己喜欢的商品。
- 商品的价格。选择自己喜欢的商品是一个方面，另一个非常重要的方面是商品的价格，在购买面包上多花额外的 1 元，购买牛奶上就可能要少花 1 元，这种变化肯定会给消费者的效用水平带来影响。所以消费者在购买时必须要考虑商品的价格，不仅考虑自己想买的某种商品的价格，还要考虑其他商品的价格，因为你购买了一种商品就意味着放弃了其他商品，得到了一定数量的效用就放弃了一定数量的效用。
- 有多少钱可以花。花的钱越多得到的效用自然也就越大，但是我们可以花的钱却是有限的，我们只能在这有限的钱的约束下来对各种商品进行权衡取舍，而不能无限制地购买。所以你的收入水平就决定了你所能获得的效用水平。

这三个方面综合在一起就是：我们要在既定的收入（支出）的约束下，根据各种商品的价格水平，按照我们的偏好和口味来进行权衡取舍，选择一定的商品组合来进行消费，以获取效用水平的最大化，这时我们就获得了**消费者均衡**（consumer equilibrium）。

8.2.2 消费者均衡的条件

在分析消费者均衡问题时，我们先确定两个假设前提：一是消费者的收入是既定的，并且假设他把所有的收入都用于消费支出；二是各种商品的价格是既定的。在这两个假设的前提下，消费者均衡的条件是：第一，把收入全部花完；第二，花在每一种商品上的每一元钱购买到的边际效用都相等。

消费者的收入，或者说支付能力就是他的**预算约束**（budget constraint），他只能在这个约束下来获得他的效用最大化。我们假设消费者只购买和消费 X 和 Y 两种商品，P_x、P_y 分别表示两种商品的价格，X、Y 表示两种商品的数量，M 为消费者的收入，则式（8-3）即为消费者的预算约束方程：

$$P_x \cdot X + P_y \cdot Y = M \tag{8-3}$$

式中 $P_x \cdot X$ 为消费者购买 X 商品时花的钱，$P_y \cdot Y$ 为购买 Y 商品时花的钱，二者的和等于消费者的收入 M，这表明消费者把全部收入都用来购买这种商品了，即实现了消费者均衡的第一个条件：把收入全部花完。

消费者均衡的第二个条件是花在每一种商品上的每一元钱购买到的边际效用相等，我们用 MU_x 和 MU_y 分别代表消费者从两种商品中得到的边际效用，则第二个条件可以用式（8-4）来表示：

$$\frac{MU_x}{P_x} = \frac{MU_y}{P_y} \tag{8-4}$$

式（8-4）表明，当消费者从每一种商品的消费中得到的边际效用和它们的价格之比都相等时，消费者的总效用就达到了最大值，即实现了消费者均衡。

假设式（8-4）中二者不相等，比如 $MU_x/P_x > MU_y/P_y$，这表明我们花在 X 商品上的 1 元买到的边际效用多于花在 Y 商品上的 1 元买到的边际效用，对我们来讲，这时 Y 相对太贵了而 X 比较便宜，我们就会减少 Y 的购买而用富余出来的钱去购买 X，每次把 1 元从 Y 商品转移到 X 商品上时，我们的总效用就会增加（$MU_x/P_x - MU_y/P_y$）单位。由于这时总效用还能够增加，就说明这时总效用还没有达到最大值。只要不断地把购买商品的支出从 Y 转移到 X，总效用就会一直增加。但是，依据边际效用递减规律，随着购买支出从 Y 向 X 转移，X 商品的购买和消费量会不断地增加，从 X 中获得的边际效用会不断地降低，而随着 Y 商品购买与消费数量的不断增加，从 Y 中获得的边际效用会不断提高，这样总效用增加的数量即（$MU_x/P_x - MU_y/P_y$）的值就会不断地减少，但只要这个值大于 0，继续减少 Y 增加 X 就会使总效用继续增加。只有当 $MU_x/P_x = MU_y/P_y$ 时，你所花的 1 元不管是购买 X 还是 Y 所得到的边际效用相等了，再继续把支出从 Y 转移到 X 也就不可能再使总效用增加了，总效用就达到了最大值。

如果开始时是$MU_x/P_x < MU_y/P_y$，结果也是一样。这时同样 1 元购买 X 时得到的边际效用小于购买 Y 而时得到的边际效用，就是 X 相对比较贵 Y 相对比较便宜，消费者就会多购买 Y 而少购买 X，这样总效用就会增加，同样由于边际效用递减规律，不等式两边的差额会不断缩小，直至实现MU_x/P_x等于MU_y/P_y，这时消费者的效用达到最大值，即实现消费者均衡。所以式（8-4）就是消费者均衡的条件，式子两边只要不相等就可以通过改变两种商品的购买比例来增加总效用，而在等式两边相等时就实现了总效用的最大值，不管再怎么调整两种商品的购买数量总效用都不可能再增加了。如果读者有兴趣可以自行到 https://v.youku.com/v_show/id_XNDA3MjM4NzQ0NA==.html?spm=a2hzp.8253869.0.0 上阅览、学习。

像这样两种商品的消费均衡条件，我们还可以将其范围扩大，假如有 n 种商品，那么当实现了下列方程式时就实现了消费者的效用最大化：

$$\frac{MU_x}{P_x} = \frac{MU_y}{P_y} = \cdots = \frac{MU_n}{P_n} \tag{8-5}$$

8.2.3 从消费者均衡条件推出需求曲线

根据边际效用递减规律和消费者均衡的条件我们就可以推导出向下倾斜的需求曲线。

需求曲线所表示的是在其他条件不变的情况下，某种商品需求量和价格之间的一一对应的关系，这些不变的其他条件包括消费者的收入、其他商品的价格、消费者的偏好等等。现在我们就假设某消费者所购买的其他商品的价格和需求量不变，从而从这些商品中获得的边际效用也不变，只有一种商品的价格发生变化，我们来考查一下当这种商品价格发生变化的时候，其需求量会发生什么样的变化。

假设消费者只购买和消费 X、Y 两种商品，Y 的价格和边际效用不变，则MU_y/P_y就是一个常数，那么如果该消费者想要获得总效用的最大化，根据消费者均衡的条件，MU_x/P_x也必须保持不变并且与MU_y/P_y相等。在MU_x/P_x的值保持不变的前提下，商品价格 P 就与边际效用 MU 同方向变化，当 X 商品价格上涨时，为了保持效用的最大化，其边际效用也必须同比例地上升，而由于边际效用递减规律，在商品消费量减少时其边际效用就会增加，因此，某种商品价格上涨后消费者就会减少这种商品的购买和消费，这样才能保持边际效用与价格之间的比值不变，即实现总效用最大化。同样的道理，当商品价格降低的时候，消费者就会增加该商品的购买与消费，从而使由于增加消费而降低的边际效用与下降了的价格保持固定比率。由此，我们就得出结论：在其他条件不变的前提下，一种商品的价格与需求量是反方向变化的，价格上升则需求量减少，价格下降则需求量增加，即需求曲线向下倾斜，如图 8-2 所示。

图 8-2 中假设开始的时候价格为 P_1，需求量为 Q_1，当价格下降到 P_2 后，消费者为了获得总效用的最大

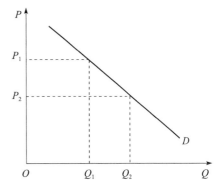

图 8-2 向下倾斜的需求曲线

化，必然要求更低的边际效用与这一低价格相对应，这样他就会增加该商品的需求量，以

使其边际效用降低,当需求量增加到 Q_2 时边际效用与价格之比与商品的二者之比相等,总效用实现最大,购买量不再增加;而如果价格是从 P_2 上升到 P_1,为了实现总效用的最大化,就应该有更高的边际效用相对应,这时就要减少需求量以提高边际效用,到 Q_1 的数量时达到最大化不再继续减少需求量。可见,图 8-2 中需求曲线上的每一个点都是保证消费者的总效用实现了最大化的点,消费者为了实现总效用最大化的目标,其购买价格与需求量必然呈反方向变动,需求曲线向下倾斜。

从另一个方面来看,消费者购买商品是为了获得效用,有多大的效用消费者就乐意支付多高的价钱,需求曲线就表示消费者愿意为每一个商品所支付的货币量,当商品数量少的时候商品的边际效用比较高,他愿意为这一边际商品支付的货币就多,随着商品数量的增加,商品的边际效用不断地递减,消费者乐意为每一个边际商品支付的货币也就不断地减少,从而也使得需求曲线向下倾斜。

8.2.4 钻石与水的悖论

亚当·斯密在其《国富论》中提出一个关于**钻石和水的悖论**(diamond-water paradox):"没什么东西比水更有用;能用它交换的货物却非常有限;很少的东西就可以换到水。相反,钻石没有什么用处,但可以用它换来大量的货品。"[一]是什么原因导致对人有用的东西不值钱,而对人没用的东西却非常值钱呢?当年亚当·斯密只是提出了这个悖论,并没有给出答案,而今天我们学了效用理论之后,这个悖论就变得非常容易解释了。

理解这个悖论的重点在于区分总效用和边际效用。水对人非常重要是针对它的总效用而言的,由于水分布极广,取得非常容易,或者说供给非常充足,从而人们可以轻易地获取大量的水,这样,最后一单位的水对人的效用(即边际效用)就非常小了,人们可以随意地决定是要还是不要这一单位的水,肯为这可有可无的最后一单位的水支付的价格也就非常低;但钻石正好相反,虽然从总效用来讲对人的作用非常小,但由于其非常罕见,供给非常稀缺,所以其边际效用非常高,所以就有人肯为了获得它而付出极高的价格。

决定商品价格的是商品的边际效用而非总效用,而边际效用取决于商品的供给数量,因此供给越稀缺的商品,其边际效用和价格也就会越高,但它的总效用并不见得很高,商品的价格与总效用无关。

快乐学习

电影《甲方乙方》

出品时间:1997 年　　　　　　　　　　　　　　　　　导演:冯小刚
出品国家:中国　　　　　　　　　　　　　　　出品公司:北京电影制片厂
1997 年电影《甲方乙方》荣获第 21 届大众电影百花奖最佳影片,葛优获最佳男演员

[一] 亚当·斯密. 国民财富的性质和原因的研究(上卷)[M]. 北京:商务印书馆,1972:24.

奖，刘蓓获最佳女演员奖。

故事梗概：四位北京青年人姚远（葛优饰）、周北雁（刘蓓饰）、钱康（冯小刚饰）和梁子（何冰饰）共同创办了一家公司，开展了一项名为"好梦一日游"的替人圆梦、帮助顾客过一天好梦成真瘾的业务。公司开业伊始，就吸引了一大批的突发奇想的顾客，上演了一幕幕令人捧腹的喜剧，比如想当一天叱咤风云的巴顿将军的书店小老板（英达饰）；喜欢传闲话的川菜厨子（李琦饰）想嘴严一天，虽严刑拷打、英勇就义也宁死不屈；吃腻了山珍海味的大款（叶京饰）想感受一下吃苦的滋味；总是打老婆的大男子主义男人（傅彪饰）想体验一次受苦的感觉；受粉丝追捧的大明星（徐帆饰）想过普通人的生活等。

对于顾客的要求，他们都想尽一切办法满足，精心安排、周密计划，帮助每一位顾客达成自己的心愿。他们还热心公益，积极参加社区组织的活动。他们通过营造一场"爱情梦"帮助一位因屡次失恋而失去了生活勇气的年轻人，使其重拾生活的信心。为了帮助一对身患癌症的无房夫妻的"团圆梦"，姚远和周北雁甚至把他们准备结婚的新房都贡献出来了。

包含的经济学原理：人们在消费物品与劳务的过程中，随着消费数量的增加，从最后一个物品或劳务的消费中得到的满足程度会越来越小，这就是边际效用递减规律。人的生活也是同样，如果长期以同样的生活方式生活，人从这种生活方式中得到的乐趣或满足程度就会递减，甚至产生厌烦情绪，这时如果能够改变生活方式就可以给人带来更大的满足。

影片中的尤老板天天吃龙虾和象拔蚌，顿顿都是大鱼大肉，都吃恶心了。这就是典型的边际效用递减现象，这些食物在别人眼中都是好东西，但吃得太多了从中得到的满足程度也会下降，而到了恶心的程度说明已经产生负的边际效用了，这时减少这种食物的消费反而会提高效用水平。所以尤老板找到姚远，要求圆他一个吃苦的梦，摆脱大鱼大肉的饮食，使劲吃野菜、喝玉米粥，不能见一点荤腥。他这是从一个极端走向了另一个极端，长期吃这种没有荤腥的饭菜同样会导致边际效用递减，结果等把他送到边远贫困农村两个月之后再去接他时，他已经把村子里的鸡都吃完了。

影片中的明星唐丽君也一样，由于粉丝的追捧，她的私人生活受到很大的影响，连出门逛街都会被围观，在保镖的保护下才得以脱身，因此她要求"好梦一日游"公司帮她过几天普通人的生活。但过了一段普通人的生活后她又想恢复到明星的生活状态中去了。这也是边际效用递减的表现形式。

8.3 收入效应与替代效应

我们前面运用效用理论分析了需求曲线，但效用实际上是不可测量的，因此下面我们就用不涉及效用理论的两个概念来说明需求曲线向下倾斜。

8.3.1 收入效应

人们的收入可以有两种表现形式，一种是**名义收入**（nominal income），即用货币来表示的收入,比如一个人领到的工资数额,另一种是**实际收入**(real income),即名义收入的购买力,就是用这些钱可以买到多少商品。如果商品价格发生了变化,在名义收入不变的情况下你的实际收入会发生变化,当价格上涨时实际收入会下降,能买到的东西就更少了;当价格下跌时实际收入会提高,能买到的东西就更多了。这种实际收入的变化会影响人们的需求。

我们通过一个例子来看,假设你每个月有 1 000 元的伙食费,其中 600 元用来每天去学校餐厅用餐,400 元用来周末与朋友一起去校外的自助餐厅改善生活,每次费用为 100 元,每周去 1 次。现在我们假定自助餐降价了,从 100 元 1 次降到 75 元 1 次,这样你如果还是每个月去 4 次的话就节省了 100 元的费用,用这富余出来的钱你可以每个月多吃 1 次自助餐,也可以还保持每个月去 4 次,用这 100 元购买其他商品,这样你的福利水平就会提高。这种由于商品价格变动引起实际收入的变动,进而由于实际收入变动引进商品需求变动的情况,我们称之为**收入效应**(income effect)。

另一种情况是价格上涨,比如自助餐的价格上涨到 125 元 1 次,这时在其他条件不变的情况下,你的实际收入就下降了,能买到的自助餐次数减少了。或者你从日常在学校餐厅的就餐或者其他支出中节省出 100 元来保证每月 4 次的自助餐,或者减少到每月 3 次,你的福利水平就下降了。

在第 5 章我们讨论需求收入弹性的时候把商品分为了两类:正常物品和低档品,其中需求量与收入同方向变化的正常物品是我们生活中的绝大多数商品,需求量与收入反方向变化的低档物品是极少数的。在这里我们所讨论的是正常物品,关于低档物品的问题可参阅本章的"延伸阅读"。

8.3.2 替代效应

一种商品的价格发生变化后,会导致它与其他商品相比较的相对价格发生变化,从而会引起这种商品与其他商品的相互替代,由此造成的需求变动的情况就是**替代效应**(substitution effect)。比如可口可乐的价格下降而百事可乐的价格不变,人们就会更多地购买可口可乐而更少地购买百事可乐,也就是人们的购买模式从更贵的百事可乐转移到相对便宜的可口可乐。

在第 1 章中我们曾经介绍了机会成本的含义:某物的机会成本就是为了得到它而放弃的其他东西。这种机会成本就是用相对价格来表示的。在自助餐没有降价以前,你吃一顿自助餐就意味着要放弃 100 元的其他商品或服务,这就是你的机会成本。当降价之后,你吃自助餐的机会成本就变成了 75 元,这时你只要放弃 75 元的其他商品或服务就可以了。

为了进一步理解收入效应和替代效应,我们现在假设你父母每个月给你的生活费减少了 100 元,同时自助餐也降价了 25 元。现在你虽然面对着新的相对价格,但你的福利水平跟自助餐价格下降前相比并没有得到改善,因为价格下降与你生活费减少正好相互抵消了,这时你的名义收入减少了但实际收入并没有减少。同时这种情况下你仍然可以增加自助餐的消费,因为在其他条件不变的情况下,现在你吃自助餐的机会成本降低了,原来吃一顿自助餐需要减少 100 元的其他商品消费，现在只减少 75 元就可以了，所以你还是会减少其他商品消费而增加自助餐的消费。

相应地，如果一种商品价格上涨，这种商品相对于其潜在替代品就变得更贵了，因此消费者可能去购买那些相对价格变得比较便宜的商品。关于价格上升、下降的变化所产生的收入效应和替代效应的关系，如图 8-3 所示。

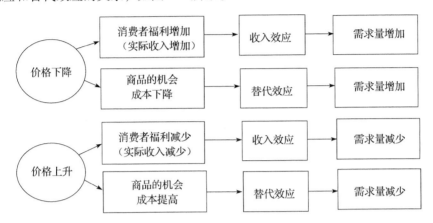

图 8-3 价格变化的收入效应与替代效应

从图 8-3 中可以看出，不管是收入效应还是替代效应，都会导致价格与需求量呈反方向变化，价格下降需求量增加，价格上升需求量减少，需求曲线向下倾斜。

8.4 小结

效用理论其实就是消费者行为理论，它揭示了需求曲线背后的经济学原理，分析了理性的消费者在消费过程中是如何进行决策以现实自己的最大满足的，从而为需求问题的研究奠定了一个坚实的基础。对于本章介绍的基数效用论，很多人认为效用实际上是没法进行度量的，也不可能找到一个效用单位，因而又提出了发展出了一套序数效用理论，并得出了与基数效用理论完全一致的结论。

延伸阅读

需求曲线向下倾斜规律：一场争论

2000 年开始，我国经济学界展开了一场激烈的学术大争论，主题是需求曲线是否可以向上倾斜。以经济学家汪丁丁为首的一方认为现实中的需求曲线可以向上倾斜，也可以向下倾斜；而以著名经济学家张五常为首的另一方则认为需求定理决定的需求曲线只能是向右下方倾斜的，否则一会儿向上一会儿向下，就对经济问题没有解释力了。当时这场争论在我国经济学界的影响非常大，很多经济学者被卷了进来，包括很多海外的华人经济学家也参与其中。如果读者有兴趣可以自行到 http://www.wdjjlt.org/yl/forum.php?mod=viewthread&tid=712 上阅览、学习。

关键词

效用　基数效用论　序数效用论　总效用　预算约束　名义收入　真实收入　收入效应
边际效用　边际效用递减规律　消费者均衡　替代效应

思考题（扫描右侧二维码查看答案参与讨论）

1. 什么是效用，它有哪些特点？
2. 总效用与边际效用之间的关系是怎么样的？试画图解释。
3. 什么是边际效用递减规律？产生这一规律的原因是什么？
4. 消费者均衡的条件有哪些？
5. 如何从消费者均衡推导出需求曲线？
6. 名义收入和实际收入的含义各是什么？
7. 什么是收入效应？试举例说明。
8. 什么是替代效应？试举例说明。

讨论与应用（扫描各题右侧二维码参与讨论）

1. 古典政治经济学中认为商品具有使用价值的特性，使用价值指的就是物的有用性。那么，这个使用价值的概念与我们所讲的效用有什么区别呢？

2. 1993年农历除夕夜，中央电视台举办了一台春节联欢晚会，晚会受到了广大观众的热烈欢迎。从此，每年除夕中央电视台都会举办春节联欢晚会，这形成了一个"新民俗"。就这样，春晚年复一年投入的人力和物力越来越大，技术效果越来越先进，场面设计越来越宏大，节目种类
也越来越丰富，但观众却不买账，人们对春节联欢晚会的评价越来越差了。那么：
   (1) 这一现象反映了什么经济学原理呢？
   (2) 试分析产生这一现象的原因有哪些。
   (3) 春晚一方面观众评价变差，但另一方面收视率又居高不下，这又是为什么呢？

3. 我们生活中的各种商品和劳务都存在边际效用递减的情况，那么货币是不是也存在边际效用递减呢？试从收入和支出的角度对货币是否存在边际效用递减的问题进行分析。

4. 小李非常喜欢桌上游戏，他每周都会跟同学一起去学校旁边的桌游俱乐部玩，并且每次要花费50元的费用。他告诉朋友他对这项交易非常满意，甚至乐意再多花1倍的钱在这个游戏上。同时他每个月花800元租了一间公寓，但经常报怨公寓条件不好，想要再寻找一间同样价钱但条件更好的公寓。回答下列问题并解释：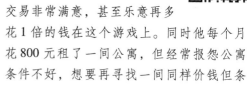
   (1) 小李从桌游中获得的边际效用大还是从公寓中获得的边际效用大？
   (2) 小李从桌游中获得的总效用大还是从公寓中获得的总效用大？
   (3) 如何解释小李在桌游和公寓的消费之间的价值悖论呢？

5. 请思考下面两个问题，并尝试解释：
   (1) 有同学过生日，一般朋友会送一些小礼品，为什么不是直接送现金呢？
   (2) 现在有人结婚，亲朋好友都是直接送现金红包，为什么不是送礼品呢？

6. 小周每个星期有30元用于吃早餐，分别用来购买豆浆和包子，其中豆浆2元一杯，包子1元1个。下面有4种情况，

请你尝试分析他是否实现了消费均衡并说明你的理由。如果没有实现均衡，请指出他应该如何做才能达到均衡，比如应该多买豆浆，应该多买包子还是两样都要多买等。如果根据给出的信息不能判断他是否实现了均衡，也请指出来。

(1) 假设他购买了5杯豆浆和20个包子，这时豆浆的总效用为400个单位，包子的总效用为300个单位。

(2) 假设他购买了7杯豆浆和16个包子，这时豆浆的总效用为300个单位，边际效用为30个单位；包子的总效用为500个单位，边际效用为20个单位。

(3) 假设他购买了7杯豆浆和16个包子，这时豆浆的边际效用为40个单位，包子的边际效用为20个单位。

(4) 假设他购买了6杯豆浆和13个包子，这时豆浆的边际效用为30个单位，包子的边际效用为15个单位。

7. 一个刚学完效用理论的同学对你说："消费者总能够找到消费的最佳组合，这时他从他所消费的每一种商品中的最后1个单位获得的边际效用都是相等的。"你赞同他这种说法吗？为什么？

8. 小张每两个月就要回家一次，但最近她回家的动车票从150元上涨到了200元，于是她决定不买本来准备要买的一件衣服了，同时减少跟同学一起去看电影的次数。

(1) 请解释小张对衣服和电影的需求是如何受到动车票价格上涨的影响的。

(2) 用这个例子解释为什么收入效应和替代效应都有可能减少小张回家的次数。

9. 如果消费者对收入的花费使得花在每一种商品上的最后1元给他们带来的边际效用都相等，那么，他们应该如何决定收入中用于储蓄的数量？

第 9 章
CHAPTER9

生产和成本

上一章我们介绍了需求曲线背后的经济学原理：消费者行为理论即效用理论。本章我们进一步来讨论供给曲线背后的经济学原理问题。供给所描述的是生产者向市场提供物品与劳务的行为，所以供给曲线背后的经济学原理就是生产者行为理论。生产者在提供商品与服务的时候，要根据自己的成本与不同的市场状况进行决策，因此本章我们就先从成本入手来进行分析。在此基础上，我们在以后各章中再来讨论面对不同市场类型的时候生产者如何确定自己的供给决策。本章的内容主要包括生产函数理论和生产者的短期、长期成本等问题。

9.1 成本与利润

我国拥有各种类型的企业 4 000 多万家，这些企业虽然大小各异，经营的产品也是五花八门，但他们的共同点就是通过投入各种生产要素来生产产品与劳务以获取收益，都存在付出成本赚取利润的问题。

9.1.1 企业的目标

在经济学上我们假设企业追求的唯一目标就是实现**利润最大化**（profit maximization），即以最小的投入获得最大的产出，或者说以最小的成本获取最大的收入。只有这样企业才能在激烈的市场竞争中不断发展壮大，不追求盈利的企业在市场中是很难生存的，最终会被消灭或并购。

实际上，在现实中企业追求的目标可能是多种多样的，比如企业规模的最大化、产量的最大化、市场占有率的最大化等，还有可能追求经济之外的目标，如企业的社会责任、员工的发展及岗位满足感，等等。

虽然现实中企业追求的目标可能各异，但是这些目标中有一些其实并不是他们的基本目标，其基本目标还是利润最大化，这些目标只是实现基本目标的手段而已；而有些目标是违背市场经济一般要求的，这样的企业不可能在市

本章课件

场竞争中独立生存，只能依靠政府的支持，不属于正常的企业。再者，我们为了使问题简化，做出企业的唯一目标是实现利润最大化的假设，这样分析起来更加简单。这样的假设可以使得企业在面临同一情况时有同样的反映，否则由于目标不同可能反映各异，比如当价格上涨时，有的企业增加产量、有的企业减少产量、有的企业产量不变，这样就没办法进行一般化的研究了。

企业追求利润最大化，那什么是利润呢？我们把企业出售自己生产的商品与服务所得到的全部收入称为**总收益**（total revenue，TR），把企业为了生产这些商品与提供这些服务而发生的所有耗费称为**总成本**（total cost，TC），**利润**（profit）就是总收益减去总成本后的余额。

$$利润 = 总收益 - 总成本$$

企业所追求的就是这个利润的最大化。根据公式，想获得利润最大化或者是在既定的收益下使成本最小，或者是在既定的成本下使收益最大，我们首先要对收益和成本问题进行分析。读者如果有兴趣可以自行到 https://v.youku.com/v_show/id_XNDA3MzQwNTAyNA==.html?spm=a2hzp.8253869.0.0 上阅览、学习。

9.1.2 成本

企业的成本可以分为两类：显性成本和隐性成本。

- **显性成本**（explicit cost），指的是企业为了购买或租用生产中需要的各种生产要素的实际支出，也就是企业支付给其他经济体的货币总额。这一部分由于是实际的支出，是看得见的，所以我们称之为显性成本，同时这部分成本是可以在企业的会计报表上显示出来的，所以又称为**会计成本**（accounting cost），主要包括工资、利息、土地和房屋的租金、原材料费用、能源支出、折旧等。
- **隐性成本**（implicit cost），指的是企业本身拥有的并且用于生产过程的各种生产要素的总价格。这一部分成本由于并没有实际支出，只是因企业自己使用而没有出售或出租出去而导致的收益损失，所以称为隐性成本。这一部分成本是会计报表上显示不出来的，比如企业主自己拥有的厂房、自有资金以及时间成本等。

作为财会人员，他们关注的是企业的货币收支问题，他们要记录企业货币的流入和流出，因此他们主要考虑的是显性成本，往往忽略了隐性成本；而经济学要讨论的是企业如何进行生产和定价的决策，而显性成本和隐性成本都会对这些决策产生影响，因此，经济学在讨论问题的时候是要把显性成本和隐性成本都考虑在内的。

9.1.3 利润

由于经济学家与会计师在成本问题上有不同的理解，企业利润的衡量方法也可以分为两种：一种是经济学家衡量的**经济利润**（economic profit），即企业出售一定数量的产品与劳务的总收益减去为生产这些产品与劳务所付出的总机会成本，包括显性成本和隐性成本；另一种是会计师衡量的**会计利润**（accounting profit），即企业的总收益减去显性成本。二者之间的关系可以通过图 9-1 来说明。

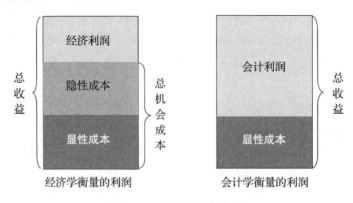

图 9-1　经济利润与会计利润

从图 9-1 中可以看出，由于会计师忽略了隐性成本，所以会计利润要大于经济利润。而从经济学角度来看，必须弥补全部机会成本（即显性成本与隐性成本之和），企业才能算真正盈利。

经济学所讨论的利润最大化指的就是经济利润的最大化。

另外，经济学中还有一个**正常利润**（normal profit）的概念，指的是企业主对自己所提供的企业家才能的报酬及支付，属于隐性成本的一部分。正常利润实际上相当于企业主自己时间的机会成本，就是他如果不办这个企业可能挣到多少钱，或者说他办这个企业损失了多少钱。当经济利润为 0 的时候，企业就正好赚取了正常利润，经济利润就是指超过正常利润的超额利润。

快乐学习

小说《小岛经济学：鱼、美元和经济的故事》

作者：[美]彼得·希夫/[美]安德鲁·希夫　　　译者：胡晓姣/吕靖纬/陈志超
出版：中信出版社 2016 年 9 月出版

故事梗概： 有三个人住在一个小岛上，小岛资源比较匮乏，只是沿海有很多同一品种的鱼，鱼很大，足够一个人吃一天。这里没有先进的捕鱼技术，三个人只能用手去抓。一个人一天只能抓到一条鱼，正好够吃一天，捕鱼成了三个人生活的全部。

一天，其中一人以饿一天肚子的代价做了个渔网，创造了资本。第二天他一个小时就捕了两条鱼，除了吃之外，他有了储蓄。另外两个人以还两条鱼的代价每人从他这里借了一条鱼，也分别做了个渔网。三个人的捕鱼效率提高了，开始有时间从事自己喜欢的其他工作。后来三个人又合资建立了一个企业，创造出了自动捕鱼设备，生产率大大提高了，有了更多的时间从事其他生产活动，生活水平不断提高。

更多的人来到这个小岛，各行业都发展了起来，鱼成为人们交易过程中普遍使用的货币，岛与岛之间开展了贸易，银行也出现了。后来小岛上成立了政府，政府成立后开始干预经济，发行纸币导致通货膨胀。随着通货膨胀，人们开始把钱从银行取出来，储蓄减少，企业贷款困难，工人失业增加。政府干预劳动力市场实行最低工资和限制解雇工人。制造业开始流向岛外劳动成本低的地方。

政府开始刺激经济，棚屋价格大涨，政府要求银行为每一个人的棚屋提供贷款，一些人无力偿还贷款导致银行大量倒闭，最后经济崩溃。

包含的经济学原理：本书原名为《经济是如何增长和崩溃的》（*How An Economy Grows and Why It Crashes*），是希夫兄弟二人共同合作完成的。哥哥彼得·希夫是著名经济学家和畅销书作家，其著作《美元大崩溃》为超级畅销书；弟弟安德鲁·希夫是经济学与融资学方面的知名专家。彼得与安德鲁之所以写《小岛经济学》，很大程度是在向父亲欧文·希夫致敬。欧文为了从兄弟俩小的时候就培养其对经济学的兴趣，在日常生活中经常编一些有趣的故事讲给他们听，其中一个"三人小岛捕鱼"的故事就是欧文在一次全家自驾游时，为了打发堵车的时间，即兴讲给俩儿子听的。

本书把大量的经济学原理融入一个有趣的长篇故事中，运用简单风趣的语言在讲故事的过程中强调生产、投资与储蓄的重要性，推崇自由的市场经济，反对凯恩斯的经济干预，批评了美国政府的经济政策，并解读了美国2008年金融危机的原因。本书中既有基本的经济学原理，又有深刻的经济学思考，是一部可读性非常强的经济学小说，值得反复阅读。同时，这本小说还配有很多有趣的漫画插图，可以说是一本老少皆宜的好书。

9.2 短期生产

企业是为社会提供物品与劳务的组织，它需要把各种投入品转化成物品与劳务。物品与劳务的产量与各种投入的生产要素之间的关系就称为**生产函数**（production function）。

9.2.1 总产量

总产量（total product，TP）指的是企业在一定时间内投入一定量的生产要素所生产出来的产品用量，用 TP 表示。假设有一家皮鞋厂，工厂的规模是既定的，只能通过改变雇佣工人的数量来改变产量。这是一种短期分析，在短期内来不及建一个新工厂或者上一套新设备来扩大产量，只能运用现有的设备来安排生产。关于长期的问题我们将在后面进行进一步的分析。

这家鞋厂每天生产皮鞋的数量取决于它在生产中投入的工人的劳动量，假设其生产的状况如表9-1所示。

表9-1 总产量

劳动量	0	1	2	3	4	5	6	7
总产量	0	10	30	60	80	90	90	80
组合点	A	B	C	D	E	F	G	H

表9-1中第1行数字代表的是工厂逐渐增加的工人的数量，从0增长到7个人，第2行的数量则代表了上一行数量的工人生产的皮鞋的总产量，如3个人每天生产60双，4个人

每天生产 80 双。第 1 行数字和第 2 行数字之间的对应关系形成了生产函数，我们把这种对应关系在图上描点即得到总产量图，如图 9-2 所示。

图 9-2 中的横轴代表投入的工人的劳动量，单位为（人/天），纵轴代表皮鞋的产量，单位为（双）。从 A 到 H 各点表示表 9-1 的各个劳动量与其总产量的组合点，把这些点连起来的 TP 曲线就是总产量曲线。可以看出，随着投入的劳动数量的增加，总产量不断地增长，一开始增长的速度比较快，但是后来增长的速度变慢，然后总产量达到最高点，之后，如果继续增加劳动的投入，总产量就开始下降了。

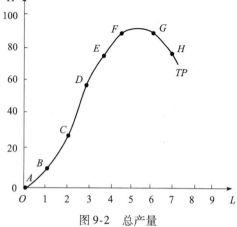

图 9-2　总产量

总产量曲线类似于我们在第 1 章中介绍的生产可能性边界，它区分开了可以实现的产量和不可实现的产量。从图 9-2 来看，总产量曲线 TP 以上的各点都是在这家鞋厂现有的生产条件下所不能够实现的产量，生产这些产量需要投入更多的设备和劳动力；而 TP 以下的各点都是可以实现的产量，不过这些产量是没有效率的，可以用更少的劳动来生产；而 TP 曲线上的各点，如 A 到 H 点是当前情况下可以实现的有效率的产量。

9.2.2　边际产量

边际产量（marginal product）指的就是增加一个单位的要素投入所带来的总产量的增加量，在我们的例子当中就是增加额外的一个单位的劳动量时所增加的产量。边际产量的计算公式为总产量的增加量除以生产要素的增加量，我们用 MP 代表边际产量、TP 代表总产量、L 代表要素数量，则：

$$MP = \frac{\Delta TP}{\Delta L} \tag{9-1}$$

根据表 9-1，我们可以计算出这家鞋厂的工人劳动的边际产量，如表 9-2 所示。

表 9-2　边际产量

劳动量	0	1	2	3	4	5	6	7
总产量	0	10	30	60	80	90	90	80
边际产量		10	20	30	20	10	0	-10

每一个单位劳动的边际产量等于该劳动数量时的总产量减去上一个单位劳动数量时的总产量，如第 5 个劳动单位的边际产量为 90－80＝10 双皮鞋。从表 9-2 中可以看出，随着劳动数量的增加，开始时边际产量是不断增加的，到第 3 个劳动单位时边际产量达到最高，然后下降，到第 6 个劳动时下降到 0，从第 7 个劳动单位开始边际产量变成负值。

边际产量与总产量之间的关系可以用图 9-3 来表示。

图 9-3 中的高度代表了边际产量,即每增加一个劳动单位带来的总产量的增加量,总产量曲线实际上等于每一个边际产量之和。我们把图 9-3a 中代表边际产量的灰色方框移到图 9-3b 中就得到了边际收益曲线 MP。可以看出,边际产量曲线与总产量曲线一样都是先上升后下降的。从第 1 个劳动单位到第 3 个劳动单位劳动,边际产量是不断上升的,这时的总产量以越来越快的速度上升,其斜率越来越大;从第 4 个劳动单位开始边际产量开始下降,但只要边际产量还是正数,总产量就会继续上升,只是上升的速度越来越慢,其斜率越来越小;到第 6 个劳动单位时,边际产量变为 0,这时总产量达到最高点;从第 7 个劳动单位开始,边际产量变为负数,总产量开始下降。因此,总产量曲线的形状是由边际产量曲线的形状决定的。

边际产量先上升后下降,这是由**边际报酬递减规律**(the law of diminishing returns)决定的。边际报酬递减规律又称为边际收益递减规律,指的是在其他生产要素投入不变的情况下连续增加某一种生产要素的投入,开始时这种要素带来的边际产量是递增的,但总存在某一个值,超过这个值后边际产量就会递减。

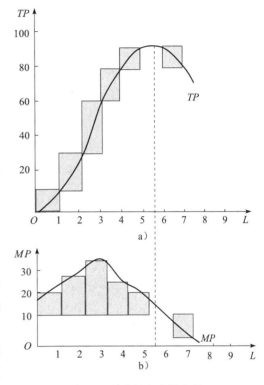

图 9-3 总产量与边际产量

边际报酬递减规律存在的原因是在生产过程中各种生产要素的使用存在一个最佳比例,刚开始时,这种新投入的要素数量不足,达不到最佳比例,因此各种要素的作用都受到限制,随着这种要素投入的增加,离那个最佳比例就越来越近,各种要素发挥的作用也就越来越大,因此边际产量递增;当这种要素的投入达到最佳比例要求的数量的时候,边际产量达到最大值,这时如果继续投入这种要素,那就又会偏离那个最佳比例,各种要素的作用又会受到限制,边际产量就开始减少了。

9.2.3 平均产量

平均产量(average product)指的是平均每一个投入的可变要素所带来的产量,我们的例子中就是平均每一个劳动单位生产的皮鞋的数量。计算公式为总产量除以投入的要素的数量,用 AP 代表平均产量,则有:

$$AP = \frac{TP}{L} \tag{9-2}$$

根据表 9-1 的数据,我们可以计算出鞋厂的平均产量如表 9-3 所示。

表 9-3　平均产量

劳动量	0	1	2	3	4	5	6	7
总产量	0	10	30	60	80	90	90	80
边际产量		10	20	30	20	10	0	-10
平均产量	0	10	15	20	20	18	15	11.4

可以看出，平均产量与总产量、边际产量一样，都是先增加再减少。平均产量和边际产量之间的关系我们可以用图 9-4 来说明。

从图 9-4 中可以看出，平均产量曲线和边际产量曲线都呈先上升后下降的趋势，在开始时二者是相等的，因为第 1 个劳动的边际产量也就是其平均产量，然后边际产量开始上升，平均产量也随着上升，但上升的速度慢于边际产量的速度。当边际产量开始下降的时候，平

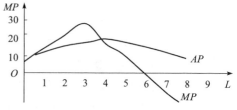

图 9-4　平均产量与边际产量

均产量仍然在上升，一直到二者相交，之后平均产量开始和边际产量一起下降。

平均产量和边际产量之间的关系可以描述为：当边际产量大于平均产量的时候，平均产量上升，当边际产量小于平均产量的时候，平均产量下降，当二者相等的时候，平均产量达到最高点。这种关系不仅仅存在于边际产量和平均产量之间，其实任何边际产量和平均产量之间都存在这样的关系。比如，一个班级的平均年龄为 20 岁，这时转来了一个 21 岁的新同学，这个班的平均年龄肯定就会上升，大于 20 岁了；如果是转来了一个 19 岁的新同学，则这个班的平均年龄就会下降，小于 20 岁了。读者如果有兴趣可以自行到 https://v.youku.com/v_show/id_XNDA3MzQwNDk4MA==.html?spm=a2hzp.8253869.0.0 上阅览、学习。

9.2.4　合理投入区域

根据边际产量和平均产量之间的关系，我们可以把整个生产过程分为三个阶段或三个区域，第Ⅰ区域是边际产量大于平均产量的区域，第Ⅱ区域是边际产量小于平均产量大于 0 的区域，第Ⅲ区域是边际产量小于 0 的区域。在这三个区域中我们可以找出企业最合理的投入区域，如图 9-5 所示。

我们先看第Ⅰ区域，在这个区域中边际产量大于平均产量，平均产量上升，那么在这一区域的任意一点，如果继续增加投入，则可以使所有生产要素发挥更大的效用，从而使每一个生产要素的产量都增加，这就是说，在这一阶段，这种可变生产要素投入量的不足使得所有要素都没有

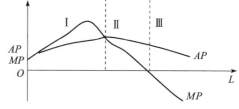

图 9-5　合理投入区域

发挥出最佳的作用，因此在这一阶段应该继续增加这种可变要素的投入一直到进入第Ⅱ区域。所以，第Ⅰ区域不是合理投入区域。再看第Ⅲ区域，由于这个区域中的 MP 小于 0，这就意味着在这个区域任何增加投入的行为都会导致总产量下降，相反减少投入会使总产量增加，任何一个追求以最少投入获得最大产出的企业都会减少投入一直到进入第Ⅱ区域。

通过上面的分析我们看到，第Ⅰ区域和第Ⅲ区域都不是合理投入区域，那么就只有第Ⅱ区域才是合理投入区域了。

在第Ⅱ区域边际产量曲线是向下倾斜的，也就是说只有在边际产量递减阶段才是合理投入区域，以后我们就主要以边际产量递减的情况作为主要的分析对象。第Ⅱ区域中有无数个要素投入数量，那么到底企业应该在第Ⅱ区域中的哪一个点进行投入呢？我们将在以后的分析中做进一步说明。

快乐学习

电影《点球成金》

出品时间：2011年9月23日　　　　　　　　　　　　　　　导演：贝尼特·米勒

出品国家：美国　　　　　　　　　　　　　　　　　　　出品公司：哥伦比亚影片公司

该电影2012年获第84届奥斯卡金像奖六项提名，获得26项国际大奖，61项提名。

故事梗概： 比利·比恩（布拉德·皮特饰）是美国奥克兰运动家棒球队的总经理，他的球队败给了财大气粗的纽约扬基队，雪上加霜的是三名主力纷纷被其他球队重金挖走，而球队资金紧张，没能力买进大牌球员顶替，未来的赛季前途渺茫。一次偶然的机会，他认识了耶鲁大学经济学硕士彼得·布兰德（乔纳·希尔饰），彼得·布兰德运用经济学原理，设计了复杂的数学模型，为球队挑选了一批表面上看去都身怀缺点、性格怪癖，但骨子里却都在棒球运动的某方面拥有超强能力的队员，组成了一支并不被人看好但实力强悍的球队。

球队教练豪威（菲利普·塞默·霍夫曼饰）并不买比利的账，不启用新买来的队员而坚持按自己的思路选择首发队员，结果球队一败再败。比利不得已把豪威的首发队员统统卖掉，使得豪威不得不启用新买进的球员，结果取得了巨大的成功。奥克兰运动家队取得了20连胜，创造了美国职业棒球联盟比赛历史上的新纪录，一支在人员和物质配备以及资金实力上都仅仅是"下三流"之列的球队，成为可以比肩实力雄厚的纽约扬基队的球队。

包含的经济学原理： 彼得在建立数学模型时最大的约束条件就是钱，由于没钱买进技术全面的大牌球员，他不得不另辟蹊径，剑走偏锋。他运用以往比赛的大数据，通过自己设计的模型进行统计分析，计算球员在投球、击球、跑垒、防守，甚至保送上垒的各种数据，找出了一批在某个项目上具有专长但在其他方面存在各种问题从而被其他球队弃用或者转会价格非常低的球员。这些球员有的技术不全面，只在一个方面有突出能力；有的还没有被发现具有某种潜力；有的性格怪癖；有的因为受伤不能适应原来擅长的技术但在某一新的领域有巨大潜力；有的形象或者名声不好，等等。

彼得利用比较优势原理，把每一个人都安排到其最擅长的位置上，当每一个位置都是由最擅长的人来担当的时候，这支综合实力并不是很强的球队实际上就具有了雄厚的整体实力了。一个技术全面的球员在比赛中实际上也并不能把所有的技术都用上，而如果技术全面的球员过多还会导致专长技术的彼此重叠，造成人才浪费，或者一些球员不能打自己最擅长的位置，更重要的是这些球员都身价不菲，奥兰多运动家队根本买不起。而彼得则是按位置找人，选出在此位置上实力强悍的队员，只用其专长，更重要的是省钱。这样就用低廉的成本实现了资源的优化配置。

9.3 短期成本

我们在 9.2 节中分析了企业生产的情况，下面我们就在此基础上进一步来分析企业的成本情况。与重视生产要素的投入与产量的产出之间的关系相比，企业更加重视货币投入与货币产出的问题，也就是成本与收益的问题。

9.3.1 长期与短期

经济学中不是用绝对的时间长短的概念来进行区分的，比如不是用一年以上为长期、一年以下为短期这样的区分方法，而是用企业能否调整全部生产要素的标准来进行区分。

短期（short run）指的是企业只能调整部分生产要素，而另一部分生产要素不能调整的一种时间框架。对绝大多数企业而言，有些资源是固定的，比如设备厂房等，这些固定资源不可能随时进行更新，在短期内这些就构成了企业的固定生产要素。不能对固定生产要素进行调整的时期就是短期。

在短期内企业要想改变产量就必然通过改变可变生产要素的投入来进行，比如增加或减少雇佣工人的数量等。这样，在短期内企业就存在两种生产要素：固定的和可变的，相应地，也就形成了固定的和可变的两种成本。

长期（long run）指的是企业可以调整全部生产要素的一种时间框架。在长期内就没有固定要素和可变要素的区分了，企业可以把原来的厂房推倒了重建，可以增加或减少新的生产线等，在长期所有要素都是可变的，相应的所有成本也都是可变的了，不再区分固定成本和可变成本。

9.3.2 总量成本

企业在短期内的总量成本包括总成本、总固定成本和总可变成本。**总成本**（total cost，TC）指的是企业在生产一定量的产品或劳务时所使用的全部生产要素所形成的成本。**总固定成本**（total fixed cost，TFC）指的是企业固定生产要素所形成的成本，是不随着产量的变化而变化的成本，或者说是产量为 0 时所支付的成本，如设备成本、厂房租金、贷款利息以及管理人员的工资等；**总可变成本**（total variable cost，TVC）指的是企业可变生产要素所形成的成本，是随着产量变化而变化的成本，如原材料、能源动力以及工人的工资等。

总成本等于总固定成本与总可变成本之和，即

$$TC = TFC + TVC \tag{9-3}$$

根据我们所假设的鞋厂的例子，可以给出下列总成本以及总固定成本和总可变成本的

数据，如表9-4所示。

表9-4　总量成本

总产量	劳动量	固定成本（元）	可变成本（元）	总成本（元）
0	0	100	0	100
10	1.00	100	60	160
20	1.60	100	96	196
30	2.00	100	120	220
40	2.35	100	141	241
50	2.70	100	162	262
60	3.00	100	180	280
70	3.40	100	204	304
80	4.00	100	240	340
90	5.00	100	300	400

在表9-4中，第1列数字代表总产量；第2列数字代表为了生产第1列的产量需要投入的劳动量；第3列数字代表总固定成本，我们假设鞋厂每天投入的固定成本是100元，这一部分不随着产量的变化而变化；第4列数字代表可变成本，我们假设鞋厂为工人提供的工资为每天60元，可变成本就等于60元乘以劳动量，如生产30双皮鞋需要投入2个单位劳动，则可变成本为60×2=120元；第5列数字代表总成本，它等于第3列总固定成本与第4列总可变成本之和。

根据表9-4中的数据，我们就可以画出鞋厂的总成本曲线、总固定成本曲线和总可变成本曲线，如图9-6所示。

图9-6中我们用横轴表示产品的数量，用纵轴表示成本，固定成本TFC是一条平行于横轴的直线，说明它不随着产量的变化而变化，总可变成本TVC与总成本TC的趋势是一样的，都是向上方倾斜的曲线，这是由于可变成本是随着产量的增加而增加的。总成本相当于在可变成本上加上固

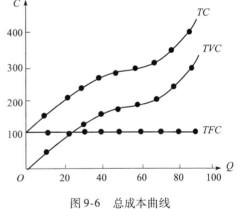

图9-6　总成本曲线

定成本，从图形上看就是把总可变成本曲线向上移动一个总固定成本的距离。总可变成本是从原点出发的，但总成本不是从原点出发的，而是从固定成本出发，因为即使产量为0时，企业也要支付固定成本。

9.3.3　单位成本

企业在短期内的单位成本包括平均总成本、平均固定成本、平均可变成本和边际成本。**平均固定成本**（average fixed cost，AFC）指的是每单位产量中消耗的总固定成本的数量；**平均可变成本**（average variable cost，AVC）指的是每单位产量中消耗的总可变成本的数量；**平均总成本**（average total cost，ATC）指的是每单位产量中消耗的总成本的数量，等于

平均固定成本与平均可变成本之和，即 $ATC = AFC + AVC$ [注]；**边际成本**（marginal cost，MC）指的是增加一个单位的产量所引起的总成本的增加量，由于固定成本是不变的，所以边际成本也可以说是增加一个单位的产量所引起的可变成本的增加量，其计算公式为：

$$MC = \frac{\Delta TC}{\Delta Q} = \frac{\Delta TVC}{\Delta Q} \tag{9-4}$$

表 9-5 表示的是根据表 9-4 总量成本计算出来的单位成本。

表 9-5　单位成本

总产量	总成本（元）	边际成本（元）	平均固定成本（元）	平均可变成本（元）	平均总成本（元）
0	100	—	—	—	—
10	160	6.00	10.00	6.00	16.00
20	196	3.60	5.00	4.80	9.80
30	220	2.40	3.33	4.00	4.33
40	241	2.10	2.50	3.53	6.03
50	262	2.10	2.00	3.24	5.24
60	280	1.80	1.67	3.00	4.67
70	304	2.40	1.43	2.91	4.34
80	340	3.60	1.25	3.00	4.25
90	400	6.00	1.11	3.33	4.44

表 9-5 中的第 1 列数字为总产量，第 2 列数字为总成本，第 3 列数字为边际成本，它等于第 2 列每行数字减去上一行数字（即总成本的增加量）除以第 1 列该行数量减去上一行数量（即总产量的增加量），如总产量从 50 增加到 60 的时候总成本从 262 元增加到 280 元，则边际成本等于（280 - 262)/(60 - 50) = 1.80 元；第 4 列数字为平均固定成本，等于表 9-4 中第 3 列总固定成本除以第 1 列的总产量；第 5 列数字为平均可变成本，等于表 9-4 中第 4 列总可变成本除以第 1 列总产量；第 6 列数字为平均总成本，等于表 9-4 中第 5 列总成本除以第 1 列总产量，也等于表 9-5 中第 4 列平均固定成本加第 5 列平均可变成本。

根据表 9-5 中的数字我们可以画出图 9-7 中的各条单位成本曲线。

图 9-7 中，平均固定成本曲线（AFC）是一条向右下方倾斜的曲线，这是由于固定成本是一个常数，当它被平均到越来越多的产品中时必然

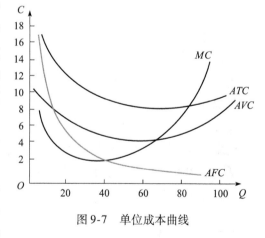

图 9-7　单位成本曲线

会变得越来越小，所以 AFC 曲线向右会无限地接近横轴，但不会与横轴相交，向左会无限接近纵轴，同样不会同纵轴相交。

○ 可以从总成本公式推导出平均成本公式：$TC = TFC + TVC$，等号两边都除以产量得：$TC/Q = TFC/Q + TVC/Q$，也就是：$ATC = AFC + AVC$。

边际成本曲线（MC）是一条先下降然后上升的 U 形曲线，这是由边际报酬递减规律决定的。根据边际报酬递减规律我们知道，在固定要素投入不变的情况下，我们连续投入一种可变的要素，随着这种要素投入的增加，在开始时，每投入 1 单位的要素所生产的产品数量是不断增加的，那么这时每 1 单位产品需要投入的要素就会不断减少，也就是其边际成本会不断地降低，但总存在一个点，超过这个点后，每投入 1 单位的要素带来的产量会不断地减少，也就是每 1 单位产品需要投入的要素不断增加，这时边际成本也就不断地上升了。

平均可变成本（AVC）和平均总成本（ATC）都是先下降后上升的 U 形曲线，平均可变成本的趋势是由边际成本的趋势所决定的。第 1 个产品的边际成本与平均可变成本是一样的，此后边际成本开始下降，于是边际成本就小于平均可变成本了，平均可变成本也跟着下降；当边际成本开始上升时，由于此时边际成本是小于平均可变成本的，可变成本会继续下降，一直到二者相交；相交之后边际成本继续上升，这时的边际成本就大于平均可变成本了，平均可变成本开始上升，因此边际成本与平均可变成本相交于平均可变成本的最低点。对于平均总成本来讲也是同样的，当边际成本小于平均总成本时，平均总成本下降，当边际成本大于平均总成本时，平均总成本上升，二者相交于平均总成本的最低点。

平均总成本等于平均固定成本与平均可变成本之和，所以平均总成本与平均可变成本之间的距离就是平均固定成本。平均总成本之所以是先上升后下降的 U 形曲线，原因在于固定成本分摊到更多的产品上和边际报酬递减两个因素。随着生产的进行，固定成本会分摊到越来越多的产品上，因此平均固定成本会越来越小，其表现为一条向右下方倾斜的曲线。在开始的时候，平均固定成本在平均总成本中占的比重比较大，所以它的下降就会带动平均总成本的下降。但随着产品数量的增加，平均固定成本在平均总成本中占的比重越来越小，这时边际报酬递减就发挥作用了，平均可变成本开始增加，当平均可变成本增加的数量超过平均固定成本下降的数量时，平均总成本就开始上升了。

9.4 长期成本

现在我们来看一下在长期内企业的成本会发生什么样的变化。

9.4.1 短期成本与长期成本

在短期内由于企业来不及调整全部生产要素，其生产设备、厂房等固定要素是不变的，只能通过改变雇佣劳动等可变要素来调整产量，而一套设备往往会有一个最佳的生产产量，那么企业在生产这个最佳产量的时候就可以实现最低的成本，在用这套设备生产其他的产量的时候成本就会比较高。但是在长期内就不一样了，在长期内由于企业可以调整所有生产要素，所以每一个产量企业都可以用一套最合适的设备来生产，因此，在长期内企业的生产成本就都是最低的，或者企业的长期成本曲线是由各个短期成本曲线的最低点构成的。

长期平均成本曲线（long-run average cost curve，LAC）所表示的是企业在长期内有足够的时间来改变工厂的规模和雇员时,它生产每个产量时的可能的最低平均成本。它与短期平均成本之间的关系我们可以通过图9-8来看。

在图9-8中,我们假设企业在短期中有3套不同规模的机器设备可供选择,这3套设备会形成3个不同的**短期平均成本**(short-run average cost,SAC),如 SAC_1、SAC_2 和 SAC_3,一旦进行了选择,这个企业在短期内就只能一直使用这套设备,不能进行更换,只能通过增加或减少工人的数量来调整产品产量。但在长期内就不一样了,企业可以根据产量选择不同的生产规模和机器设备,比如,当产量小于 Q_1 的时候,企业就会选择成本低的 SAC_1 这套设备,在产量处于 Q_1 与 Q_2 之间的时候选择 SAC_2 这套设备,产量大于 Q_2 的时候选择 SAC_3 这套设备。这样,长期内企业在任何一个产量上都可以选择最合适的设备,从而使成本降到最低。因此企业的长期成本就是图9-8中由3个短期平均成本最低部分组成的那条实线。

图9-8中的长期平均成本曲线由3条短期平均成本曲线各自的一部分曲线构成,随着短期平均成本的增加,每条短期成本曲线上构成长期成本曲线的部分就会越来越短,当短期平均成本的数量足够多时,这个长度就缩短成了一个点,这样就形成了图9-9的情形。

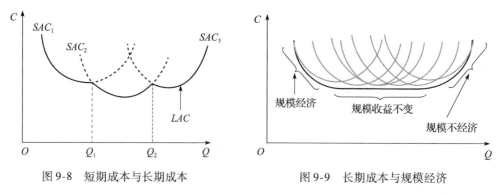

图9-8 短期成本与长期成本　　　图9-9 长期成本与规模经济

图9-9中,长期平均成本成了每条短期平均成本的外切线或包络线,在各个切点,短期平均成本与长期平均成本相等,切点以外的点短期平均成本都高于长期平均成本。

9.4.2 规模经济与规模不经济

在长期中,企业以相同比例增加其各种生产要素的投入时称为规模的扩大,当企业扩大规模时,产量的变化与规模的变化之间的关系可能存在三种情况:第一种情况是产量增长的速度快于企业规模扩大的速度,从而导致长期平均成本下降,这种情况称为**规模经济**(economies of scale);第二种情况是产量的增长速度与企业规模的扩大速度相等,从而长期平均成本保持不变,这种情况称为**规模收益不变**(constant returns to scale);第三种情况为产量增长的速度慢于企业规模扩大的速度,从而长期平均成本上升,这种情况称为**规模不经济**(diseconomies of scale)。图9-9中的长期平均成本曲线就表现出了这3种情况,在企业规模比较小、产量比较低的时候为规模经济,随着企业规模扩大的产量的增加,企业进入了规模收益不变的阶段,最后企业规模进一步扩大,产量进一步提高,最终进入了规模不经济。

企业规模经济的原因主要有以下几个方面：

- 专业化分工。当企业规模比较小的时候，一个工人可能要独立完成整个产品或者从事生产某一产品的许多不同的工作，但企业规模扩大后，就可以进行分工，每个人都只完成生产产品一个部分的工作或者只是某一个工序，这样就会节约转换工作、更换工具的空间成本和时间成本，从而专业化地致力于某一项工作，使单位产品成本降低。
- 采用先进的技术。企业生产技术的采用往往与生产规模联系在一起，在规模较小的时候通常很难配备先进的设备、采用先进的技术，规模扩大后就可以采用先进的工艺，设备大型化、专业化，实行大批量生产，可降低单位产品成本和设备投资。
- 管理协调更加有效。企业规模比较小的时候经营管理和专业技术人员也不可或缺，麻雀虽小五脏俱全，但随着规模的扩大，经营管理和专业技术人员并不需要同比例地增加，管理、技术人员的效率会更高，同样会降低单位产品生产成本。

除了以上三个主要因素外，随着企业规模的扩大还会有其他的降低单位产品生产成本的途径，如在大量购买原材料时有更强的谈判力量，可以降低价格；可以有更多的新产品开发投入；副产品的综合利用以及在运输等方面的经济性；等等。

以上规模经济的各种优势是在企业规模比较小时存在的，如果企业规模已经很大了，这些优势就有可能转化为劣势，造成人浮于事、管理脱节、信息传递失真等弊病，反而使得效率降低，企业的单位生产成本提高，从而出现规模不经济的情况。

9.5 小结

本章我们讨论了企业的生产和成本的问题。在生产理论方面我们只介绍了一种可变要素的生产函数，即短期生产的问题。在成本问题方面我们着重介绍了企业短期内的七种成本，即三种总量成本——总固定成本、总可变成本和总成本，四种单位成本——平均固定成本、平均可变成本、平均总成本和边际成本。这些成本理论很重要，在以后的章节当中我们将运用这些成本理论对企业在各种不同的市场里面的行为问题进行分析。

延伸阅读

企业是什么

"企业是什么"似乎是一个简单到不能再简单的问题，我们都见到过企业，也都对企业有着或多或少的了解。但实际上在科斯提出这个问题之前，并没有人对此进行过深入的研究。20岁的科斯提出并回答了这一问题，从而为他日后获得诺贝尔经济学奖奠定了基础。同时他也开创了一个新的经济学分支和流派：新制度经济学。那么他是如何提出这个问题的呢？他又是怎么回答这一问题的呢？企业的性质到底是什么？本文对此进行了简单的介绍。读者如果有兴趣可以自行到 http://www.wdjjlt.org/yl/forum.php?mod=viewthread&tid=723 上阅览、学习。

关键词

利润最大化　总收益　总成本　利润　边际产量　平均产量　边际报酬递减规律
显性成本　会计成本　隐性成本　经济利润　长期　短期　总成本　可变成本　固定成本
会计利润　正常利润　生产函数　总产量　平均成本　边际成本　规模经济　规模不经济

思考题（扫描右侧二维码查看答案参与讨论）

1. 企业追求的目标是什么？经济学假设的目标是什么？
2. 什么是显性成本与隐性成本？什么是经济利润与会计利润？
3. 如何理解正常利润？
4. 什么是总产量、平均产量和边际产量？
5. 举例说明边际报酬递减规律。
6. 什么是合理投入区域？
7. 短期内企业的成本有哪些？
8. 长期平均成本与短期平均成本的关系是怎样的？
9. 什么叫规模经济和规模不经济？
10. 规模经济的原因是什么？

讨论与应用（扫描各题右侧二维码参与讨论）

1. 指出下列各项分别属于显性成本还是隐性成本，请简要说明：
   (1) 企业为职工缴纳的养老保险与住房公积金。
   (2) 电器厂郭老板进了一批铜材，厂子仓库满了，他将部分铜材放到自己的住宅存放。
   (3) 企业进行民间借贷所支付的利息。
   (4) 企业老板从本企业领的工资。
   (5) 上大学所放弃的收入。
   (6) 企业老板把自己储蓄拿出来进货所损失的利息。

2. 小王和小李毕业后到一家公司上班，每人月收入5 000元，两年后两人共攒下了5万元的储蓄并决定辞职自己创业，开办一个小型网络公司。他们用5万元的积蓄购买了电脑设备、办公用品等。在之后的两年中，他们公司每年的收入是4万元，这每年的4万元他们每人得到1万元，剩下的1.8万元用来缴纳办公室租金。在创业办公司之前，他们的5万元积蓄是用来买理财基金的，年收益率为5%。

   (1) 他们每年的显性成本是多少？
   (2) 他们每年的隐性成本是多少？
   (3) 他们得到的会计利润是多少？
   (4) 现在他们的公司得到经济利润了吗？请解释。

3. 假如你是一个生产高档皮包的公司老板，你的公司每月生产500个真皮皮包的平均成本为200元，生产第501个真皮皮包时的平均成本为201元。这个月你们已经生产并销售出去了500个真皮皮包，这时突然有一个人来到你的公司说他的女朋友这个月过生日，非常喜欢你们公司的包，他愿意出699元的高价购买一个你们的真皮皮包，你应该为他再多生产一个吗？

4. 下面的说法中你认为哪些是正确的，哪些是不正确的？请说明你判断的理由并对你认为不正确的说法进行纠正：
   (1) 固定成本增加，则边际成本也会增加。
   (2) 在生产同一产量时，企业的长期平均成本不可能高于短期平均成本。

(3) 边际成本大于平均总成本时，平均总成本一定会下降。
(4) 企业生产过程中为所投入的生产要素支付的价格也是机会成本的一部分。
(5) 在边际收益递减时，总产量也会下降。
(6) 一个企业的有效规模是使边际成本最小的产量。

5. 经济学老师一学期内布置10次作业，每次都采用百分制评分。你已经完成了9次作业，得到了88分的平均分，第10次作业后你的平均分最高能达到多少分？最低呢？请解释这些变化。

6. 小张开了一家奶茶店，她的工作时间和卖出的奶茶的数量如下表所示：

工作时间（小时）	奶茶产量（杯）
1	11
2	20
3	27
4	30
5	32
6	33

(1) 计算小张每小时的边际产出量。
(2) 根据上表数据计算小张的总产量曲线与边际产量曲线，并对曲线的形状做出解释。

7. 根据第6题的生产函数，假设小张每天的房租、水电费等固定支出是50元，她每个小时的机会成本是10元，每杯奶茶的可变成本是1元。
(1) 计算小张生产11杯和20杯奶茶时的可变成本和总成本，计算每个小时生产的可变成本与固定成本。
(2) 画出可变成本曲线与总成本曲线。
(3) 小张生产第11杯奶茶的边际成本是多少？生产接下来的9杯奶茶的边际成本又是多少？计算剩下的奶茶产出水平的边际成本。

8. 根据第6题的生产函数和第7题给出的成本数值：
(1) 计算每个产出水平上每杯奶茶的平均固定成本（AFC）、平均可变成本（AVC）、平均总成本（ATC），并画出这三条曲线。
(2) 平均固定成本与平均可变成本随着产量的增加会发生什么样的变化？请解释。
(3) 当平均成本最小时，能生产多少杯奶茶？

9. 指出下列各项分别属于固定投入还是可变投入，请简要说明：
(1) 小张的奶茶店新购买一台冰柜。
(2) 电器厂郭老板为厂子里的保安支付的工资。
(3) 共享单车公司新购进一批自行车。
(4) 某玩具厂购进一批橡胶原料。
(5) 企业因贷款向银行支付的利息。
(6) 某企业决定把利润的1%投入到新产品研发中。

10. 你的一个朋友租用了一个农民的温室大棚来培育多肉植物在市场上出售，他告诉你：由于自己总感觉忙不过来，夏天时雇用了一个休暑假的大学生来帮忙，结果发现产量比原来翻了一番还要多，明年他准备再多雇用两三个大学生帮手，这样他的产量就会增加三四倍，甚至更多。
(1) 我们知道所有的生产过程最终都会表现为边际产量的递减，那么你的朋友雇用了一个帮手，即劳动的数量增加了一倍，他的产量就翻了一番还要多，这种情况正确吗？为什么？
(2) 如果你的朋友明年雇用更多的帮手，就可以使产量获得更大比例的增长吗？为什么？

（3）在长期中，如果你的朋友想增加雇用工人的数量，并且保证产量也同比例增长，他应该怎么做？请解释。长期中，你的朋友能够一直扩大他的生产规模并保护产量同比例的增长吗？请解释。

11. 张三、李四和王五都是进城搞装修工作的农民工，他们每年的工资都是5万元。张三既会木工又会水电，每年可以独立完成2套房屋的装修工作；李四只会木工，每年可以完成5套房屋的木工装修；王五只会水电安装，每年也能完成5套房屋的水电装修工作。

（1）假设张三一年独立完成了2套房屋的装修工作，每套房屋装修的平均成本是多少？

（2）假设李四和王五合作每年完成5套房屋的装修工作，每套房屋的平均成本是多少？

（3）这个问题告诉了我们规模经济的哪个来源？

12. 近几年由于网购的快速发展，实体店大量倒闭，请用成本的相关理论对这一现象做出解释。

第 10 章

完全竞争市场

企业追求的唯一目标是利润最大化,但在不同类型的市场里面企业追求利润最大化的行为是不一样的。在经济学中根据竞争的程度把市场分为完全竞争市场、垄断竞争市场、寡头垄断市场和完全垄断市场四种类型,从本章开始我们就运用前面介绍的分析工具对这四种市场类型里的企业行为进行分析。本章我们先来介绍完全竞争市场,接下来的章节再对其他三种市场类型进行介绍。本章所要讨论的问题包括完全竞争市场的含义、利润最大化原则和完全竞争市场内企业的供给曲线以及市场的供给曲线等。

10.1 完全竞争市场的含义

本章主要讨论完全竞争市场里企业的行为问题,因此我们首先要明确什么是完全竞争市场以及这种类型的市场的特征或条件有哪些。

10.1.1 完全竞争市场及其特征

完全竞争市场(perfectly competitive market)又叫作纯粹竞争市场或自由竞争市场,是指竞争充分而不受任何阻碍和干扰的一种市场结构。完全竞争市场通常又简称为竞争市场,我们在以前的章节中实际上都是以这种市场类型为假设前提的。

完全竞争市场的特征主要有以下几个方面:

第一,有足够多的买者和卖者。

由于买者和卖者的数量非常多,每一个买者或者卖者的数量占整个市场的比例都很小,其购买或出售的数量的变化对整个市场需求、供给的总数量几乎没什么影响,因此,单个的买者或卖者的行为不会对市场价格产生影响。每一个买者或卖者都是市场价格的接受者,而不是决定者。

第二,企业生产的产品都是同质的,没有差别。

市场的企业很多,但生产的产品是没有差别的,不仅产品相同,并且产品的质量、性能、外观、包装等各方面也是一样的。这样任何一个企业都不可能凭借自己产品的与众不同而要求一个特别的价格。

第三，生产要素自由流动，不存在产业壁垒。

企业可以自由地进入或者退出市场，退出和进入市场的成本非常低，以至于可以忽略不计，没有法律或技术上的障碍。

同时满足以上条件的完全竞争市场在实现中是不存在的，这只是一个理论上的抽象概念，但建立这样一个抽象的理论模型具有重要的意义，它可以为我们的理论分析确立一个标尺，或者说是我们理解现实世界的参照系。

10.1.2 完全竞争市场企业的需求曲线

企业是市场价格的接受者而不是决定者，当市场上的需求和供给达到均衡后，企业在这一均衡价格下可以出售任意数量的商品，不管是把自己的产品都出售完还是一个都不出售，这一市场均衡价格都不会因此发生变化。所以在完全竞争的市场内，单个企业所面对的需求曲线就是一条水平线，如图 10-1 所示。

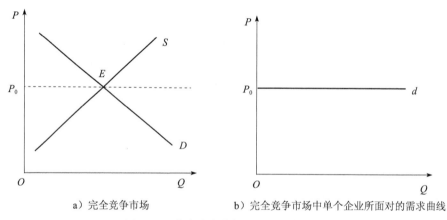

a) 完全竞争市场　　b) 完全竞争市场中单个企业所面对的需求曲线

图 10-1　完全竞争市场企业的需求曲线

图 10-1a 代表完全竞争市场的情况，完全竞争市场的需求曲线也是向右下方倾斜的，与其他市场类型里的需求曲线没什么差别。需求曲线与供给曲线相交于 E 点实现均衡，均衡价格为 P_0。这个均衡价格形成后，对于完全竞争市场里的企业来讲就成了既定的价格，他们只能接受而不能改变这一价格。图 10-1b 代表的是完全竞争市场中单个企业所面对的需求曲线，用小写字母 d 表示。这条企业需求曲线平行于横轴，其需求弹性是无穷大的。在市场均衡价格下，市场对单个企业的产品需求是无穷的，不管有多少商品都可以按这一价格出售。读者如果有兴趣可以自行到 https://v.youku.com/v_show/id_XNDA3MzQwNTA3Ng==.html?spm=a2hzp.8253869.0.0 上阅览、学习。

10.1.3 完全竞争市场企业的收益

企业出售一定数量的产品或劳务所得到的全部收入称为**总收益**（total revenue，TR）。我们用 P 表示价格，用 Q 表示产品数量，则有：

$$TR = P \cdot Q \tag{10-1}$$

这里讲的总收益指的是企业出售产品所得到的全部毛收入,既包括成本也包括利润,而不是企业所获纯利润。

平均收益(average revenue,AR)指的是企业出售单位产品获得的收益。其计算公式为:

$$AR = \frac{TR}{Q} = \frac{P \cdot Q}{Q} = P \tag{10-2}$$

边际收益(marginal revenue,MR)指的是增加一单位产品的销售所增加的收益,也就是最后一单位产品的售出所取得的收益。其计算公式为:

$$MR = \frac{\Delta TR}{\Delta Q} \tag{10-3}$$

在完全竞争市场内,由于企业面对的价格是既定的,则有:

$$MR = \frac{\Delta TR}{\Delta Q} = \frac{P \cdot \Delta Q}{\Delta Q} = P \tag{10-4}$$

需要注意的是,只有在完全竞争市场里企业的边际收益才等于价格,其他市场不存在这样的关系。

这样,在完全竞争市场内,企业的平均收益和边际收益都等于价格,即:

$$AR = MR = P \tag{10-5}$$

图 10-1b 中的企业需求曲线同时又是企业的平均收益曲线和边际收益曲线。

快乐学习

小说《格列宝历险记:自由市场寻踪》

作者:[美] 肯·斯库兰德　　　　　　　　　　　　译者:彭定鼎
出版:上海人民出版社 2005 年 1 月

故事梗概:这是一本畅销世界的经济学经典小说,已被译成 46 种语言,全球累计发行 52 个版本。

格列宝是生活在海滨一个阳光明媚的小镇上的年轻人,平时喜欢自己开着帆船到海上探险。在一次出海时,格列宝遇到了大风暴,漂流到一个叫科兰坡的岛屿上,经历了一番奇异的旅行。在这个与世隔绝的小岛上,格列宝经历了一系列稀奇古怪的事情,比如刚一上岛就发现两名壮汉抓了一位瘦弱的姑娘,原因是她发明了一种锯,自己一个人不到一小时的时间就砍了一棵树,从而威胁到了伐木工人的工作机会,本来这些伐木工人是要上百人用棍子花一个月的时间才能弄倒一棵树的。

在大街上,格列宝看到很多人都跪着走路甚至在地上爬,原来这个岛上认为个子高的人在工作、体育、婚姻等方面都具有优势,所以要对高个子征收一种身高税。他还遇到呼吁禁止太阳发光发热以保护蜡烛制造商和大衣生产商的提案、用彩票为艺术品投票、给差生高分、掌声测量仪等一系列荒唐的事。

在目睹了这些怪异的经济现象之后，格列宝开始思索这背后的原因，他得出的结论是：政府权力过大、任意干预人们的经济行为。因此要解决这些问题的根本出路就是实现经济自由，只有通过公平竞争才能改变科兰坡岛贫穷、落后的局面，从而实现繁荣、富裕。

包含的经济学原理：这本小说是通过夸张和放大人们日常生活中存在的一些违背基本的经济原理的现象，使之达到荒唐的程度，从而让人一眼就看出其荒谬和错误所在，以达到普及自由经济学说的目的。这继承了法国著名经济学家巴师夏的写作风格。著名经济学家、诺贝尔经济学奖获得者弗里德曼这样评价这本小说："它无疑以非常简明和智慧的形式表述了基本的经济学原理。它是一部富于想象的和非常有用的作品。"

这部小说的作者肯·斯库兰德，曾服务于国际贸易委员会、美国商务部，并担任白宫贸易谈判特别代表处顾问。后离开政府进入教育领域，在美国多所大学教授工商和经济学课程，现任教于夏威夷太平洋大学。

这部小说现在是美国夏威夷小企业联合会的一个教育项目，已经被全世界近20家公共政策机构以30多种文字采用和推广，并被改编成广播剧、电影、网络游戏、连环画、歌曲和电视等多种体裁形式，在通过课堂、竞赛和戏剧表演形式向年轻人教授自由市场原理方面收到了很好的效果，国际影响越来越大。

10.2 利润最大化原则与企业均衡

企业追求的唯一目标是利润最大化，但企业如何才能实现利润最大化呢？

10.2.1 利润最大化原则

企业的利润等于销售收入减去成本支出后的余额，所谓利润最大化就是把该赚到的利润都赚到了，企业的利润总额已经实现最大化了，不管再怎么调整产量利润都不可能再增加了，也就是企业销售最后一个产品所带来的**边际利润**（marginal profit）为零了。企业实现利润最大化的条件或原则就是边际收益等于边际成本，即：

$$MR = MC \qquad (10\text{-}6)$$

当边际收益不等于边际成本时，说明企业还没有实现利润最大化，如果这时调整产量，企业的利润还会继续增加。当 $MR > MC$ 时，企业销售最后一个单位产品带来的收益大于其支付的成本，可以给企业带来利润的增加，说明此时企业并没有实现利润最大化，应该增加产量以增加利润；当 $MR < MC$ 时，企业销售最后一个产品所带来的收益小于其为此支付的成本，那么这时企业增加一个产品的销售就会带来一定的亏损，也就是会降低其总利润，企业这时减少一个产品的销售就会减少亏损、增加利润，因此这时企业同样没有实现利润最大化，应当减少产量以增加其利润；而当 $MR = MC$ 时，企业销售最后一个产品的收益等于其为此支付的成本，无论企业增加还是减少产量利润都不可能再增加了，这时企业就实现了利润最大化，没有上升的空间了。因此，边际收益等于边际成本就是企业的**利润最大化原则**（profit maximization）。

利润最大化原则还可以用图10-2来说明。

在图 10-2 中，市场供给和需求决定的均衡价格为 P_0，从这一价格出发的水平线即为企业的需求曲线，同时也是企业的边际收益曲线和平均收益曲线，即 $MR = AR = P$ 曲线。MC 为企业的边际成本曲线，它是一条先下降然后上升的曲线。企业的边际收益曲线与边际成本曲线相交于 E 点，这一点就是企业边际收益等于边际成本（即 $MR = MC$）的点，也就是企业获得利润最大化的点，这时企业的产量为 Q_0，也就是企业利润最大化的产量。

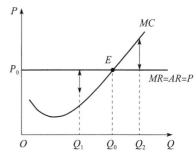

图 10-2 利润最大化原则

如果企业实际的产量小于利润最大化的产量如 Q_1，从图中可看出此时的边际成本小于价格即边际收益，二者之间的差额即为边际利润。这时企业应该增加产量以获取更多的利润。由于边际成本是递增的，随着产量的增加 MR 与 MC 之间的差额会越来越小，也就是边际利润会越来越小，但只要二者之间的差额存在，继续增加产量就会使利润继续增加，直到二者之间的差额消失，即 $MR = MC$。

如果企业的实际产量大于利润最大化的产量如 Q_2，这时的边际成本就高于价格（即边际收益），二者之间的差额就是亏损或负的边际利润。这种情况下企业就应该减少产量以减少亏损、增加利润。由于边际成本递增，随着产量的减少 MC 和 MR 之间的差距会越来越小，也就是最后一个产品带来的亏损会越来越小，但只要这种亏损存在，企业就会继续减少产量，一直到二者相等。因此，利润最大化的产量就是企业的均衡产量，如果企业的产量大于或小于这一产量都不可能实现均衡，最终都会向这一产量变化的。

利润最大化原则还可以用数学的方式进行证明。○

在理解利润最大化原则的时候有两点需要注意：

第一，利润最大化原则不仅适用于完全竞争市场，在其他类型的市场里也同样适用，这是所有类型的企业实现利润最大化的一般原则。

第二，企业实现了利润最大化并不意味着肯定是赢利的，也可能存在亏损。但是即使是亏损企业也必须按照利润最大化原则来组织生产，否则会有更严重的亏损。也就是说，如果赢利，则此产量下赢利最大；如果亏损，则此产量下亏损最小。

10.2.2 盈亏临界点与停止营业点

盈亏临界点（break even point，BEP）又称收支相抵点，指的是这样一个点：当企业按照利润最大化原则确定的产量等于这一点所代表的产量时，企业的收益正好等于成本，既不盈利也没有亏损，当产量大于这一点所代表的产量时就盈利，小于这一点代表的产量时就亏损。这一点就是边际成本曲线与平均总成本曲线的交点，也是平均总成本曲线的最低点，如图 10-3 所示。

○ 假设利润为 π，则 $\pi(Q) = TR(Q) - TC(Q)$，使 π 实现最大化的条件是其一阶导数等于零，即 $\dfrac{d\pi(Q)}{dQ} = \dfrac{dTR(Q)}{dQ} - \dfrac{dTC(Q)}{dQ} = MR - MC = 0$，可得利润最大化的条件就是 $MR = MC$。

在图 10-3 中，ATC 代表企业的平均总成本，MC 代表企业的边际成本，二者相交于 E 点，这一点就是盈亏临界点。假设价格为 P_0，从此价格出发的水平的需求曲线与 ATC 相切于后者的最低点并与 MC 曲线在此相交。根据利润最大化原则 $MR=MC$，两条曲线的交点 E 点就是企业的产量决策点，企业利润最大化的产量为 Q_0。在这一产量下，企业总收益为价格 P_0 与产量 Q_0 的乘积，即矩形 OP_0EQ_0 的面积。在此产量下的平均成本为 EQ_0，总成本为平均成本与产量的乘积，即矩形 OP_0EQ_0 的面积。这时总收益等于总成本，企业既没有盈利也没有亏损，处于收支相抵的状态。

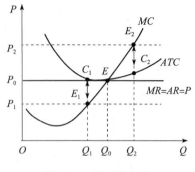

图 10-3　盈亏临界点

如果价格低于 P_0，如 P_1，企业利润最大化的产量决策点就为 E_1 点，产量为 Q_1 小于盈亏临界点处的产量 Q_0。在这一产量下，平均收益为 OP_1，平均成本为 C_1Q_1，平均收益小于平均成本，二者的差额 C_1E_1 即为平均每一单位产品亏损的数额，而这一数额乘以这时的产量 Q_1 的乘积即为这时的亏损总额。如果价格高于 P_0，如 P_2，企业利润最大化的产量决策点就为 E_2，产量为 Q_2 大于盈亏临界点处的产量 Q_0。在这一产量下，平均收益为 OP_2，平均成本为 C_2Q_2，平均收益大于平均成本，二者的差额 E_2C_2 即为平均每一单位产品盈利的数额，而这一数额与这时的产量 Q_2 的乘积即为这时的盈利总额。

从上面的分析我们可以看到，企业的盈亏临界点实际上就是企业平均总成本的最低点，当市场价格高于平均成本时产量就大于这一点的产量，企业就盈利；低于平均成本时产量就小于这一点的产量，企业就会亏损。

价格如果低于平均成本企业就会亏损，但在短期内企业即使存在亏损有时也必须继续经营下去，除非价格进一步降低以至于低到停止营业点的水平以下。**停止营业点**（shutdown point）又称为企业关闭点，指的是这样一个点：当企业按照利润最大化原则确定的产量大于这一点所代表的产量时，企业就要继续经营，当产量小于这一点所代表的产量时企业就要停止营业。企业的停止营业点是企业边际成本与平均可变成本的交点，也就是平均可变成本的最低点，如图 10-4 所示。

在图 10-4 中，AVC 表示企业的平均可变成本，它与平均总成本 ATC 之间的距离代表了平均固定成本的大小。我们假设 P_0 价格下的需求曲线与 AVC 曲线相切，切点 E 即为企业关闭点。从图 10-4 中可以看出，E 点的产量即利润最大化的产量为 Q_0，此产量下企业的总收益等于总可变成本，也就是说这时企业把所有的可变成本都收回来了，但固定成本没有收回来。参照图 10-3 中的分析方法，我们可以知道，如果实际价格高于当前的价格 P_0 的话，企业依据利润

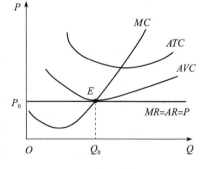

图 10-4　停止营业点

最大化原则确定的产量就会大于现在的产量 Q_0，其总收益就会大于总可变成本，这就意味着企业除了收回了全部可变成本之外，还收回了一部分固定成本，因此这时企业虽然存在亏损（假设价格低于平均总成本）也必须继续生产，因为这时如果不继续生产，固定成本就都收不

回来了,损失会更大,继续生产可以减少损失。如果实际价格低于当前价格 P_0 的话,企业依据利润最大化原则确定的产量就会小于现在的产量 Q_0,其总收益就会小于总可变成本,这就意味着企业如果继续生产的话就连可变成本都收不回来了,这时企业就应该停止营业,因为停止营业只损失固定成本,继续营业除了固定成本全部损失了之外,连可变成本也会损失掉一部分。

在上面我们的分析当中,在短期内企业做出是否应该继续营业的决策,需要考虑的就是可变成本,只要能收回可变成本就应该继续营业,如果收不回可变成本就要停止营业,至于固定成本是,这里不用考虑。这是因为在这里固定成本已经变成一种**沉没成本**(sunk cost)了,即已发生并无法回收的成本支出。这是一种历史成本,对现有决策而言是不可控成本,不会影响当前行为或未来决策。从这个意义上说,在投资决策时理性的决策者应排除沉没成本的干扰。

沉没成本是经济学中的一个重要概念,不仅是应用在企业经营决策中,在我们日常生活中也有极大的应用价值。2001 年诺贝尔经济学奖获得者之一的美国经济学家斯蒂格利茨就用了一个生活中的例子来说明什么是沉没成本。他说:"假如你花 7 美元买了一张电影票,你怀疑这个电影是否值 7 美元。看了半个小时后,你最担心的事被证实了——影片糟透了。你应该离开影院吗?在做这个决定时,你应当忽视那 7 美元。它是沉没成本,无论你离开影院与否,钱都不会再收回。"斯蒂格利茨在这里不但生动地说明了什么是沉没成本,而且还指明了我们对待沉没成本应持怎样的态度。

我们这里讨论的停止营业是企业的一种短期决策,因为短期内企业不能调整全部生产要素,所以企业是不能从市场上退出的。但是在长期内就不一样了,由于企业可以调整全部生产要素,所以长期内企业是可以退出市场的。

长期内企业离开市场的条件是企业能否盈利,如果盈利,企业会继续留在市场内;如果亏损,企业就会离开市场。也就是说,要看价格是否高于平均成本或盈亏临界点,只要价格低于盈亏临界点,在长期企业就会离开市场。读者如果有兴趣可以自行到 https://v.youku.com/v_show/id_XNDA3MzQxMzM2OA==.html?spm=a2hzp.8253869.0.0 上阅览、学习。

10.2.3 完全竞争市场企业的均衡

企业的均衡指的就是企业的生产水平保持稳定,既不会扩大也不会缩小的状态。通过上面的分析我们知道,这种均衡的状态实际上就是企业获得利润最大化的时候。但不同的市场类型里面,即使在同一市场类型的长期或短期,企业的均衡都是不同的。我们现在就来看一下在完全竞争市场内的企业实现均衡的情况。

先看短期情况。在短期内,企业只能调整部分生产要素,因此没办法退出市场,而市场外部的企业也没法进入。同时在完全竞争的市场内企业没有能力影响价格,只能接受既定的价格,而这个价格可能高于、低于或等于企业利润最大化时的平均成本,因此在完全竞争市场中,企业短期均衡时就有可能存在盈利、亏损或盈亏平衡的状态,如图 10-5 所示。

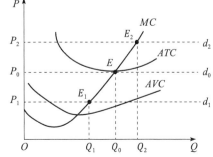

图 10-5 完全竞争市场企业短期均衡

在图 10-5 中，MC、ATC 和 AVC 分别代表完全竞争市场内企业的边际成本、平均总成本和平均可变成本曲线，d_0、d_1 和 d_2 分别代表由市场供给和需求决定的均衡价格 P_0、P_1 和 P_2 下的三条需求曲线。如果市场均衡价格为 P_0，这时的需求曲线 d_0 与企业的平均总成本曲线 ATC 相切于 E 点，按照利润最大化原则企业的均衡产量为 Q_0，在这个产量下企业的平均成本与价格相等，企业既没有盈利也没有亏损，处于盈亏平衡状态；如果市场均衡价格为 P_1，需求曲线 d_1 与边际成本曲线 MC 相交于 E_1 点，按照利润最大化原则企业的均衡产量为 Q_1，在此产量下企业的平均总成本高于市场均衡价格，因此这时企业处于亏损的状态；如果市场均衡价格为 P_2，需求曲线 d_2 与边际成本曲线 MC 相交于 E_2 点，按照利润最大化原则企业的均衡产量为 Q_2，在此产量下企业的平均总成本低于市场均衡价格，因此这时企业处于盈利状态。

由于在短期内企业不能够退出或进入市场，因此不管是盈利、亏损还是盈亏平衡，企业都会持续生产，企业都会按照 $MR=MC$ 的利润最大化原则确定自己的均衡产量，但在长期内就不一样了。长期中企业可以调整全部的生产要素，因此现有的企业可以退出市场，其他企业也可以进入市场，这样盈利和亏损的情况就都不可能存在了，所以完全竞争市场企业的长期均衡就是既没有盈利也没有亏损的盈亏平衡的状态。

在图 10-5 中，假设开始时价格为 P_1，这时企业是亏损的，短期中即使企业亏损了也没办法退出市场只能继续生产，但在长期中企业就可以停止生产退出市场了。如果只有一两家企业退出市场，对完全竞争市场上数量庞大的企业来讲可能没什么影响，对市场供给的均衡价格也没什么影响，但随着退出企业数量的不断增加就不一样了，总会导致市场的供给减少，在需求不变的情况下供给减少会导致均衡价格提高，随着均衡价格的提高，企业的亏损会减少，但只要亏损存在，就必然会有企业继续退出，直到均衡价格提高到 P_0 的水平，这时企业的亏损消失了，企业也就不再继续退出了。

如果开始时的价格为 P_2，这时企业处于盈利的状态，短期内市场上的企业就可以享有这种盈利，但长期内就会有其他企业进入这一市场。随着进入市场的企业增加，市场上的供给就会增加，在需求不变的情况下随着供给增加，市场均衡价格就会下降，一直降到 P_0 为止，企业的盈利消失，也不再有其他企业进入。

因此，完全竞争企业长期均衡的情况就是市场价格等于平均总成本，即图 10-5 中的 P_0，企业既没有盈利也没有亏损。

快乐学习

电影《大创业家》

上映时间：2017 年 1 月 20 日　　　　　　　　　　导演：约翰·李·汉考
出品国家：美国　　　　　　　　　　　　　　　　出品公司：电影国度娱乐公司

故事梗概： 雷·克罗克（迈克尔·基顿饰）是一个奶昔搅拌机推销员。有一天，一家汽车餐厅一次订购了 6 台，他感到非常好奇，就开车去了这家名为麦当劳的餐厅。当发现餐厅门口排起长龙时他惊呆了，因为他从没见过这样的景象。开办这间餐厅的迪克·麦当劳（尼克·奥弗曼饰）与麦克·麦当劳（约翰·卡洛·林奇饰）两兄弟带雷参观了餐厅厨房，他们发明了一种快速食品生产线，统一的全自动化流程设计，每个人负责一个制作程序，在30秒的时间内就可以做完一个汉堡。这是全世界首条快餐生产线。

雷敏锐地发现了商机，通过软磨硬泡从两兄弟手中拿到了特许经营权。他把自己的房子抵押贷款后开起了第一家餐厅，其后连锁店一家一家开起来。但这个蓬勃发展的快餐公司存在很多隐患，哈里·索恩博恩（B.J. 诺瓦克饰）在查看了账本之后告诉雷他的经营模式不对，并指出雷其实拼的并不是汉堡行业，不应该从小小的汉堡中获取利益，而是要运用地产来获取利润。他建议雷买大量的土地，之后转手租赁给那些加盟经营者，这样一是可以有稳定的收入，二是可以有更大的资本扩张。

随着麦当劳的发展，雷与麦当劳兄弟之间的矛盾越来越大，最后雷以270万美元的价格买下了麦当劳并把它发展成为一个身价数十亿美元的快餐帝国。

包含的经济学原理：本片是一部根据真人真事改编的传记片，反映了麦当劳快餐的前世今生，其中出现了非常多的经济学原理的内容。

麦当劳兄弟在刚开始创办汽车餐厅的时候并不成功，他们发现了三个方面的原因：①因为有香烟贩卖机、自动点唱机等一些原因会吸引一些不良少年和混混，就餐环境受到影响；②一是消费者等待时间太长，二是由于太繁忙服务员经常送错餐；③运营费用太高，一是有大量员工导致工资成本高，二是餐具的损耗大。为此采取的措施一是实行专业化，只生产和出售自己具有比较优势的三种产品：汉堡、薯条和软饮料（原来占销售额的78%）；二是降低成本，不再雇用服务员，而顾客自己到窗口取食物，改用纸质餐具，用完即弃；三是实行标准化生产，把顾客的等待时间从30分钟缩短为30秒。结果取得巨大成功，在世界范围内首创了新的快餐模式。

雷获取特许经营权后先是找富人加盟，但富人投资后并不按照标准化的流程来操作，造成管理失控，他改变思路，专门找肯吃苦耐劳而且急于改变生活状态的人加盟，反映了不同的人面临不同的机会成本约束时而有不同的行为；快速的扩张导致资金链吃紧，利润仅占销售额的1.4%，公司果断转而经营地产，使其利润的90%来自于地产，反映了企业调整资源获取利润最大化的经营目标等。

10.3 完全竞争市场的供给曲线

前面我们介绍了完全竞争市场里企业的均衡状况，下面我们来进一步分析完全竞争市场里企业的供给决策，以及整个市场的供给问题。

10.3.1 企业供给曲线

在完全竞争市场内，企业所面对的是既定的价格，它只能接受而不能影响这一价格，那么企业的供给决策实际上就是通过改变可变成本来调整产量，以实现利润最大化。我们知道利润最大化的条件是边际收益等于边际成本，而边际收益就是市场均衡价格，因此，当市场均衡价格确定后企业就要寻找这一价格下的边际成本，然后再根据边际成本来确定向市场提供产品的数量，也就是什么产量时的边际成本等于市场均衡价格，什么产量就是企业向市场提供的产量。

在短期内，完全竞争企业的供给曲线可以通过图 10-6 来进行说明。

从图 10-6 中可以看出，当价格为 P_1 时，需求曲线（边际收益曲线）与边际成本曲线相交于 E_1 点，按照利润最大化原则，企业提供的产量为 Q_1。同样的道理，价格分别为 P_2、P_3 和 P_4 时，企业提供的产量就是 Q_2、Q_3 和 Q_4。这表明边际成本曲线上的各点就表示了不同的价格水平下企业向市场提供的产量，由此我们就可以得出结论：完全竞争市场企业的边际成本曲线就是其供给曲线。需要说明的是，P_1 价格下的需求曲线与企业的平均可变成本曲线的最低点相切，切点 E_1 就是企业停止营业点，因此如果价格低于 P_1 的话企业就停止营业了，那么其供给曲线也就不存在了，所以完整的说法是：完全竞争企业的短期供给曲线就是其边际成本曲线在平均可变成本曲线以上的部分。

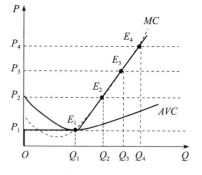

图 10-6　完全竞争企业短期供给曲线

从图 10-6 中可以看到，价格 P_1 下的需求曲线与企业的边际成本曲线有两个交点，我们在这里只考虑边际成本曲线上升阶段的这个交点。回忆我们在上一章中讲到的企业合理投入区域理论，在合理投入区域内，边际产量曲线处于递减的阶段，相应地，边际成本曲线肯定处于递增的阶段。前一个交点所处的位置不属于企业生产中的合理投入区域，我们可以不用考虑㊀。

由于在长期中企业退出市场的条件是价格低于平均总成本曲线的最低点，因此完全竞争企业长期供给曲线就是其边际成本曲线在平均总成本曲线以上的部分，如图 10-7 所示。

10.3.2　市场短期供给曲线

前面，我们讨论了完全竞争市场内单个企业的供给决策问题，我们现在再来看一下，作为市场内所有企业的供给的集合，即整个市场的供给问题。分析完全竞争市场的供给状况与分析企业的供给一样，也是从短期和长期两个方面进行研究，其中短期市场内企业的数目是固定的，长期市场内企业的数目则是可变的，会有企业进入和退出。

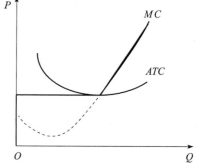

图 10-7　完全竞争企业长期供给曲线

短期内由于企业不可能退出和进入某个市场，市场内企业的数量是一定的，这样我们把市场所有的企业的供给加到一起就可以得到整个市场的供给。在每一个价格下，市场的

㊀　更高深一些的经济学中会讲到利润最大化的二阶条件，我们在此不进行深入讨论。

供给量就等于市场上所有企业的供给量的总和，把每个价格下整个市场供给量求出来之后，就可以得到整个市场的供给曲线了。这与我们在第 4 章讨论的从个别生产者的供给曲线得到整个市场的供给曲线是一样的，就是把所有生产者的供给曲线在水平方向上相加。

现在我们假设某地有 500 家生产成本完全一样的从事蔬菜大棚生产的农户，我们只要把他们的供给曲线（即边际成本曲线）加到一起，或者把某一企业每一价格下的供给量乘以 500 就可以得到当地蔬菜批发市场的供给曲线了，如图 10-8 所示。

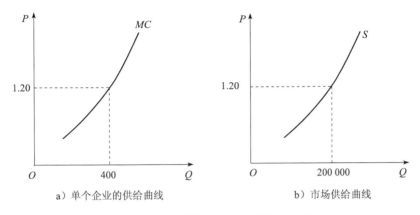

a）单个企业的供给曲线　　　　　b）市场供给曲线

图 10-8　企业供给曲线与市场供给曲线

图 10-8a 中表示的是单个农户的边际成本，也就是其供给曲线；图 10-8b 表示的是整个批发市场上的供给曲线。我们假设黄瓜的批发价格为 1.20 元/公斤，在此价格下每家农户出售的数量为 400 公斤，那么由 500 家农户组成的整个市场的供给量就是 200 000 公斤。当市场价格发生变化时，每一家农户的供给量就都会发生相同的变化，整个市场也会随之发生同样比例的变化。

假设所有农户的生产成本都是一样的，如果他们的生产成本不一样，那么每个生产者就都会有不同的边际成本曲线，即有不同的供给曲线，但市场供给曲线等于每个生产供给曲线水平方向相加的结论不会变。

10.3.3　市场长期供给曲线

长期内企业可以调整全部生产要素，可以进入或者退出市场，这样我们就不能再用前面的办法把所有企业的供给曲线简单加总来得出市场的供给曲线了，因为企业的数量不再是固定的了，某一价格下的供给量也会因为企业数量的变动而变动，这种变动又会反过来影响价格，这样分析会变得比较复杂。

下面我们就来讨论完全竞争市场长期的供给曲线的问题，在分析之前我们首先给出两个假设条件：①市场内所有的企业，包括可能进入该市场的潜在企业的成本都是完全一样的，具有同样的成本曲线；②现有企业的退出和新企业的进入不影响市场内企业的成本。我们先来分析这两个假设条件下市场的长期供给曲线，然后再去掉这两个假设条件来看市场长期供给曲线会发生什么变化。

通过上面的分析我们知道，在长期内，如果市场的企业存在盈利，就会有新的企业进入，新企业进入导致市场供给增加，价格下降，直到盈利消失；如果市场内的企业存在亏损，就会有企业退出，企业退出导致市场供给减少、价格上升，直到亏损消失。当进入和退出结束的时候，市场内的企业肯定既没有盈利也没有亏损，即利润为零，这时也就实现了企业和市场的长期均衡。

长期供给曲线指的就是长期价格与供给数量之间的关系，完全竞争市场长期内不管供给数量是多少，价格都是一样的，因此，完全竞争市场的供给曲线就是一条水平线，如图10-9所示。

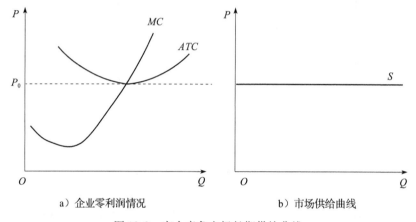

a）企业零利润情况　　　　b）市场供给曲线

图 10-9　完全竞争市场长期供给曲线

图 10-9a 表示完全竞争市场企业长期均衡的情况，这时市场价格正好等于企业平均总成本的最低点，企业处于收支相抵的状态，利润为零。如果价格高于或低于这一价格，企业就会有利润或亏损，就会有企业进入或退出市场，从而使价格回到零利润的价格上来。这种情况下市场长期供给曲线就是一条水平线，如图 10-9b 所示，这种供给曲线的供给弹性是无穷大的，在价格不变的情况下，市场里的企业数量会自动调整，以满足任何需求的数量。

我们现在来看需求变化对长期供给曲线的影响，如图 10-10 所示。

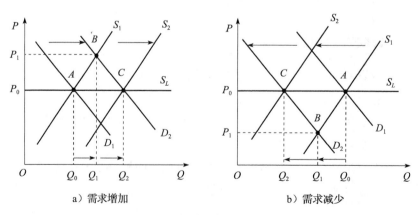

a）需求增加　　　　b）需求减少

图 10-10　需求变化与长期供给曲线

图 10-10a 表示需求增加的情形。假设开始时短期供给曲线 S_1 和需求曲线 D_1 相交于 A

点，均衡价格为 P_0，均衡数量为 Q_0，假设这一均衡价格等于市场内企业平均总成本的最低点，企业处于盈亏平衡的状态。现在假定短期内需求增加了，从 D_1 增加到 D_2，新的需求曲线与供给曲线相交于 B 点，均衡价格上升到 P_1，均衡数量增加到 Q_1，这时市场内的企业可以获得盈利。如果在短期内其他企业没法进入市场，市场内的企业可以持续获得利润。但长期内就不一样了，由于该市场内企业存在盈利，其他企业就会进入，随着企业进入的增加，市场内的供给就会增加，供给曲线就会向右移动直到 S_2。新的供给曲线和增加了的需求曲线相交于 C 点，在这一点价格又降回到原来的水平，企业的利润消失，企业停止继续进入，但供给量增加到了 Q_2。因此，如果需求增加了，短期内会导致价格提高和供给量增加，长期内则是价格不变和供给量增加，也就是说长期供给曲线为一条水平线，如 S_L。

图 10-10b 表示需求减少的情形。这种分析与前面对需求增加的分析类似，当需求增加后短期内与原有供给曲线相交会形成一个更低的价格和更少的供给量，这时市场内的企业是存在亏损的。长期中这些亏损的企业会不断地退出市场，随着企业的退出供给曲线会向左移动，价格会不断提高，直到提高到原来的价格，企业的亏损消失，企业停止退出。

10.3.4 完全竞争企业长期均衡利润为零的解释

完全竞争市场企业长期均衡时价格等于平均成本的最低点，即利润为零，那么既然利润为零，企业为什么还要留在市场内呢？要回答这个问题我们需要回忆第 9 章所讲的内容。

企业的利润分为经济利润和会计利润，经济利润为总收益减去总成本后的余额，会计利润等于总收益减去显性成本后的余额，我们经济学讨论的是企业的经济利润。也就是说，完全竞争企业长期均衡时经济利润为零，但其会计利润是正的，是存在会计利润的。

会计利润与经济利润之间的差额为隐性成本，也就是企业所有者自有资源，如经营者的时间、自有资金、自有厂房等的机会成本，是企业所有者把这些资源投入到其他用途中能够得到的最大收益。由于隐性成本已经包含在总成本内，所以当完全竞争市场企业实现长期均衡即价格等于平均总成本时，企业就已经收回了包括隐性成本在内的所有成本，也就是已经获得了自有资源的机会成本。

由于已经获得了自有资源的机会成本，所以企业所有者不可能退出现在的市场转而进入其他行业，因为转到其他行业最多也就是能够得到这个机会成本，因此退出本行业没有任何意义。但如果这时企业是亏损的，就意味着这时企业并没有得到自有资源的机会成本，如果退出本行业转到其他的行业是可以得到这一机会成本的，就是企业的收入会增加，那么，企业就会退出本市场进入其他行业。如果企业在这个市场内是有盈利的，那就意味着其得到了超过自我资源的机会成本，其他行业中只获得该机会成本的企业转过来进入该行业可以得到更大的收入，因此就会有新的企业进入这一市场。读者如果有兴趣可以自行到 https://v.youku.com/v_show/id_XNDA3MzQxODY4OA==.html?spm=a2hzp.8253869.0.0 上阅览、学习。

10.3.5 向上倾斜的供给曲线

完全竞争市场的供给曲线是一条从企业平均总成本最低点出发的水平线，这是由于我们给出了两个假设条件：一是所有企业的成本都是完全相同的，二是企业的进入和退出不影响市场内企业的成本。如果这两个条件有一个得不到满足，那么市场供给曲线就不再是水平线，而是一条向右上方倾斜的曲线了。

我们先看第一个条件。假设市场内的企业成本不完全一样，而是有高有低，这样在市场价格比较低的时候，只有成本低的企业才能进入市场，当这些企业的供给不能满足需求时，只有提高价格才能使成本比较高的企业也能够进入市场，如果价格进一步提高，就会有成本更高的企业进入。这样，价格不断提高，进入的企业不断增加，供给量也不断增加，价格与供给量呈同方向变化，供给曲线向右上方倾斜。

我们再看第二个条件。假设随着企业的进入，所有企业的成本都会增加。这主要是由于这个市场内企业所使用的某种关键要素的供给可能是有限的，进入的企业越多，对这种要素的需求也就越多，这种要素的价格就可能上升，从而这些企业的成本也会上升。在这种情况下，如果市场需求增加了，市场里的企业是不可能在保持成本不变的前提下增加供给的，随着新企业的进入，所有企业的成本都会上升，只有提高商品的价格才能保证这些企业的生存，所以价格和供给量会同步上升，即市场供给曲线向右上方倾斜。

10.4 小结

本章我们讨论了完全竞争市场及其企业的决策行为，这虽然是一种高度抽象的理论模型，但这种分析方法对现实中的各种类型的市场都具有重要的意义，尤其是利润最大化原则以及边际分析方法在其他市场类型里同样适用。在接下来的章节中，我们将对各种不完全竞争的市场类型进行进一步分析。

延伸阅读

看不见的手和看得见的手

"看不见的手"是亚当·斯密提出的一个重要思想，他认为：在市场机制正常发挥作用的条件下，每一个参与经济活动的人都能够通过交易来提高自己的福利水平，也就是每个人在追求自己利益的同时促进了所有参与者的利益。因此政府不应该干预经济，应该让市场自由地发挥调节作用，这构成了古典经济学的理论核心。但也有人认为市场本身就存在缺陷，会导致市场失灵，这就需要政府发挥管理的作用，政府对经济的干预被称为看得见的手。读者如果有兴趣可以自行到 http://www.wdjjlt.org/yl/forum.php?mod=viewthread&tid=777 上阅览、学习。

关键词

完全竞争市场　总收益　平均收益　盈亏临界点　停止营业点　沉没成本
边际收益　边际利润　利润最大化原则

思考题（扫描右侧二维码查看答案参与讨论）

1. 什么叫完全竞争市场？其特征或条件有哪些？
2. 完全竞争企业的需求曲线是怎么样的？为什么会这样？
3. 完全竞争企业的平均收益和边际收益有什么特点？
4. 什么是利润最大化原则，试解释。
5. 什么叫盈亏临界点？什么叫停止营业点？
6. 完全竞争企业短期中在什么情况下会停止营业？长期中在什么情况下会退出市场？
7. 什么叫沉没成本？在决策中需要考虑沉没成本吗？为什么？
8. 试分析完全竞争企业的短期均衡与长期均衡。
9. 完全竞争市场企业的短期供给曲线与长期供给曲线是什么样的？
10. 如何得到完全竞争市场的短期供给曲线？
11. 完全竞争市场的长期供给曲线是什么样的？
12. 完全竞争市场的企业为什么在利润为零的时候还会选择留在市场内？

讨论与应用（扫描各题右侧二维码参与讨论）

1. 你同意下面这些说法吗？为什么？
   （1）在市场价格下，完全竞争企业将卖出消费者会购买的全部产量。
   （2）当一家企业获利时，它应该增加产量。
   （3）为了实现利润最大化，企业应该在边际收益与边际成本差额最大的地方进行生产，因为如果超过这个水平，企业从增加的产品中获得的利润就会减少。
   （4）当边际收益等于边际成本时，总收益等于总成本，企业将获得零利润。
   （5）固定成本的增加会使短期中利润最大的商品的产量减少。

2. 你跟女朋友去一家比较高档的日式餐厅吃饭，你点了一份价值100元的刺身拼盘，但吃到一半时你觉得已经非常饱了，但你的女朋友一直在劝你要把这盘刺身吃完，因为不能打包带回家，不吃掉就浪费了。根据我们所学的经济理论，你认为应该把剩下的刺身吃完吗？请解释。

3. 张先生拥有一家咨询公司，一年的咨询收入为10万元，而用于走访、调研的费用为 55 000元，他的电脑及办公设备每年折旧费为2 000元，如果把电脑等办公设备卖掉，得到的收入每年可得100元的利息。如果不开咨询公司了，他可以去当地一所高校教经济学，年薪5万元。
   （1）请计算张先生的会计利润。
   （2）请计算他的经济利润。
   （3）你认为张先生应该继续开咨询公司，还是去教经济学呢？为什么？

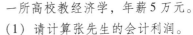

4. 某海滨浴场旁边开设有多家服务项目相同的度假宾馆，夏天旅游旺季的时候床位供不应求，每晚房价达到500元，但到了冬天旅游淡季却变得门可罗雀，甚至50元就可以入住一晚。假设这些宾馆每间房间的固定成本为每天100元，包括各种税费及折旧，而有客人入住时发生的与客人相关的成本每天为40元，包括清洁服务、洗漱用品消耗等。你认为这些宾馆是在冬季把房价定为50元继续营业好，还是一直关门到旅游旺季再开门营业好呢？

5. 一位读了经济学原理的朋友对你讲：完全竞争市场模型在理论上是很有道理的，但并不现实，它预期完全竞争市场上的企业在长期中利润为零,但实际上没有企业会在利润为零的情况下继续经营。你认同他这种说法?请解释。

6. 学校旁边有一家大型的连锁超市,有一天你打游戏到凌晨,饿了,你朋友陪你到超市去买碗泡面。你们发现超市内与白天热闹的情况完全不同,零零星星没几个顾客,10个收银通道只有1个开着。你朋友跟你讲:"我认为这家超市完全没必要这样整夜开门,因为就这么几个顾客根本赚不到多少钱。"
   (1) 从经济学角度来讲,你向你朋友解释这家超市在什么情况下应该整夜营业,在什么情况下不应该呢?
   (2) 这家超市做出整夜营业的决策时,与超市的租金、设备、货架的成本,以及管理人员的工资有关系吗?
   (3) 如果这家超市白天也像你们晚上看到的这种情况的话,你认为这家超市还应该继续营业吗?为什么?

7. 某毛巾厂的生产成本情况如下:

产量(箱)	总固定成本(元)	总可变成本(元)
0	100	0
1	100	50
2	100	70
3	100	90
4	100	140
5	100	200
6	100	360

(1) 计算该厂的平均固定成本、平均可变成本、平均总成本和边际成本。
(2) 假设当前毛巾的价格为50元/箱,企业没法获得利润,该厂老板决定停止营业。请计算该毛巾厂的利润或者亏损是多少?你认为该老板的决策是一个明智的决策吗?请说明你的理由。
(3) 刚从大学经济学专业毕业来厂的小刘告诉老板:"工厂应该生产1箱毛巾,因为

这时的边际收益等于边际成本。"在这个产量时工厂的利润或亏损是多少?你认为这是一个最好的决策吗?为什么?

8. 下列哪些事件可能诱使企业进入某个行业?哪些可能诱使企业退出?进入和退出何时会停止?请解释。
   (1) 技术进步使得该行业中所有企业生产的固定成本都降低。
   (2) 该行业工人的工资上涨。
   (3) 某行业产品的需求突然增加了。
   (4) 某行业的某种关键投入品发生短缺,价格上涨。

9. 你在学校旁边开了一家书店,年销售收入为20万元,图书进货成本为10万元,另外每年还要支付其他的水电税费等成本2万元,如果你不开书店,你可以去打工,年收入10万元。现在有人看上你的小店,想用每年5万元的租金租下来开个甜品店。你决定把店租出去,但你的朋友感到不解,为什么明明赚钱还要租出去?你如何向你的朋友解释?

10. 著名经济学家张五常在美国加利福尼亚州洛杉矶分校取得硕士学位后需要通过一个考试才能继续攻读博士学位,考试中教授出了一道题:在完全竞争市场中,既然竞争的结果会使生产者利润为零,那他们为什么还要留在市场上竞争呢?当年张五常提出的很多答案都被教授否定,最后没能通过考试。如果是你,你会如何回答这一问题呢?

11. 一位同学说:"为了利润最大化,企业应该生产使边际收益与边际成本之差最大的产量,如果企业生产了更多的产量,那么每一额外单位的产量所赚取的利润都将下降。"你同意这一推理吗?为什么?

第 11 章
CHAPTER 11

垄　断

上一章我们讨论了完全竞争市场，这是一种极端的市场类型，本章我们就来讨论另一个极端的市场类型——完全垄断市场。这两种市场构成了整个市场类型谱系的两端：一个是有完全充分的竞争，一个是完全没有竞争。与完全竞争市场一样，在现实中也极难找到符合所有条件的完全垄断市场，这也是一个理论上的抽象模型，现实中的市场都是介于这两种市场中间的过渡形式。本章我们先来介绍垄断市场的含义及特点，然后对垄断企业的定价策略以及由此造成的福利损失进行分析，接下来介绍价格歧视问题以及政府有关垄断的供给政策。

11.1　垄断市场的含义

既然垄断和竞争是市场类型的两个极端，那么二者的含义、性质等各个方面就正好是相反的。

11.1.1　垄断市场及其特征

完全垄断市场（perfect monopoly market）又称为纯粹垄断市场，一般简称为垄断市场。**垄断**（monopoly）一词出自于希腊语，意思是"一个销售者"，也就是指某一个人控制了一个产品的全部市场供给。所以完全垄断市场指的就是只有唯一一个供给者的市场类型。

垄断市场的特征主要有这样几个方面：

第一，市场上只有唯一的一个卖者。它供应市场上需求的所有产品，这一家企业就代表了整个行业或者市场。

第二，产品没有切近的替代品。这种产品是独一无二的，没有别的类似产品可以替代，因为可以替代就会形成竞争。

第三，其他企业进入该市场极其困难或不可能，存在强大的行业壁垒，生产要素不能移动，其他企业没办法进入。

满足上述条件的垄断市场完全不同于前面讲到的完全竞争市场，垄断企业不再是价格的接受者，其有能力影响市场价格。

与竞争市场一样，在现实世界中，真正的垄断市场是极其罕见的，但类似于垄断市场的市场类型是存在的。比如，我国改革开放前和改革开放初期的邮政通讯就非常接近这种垄断市场，在当时，如果你有一个信息需要从某地传递到另一个地方，除了由人亲自跑一趟进行传递外，基本上都要依靠邮局这个唯一的传递渠道，不管是写信、发电报，还是打长途电话。随着科学技术及经济的发展，这种情况已经发生了根本的变化，现在我们可以通过快递公司、无线电话，尤其是通过网络方便地进行信息的传递，由一个企业垄断信息通讯市场的局面已经一去不复返了。

本章课件

11.1.2 垄断市场形成的原因

导致一个企业垄断一个行业的原因主要包括以下几点：

第一，生产资源的独家控制。

如果一家企业控制了某行业生产中所需要的某种关键资源，那其他企业就没办法生产这种产品从而进入这一行业了，这家企业就会成为这一行业的垄断者。

第二，政府设置进入壁垒。

政府通过法律或行政命令的方式授予某个企业专享的经营权，设置进入壁垒，禁止其他企业进入，从而形成垄断市场，主要包括两种形式：

一个是政府设立国有企业直接进行垄断经营，不允许私人企业进入。这种情况在西方并不多见，比较典型的就是邮局。但在我国这种垄断的国有企业比较普遍。改革开放以前我国是不允许私人举办任何企业的，所有的经济资源都掌握在政府手中，改革开放后才逐步开放允许私人进入一些竞争性领域，直到今天还是有很多领域不允许私人进入。

另一种形式是政府授权给私人进行垄断经营，可以排他性地出售自己的产品或服务，主要包括专利、版权和特许经营三种类型。

专利（patent）指的是政府授予一项发明创造的首创者所拥有的在一定时间内受保护的独享权益。获得专利的发明人要公开专利内容，可以让其他人在此基础上进一步研究，不会因为保密阻碍科学技术的发展进步，避免重复劳动；同时又保障发明人可以获得由此发明创造带来的利益，以鼓励发明创造。

与新产品可以获得专利一样，图书、电影、软件等文学、艺术、科学作品可以得到**版权**（copyright）保护。版权属于知识产权的一种，在保护期内版权所有者享有相应的排他性权利，非经版权所有者的授权，任何人都不得进行出版和修改，这样也就形成了垄断经营。

特许经营权（franchising）指的是由政府机构授权，准许特定企业使用公共财产，或在一定地区享有经营某种特许业务的权利，这些权利是排他的，是政府允许企业独享某些产品的生产与经营，形成垄断市场。这些权利包括专营权、进出口权、生产许可证等。另外还有一种是企业之间的特许经营，指的是一家企业有期限地或永久地授予另一家企业使用其商标、商号、专利权、专有技术等专有权利。

第三,自然垄断。

长期中企业的平均总成本有可能随着产量的增加而不断降低,这种情况称为规模经济。如果某行业的规模经济使得由一家企业提供整个市场上所需的产量比由两家或两家以上的企业分别来提供的平均总成本更低,这种情况就叫作**自然垄断**(natural monopoly)。在存在自然垄断的市场内,只有容纳一家企业的空间。我们可以通过一个例子来看,如图 11-1 所示。

我们假设图 11-1 表示某一个小镇上电力供应的长期平均总成本曲线,假设这个小镇共有 1 000 户居民需要电力供应。电力这个行业有个特点,就是开始时的固定投资比较大,要建设电厂、输变电设备、电力输送主干网络等,但增加一个新用户的可变成本(即边际成本)却很低,这样长期内平均总成本就会不断下降,也就是具有规模经济的特征,如图 11-1 中的 LAC。从图中可以看出,如果这个小镇有两家电力公司提供电力,每个公司的用户为 500 家,则它

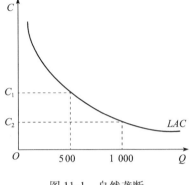

图 11-1 自然垄断

们的平均总成本为 C_1,但如果只有一家公司提供电力,当用户为 1 000 家时,成本要低得多,为 C_2,这就属于自然垄断行业。另外像给排水、天然气、供热供暖、地铁等都具有类似的特点。

需要指出的是,通常我们讲垄断时都指的是卖方的垄断,即生产者对市场的垄断,另外还有一种垄断叫**买方垄断**(monopsony),就是只有一个买者而有多个卖者的市场。我们在本教材中的讨论仅限于卖方垄断。读者如果有兴趣可以自行到 https://v.youku.com/v_show/id_XNDA3MzQxOTA2MA==.html?spm=a2hzp.8253869.0.0 上阅览、学习。

快乐学习

小说《贼巢》

作者:[美] 詹姆斯·B. 斯图尔特　　　　　　　　　　　　　译者:张万伟
出版:中信出版社 2010 年 5 月出版

《贼巢》被誉为全美第一商业畅销书、普利策新闻奖作品、《福布斯》影响世界商业最深远的 20 本书籍之一、《财富》75 本商业必读书之一。

故事梗概:这是一本反映 20 世纪 80 年代引发美国股市崩盘的一场金融投机罪犯活动的纪实小说,主要揭露了当年华尔街的"四大金刚"——迈克尔·米尔肯、伊凡·布斯基、马丁·西格尔和丹尼斯·利文利用内幕信息及欺骗伎俩在金融市场翻云覆雨,违约操作数十亿美元的交易,使大量无辜的公司和个人投资者破产,最终走上了犯罪的不归路的过程。

金融天才米尔肯被誉为"美国金融界影响力仅次于 J. P. 摩根的人",被《华尔街日报》誉为全美最重要的金融思考家,"寻找资金就要找米尔肯"成为当时市面上的流行语。他在读大学的时候就了解到评级较低的公司债券(垃圾债券)的违约率实际上远低于市场的估计,就是说风险低于市场预期,是比可投资级债券更好的投资。工作后他开始为客户投资此类债券并取得可观收益。

20 世纪 80 年代初，美国掀起并购狂潮，资金需求骤增，米尔肯等人大肆发行和炒作垃圾债券并进行违规交易，牟取暴利，被称为"垃圾债券之王"。后来垃圾债券狂潮中埋藏的一系列炸弹被引爆，致使美国陷入金融危机。这个案件直接促使美国新证券法出台，间接引发了 1987 年美国股市崩盘和 1989 年的日本股灾。米尔肯本人也于 1991 年被起诉 98 项金融犯罪，判刑 10 年，罚款 10 亿美元，并且终生不得在证券业就职。

包含的经济学原理：本书作者詹姆斯·B. 斯图尔特为资深记者、小说家，对美国商业、法律和政治上的重大事件进行了细致考察，其因对 1987 年股市崩溃和内幕交易丑闻的出色报道而荣获普利策奖。他的畅销作品还有《瞎眼》和《血腥运动》。

米尔肯投机、操纵垃圾债券的一个重要手段就是垄断，由于敏锐直觉和精密的计算，他认定垃圾债券具有较强的投资价值，极力推荐投资者购买。几年后当美国兼并浪潮和税法改革之后，垃圾债券变得流行起来，形成了活跃的二级流通市场。这时米尔肯提前布局的德莱克塞尔公司掌握了美国市场上几乎 80% 以上的垃圾债券的承销业务，取得垄断地位。他们发行垃圾债券，恶意收购大公司，然后再拆分销售牟利。由于垄断优势地位，米尔肯甚至掌握了垃圾债券的定价权，自己制定了金融业的规则，控制了垃圾债券的市场。

他们在垃圾债券的投机炒作过程中，利用资金、人脉优势和监管漏洞，疯狂进行股价操纵、内幕交易和恶意并购。从公募基金、私募基金、保险公司、投行到上市公司、财经媒体、律师事务所、监管机构，美国几乎所有相关机构都涉及其中，涉案金额高达数千亿美元。这个案件可以说是世界金融史上极具代表性的犯罪案件，相比之下，其他的金融案件都只能说是这个案件的缩小版、删减版或复制版。

11.2 垄断企业的定价策略与福利损失

垄断企业和竞争企业一样，都要追求利润最大化，它们利润最大化的条件也一样，也是边际收益等于边际成本。

11.2.1 垄断企业的需求曲线与收益曲线

由于垄断市场内只有一家企业，那么这家企业面对的就是整个市场的需求曲线。垄断市场的需求曲线与其他市场的需求曲线一样，都是向右下方倾斜的。这就意味着，垄断企业如果想增加一个产品的销售就必须降低价格，而不是像竞争市场一样可以在不变的价格下增加产品的销售。

垄断企业的平均收益曲线与其需求曲线是重合的，这一点与竞争企业是一样的，但其边际收益曲线与需求曲线分成了两条曲线，其边际收益曲线位于需求曲线的下方，如图 11-2 所示。

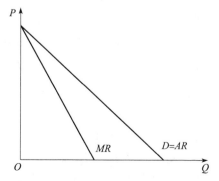

图 11-2 垄断企业的需求曲线与收益曲线

从图 11-2 中可以看出，垄断企业的边际收益曲线 MR 与其需求曲线同时也是平均收益曲线 $D = AR$ 在纵轴上是相交的，这是由于垄断企业在出售第 1 个商品时价格就等于其边际收益，但从第 2 个商品开始边际收益就小于其价格了。这是由于需求曲线向下倾斜的原因，只要价格与需求量呈反方向变化，边际收益必定会小于价格，也就是 MR 曲线会位于需求曲线 D 的下方。我们可以通过一个例子来看：

表 11-1 前两列是我们在第 4 章中假设的奶茶市场的一个需求曲线的数据，第 3 列是作为一个垄断企业面对这样的需求时供给不同数量的奶茶所能够获得的总收益，第 4 列为每增加 1 杯奶茶所能得到的边际收益。从表 11-1 中可以看到，在销售第 1 杯奶茶的时候，总收益与边际收益都是 6 元，销售第 2 杯奶茶时总收益为 10 元，边际收益为 10 - 6 = 4 元，低于第 2 杯的价格 5 元，而以下各个数量的奶茶也都是一样，其边际收益都低于其价格，在第 4 杯奶茶时边际收益为 0，从第 5 杯奶茶开始边际收益甚至变成了负数。

表 11-1 需求与边际收益

奶茶的需求量（杯）	奶茶的价格（元）	总收益（元）	边际收益（元）
0	7	0	
1	6	6	6
2	5	10	4
3	4	12	2
4	3	12	0
5	2	10	-2
6	1	6	-4
7	0	0	-6

边际收益曲线低于需求曲线的原因主要是需求曲线向下倾斜，当增加销售数量的时候会导致商品价格的下降，并且这个下降并不只是销售的最后一个商品价格下降，而是所有销售的商品的价格同时下降，也就是说，由于多销售了一个商品，这就使得你所销售的所有商品都必须按新的降低了的价格销售。这样，你销售最后一个商品的时候，它给你带来的边际收益就取决于两个方面：一是由于你增加了一个商品的销售使得你的总收益增加了，增加的数额等于这一商品的销售价格；二是由于你增加了这一个商品的销售使得价格降低了，那么你以前销售的商品的收益就减少了，每个商品收益减少的幅度等于由于你增加一个商品销售导致的价格下降的幅度，这个下降幅度乘以以前商品销售的数量就等于总收益减少的数额。最后一个商品的边际收益就等于这一商品带来的收益，即价格减去由于降价导致的总收益减少的部分。因此，最后一个商品的边际收益肯定是低于其价格的，如果由于降价导致的总收益减少的数量大于其价格，还会导致边际收益为负值。

11.2.2 垄断企业的均衡

垄断企业的均衡与竞争企业的均衡是一样的，都是要获得利润最大化，就是要把产量调整到边际收益等于边际成本的那一点，如图 11-3 所示。

在图 11-3 中，MR 与 MC 相交于 A 点，这就是企业利润最大化产量的决策点，由此点决定的产量 Q_1 可使企业获得利润最大化。如果实际产量低于或高于 Q_1 的产量，则企业增加产量或减少产量就可以使利润增加，因此企业是不可能生产大于或小于 Q_1 的产量的，Q_1 的产量就是垄断企业的均衡产量。

利润最大化产量 Q_1 对应的需求曲线上的 B 点，这时的价格为 P_1，垄断企业就是按照这个价格出售自己的产品的，其总收益为矩形 OP_1BQ_1 所表示的面积；Q_1 对应的平均总成本曲线上的点为 C 点，说明这时的平均总成本为 P_C，则总成本为矩形 OP_CCQ_1 所表示的面积。这时垄断企业是存在经济利润的，其经济利润为

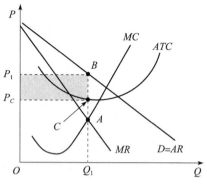

图 11-3　垄断企业利润最大化

总收益减去总成本的部分，即矩形 P_CP_1BC 所表示的面积，也就是图 11-3 中灰色部分。

在短期中，由于垄断企业不能调整全部生产要素，也就不能改变生产规模，与这个固定规模相联系的平均总成本曲线和边际成本曲线也不会发生变化，企业只能通过调整可变要素的方式来调整产量以实现利润最大化。因此企业在既定的平均总成本曲线下，其利润最大化产量时的平均总成本并不一定都像图 11-3 中的情况一样低于价格，也可能会高于或等于价格，这样垄断企业就不一定能获得经济利润了，如图 11-4 所示。

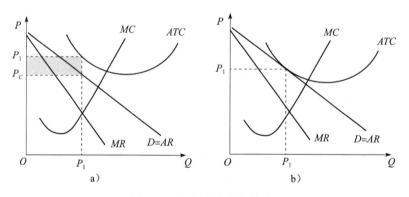

图 11-4　垄断企业短期均衡

从图 11-4a 中我们可以看到，这时的平均总成本高于价格，垄断企业存在亏损，亏损的大小由图中灰色的面积表示；而图 11-4b 中平均总成本则等于价格，这时垄断企业既没有利润也不存在亏损，正好可以收回全部成本。

在短期中垄断企业既可能盈利，也可能亏损，还可能盈亏平衡，但在长期内垄断企业的均衡只有一种形式，那就是如图 11-3 所示的获得利润的情况。如果垄断企业在短期中就获得了利润，那么在长期它仍然会继续维持，或者通过调整生产规模来获得更多的利润。虽然长期内可以调整全部生产要素，意味着其他企业从技术方面来讲是可以进入这种存在利润的行业的，但是由于这一行业是垄断行业，存在极强的进入壁垒，其他企业实际上是没法进入的，所以垄断企业就可以在行业中独占这些利润。

如果在短期中垄断企业不能得到利润甚至存在亏损，那么在长期内企业就会调整自己

的生产规模，用最佳的规模来生产以获得利润。如果通过调整规模企业依然没办法获得利润，那么就可能有两种情况：一种是如果这一行业是由政府授权垄断的，如公共事业、市政工程等，那么就会由政府对垄断企业进行财政补贴，弥补其损失；另一种是私人垄断，在长期中一直亏损、扭亏无望的情况下只能退出市场，这样这个市场就不存在了。

11.2.3 垄断企业的供给曲线

在竞争市场内，由于价格是既定的，企业会根据价格来确定自己利润最大化的产量，这样就形成了价格与供给之间一一对应的关系，这也就形成了企业的供给曲线。但在垄断市场内就不是这样了，由于垄断企业是根据 $MR = MC$ 的利润最大化原则来确定自己的产量的，然后再根据这一产量与市场需求曲线共同决定价格，因此并不存在产量与价格之间一一对应的关系，所以垄断企业是不存在一条确定的供给曲线的。

由于在垄断市场内价格不是由企业之外的力量决定的，企业不是被动地接受既定的价格，而是对价格有一定的影响力，因此垄断企业也就不可能根据市场价格来确定自己的产量。垄断企业在确定自己的产量的时候并不知道市场的价格是多少，而是产量确定之后才根据需求曲线来确定价格，因此在市场的需求发生变化的时候，就会出现相同的产量在不同的需求曲线下可能是不同的价格，或者不同的产量在不同的需求曲线可能是相同的价格的情况。这样也就没有办法找到市场价格与企业供给量之间的对应关系了。

不仅在完全垄断市场内的企业不存在确定的供给曲线，在我们后面要讲的其他具有垄断因素的市场内的企业也同样不存在确定的供给曲线，只有完全竞争的市场才存在确定的供给曲线。

垄断企业可以对市场价格施加影响的情况称为**市场势力**（market power），又称为垄断势力。我们用价格高于边际成本的大小来衡量市场势力，它们之间的差额越大，说明市场势力也越大。在竞争市场均衡的情况下，市场价格等于企业的边际成本，这时企业的市场势力为 0，所以完全竞争的企业是没有市场势力的，也就是其对市场价格没有任何的影响力。在垄断条件下价格是高于企业的边际成本的，所以垄断企业存在市场势力。

11.2.4 垄断的福利损失

需求曲线代表消费者对商品的评价，边际成本代表企业生产商品的成本，二者之间的差额就是总剩余。在完全竞争市场，市场均衡点是需求曲线与边际成本曲线（供给曲线）的交点，在这一均衡数量下，消费者的评价等于生产者的成本，总剩余达到最大化。但是在垄断市场内就不是这样了，由于垄断企业的均衡产量不是由需求曲线与边际成本曲线的交点决定的，而是由边际收益曲线与边际成本的交点决定的，这样的均衡产量就会小于使总剩余最大化时的产量，存在一个无谓损失，如图 11-5 所示。

在图 11-5 中，使总剩余实现最大化的理想产量是

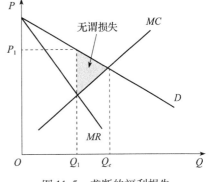

图 11-5 垄断的福利损失

Q_e，此产量时消费者的评价与企业生产的成本相等。但由利润最大化原则决定的垄断企业生产的均衡产量为 Q_1，在这一产量下消费者的评价大于生产者的成本，因此如果扩大产量将会增加总剩余，但垄断企业为了实现利润最大化是不可能增加产量的，总剩余也就不可能实现最大化，这样就导致了无谓损失，如图 11-5 中的灰色三角形的面积。

快乐学习

电影《告密者》

上映时间：2009 年　　　　　　　　　　　　导演：史蒂文·索德伯格
出品国家：美国　　　　　　　　　　　　　　出品公司：华纳兄弟影片公司

《告密者》由库尔特·艾欣沃尔德的同名小说改编而来。

故事梗概：ADM（The Archer Daniels Midland Company）是美国著名的阿彻丹尼尔斯米德兰公司的英文简称，是世界上规模最大的粮油公司之一，与美国邦吉（Bunge）、美国嘉吉（Cargill）、法国路易达孚（Louis Dreyfus）一起被人们称为 ABCD 全球四大粮商，他们控制着全世界 80% 的粮食交易量，是世界粮食市场的垄断巨头。

毕业于常春藤联盟学校的马克·惠特克（马特·达蒙饰）博士是 ADM 公司的副总裁，他领导的一种赖氨酸新产品试验持续失败，因怀疑是日本竞争对手恶意投毒所致，他向 FBI 报案。FBI 的探员布莱恩（斯科特·巴库拉饰）和鲍勃（乔尔·麦克哈尔饰）在调查中发现马克曾出现在 ADM 公司和其他竞争对手操纵赖氨酸食品添加剂定价的会议上，于是，他们开始监听马克家的电话。马克担心他协助公司与全球赖氨酸生产厂商联合干扰自由竞争、抬高市场价格的不法行为暴露，在妻子金杰（梅兰妮·林斯基饰）的劝说下，主动向 FBI 揭露公司限定赖氨酸价格一事。在 FBI 的授意和支持下，马克当起了 FBI 的线人，提供了数年的商业情报，同时马克也利用职务之便为自己敛财，为此他也受到了 FBI 的调查，并且先后 3 次被抓进监狱。在马克的帮助之下，ADM 公司里的很多白领因为经济罪受到了法律的制裁。

包含的经济学原理：竞争可以实现资源的优化配置，而垄断则会破坏竞争的市场秩序，使其他企业难以生存，导致市场失灵，资源配置状况恶化，消费者面临更高的价格和更差的服务，从而使得社会福利水平下降。由于垄断给社会造成了巨大危害，各国政府都会对垄断行为进行打击和控制。美国 1890 年就通过了反托拉斯政策的一项重要法律《谢尔曼法》，这部法律至今仍然是美国反托拉斯政策的主要依据。根据此法，对涉嫌垄断的企业和个人会给予非常严厉的处罚，对于任何对交易与价格进行限制或串谋的行为，都会被定为重罪，不仅面临巨额的罚款，还要被判刑入狱。

这部电影是根据真实事件改编拍摄的。经过长达四年多的调查，FBI 发现 ADM 公司从 1990 年 7 月至 1995 年 6 月，多次违反美国反托拉斯法，与日本味之素公司以及 3 家韩国公司涉嫌建立限制竞争协议，不仅操纵世界市场上的赖胺酸价格，而且通过互换信息、确定销售限额等方式，垄断了国际市场上的赖胺酸销售。结果，包括副总裁 Michael Andreas 在内的三名 ADM 公司高管于 1999 年被送入监狱，而 ADM 公司也在 1997 年被处以 1 亿美元的罚款，该案件成了当时美国罚款数额最高的反垄断案件。电影《告密者》再现了这一事件的过程。

11.3 价格歧视

至此我们所讨论的都是单一价格垄断者的情况，就是对所有的商品要求一个相同的价格，但实际上并不都是这样的，有时垄断者会对同一个商品要求不同的价格。

11.3.1 价格歧视的含义

价格歧视（price discrimination）指的是企业把同样的商品以不同的价格卖给不同的消费者的情况。这里讲的歧视并不包含贬义或褒义的意思，只是对经济学现象的一种描述，在经济学中只要存在区别对待就是歧视。实行价格歧视的商品本身是不存在差别的，并不是由于商品的质量或生产成本等的不同而要求不同的价格，而是针对不同的消费的具体情况进行区别定价，比如时间、地点、购买数量、不同的消费者群体等。

要实现价格歧视需要具备一定的条件，一般来讲包括以下几个方面：

第一，不完全竞争。价格歧视只有在具有垄断性质的不完全竞争市场上才有可能出现，在竞争市场内企业没能力影响价格，只能接受既定的价格，所以没办法对不同的消费者要求不同的价格。

第二，对不同的消费者进行区分。价格歧视的实质是把相同的商品卖给具有不同特征的消费者，比如具有不同支付意愿的消费者。这样，区分不同类型的消费者就非常重要，只有将消费者明确地区分开来才能区别对待。这种区分可以是不同的标准，比如超市会员、城镇户口还是农村户口、老年人、全日制在校学生，等等。

第三，不存在套利行为。**套利**（arbitrage）又叫价差交易，指的是从一个市场上以低价买进某种物品，在另一个市场上高价卖出，以便从价格差中获利的过程。很明显，如果存在套利，那么价格歧视就没办法实行。只要套利者出售的价格低于企业实行的歧视价格，就不会有人去买这些高歧视价格的商品。

价格歧视在现实中是一种普遍现象，几乎很少有商品不存在价格歧视问题，包括在菜市场买菜由于还价能力的不同也会有同一种蔬菜价格不同的情况，超市也会有会员卡打折，甚至医院看病也会因能不能报销而有不同的价格，等等。但并不是所有的价格差异都是价格歧视，价格歧视是指同样的商品对不同的买者要不同的价格，如果商品有一定的差异并且成本不同，这时的价格差异就不属于价格歧视了，比如航空公司对"红眼航班"（指的是夜间航班，利用空闲时间飞行成本较低）的旅客收取较低的机票票价。

11.3.2 价格歧视的类型

根据价格歧视的内容不同，我们可以将价格歧视分为三种类型。

1. 一级价格歧视

一级价格歧视又称为完全价格歧视，指的是生产者根据消费者的支付意愿对每一个消费者购买的每一个商品收取不同的价格，从而按照消费者的支付意愿来出售每件商品，以此获取全部的消费者剩余。在这种情况下，企业是把产品一个一个卖给消费者，消费者对这个产品最高肯出多少钱企业就多少钱卖给消费者，而我们知道需求曲线代表消费者的支付意愿，那么这种方式就是按照需求曲线进行销售，企业的出售价格曲线与需求曲线重合，而需求曲线与价格线之间的差额为消费者剩余，因此，在这种情况下消费者剩余就是0，所有的消费者剩余都转化为了企业的利润。

前面我们讲到，垄断会导致福利损失，完全价格歧视则会消灭这种无谓损失，从而使得市场变得有效率，如图11-6所示。

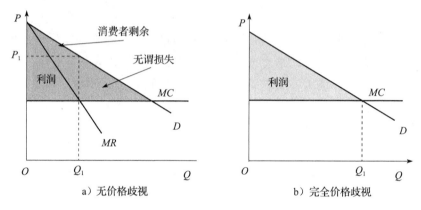

图11-6 有无价格歧视时的福利

在图11-6中我们假设垄断企业的边际成本是不变的，所以 MC 曲线为一条水平线。根据我们前面的介绍，边际成本曲线通常是先下降后上升的，但实际上边际成本有时可能是不变或者接近不变的，比如一些化学合成产品如药品的生产，不管产量是多少，都是一定量的化学原料按照一定的比例合成，边际成本就会保持基本不变。图11-6a 表示无价格歧视时的垄断市场，这时企业根据利润最大化原则来确定产量，根据前面的分析存在无谓损失；而图11-6b 表示完全价格歧视的情况，这时企业按消费者的支付意愿来出售商品，生产量是 Q_1，把原来消费者剩余部分全部转化为了企业的利润，但无谓损失消失了。因此，完全价格歧视是可以消除无谓损失的，使总剩余实现最大化，是一种有效率的市场行为。

在现实世界里这种完全的价格歧视是不可能存在的，因为生产者不可能知道每一个消费者的支付意愿是多少，而消费者也不可能把自己的支付意愿告诉生产者，因此生产者就不可能做到根据消费者的支付意愿来定价。比较接近这种完全价格歧视的形式是拍卖，可以通过竞争让购买者报出自己的最高出价，这种最高出价就会非常接近其支付意愿。但问题是，拍卖的商品不可能是完全一样的，产品存在重大差别是拍卖的一个重要特征。

2. 二级价格歧视

二级价格歧视就是企业根据消费者不同的购买数量制定不同的价格，这时垄断获得的是一部分而不是全部的消费者剩余。这种形式的价格歧视在我们的日常生活中是比较普遍的，比如饮料第2杯半价、餐厅消费后给优惠券下次消费打折或抵现金用、飞行里程可以兑换机票、分段计费的阶梯电价，等等。二级价格歧视可以通过图11-7来分析。

在图11-7中，假设垄断者制定了三种不同的价格水平，当买者购买 Q_1 的数量的时候

收取 P_1 的价格，当买者再继续购买 Q_1Q_2 数量的时候则收取 P_2 的价格，以此类推。我们可以看到，这种价格歧视把一部分消费者剩余转化为了企业的利润（图中较浅灰色部分），消费者只得到了一部分消费者剩余（较深灰色部分）。

二级价格歧视运用起来简单方便，不用知道每个买者的支付意愿，只要知道大体的需求状况就可以实施。垄断者除了把一部分消费者剩余转化为利润外还有助于培养顾客忠诚度，增加销量，同时还可以使产量接近竞争市场的均衡产量，减少或消除无谓损失。

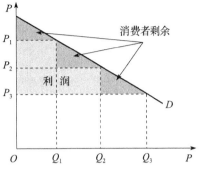

图 11-7　二级价格歧视

3. 三级价格歧视

三级价格歧视指的是在不同市场上或对不同的消费者群体实行不同的价格，从而在不同的市场上分别实现利润最大化。形成三级价格歧视的前提是在不同的市场上有不同的需求弹性，需求弹性小的市场就以高价出售，而需求弹性大的市场就以低价出售。这种形式的价格歧视也比较普通，比如电力公司对居民用电、工业用电、商业用电、农业用电等收取不同的电费，白天与深夜的手机数据流量价格不同，超市对会员给予一定程度的折扣等。我国在改革开放初期实行的价格"双轨制"也属于这种价格歧视。三级价格歧视可以通过图 11-8 来进行分析。

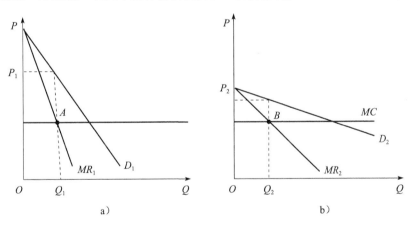

图 11-8　三级价格歧视

在图 11-8 中我们假设存在同一种商品的两个市场，比如图 11-8a 为国内市场，图 11-8b 为国际市场。在国内市场我们假设该企业是一个垄断企业，因此它面对的需求曲线的弹性就比较小，如图 11-8a 所示，其国内市场的需求曲线为 D_1，这是因为该产品在国内没有替代品，买者没有其他的选择，因此价格变化之后需求量的变化不会很大。但是在更加广阔的国际市场上就不同了，企业会面临来自世界各地的同类产品的竞争，这样企业所面对的需求曲线的弹性就会变得比较大，如图 11-8b 所示，其国际市场的需求曲线为 D_2，这是因为它的价格的任何变化都会引起买者在不同的企业产品之间的选择和替代从而导致对其产品需求量的明显变化。

我们同样假设企业的边际成本不变，为一条水平线，在图 11-8 中，边际曲线 MC 与国内市场的边际收益曲线 MR_1 和国际市场边际收益曲线 MR_2 分别相交于 A、B 两点，这就是企业在两个市场实现利润最大化的产量决策点。由这两个点决定，该企业在国内市场和国际市场的供给量分别为 Q_1 和 Q_2，而这两个供给量分别与两个市场的需求曲线共同决定了国内市场上的价格为 P_1，国际市场的价格为 P_2。从图中可以看出 P_1 是高于 P_2 的，这就形成了价格歧视。与一、二级价格歧视不同，三级价格歧视存在无谓损失，并且在两个市场都存在，说明这种价格歧视是没有效率的。读者如果有兴趣可以自行到 https://v.youku.com/v_show/id_XNDA3MzQyMzg2OA==.html?spm=a2hzp.8253869.0.0 上阅览、学习。

图 11-8 中分析的情况实际上就是国际贸易中的倾销现象，所谓**倾销**（dumping），指的就是生产商或出口商以低于其国内市场的价格将其商品抛售到另一国市场的行为。通过分析我们可以看到，这种倾销目的就是要在国内国外两个市场上同时实现利润最大化。这种三级价格歧视要想达到目的有一个重要的条件就是必须有效地隔绝两个市场，防止套利，在倾销过程中就是要实行进口管制政策，防止倾销出去的商品再进口回来。

11.4 关于垄断的公共政策

垄断市场不能像竞争市场一样实现资源的有效配置，与竞争市场相比，垄断市场产量低、价格高，存在无谓损失。因此政府会出台对垄断进行管理的公共政策，力图减少社会福利损失，优化资源配置。

11.4.1 反托拉斯法

各国政府一般都会采取措施维护市场的竞争性，防止出现垄断性定价、低产量和无谓损失，这种政策通常被称为**反托拉斯政策**（antitrust policy）。**托拉斯**是英文 trust 的音译，垄断组织的高级形式之一，指的是生产同类商品或在生产上有密切联系的垄断企业，为了获取高额利润而从生产到销售全面合作组成的垄断联盟。19 世纪 70 年代至 80 年代，美国成立了很多托拉斯式的垄断企业，其中最著名的就是约翰·洛克菲勒组建的标准石油托拉斯，此外还有安德鲁·卡内基的钢铁托拉斯、康内留斯·范德比尔特的铁路托拉斯等，为了打击这些"强盗式资本家"，1890 年美国通过了著名的《谢尔曼法》（Sherman Act），这是美国国会制定的第一部也是最基本的一部反垄断法律，也是美国历史上第一个授权联邦政府控制和干预经济的法案。此后很多国家也都制定了保护竞争、反对垄断的法律，一般人们都统称这些法律为**反托拉斯法**（antitrust law）。

美国的反托拉斯法在执行过程中主要包括三个方面：一是对垄断企业进行拆分，使之变成多个相互竞争的小企业；二是对公司的合并尤其是横向的合并进行审查与批准，以防止大规模垄断的出现；三是对具有垄断优势的公司的不正当竞争行为进行法律诉讼。

我国全国人大常委会于 2007 年通过了《中华人民共和国反垄断法》，生效以来，我国已经依法处理过大量的相关案件，如 2010 年 3 月 18 日我国商务部正式宣布根据《中华人民共和国反垄断法》禁止可口可乐收购汇源集团，2012 年底对韩国三星、LG 和中国台湾地区奇美、友达等 6 家国际大型液晶面板生产商因实施价格垄断处以人民币 3.53 亿元经济制裁等。

11.4.2 对自然垄断的管制

自然垄断和其他垄断是一样的,企业也会提供少于完全竞争条件下的产量,从而导致无谓损失和资源配置的无效率。但由于是自然垄断,又不能采取拆分垄断企业的方式,否则会导致社会成本的提高,同样会恶化资源配置。那对于自然垄断应该怎么办呢?一般来讲有以下几个解决办法。

1. 进行价格管制

垄断企业依照 $MR = MC$ 的利润最大化原则确定产量,再依据这一产量与需求曲线共同确定价格,这时的价格肯定高于边际成本,也就是买者的评价高于卖者的成本,从而形成无谓损失。如果想消除无谓损失就要增加产量,直到价格等于边际成本点,从而使总剩余达到最大值,以实现资源的有效配置。于是有的政府就计划对自然垄断的企业进行价格管制,使垄断按照边际成本来定价。比如,我国政府就有专门的物价局来管理企业的定价问题,而像汽油这样的产品甚至由国务院的发展改革委员会来直接定价,各地对一些重要产品的定价还会召开"听证会"。

但是这种按照边际成本定价存在一个问题。我们前面讲过,自然垄断行业的长期平均总成本是递减的,而在平均总成本递减时边际成本肯定低于平均总成本,如果按照边际成本来定价必然导致价格低于平均总成本,从而使企业存在亏损,如图 11-9 所示。

图 11-9 中表现的是自然垄断企业,其平均总成本 ATC 在长期内递减,我们依然假设其边际成本不变,这样边际成本曲线 MC 也就是平均可变成本曲线,在边际成本不变的时候,其每增加一个产品导致的可变成本数量的增加也是不变的。平均总成本递减表明企业开始时有大量的固定成本投入。图中利润最大化的产量决策点为 A 点,此点的产量对应的需求曲线上的价格高于平均总成本,可以获得经济利润,同时由于价格高于边际成本,这时存在无谓损失。如果政府想消除无谓损失而提

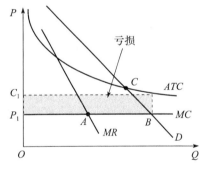

图 11-9 自然垄断与边际成本定价

高资源配置效率,则可以对自然垄断的企业实行价格管制,要求其将价格定为其边际成本的水平,即 P_1,在此价格下,买者的需求量为 P_1B,这时买者的评价和卖者的成本相等,总剩余实现最大化,无谓损失消失,资源达到最佳配置。但在此供给数量下,卖者的平均总成本为 C_1,大于此时的价格 P_1,存在如图所示的亏损。很明显,政府制定如此低的价格会使自然垄断企业由于亏损而没办法长期留在市场内,从而退出这一行业。

针对这种情况,政府有两种解决办法:一是对垄断企业进行补贴,也就是由政府来承担亏损的部分,这样就可以使企业按边际成本出售商品,从而避免福利损失。但是从另一方面来看,政府进行补贴的钱又来自于税收,而税收又会造成无谓损失,同样是资源配置的恶化;二是允许垄断企业按平均总成本定价,就是根据图 11-9 中 C 点,即平均总成本曲线与需求成本曲线的交点来确定产量和价格,这时企业没有亏损了,正好可以赚到零经济

利润，但这时的价格又会高于边际成本，同样存在无谓损失。

在上述的价格管制方案中，不管是按照边际成本定价还是平均总成本定价，都存在一个问题，那就是垄断者没有激励去降低成本。在正常的情况下，降低成本就意味着增加利润，因此企业都会有动力去努力降低成本，这样整个社会的效率就会得到提高。但在价格管制的条件下，降低了成本就意味着价格也会相应地降低，企业从中得不到好处，降低成本的意愿也就没有了。当然政府也可以在企业降低成本后不去改变价格从而使企业可以从中获得经济利润，但这样虽然效率有所提高，价格与边际成本却又背离了，无谓损失就又出现了。

2. 公有制

除了进行价格管制之外，政府还可以对自然垄断行业实行公有制，不允许私人经营，而是建立一个公共机构来提供商品和保护消费者利益。西方国家基本上都尝试过这样的方法，如英国在1984年以前的电话服务由英国电信公司提供，1987年以前的航空旅行由英国航空公司提供；美国旅客列车服务、普通邮件都是由国有公司负责，一些州甚至拥有公有的电力公司，而在我国国有企业则非常普遍。

实行公有制的一个好处就是，这些仅有的自然垄断企业能够以效率而不是以利润最大化原则作为标准定价。但这一制度也存在两个很大的弊病：一是企业没有降低成本和提供高质量产品的动力，效率低下，浪费严重；二是从事企业管理的官员会形成利益集团，企业过多地服务于政治目的。因此，各国的公有制企业都存在很大的问题，以至于20世纪80年代后西方各国纷纷采取非国有化行动，把二战后建立的大量的国有企业民营化。我国改革开放后对国有企业也不断地进行改革，但现在依然存在很多问题，需要继续进行深入改革。

11.4.3 垄断必须进行控制吗

从理论上讲，竞争是最理想的市场类型，可以达到最优的产量，避免无谓损失，实现资源的优化配置，但这种竞争模型在现实中是不存在的，不完全竞争才是常态，因此，想通过政府把市场都纠正到竞争市场是不可能的。同时，政府对垄断的干预除了并没有效果之外往往还会带来更严重的问题，比如商品的短缺和政治腐败。所以有很多经济学家认为，对于垄断来讲，最好的方法是让它继续存在，什么都不用做。

垄断是一种市场失灵（见第14章内容），对垄断的管制可能会导致政府失灵，而这种政府失灵可能比市场失灵造成的损失更大。

11.5 小结

我们在本章和上一章中讨论了两种极端的市场类型，虽然这两种极端的类型在现实中极难找到实例，但对这两种市场的分析方法和结论却是非常重要的，不仅适用于这两种市场，也适用于介于这两种市场之间的其他市场类型，比如利润最大化原则、盈亏临界点和停止营业点、市场效率与无谓损失、价格歧视、对垄断的管制等。下一章我们将讨论在现实世界中普遍存在的市场类型：垄断竞争和寡头垄断，对这两种市场类型的分析就是以竞争和垄断这两个市场的特点作为参照的。

延伸阅读

新政治经济学与公共选择理论

新政治经济学又称为西方政治经济学，指的是20世纪70年代以来形成的运用经济学理论研究政治问题的经济学分支学科。它既不同于古典政治经济学，也不同于中国高校普遍开设的马克思主义政治经济学，而是属于新自由主义经济的一个组成部分，新政治经济学中最重要的理论就是公共选择理论。读者如果有兴趣可以自行到 http://www.wdjjlt.org/yl/forum.php?mod=viewthread&tid=1342 上阅览、学习。

关键词

完全垄断市场　垄断　专利　特许经营权　套利　倾销　托拉斯　自然垄断　买方垄断　市场势力　价格歧视

思考题（扫描右侧二维码查看答案参与讨论）

1. 什么是完全垄断市场？其特征有哪些？
2. 形成垄断的条件包括哪些？
3. 如何理解专利制度？
4. 举例说明什么是自然垄断。
5. 什么是买方垄断？
6. 垄断企业的需求曲线与边际收益曲线是什么样的？
7. 垄断企业的短期均衡与长期均衡是什么样的？
8. 为什么垄断企业没有供给曲线？
9. 什么叫价格歧视，价格歧视会在什么条件下发生？
10. 价格歧视分哪三种？各是什么含义？
11. 为什么企业有时会长期在国外以低于国内市场的价格倾销商品？
12. 什么是反托拉斯法？
13. 对自然垄断企业进行价格管制会有什么问题？如何解决？
14. 试对自然垄断企业采取公有制的利弊进行分析。
15. 为什么说有时对垄断企业不作为可能更好？

讨论与应用（扫描各题右侧二维码参与讨论）

1. 以下每个企业都拥有市场势力，请解释其市场势力的来源，并进一步解释什么情况可以打破这种市场势力：
   (1) 学生生活区内的餐厅。
   (2) 市自来水公司。
   (3) 某种治疗癌症专利新药的制造商。
   (4) 微信。
   (5) 一家独家破解了"蓝色妖姬"种植秘诀的花木公司。
   (6) 你所使用的这本《经济学原理》教科书。

2. 假设要在A、B两座城市之间修一条高速公路，需要投资2亿元，后期没有维护费用。下面是在高速公路使用期内收费和通行车辆的列表：

通行一次的价格（元）	通行车次（万次）
80	0
70	100
60	200
50	300
40	400
30	500
20	600
10	700
0	800

(1) 如果由私人公司来修建这条高速公路，其利润最大化的收费价格是多少？该价格所对应的是不是有效率的产量水平？为什么？

(2) 如果该公司追求利润最大化，那它应该修这条高速公路吗？它的利润或者亏损是多少？

(3) 如果由政府出资来修改这条高速公路，那政府应该收取的价格是多少？

(4) 政府应该修建这条高速公路吗？为什么？

3. 你同学刚学完经济学的垄断市场，她对你讲："如果一个垄断的企业找到了某种降低成本的新方法，由于它是垄断企业，那么它就可以不降低价格，从而产出也不会发生变化，这时降低的成本就都转化为企业的利润了。"你同意她这种说法吗？请解释。

4. 请指出下列情况中哪些属于价格歧视并做解释。

(1) 一家超市每瓶水售价为2元，但是你一次性购买1箱12瓶只要18元。

(2) 大学新生入学，某移动通信公司凭录取通知书为新生办理充100送2 000的套餐业务。

(3) 某西点店下午五点时会把当天卖剩下的面包半价出售。

(4) 某洗车场购买水的价格是附近居民区价格的3倍。

(5) 某购物网站实行江浙沪用户包邮。

(6) 学生奖学金分一、二、三等不同的金额发放，并且多数同学得不到奖学金。

(7) 在学校旁边小吃街的各个商户用网络支付方式时会有金额不等的随机奖励。

(8) 某景区对70岁以上老人和在校学生实行半价门票。

(9) 半夜至凌晨的手机移动数据流量收费仅是白天的1/10。

(10) 某牛排店在消费者消费之后赠送面值20元的优惠券。

5. 你在你们学院教学楼里开了一间咖啡厅，在课间为师生提供咖啡。你们学院共有教师100名，学生1 000名。假设老师对每杯咖啡的支付意愿是10元，学生是5元。再假设每杯咖啡的成本为3元，没有固定成本。如果老师和同学在购买和不购买咖啡之间无差别的时候会选择购买咖啡。

(1) 如果你不能实行价格歧视，那你会将每杯咖啡定为什么价格？这时你将赚取多少利润？这时消费者剩余是多少？

(2) 如果你可以实行价格歧视，你将收取什么价格？你将赚取多少利润？这时消费者剩余是多少？

6. 你是否同意以下的说法？为什么？

(1) 在垄断市场中，由于垄断者可以确定价格，因此价格等于边际收入。

(2) 由于垄断企业是该行业中唯一一家企业，因此它可以将产品价格定在任何水平上。

(3) 垄断会造成社会福利的损失，但实行价格歧视时却会使福利增加。

(4) 垄断者的供给曲线总是向右上方倾斜。

(5) 只有没有套利行为时价格歧视才是可

（6）对垄断来说，边际收益总是低于物品的价格。

7. 你是学校学生宿舍区内唯一一个果汁生产者，你知道你的顾客们购买第 1 杯果汁的支付意愿为 10 元，再买第 2 杯时的支付意愿为 5 元，而你每杯果汁的成本为 2 元。他们或者买 1 杯，或者买 2 杯，也可能不买你的果汁。假设在买与不买之间没有差别的时候他们会选择购买。

    （1）如果你不能实行二级价格歧视，你将把果汁的价格定为多少？你能从每位顾客那里得到多少利润？他们的消费者剩余是多少？

    （2）如果你采取一项营销措施——第 1 杯 10 元，第 2 杯半价，每个顾客将从你这里购买多少果汁？你从每位顾客那里得到多少利润？他们得到多少消费者剩余？

8. 新学期开学，小张坐飞机返校，回来后她大发感慨："机票价格太乱啦，一人一个价，同一架飞机上可能都找不到两个票价一样的人。这样乱定票价肯定是不公正和无效率的。"她接着说，"实行这样的定价方案对航空公司肯定有利，据说几年来他们的利润翻了一番。这些增加的利润显然是一种社会的负担。政府应该对航空公司进行管制，应该立法来规定航空公司对同一架飞机的所有乘客收取同样的票价。"

    （1）你觉得航空公司根据乘客的支付意愿会用什么样的标准对乘客进行分类从而收取不同的票价呢？

    （2）航空公司对不同的乘客收取不同的价格肯定是无效率的吗？为什么？

    （3）这种价格歧视引起的利润增加是一种社会代价吗？为什么？

9. 设计一个经济学实验。你和另外 6 名同学模拟一个市场，你是卖方，另外 6 名同学是买方。开始时给这 6 名同学分别发放 6、5、4、3、2、1 元钱，你向他们出售某种商品，只要商品价格低于或等于他们手中的货币他们就会购买此商品。假设这 6 名同学的需求如下表：

价格	1	2	3	4	5	6
需求量	6	5	4	3	2	1

（1）画出这 6 名同学所组成的市场的需求曲线。

（2）如果你被告知你能以每单位 2 元钱的价格生产任意数量的此商品，你的边际成本曲线看起来是什么样的？把你的边际成本曲线画到图中。

（3）根据你画出的需求曲线，画出你的边际收益曲线。

（4）如果你必须标出一个价格并且任何人都可以以此价格购买你的商品，你会定什么价？生产多少产品？

（5）基于你在（4）中选择的价格和产量，消费者剩余是多少？生产剩余是多少？存在无谓损失吗？

（6）如果你被告知现在可以和每个买者私下协商价格，你还会向每个买者收取同一价格吗？为什么？

（7）计算一级价格歧视下的消费者剩余、生产者剩余和无谓损失。

10. 如果政府想让垄断者生产有效率的产量，应该是对其征税还是进行补贴？分别分析征税和补贴的效果，讨论如何可以让垄断的企业达到有社会效率的产量水平。利益相关方垄断者、垄断产品消费者以及其他纳税人对这些政策会有什么态度，支持还是反对？为什么？

第 12 章
CHAPTER12

垄断竞争与寡头

完全竞争市场和完全垄断市场是市场类型中的两种极端情况，这种纯粹的市场类型在现实中都是极难找到的。我们现实生活中的市场类型绝大多数都是处于这两种极端市场类型之间的，是从完全竞争到完全垄断过渡的市场类型，这些市场中有的可能竞争的因素多些，有的可能垄断的因素多些，都属于竞争和垄断的混合体。对这些混合体类型的市场进行的分析更加接近我们现实生活中的实际情况。本章我们就在前两章的基础上对这些现实中的市场类型进行介绍，主要介绍垄断竞争市场和寡头垄断市场这两种类型。

12.1 垄断竞争市场的特征与均衡

我们先来看垄断竞争市场，这是现实生活中最普遍存在的一种市场类型。

12.1.1 垄断竞争市场的特征

垄断竞争市场（monopolistic competition market）指的是一种既有垄断又有竞争，既不是完全竞争又不是完全垄断的市场，是处于完全竞争和完全垄断之间的一种市场类型。其主要特征包括以下几个方面：

- 企业数目众多。垄断竞争市场内企业的数目是比较多的，这使得其存在以下三个方面的特点：

  第一是每个企业占据的市场份额比较小。这样每家企业虽然可以在一定程度上决定自己产品的价格，但对整个市场的平均价格几乎没有影响力。

  第二是市场内没有主导者。企业之间缺乏相互依存性，每个企业都直接关注市场，而不去关注其他的竞争对手，因为每个企业相对来讲都比较小，没有任何一家企业能够左右市场，因此，没有一家企业的行为能够直接影响其他企业的行为。

本章课件

第三是不可能形成勾结行为。由于企业众多，在垄断竞争市场内想达成相互勾结的非法协议，比如订立价格同盟，通过固定价格来获取高利润，是不可能实现的。因为没有人有能力把如此多的企业组织起来并保证每一个企业都不违反协议。

- 产品差异。这是垄断竞争市场最重要、最突出的一个特征，由于这个重要特征，垄断竞争市场又被称为产品差异市场。

    所谓**产品差异**（product differentiation），就是指企业使自己的产品与竞争对手的产品有所不同。他们所生产出来的产品就是彼此之间既有较强的替代性又不可能完全替代的**差异产品**（differentiated products）。这种差异可以是功能、外观、位置、质量或是其他方面的不同，如商标。

    由于存在产品差异，这种既有垄断又有竞争的垄断竞争市场就形成了。这些与众不同的商品会满足一部分消费者的不同偏好，形成企业自己的一个顾客群，在这个顾客群内这个企业就是唯一的供给者，从而就形成了一个垄断市场；但不同企业的同类商品是可以相互替代的，这样就又形成了这些顾客群之间的竞争。由于存在垄断，企业具有一定的价格控制能力，即使涨价顾客也不会全部跑掉；而由于有竞争，企业控制价格的能力又受到了约束，价格的变动会引起顾客在不同的产品顾客群之间的转移。比如在汽车市场，存在宝马、奔驰、奥迪等高档车的不同顾客群，这些顾客各自喜欢某一品牌，如果自己喜欢的品牌价格小幅上涨一般不会去选择其他品牌，但如果价格涨得太大了，就会出现转而购买其他品牌的可能。

- 进入与退出自由。垄断竞争市场没有进入壁垒，企业可以自由地进入与退出，这样就会导致垄断竞争市场上的企业在长期中没有经济利润，因为如果存在经济利润，在长期内就会有其他企业进入，而企业进入的增加就会压低市场价格从而使经济利润消失。如果存在亏损，则会有企业退出，这样又会使产品的市场价格提高从而消除经济损失。因此长期内垄断竞争的企业只是获得正常利润，这一特点与完全竞争的企业是一样的。

12.1.2 垄断竞争企业的短期均衡

垄断竞争市场内的企业所面对的是一条向右下方倾斜的需求曲线，和完全垄断市场的企业类似。这是由于垄断竞争的企业不像完全竞争的企业一样完全不能控制价格而只能接受既定的价格。在完全竞争条件下，如果企业提高价格，企业将会失去所有的客户，而垄断竞争则不会；完全竞争企业在既定的价格下可以出售任意数量的商品，但垄断竞争条件下想出售更多的商品则必须降低价格。与需求曲线向下倾斜相对应，垄断竞争企业的边际收益曲线也是向右下方倾斜的，并且处于需求曲线的下方。

在短期内企业不能调整全部生产要素，不能进入或者退出市场，因此企业只能通过调整可变要素来调整自己的产量，把产量调整到边际收益等于边际成本，即利润最大化的水平。在这一产量水平下企业可能盈利，可能亏损，也可能既不盈利也不亏损，经济利润正好等于0，如图12-1所示。

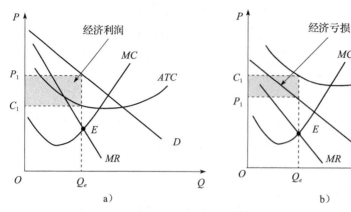

图 12-1　垄断竞争市场短期均衡

图 12-1 表示垄断竞争市场短期均衡的两种情况。在图 12-1a 中，企业的边际成本曲线与边际收益曲线相交于 E 点，确定利润最大化的产量为 Q_e，这时产品的价格（即平均收益）为 P_1，平均成本为 C_1，经济利润可以用图中灰色的矩形的面积来表示。这时企业存在盈利，但由于是短期，其他企业没办法调整全部生产要素进入这个垄断竞争的市场，所以这种经济利润可以维持。

在图 12-1b 中，企业在按照利润最大化原则确定的产量进行生产时，平均成本大于价格，存在经济亏损，由于是短期，企业即使存在亏损也不能够退出市场，因此只要价格高于平均可变成本，企业就必须继续生产下去。

除了获得经济利润和存在经济亏损两种情况外，短期内垄断竞争企业还有一种情况就是既没有经济利润，也没有亏损，只能获得正常利润。读者如果有兴趣可以自行到 https://v.youku.com/v_show/id_XNDA3MzQyOTY5Ng==.html?spm=a2hzp.8253869.0.0 上阅览、学习。

12.1.3　垄断竞争企业的长期均衡

垄断竞争企业在短期中会有获得经济利润、存在亏损和只获得正常利润这三种均衡形式，但在长期内则只有一种均衡，即既没有经济利润也没有亏损，企业只能获得正常利润，如图 12-2 所示。

如果垄断竞争企业在短期中是存在经济利润的，在长期内就会有其他企业进入市场，而新进入市场的企业会从现有的消费者分流一部分，这样原来盈利的企业的需求就会减少，其需求曲线和边际收益曲线向左移动，比如从图 12-1a 中的位置移动到图 12-2 中的位置。这时平均成本曲线与需求曲线相切，平均成本等于价格，经济利润消失了，其他企业也就停止继续进入了。如果短

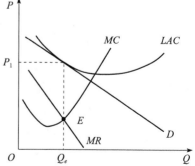

图 12-2　垄断竞争市场长期均衡

期内企业存在亏损，就会发生相反的情况，在长期内现有的企业退出，随着企业的退出其富余出来的消费者就会加入到依然留在市场中的企业的需求当中去，这些企业的需求就会

增加，需求曲线与边际收益曲线会向右移动，比如从图 12-1b 中的位置移动到图 12-2 中的位置，亏损消失，企业停止继续退出。

12.1.4 垄断竞争和完全竞争

垄断竞争市场和完全竞争市场都允许企业自由进入，并且在长期中都只是获得正常利润，那么二者有什么不同之处呢？垄断竞争市场是有效率的吗？

图 12-3a 代表垄断竞争市场长期均衡的情况，图 12-3b 代表完全竞争市场长期均衡的情况。

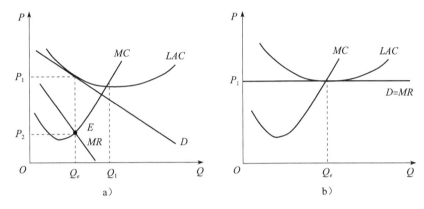

图 12-3 垄断竞争市场与完全竞争市场

在长期中，我们把长期平均成本的最低点所对应的产量称为**有效规模**（efficient scale），实际产量小于这一产量时长期平均成本递减，企业处于规模经济的阶段；大于这一产量时长期平均成本递增，企业处于规模不经济阶段。企业实际产量与有效规模产量之间的差额称为**过剩生产能力**（excess capacity）。从图 12-3 中可以看出，完全竞争市场长期均衡的产量 Q_e 正好是有效规模的产量，这时不存在过剩生产能力；而在垄断竞争市场内，长期均衡产量 Q_e 是小于有效规模时的产量 Q_1 的，因此存在过剩生产能力 Q_eQ_1。存在过剩生产能力就意味着垄断竞争的企业可以继续增加生产，并且在增加生产的过程使平均成本不断下降，那为什么企业不继续增加产量呢？这就是由于继续生产虽然平均成本会下降，但同时销售价格也会下降，并且从图 12-3a 中可以看出，增加产量时成本下降的速度赶不上价格下降的速度，因此对企业来讲，这时增加产量就意味着要亏损，并且产量越大亏损越多，所以企业宁愿在存在过剩生产能力的情况下组织生产，也不愿追求平均成本最低的有效规模的产量。

垄断竞争市场与完全竞争市场的另一个区别就是**加成**（markup），即价格超过边际成本的部分，加成实际上与我们上一章讲到的市场势力是同一个概念。从图 12-3 中可以看出，在长期均衡时完全竞争市场企业的价格等于边际成本，因此不存在加成；而垄断竞争市场的价格 P_1 是高于边际成本 P_2 的，这中间的差额就是加成。既然在长期均衡时价格高于边际成本，那垄断竞争市场内为什么没有新企业加入并且利润是 0 呢？这是由于利润等于总收益与总成本之间的差额，当价格等于平均成本时，其利润就等于 0 了，这时的价格不一定等于边际成本。由于垄断竞争企业长期均衡时平均成本曲线是递减的，而这时的边际成本肯定是低于平均成本的,所以在存在过剩生产能力的情况下,边际成本肯定是要低于价格的,也就是说肯定存在加成。

既然存在过剩生产能力和加成,那垄断竞争市场是不是有效率的呢?

垄断竞争市场存在价格的加成,这使得一些对商品的评价高于边际成本而又低于价格的消费者没有购买此商品,这样就必然导致垄断定价时的无谓损失,因此从这个角度讲垄断竞争是无效率的,但实际上问题并不是这么简单。

首先是产品多样化问题。完全竞争市场的产品都是同质的,没有差别,消费者也没得选择,而多样性可以给消费者带来更高的福利。花同样的钱买到跟别人一样的商品和具有个性与特色的商品所得到的消费者剩余肯定是不一样的,所以与完全竞争市场的需求曲线相比,垄断竞争市场的需求曲线包含额外的消费者剩余,如果把这些额外的消费者剩余减去,消费者的需求曲线就会向下移动,也就是会缩小价格和企业边际成本之间的差距。这样一来,垄断竞争市场里的价格加成可能就没有看起来的这么大了,甚至有可能消失,如果没了价格加成,无谓损失也就不存在了,那么垄断竞争市场可能就是有效率的了。

既然产品多样化对消费者如此重要,那么为什么现实中没有做到完全的多样化呢?这其中的原因就是成本,产品多样性是需要成本的,并且边际成本是不断递增的。当增加一单位的多样性所带来的边际成本和消费者由此得到的边际收益相等的时候,这种多样化的生产就是有效率的。

从另一方面来看,即使垄断竞争市场存在无谓损失,用政策的方式进行管制也是非常困难的,因为垄断竞争市场里的企业数目众多,各种相互有差别的产品数量更是多到不可胜数,如果想强制按照边际成本定价的话,这种管制的成本将是极其高昂的;而如果想通过增加产量来减少无谓损失的话,从图 12-3 中可以看出,这样会使价格低于企业的平均成本,即存在亏损,企业就没法生存了;如果政府用税收对其补贴,也会导致税收的无谓损失,这样就又陷入了自然垄断时政府管制的困境。因此,垄断竞争虽然不能像完全竞争那样有效率,但政府也很难找到一种简单的政策去加以改善。

快乐学习

小说《黑色幽默经济学》

作者:[日]橘玲　　　　　　　　　　　　　　　　　　　　　　译者:朱悦玮

出版:中信出版社 2010 年 7 月出版

故事梗概:相貌奇特的噩梦三太郎博士精通哲学、经济学、数学、物理、生物等多个学科,在海外取得了十余个学位。现在已经年逾古稀的噩梦博士决定要倾尽自己毕生所学来拯救天下众生,帮助生活陷入窘迫的人走出困境。于是他在日本新宿歌舞伎町的风化街上开办了一个提供免费咨询服务的"噩梦研究所"。一个支持噩梦博士的皮条客在工作的间隙经常帮博士散发一张写着"免费咨询,绝望的人请到噩梦博士这里来!"以及研究所简要位置地图的传单,为噩梦博士招徕客人。

来到噩梦博士的研究所进行咨询的人有一个共同的特点:都是社会生活的失败者,比如借高利贷的年轻人、性命堪忧的黑道毒贩、在学校遭遇集体欺凌的小学生、靠骗术生存的传销员、自我矛盾的女孩等。噩梦博士运用自己渊博的知识给每一个前来咨询的人进行咨询服务，并且开出了充满黑色幽默的处方。处方 1：运用行为经济学的前景理论化解你的多重负债危机；处方 2：运用博弈论的囚徒困境解决你的利益冲突问题；处方 3：运用社会网络理论的马太效应助你摆脱被欺凌的弱势处境；处方 4：运用社会心理学的互惠原理揭穿传销员的骗术；处方 5：运用哥德尔不完备定理找到真正的自我。

这些前来咨询的人由于自己对黑色处方进行选择而进一步陷入困境，但到后来峰回路转，都获得了较好的结局。

包含的经济学原理：本书作者橘玲是日本著名的经济小说作家，毕业于早稻田大学。2002 年，橘玲推出其处女作《洗钱》即获得瞩目，被媒体赞誉为"深入了解金融知识的作者所写的惊天动地的'合法的'逃税小说"；同年出版的《捡黄金羽毛，变成有钱人》畅销 30 万册，被誉为"新世纪的资本论"；2006 年出版的《永远的旅行者》入围第 19 届山本周五郎奖。其他作品还包括《有利的生活》《在下雨的星期天思考幸福》《成为富豪的黄金羽毛的拾得方式》《为防止日本国家破产的资产守护指南》等。

小说中噩梦博士用经济学的原理分析咨询者所遇到的问题，然后依据经济学理论开出相应的处方，所以这部小说更多的不是介绍经济学的原理本身，而是注重利用原理分析和解决问题。并且他开出的处方也有不同的选项，不同的选择会导致不同的结果，这里也突显了经济学理论对人的生活的影响。

除了运用经济学理论外，本书还是一本构思精巧、语言幽默的讽刺小说，以有趣的手法剖析我们头脑中的思考盲点与日常生活中的经济烦恼，具有较强的可读性。

12.2　广告与品牌

差异性会给消费者带来更多的选择从而提高其福利水平，这些差异有些是实质性的，比如同是小轿车的奥迪和奥拓的差异。但有些产品差异却让人莫名其妙，比如，据报道中国药品命名混乱，最多的同一种药品竟然有 64 个不同的名称。不管商品之间的差异是不是真实的，企业总是想办法让消费者相信这种差异，总是力图把自己的产品塑造成独一无二的，这样企业就可以有更强的市场势力以获得更多的经济利益。企业强调自己产品差异的手段有很多，其中最主要的就是广告和品牌，而这些问题在经济学中一直存在争议。

12.2.1　广告

完全竞争市场是不用做广告的，这是由于广告都是在强调自己产品的差异性，没有企业做广告时会说我们的产品跟别人的完全一样。做广告的目的是使消费者在当前价格下购买更多数量的某种商品，因此做广告的企业都是拥有一定市场势力的企业，由于他们的价格高于边际成本，在现有价格下多卖一件商品他们的利润就可以增加，而完全竞争的企业在既定价格下可以卖出任意数量的商品，自然就没有动力去做广告了。所以我们会看到，义乌小商品城会做广告,但商品城中的某个商户不会做广告。

广告的花费是巨大的,比如 2016 年中央电视台春节联欢晚会开场前 30 秒的广告为乐视集团以人民币 7 199 万元购得,平均每秒 240 万元。这么巨大的广告投入是不是一种社会资源的浪费呢?这些广告对于增进消费者的福利水平有没有帮助呢?

对广告持批评态度的经济学家认为:首先,企业广告的目的在于操纵人们的偏好。很多广告并不是传达商品的质量、价格等信息,而是对消费者进行心理暗示。广告实际上创造了一种并不存在的欲望。这种广告之所以能够取得成功,就是在于消费者并不是像经济学家假设的都是理性的,很多时候可能头脑一热就购买了自己并不一定需要的商品。

其次,广告抑制了竞争。有些广告可能过分夸大了产品的差异,这种对产品特性的宣传往往会使得消费者忽略了价格方面的差异。这种对产品差异的强调会增强消费者对产品的忠诚度,形成较小弹性的需求曲线,而这样又使得企业可以收取高于边际成本的价格,增加利润。另外,巨额的广告费还可以提高门槛,阻止潜在的竞争者进入,从而起到维护现存企业利益的作用。

然后,广告有可能隐瞒信息。广告会告诉你一些有关产品的信息,但也会隐瞒一些信息,而往往隐瞒的信息对消费者更加关键,对决策帮助更大。

再次,容易导致广告战。如果垄断竞争市场中有一家企业进行大规模的广告投入,其他企业也可能会跟进,这样就可能会引发广告战。如果有一家企业不参与这种竞争可能就会遭受损失,因此不得不应战。

最后,广告本身也可能成为社会成本。不管是电视、报刊、网络还是户外,到处充斥着广告,让我们在获取有用信息的时候要同时忍受很多没用的信息,浪费大量的时间和精力,这也是一种成本。

但也有很多经济学家持肯定的态度。

首先,广告可以向消费者传递商品的有关信息,而信息是经济活动参与者进行决策的依据,这些信息有助于消费者对不同的商品进行比较与选择,从而使消费者能购买到自己最中意的商品,以提高福利水平。从这个角度来看,广告可以提高市场配置资源的能力与效率。

其次,广告可以促进竞争。通过广告消费者能够更充分地了解市场上的企业,可以货比三家,更容易地了解企业之间的价格差,从而使得企业没办法利用消费者的信息不完备而制定更高的价格,这样就使得企业的市场势力变小了。另外广告还可以使得新企业更容易进入市场,通过广告可以让消费者快速地了解自己的产品,从现在企业的顾客中吸引自己的客户。

然后,广告可以充当消费者了解产品的间接信号。在消费者对商品的信息缺乏足够的了解的时候,广告有可能成为一种了解商品信息的间接信号,企业肯拿出大笔的钱来做广告,在一定意义上讲,这代表企业可能更有实力、更成功,消费者按广告来选择商品也许不是一种不理性的行为。

12.2.2 品牌

品牌是企业为了让消费者在意识中识别其产品并与其他商品区分开来所使用的名字。现实当中品牌往往是企业拥有的最重要的资产，而企业也会尽最大努力保护自己的品牌，不允许其他企业未经允许冒用。

品牌和广告有着密切的联系，而经济学家对品牌的态度同样也是矛盾的。

对品牌持批评态度的人认为，许多情况下有没有品牌的商品其实差别并不是很大，同样的商品贴上商标后可能就身价倍增。因此，品牌会使消费者感觉到可能实际上并不存在的产品差别，对品牌的偏好可能反映了消费者的非理性，而品牌也使企业获得了不合理的市场势力。

而对品牌持赞成态度的经济学家则从两个方面为品牌进行了辩护，认为这是保证消费者购买到高质量商品的一种重要方法。

首先，品牌向消费者提供了在购买前不易判断的商品信息。有些商品在消费之前是很难判定其品质的，而品牌就提供了一种品质保证，这使得消费者不用去想方设法事先考察商品的品质，从而节约了大笔的品质考核的成本。

其次，品牌向企业提供了保持高质量的激励。企业培育一个品牌需要花费巨大的成本，当品牌形成之后，企业必然也会极力地维护，否则一旦品牌倒掉了，前期的付出就白费了。因此，企业有动力保证每一件产品的高质量，因为一旦质量出了问题，企业的损失要比消费者的损失大得多。这也是消费者相信品牌的一个重要原因。

由此可见，品牌在一定程度上可以节约成本。对企业而言，品牌可以促使消费者反复购买，培养客户忠诚度，维持自己的市场势力，对消费者而言，品牌则可以节约对商品进行品质考核的成本，获得高质量的保证。

快乐学习

电影《电子情书》

上映时间：1998 年 12 月 18 日　　　　　　　　　导演：诺拉·艾芙隆
出品国家：美国　　　　　　　　　　　　　　　　出品公司：华纳兄弟电影公司

故事梗概：凯瑟琳·凯莉（梅格·瑞恩饰）是一家小书店的老板，这家小书店是她从母亲那里继承来的，已经有 40 多年的历史了。乔·福克斯（汤姆·汉克斯饰）是大型连锁书商福克斯企业的第二代，一个偶然的机会，两人在网上相识，他们通过电子邮件成为除了自己真实身份以外无所不谈的网友。

在凯瑟琳书店的不远处开了一家大型连锁书店，老板正是乔。受此影响，凯瑟琳书店的生意开始下滑，她心烦意乱开始向网友乔进行倾诉，而乔则对他进行安慰和鼓励。由于双方不问细节的约定，他们彼此并不知道对方的身份，因此两人白天因为生意竞争而互怼，夜晚又通过邮件聊天互诉衷肠。随着聊天的进行，两人的感情也不断升温，最后双方约定见面。乔发现凯瑟琳就是自己的网友 Shopgirl，震惊之余没有公开赴约，但从此从一个全新的角度去认识凯瑟琳，只是不知该如何让凯瑟琳知道自己就是她的网友 NY152。

乔开始有意识地接触凯瑟琳，随着接触的增加，现实中的两个人开始彼此理解、相恋。最后凯瑟琳的小书店终于倒闭了，而两个人的爱情也升华了。

包含的经济学原理：图书竞争市场是一种垄断竞争市场，而垄断竞争企业的最大特征就是产品差异。因此电影中凯瑟琳在发现她的小书店旁边新开了一家连锁书店的时候，她并不是很悲观，她认为可以凭借差异化使自己的书店继续生存下去。

凯瑟琳的小书店已经开了 40 多年，与附近的客户建立了良好的关系，她了解客户的口味并尽量予以满足，她在书店内开设了小型会客厅，孩子们可以舒适地阅读，并且她还会给孩子们讲故事，以自己渊博的知识为客户荐书和提供个性化服务，这些都是大型的连锁书店所无法复制的。

但她的这些差异化并不可能长久地与福克斯图书超市长期并存。因为福克斯有庞大的供应链，具有规模经济的特征，这种市场势力是凯瑟琳所不具备的。福克斯图书品种丰富，可以满足不同人的各种需求、可以提供大幅度的折扣，还可以销售各种延伸的相关产品，如笔记本、笔等。时间一长，即使是凯瑟琳最忠诚的客户也会忍不住去福克斯逛逛，如果凯瑟琳没有进一步创新，差异化很难维持。

最后凯瑟琳的书店被挤垮了，这时的市场实际上已经变成垄断或者寡头垄断市场了，而在寡头垄断市场内，产品差别是可有可无的，差异化竞争的效果就大大降低了。

12.3 寡头垄断市场的特征与模型

与垄断竞争市场一样，寡头垄断市场也是处于完全竞争与完全垄断之间的一种过渡的市场类型。与垄断竞争市场相比，寡头垄断市场离完全竞争市场更远而离完全垄断市场更近一些。实际上在现实当中区分垄断竞争市场与寡头垄断市场是很难的，二者并没有明确的划分标准与界限，寡头垄断市场也是现实中常见的一种市场类型。

12.3.1 寡头垄断市场的特征

寡头垄断市场（oligopoly market）又称寡头市场，指的是少数卖者面对众多买者的市场。在寡头市场上某种产品的绝大部分供给由屈指可数的几家大企业控制，每个大企业在相应的市场中占有相当大的份额，对市场的影响举足轻重，这有限的几家大企业就称为寡头。

寡头市场的特征主要包括以下几个方面：

- 企业的数目极少。市场上只有少数几家企业，如果只有两家企业则称为"双头市场"。这少数的几家企业就控制了整个行业，每一家企业都是举足轻重的，都对市场的价格具有较强的影响力。
- 利害关系直接，相互依存。由于企业的数目非常少，每家企业的决策都会对其他企业产生影响,同时每家企业也都会受到其他企业决策的影响,因此他们之间是相互依存的。相对于消费者而言,寡头们更加重视其他寡头的动向,在做决策时必须把其他寡头的反应考虑在内。寡头市场内的企业既不是价格制定者更不是价格接受者,而是价格寻找者,要寻找到一个在其他寡头做出相应反应条件下对自己最有利的价格。

- 产品差别可有可无。有些寡头的产品是没有差别的,这叫纯粹的寡头,如钢铁、水泥、化工产品等;有些寡头的产品是有差别的,这叫有差别的寡头,如汽车、电器、香烟、服务等。纯粹寡头相互依存度更高,而有差别的寡头的依存度要低一些。
- 进出市场比较困难。与垄断市场一样,寡头市场也存在强大的进入壁垒以避免新的进入者威胁原有的企业,这些进入壁垒包括政府特许、对重要资源的控制、专利以及规模经济等。

12.3.2 寡头垄断企业的价格与产量决策

由于寡头市场内的企业相互依赖性强,不像竞争和垄断的企业可以依据 $MR = MC$ 的利润最大化原则来实现其决策均衡,他们的价格及产量受到其他寡头的影响,他们在决策的时候必须预先考虑竞争对手的行为,因此我们不能够把一个寡头企业与其他企业孤立起来考察其决策。寡头市场的分析是一种非常困难的事情,没有一个能把各种情况考虑进来的统一理论分析模型。读者如果有兴趣可以自行到 https://v.youku.com/v_show/id_XN-DA3MzQzMTkyOA==.html?spm=a2hzp.8253869.0.0 上阅览、学习。这里我们简单地介绍几个有关寡头市场的分析。

1. 古诺模型

古诺模型(Cournot model)又称为古诺双寡头模型(Cournot duopoly model),是由法国经济学家古诺(Antoine Augustin Cournot,1801—1877)于1838年提出来的。模型假设:市场上有A、B两家生产和销售相同商品的企业,他们的生产成本为0;他们面对的市场需求曲线为线性的,并且两个企业都准确地了解需求曲线;这两家企业都是在已知对方产量的前提下来确定自己利润最大化的产量,也就是说每家企业都是用自己的产量去消极地适应对方的产量;市场价格由两个企业的产量共同决定。

现在我们假设刚开始的时候只有一家企业A进入市场,那么它将选择占有整个市场容量的1/2来提供自己的产量,因为在没有成本的情况下,这样它才能实现利润最大化,如图12-4所示。

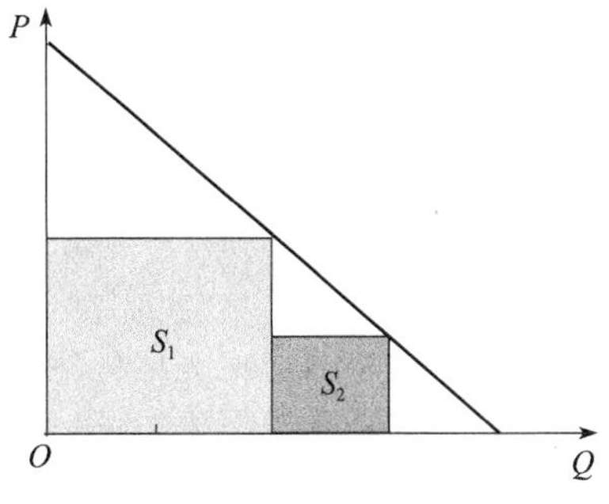

图12-4中 S_1 代表最先进入的企业A的利润,S_2 代表企业B的利润这个直角三角形 POQ 的内接矩形在其底边长等于三角形底边长1/2的时候面积是最大的。第二个企业B进入市场的时候,由于企业A已经占有了市场的1/2,给它留的市场容量只有1/2了,它就要按照剩余市场容量的一半来提供产量,因为只有这样它才能实现利润最大化,也就是说它要提供整个市场容量的1/4。而当企业B占有了市场容量的1/4之后,企业A所面对的市场就只剩下3/4了,那么它为了实现利润最大化就要调整产

图12-4 古诺模型

量，按照剩余市场容量的一半，即 3/8 来提供产量。这样 B 所面对的市场容量就是 5/8 了，它也要按照这个市场容量的一半，即 5/16 提供产量……于是两家企业不断调整自己的产量，最终每个企业都占有整个市场容量的 1/3 的时候就都实现了利润最大化，因为这时每个企业都面对 2/3 的市场容量，都按其一半，即 1/3 提供产量，整个市场就实现了均衡。

古诺模型还可以推论到多于两个企业的情况，假设市场上有 n 个企业，当每个企业都占有 $1/(n-1)$ 的市场容量的时候市场就实现了均衡，这样每个企业都按照自己面对的市场容量的一半来提供产量。

2. 拐折的需求曲线模型

拐折的需求曲线模型（kinked demand curve model）又称为**斯威齐模型**，是由美国经济学家斯威齐（Paul Marlor Sweezy，1910—2004）在 1938 年提出来的。这一模型主要用来解释寡头市场的价格黏性，即寡头更多时候是进行非价格竞争而极少进行价格竞争的现象。

在寡头市场内，当一家寡头调整价格的时候可能会有两种情况：一种是其他寡头也跟随它调整，所有企业的价格同时同比例变动；另一种是其他寡头不跟随它调整，只有它自己的价格发生变化。相应地，这家寡头也会面临两条不同的需求曲线，如图 12-5 所示。

图 12-5 中的 D 曲线代表一家寡头调整价格，别的寡头也随它调整时这家寡头所面对的需求曲线，由于大家一起调整价格，所以一家寡头降价不会吸引来其他寡头的客户，涨价它的客户也不会流失，需求曲线只反映了现有消费者的需求规律。这时的需求曲线比较陡峭，弹性比较小，我们称之为客观需求曲线；d 曲线则代表这家寡头调整价格而别的寡头不随它调整时的需求曲线，由于只有一家寡头调整价格，那么除了原有的消费者会改变购买数量外，还会出现消费者在寡头之间的流动，当这家寡头单独降价时，其会把别的寡头的顾客吸引过来，当它涨价时，它原有的顾客会流失到其他寡头那里去。所以这条需求曲线比较平坦，弹性较大，我们称之为主观需求曲线。

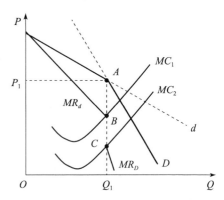

图 12-5 拐折的需求曲线模型

在寡头市场上，各个寡头对别的寡头的调价行为一般是跟跌不跟涨，也就是说，当一家寡头降价的时候，别的寡头会一起降价，以防止自己顾客被率先降价的寡头抢走，而当一家寡头涨价的时候，别的寡头都会按兵不动，然后等着瓜分涨价寡头因此流失的顾客。这样，寡头市场里的企业所面对的其实就是一条拐折的需求曲线。从图 12-5 中的 A 点开始，如果这家寡头涨价的话，它所面对的就是主观需求曲线 d，没人会跟随它涨价，它的顾客大量流失，需求量迅速减少；而当它从 A 点降价的时候，别的寡头会跟随它降价，它的需求量也增加得并不多。因此这家寡头面对的需求曲线就由 A 点以上的 d 曲线和 A 点以下的 D 曲线构成，即形成一个拐折形状的需求曲线。

A 点以上的需求曲线 d 所对应的边际收益曲线为 MR_d，A 点以下的需求 D 所对应的边际收益曲线为 MR_D，由于寡头面对的需求曲线是拐折的，那么它的边际收益曲线就是断开的，

由 A 点以左的 MR_d 和 A 点以右的 MR_D 构成，从图 12-5 中可以看出，MR_d 在 A 点代表的产量 Q_1 上的值为 Q_1B，而 MR_D 的值为 Q_1C，这两个点并没有连在一起，所以这家寡头的边际收益曲线就断开了。这样，当寡头的边际成本处于 B、C 两点之间时，按照利润最大化原则 $MR=MC$ 确定的产量就都是 Q_1，此产量与需求曲线共同确定的价格就是 P_1。因此，当寡头的边际成本在 MC_1 至 MC_2 之间变动的时候，它就没必要去调整产量和价格了。这样就解释了寡头市场内的企业极少进行价格竞争，即存在价格黏性的原因。

3. 非价格竞争

寡头市场里面的企业极少进行价格竞争，而是运用价格之外的手段来争取消费者，比如通过广告宣传，强调产品的差异性，不断创新产品或提高现有产品的性能、质量等。

寡头们极力避免价格竞争，除了前面讲的拐折需求线模型所提示的价格黏性的原因之外，还有一个原因就是这些寡头都是规模比较大的企业，一旦开始价格竞争，很难分出胜负来，谁也不可能把谁吞掉，结果肯定是两败俱伤。

4. 价格领袖

寡头市场避免进行价格竞争的一种策略就是**价格领袖**（price leadership），又叫价格领先，指的是行业内一家企业制定出价格，然后其他企业进行跟随。由谁来制定价格一般都是行业长期形成的习惯或达成的默契。通常情况下，充当价格领袖的企业主要有这样三类：

（1）支配型。支配型企业是指由寡头市场中占支配地位的企业根据利润最大化原则确立产品的售价，其余规模小一些的企业根据已确立的价格确定各自的产销量。

（2）成本最低型。成本最低型企业是指由成本最低的寡头按利润最大化原则确定其产销量和销售价格，而其他寡头也将按同一价格销售各自的产品。

（3）晴雨表型。晴雨表型企业是指寡头市场中，某个企业在获取信息、判断市场变化趋势等方面具有公认的特殊能力，该企业产品价格的变动起到了传递某种信息的作用，因此其他企业会根据该企业产品价格的变动而相应变动自己产品的价格。

5. 卡特尔

价格领袖制是一种不存在串谋情况下寡头市场避免价格竞争的策略，另外还有一种策略就形成了**卡特尔**（cartel），即由一系列生产相同或类似产品的独立企业所构成的垄断组织，他们在生产、销售过程中保护统一的集体行动，目的是提高该类产品价格和控制其产量。卡特尔是英文单词 cartel 的音译，其原意是协议、同盟的意思，所以这种垄断组织实际上是生产或销售某一同类商品的企业，为垄断市场，获取高额利润，通过在商品价格、产量和销售等方面订立协定而形成的同盟。参加这一同盟的成员在生产、商业和法律上仍然保持独立性。

卡特尔是一种串谋行为，这是寡头市场中一种特例。这些寡头通过形成卡特尔采取共同的行为，实际上类似形成了一个大的垄断企业，这样就把寡头市场变成了垄断市场。卡特尔把参与的企业看成一个整体，它以扩大整体利益作为它的主要目标，追求的是所有参与企业组成的整体的利润最大化，而不只是其中一家或部分企业的利润最大化。他们在卡特尔内部将订立一系列的协议，来确定整个卡特尔的产量、产品价格，指定各企业的销售额及销售区域等。当前最成功的卡特尔就是**石油输出国组织**（Organization of Petroleum Exporting Countries，OPEC，即欧佩克）。

卡特尔组织是极不稳定的，导致其不稳定的因素主要有两个：

第一，潜在进入者的威胁：卡特尔把价格维持在较高水平上，使得这一行业变得更有利可图，这样必然会吸引更多的新企业进入这个市场，而新企业进入后，可以通过降价扩大市场份额，此时卡特尔要想继续维持原来的高价就很不容易了。

第二，卡特尔内部成员所具有的欺骗动机：当其他企业的生产数量和价格都不变时，一个成员企业偷偷地增加产量将会获得额外的巨大的好处，这会激励成员企业偷偷增加产量。如果每个成员企业都偷偷增加产量，显然市场总供给大量增加，市场价格必然下降，卡特尔限产提价的努力将瓦解。如果不能有效解决这个问题，卡特尔最终将解体。

12.4 囚徒困境与寡头市场

作为一种应用日益广泛的分析工具，博弈论在经济学的研究中占有了越来越重要的位置，尤其是在寡头市场的分析当中成了不可或缺的一种方法。**博弈论**（game theory）研究的是当自己的目标实现需要取决于他人的行动的时候，他们应该如何决策。读者如果有兴趣可以自行到 https://v.youku.com/v_show/id_XNDA3MzQzNTIzMg==.html?spm=a2hzp.8253869.0.0 上阅览、学习。

12.4.1 囚徒困境

囚徒困境（prisoner's dilemma）是博弈论的非零和博弈中具有代表性的例子，其反映了个人最佳选择并非团体最佳选择，最早由美国普林斯顿大学数学家阿尔伯特·塔克（Albert Tucker）1950年提出来。阿尔伯特·塔克当时编了一个故事向斯坦福大学的一群心理学家们解释什么是博弈论，而这个故事后来成为博弈论中最著名的案例。

故事是这样的：甲、乙两个人在街上偷了一辆汽车后被警察抓住，警察怀疑他们还有其他的共同犯罪行为，比如抢劫银行，于是就把二者分开进行审讯，不允许他们交流信息。警察对甲讲："根据你们两个现有的犯罪行为每人可判1年刑，但我们掌握了你们的其他犯罪罪行，如果你能坦白交代，而你的同伙不坦白的话，我们就可以因为你立功而无罪释放，但你的同伙会被判10年刑；但如果你的同伙坦白了而你不坦白，则判你10年而他无罪释放；如果你们两个都坦白了，就各判8年。"然后，警察对乙也讲完全一样的话。这样两个人就面临一个难题，到底是坦白还是不坦白，并且他们之间不能进行交流，只能自己做出决策。他们所面对的各种选择及选择的结果可用图12-6来表示。

图12-6称为**支付矩阵**（payoff matrix），是博弈论理论中一个常用的分析模型，它表示参

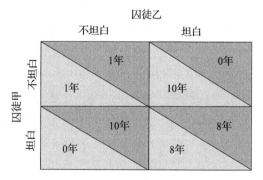

图12-6 囚徒困境

与博弈的两个或多个人的策略行为以及因此带来的利润或效用的矩阵图形。利润或效用就称为支付,可以是正数,也可以是负数。在图 12-6 的支付矩阵的左侧表示囚徒甲的选择,上部表示囚徒乙的选择,他们每个人都有坦白和不坦白两个选项,共组成了 4 种可能,用图中的 4 个矩形代表,在每一个矩形中,左下角浅灰色三角形中的数字表示囚徒甲的刑期,右上角深灰色三角形中的数字代表囚徒乙的刑期。

我们先来看囚徒甲,由于他不知道囚徒乙的选择是什么,因此他必须在假设对方各种不同的选择的条件下来分析自己选择的结果。首先假设对方选择了不坦白,那么自己如果选择不坦白会获刑 1 年,而选择坦白则会当庭释放,很明显选择坦白对自己有利;而如果对方选择了坦白,自己选择不坦白会获刑 10 年,选择坦白则是获刑 8 年,依然是坦白对自己有利。也就是说,不管对方是选择坦白还是不坦白,自己选择坦白是最有利的结果。这种与其他竞争对手可能采取的策略无关的最优选择,称为**占优策略**(dominant strategy)。对于囚徒乙来讲也是面临同样的情况,不管甲坦白还是不坦白,乙选择坦白是对自己最有利的结果。因此,作为理性的人来讲,两个囚徒最终都会选择坦白这一对自己最有利的结果。

但从两个人的总体来看,他们每个人都选择对自己最有利的选项的时候,得到的却是最坏的结果,两人一共被判刑 16 年;而同时选择对自己不利的选择的时候反而是最好的结果,两人共判刑 2 年。并且在两个人都做出对自己最有利的选择后都没有动力去做其他的选择了,因为改变选择会让自己变得更坏。这就是著名的囚徒困境,这一理论对亚当·斯密的"看不见的手"的理论提出了挑战:每个人做出最理性的选择反而使总体利益最坏。

12.4.2 双寡困境

从上面囚徒困境模型中我们可以看到,一个人选择的结果不仅取决于自己的选择,而且还取决于博弈过程中其他参与者的选择。在寡头市场也是一样,因此我们也可以用博弈论来分析寡头的行为。

假设在某一地区有两家大型的饲料加工厂:A 集团和 B 集团,他们两家企业供应着当地养殖业所需要的大部分饲料,形成一个双寡头市场。对于这两家企业来讲,他们如果向市场提供的产量高,就会压低饲料的价格,而如果限制饲料的产量就会因为价格的提高而增加利润,因此他们就会有限产保价的激励。

两家企业为了提高利润最简单的方法就是进行串谋,**串谋**(collusion)指的是企业间就市场份额或承诺不相互竞争而达成的协议。串谋的最强形式就是卡特尔,通过确定每家企业产量的方式来实现利润最大化。在这种情况下,即使双方都同意产量的分配数量,每家企业也会有动机生产比协议数量更多的商品以使自己获得更大的利润,所以这种协议往往是不稳固的,见图 12-7。

假设两个集团有以下两种产量可以选择:

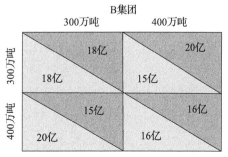

图 12-7 双寡困境

300万吨和400万吨，两家企业的产量之和决定价格，他们各自的决策及对应的收益情况如图12-7所示，在每一个小矩形中左下角浅灰色三角中的数字代表A集团的利润，右上角深灰色三角形中的数字代表B集团的利润。

假设两个寡头之间没有串谋勾结，对A集团来说，如果B集团选择提供300万吨的产量，那么它提供300万吨可得利润18亿元，提供400万吨可得利润20亿元；如果B集团选择提供400万吨的产量，那么它提供300万吨可得利润15亿元，提供400万吨可得利润16亿元。因此无论A集团做出哪种选择，它的最佳选择都是提供400万吨的产量。对B集团来讲也是一样，不管A集团选择多少产量，它提供400万吨都是理性的选择。因此，两个寡头就陷入了囚徒困境中，从自己的利益出发做出理性选择却得到了最坏的结果。

如果两个寡头之间存在串谋，那么他们就会把产量都定为300万吨，这样可以使双方都获得最大的利润。但这种联盟可能是不稳定的，因为在对方产量不变的时候任何一方如果把产量增加到400万吨，都可以使利润从18亿元增加到20亿元，他们双方都有破坏协议的动力，所以这种串谋得以实现的条件就是双方都要认真遵守协议。

12.5 小结

本章讨论的垄断竞争市场和寡头垄断市场统称为**不完全竞争市场**（imperfectly competitive market），即有竞争因素，不属于完全垄断，但又有垄断因素，不属于完全竞争的市场类型。这是现实生活中最常见的两种市场类型。运用本章的理论就可以解释我们生活中遇到绝大多数市场现象和市场行为。下一章我们将讨论生产要素市场，这种市场与我们现在分析的产品市场既有很多相同之处，又有很多不同之处。

延伸阅读

好玩的博弈故事

博弈论现在越来越多地运用到经济学等各门学科的研究当中，已经成了经济学理论体系的一个重要组成部分，但是提起博弈论，人们都会认为是很高大上的概念，充满神秘感，会觉得很难懂。其实并不尽然，在我们的生活中处处充斥着博弈，我们可以从一个个具体的事例中去认识博弈论、学习博弈论。本文就给大家带来几个非常有趣的博弈论的小故事，如智猪博弈、海盗分金、数字游戏、枪手的博弈、旅行者困境等。读者如果有兴趣可以自行到 http://www.wdjjlt.org/yl/forum.php?mod=viewthread&tid=819 上阅览、学习。

关键词

垄断竞争市场　产品差异　有效规模　过剩生产能力　加成　寡头垄断市场　古诺模型　拐折的需求曲线模型　价格领袖　卡特尔　博弈论　囚徒困境　支付矩阵　占优策略　串谋　不完全竞争市场

思考题（扫描右侧二维码查看答案参与讨论）

1. 什么是垄断竞争市场？其特征有哪些？这些特征中哪一个是最重要的？
2. 什么叫产品差异？产品差异如何导致垄断竞争的形成？
3. 垄断竞争市场由于企业的数目众多会导致垄断竞争市场存在什么特点？
4. 垄断竞争企业的短期均衡有哪些情况？长期均衡呢？长期均衡是如何实现的？
5. 试分析比较垄断竞争市场和完全竞争市场。
6. 垄断竞争市场是无效率的吗？
7. 为什么完全竞争企业不做广告而垄断竞争企业做广告呢？
8. 经济学家批评广告的观点有哪些？赞成广告的观点有哪些？
9. 经济学家批评品牌的观点有哪些？赞成品牌的观点有哪些？
10. 什么是寡头垄断市场？其特征有哪些？
11. 简述古诺模型。
12. 简述拐折的需求曲线模型。
13. 为什么寡头企业不进行价格竞争呢？
14. 什么叫价格领袖？什么样的企业有可能担任价格领袖？
15. 什么是卡特尔？导致卡特尔不稳定的因素是什么？
16. 简述囚徒困境。
17. 举例说明双寡头困境。

讨论与应用（扫描各题右侧二维码参与讨论）

1. 请判断下列企业为哪种类型的市场，完全竞争、垄断竞争、寡头垄断还是完全垄断？说明你的理由。
   (1) 皮鞋、服装厂。
   (2) 种大棚蔬菜的农民。
   (3) 香烟厂。
   (4) 快递、物流公司。
   (5) 婚丧嫁娶仪式上的乐队。
   (6) 航空运输公司。
   (7) 钢铁厂。
   (8) 房地产开发公司。
   (9) 义乌小商品市场。
   (10) 移动通讯公司。
2. 垄断竞争行业的边际收益有可能为负吗？正在垄断竞争市场内销售产品的企业的边际收益有可能为负吗？为什么？
3. 下列每一个特征的描述是完全竞争企业还是垄断竞争企业，或者两个都是，或者两个都不是，请解释。
   (1) 与其他企业销售的产品相同。
   (2) 边际收益低于价格。
   (3) 长期中可获得经济利润。
   (4) 长期均衡时的产量小于平均成本最低点的产量。
   (5) 短期均衡时边际收益等于边际成本。
   (6) 收取的价格高于边际成本。
   (7) 长期均衡时不存在无谓损失。
   (8) 与竞争对手利益关系直接。
4. 一位同学问了如下问题："我能够理解完全竞争条件下的企业为什么在长期内无法盈利，因为他们收取的价格与其边际成本是相等的，但在垄断竞争市场里的企业为什么在长期内也不能持续获得利润呢？他们收取的价格可是高于其边际成本的啊。"
   你如何对她解释这个问题呢？
5. 随着网络购物的兴起，出现了诸如淘宝、京东、拼多多等网购平台，集中了大量的商家，同时也形成了海量的网购一族。
   (1) 网购更接近于完全竞争

市场还是垄断竞争市场?
(2) 按照理论分析,销售同样商品的不同商家会收取相似的价格,为什么会有这样的结论呢?
(3) 虽然上述结论是符合逻辑的,但实际上销售同样商品的不同商家收取的价格其实并不一样,有的还有较大的差距,你如何解释这一现象呢?

6. 夏天的西瓜市场是一个完全竞争市场,但后来某公司为自己的西瓜注册了商标,并把商标贴在每一个西瓜上。
   (1) 他们这样做的目的和结果是什么?这样做对他们有什么好处?
   (2) 社会能够从有品牌的西瓜中得到什么好处?社会的损失又是什么?

7. 你同意如下的观点吗?为什么?
   (1) 广告和品牌是一种社会资源的浪费,如果不保护品牌,禁止做广告,那么我们的社会福利就会增加。
   (2) 由于垄断竞争企业在长期内价格等于平均成本并且是零利润,所以垄断竞争企业是有效率的。

8. 张姐在学校旁边开了家眼镜店,她每天的总固定成本是400元,平均可变成本是每副眼镜10元。由于位置偏僻,她每天只能卖出10副眼镜,每副眼镜的售价是50元,此时利润达到最大值。
   张姐相信,如果每天她拿出500元来做广告,她就可以扩大眼镜店的市场,每天可以卖出25副眼镜,每副的价格仍是50元。如果张姐对广告效果的预测是准确的,那么:
   (1) 通过广告,张姐能增加自己的经济利润吗?为什么?

(2) 如果她做广告,那在她的产量点上平均总成本是上升还是下降?
(3) 她是应该继续每副眼镜卖50元,还是应该涨价或者降价呢?

9. 人们在购买商品时,往往乐意为具有知名品牌的商品支付更高的价格,比如服装、家用电器、食品饮料等。
   (1) 这是消费者非理性的行为吗?
   (2) 品牌是如何帮助消费者的?
   (3) 品牌是如何改变生产者的行为的?
   (4) 禁止品牌为什么会是无效率的?

10. 为什么寡头竞争市场内相互依存非常重要,而在完全竞争市场、完全垄断市场和垄断竞争市场中却不如此重要?

11. 石油输出国组织"欧佩克"是最成功的卡特尔之一,它在十多年间成功地将世界石油价格提高到远远高于本来会有的水平。其他成功地提高了价格的国际卡特尔还有:在20世纪70年代中期,国际铝矾土联合会将铝矾土价格提高到4倍;而一个秘密的国际铀卡特尔提高了铀的价格。一个被称为水银欧洲的卡特尔将水银价格保持在接近于垄断水平;而另一个国际卡特尔一直都垄断着碘市场。可是,大多数卡特尔都没能提高价格,一个国际铜卡特尔一直运作到今天,但它从未对铜价有过显著的影响。还有试图抬高锡、咖啡、茶和可可的价格的卡特尔也都失败了。
    (1) 什么是卡特尔?
    (2) 什么叫"恶性竞争"?竞争对消费者来讲通常是不利的吗?
    (3) 哪些因素可以有助于卡特尔成功,哪些因素会减少卡特尔成功的可能性?

12. 假设有四家最大的生产食用油的企业决定

串谋,根据每年食用油的需求状况,他们决定供给量以维持某一特定的价格。
(1) 他们是古诺模型的一个例子吗?为什么?
(2) 在什么条件下卡特尔会取得成功?
(3) 是在长期固定一个价格的条件下还是在每年调整一次固定价格的条件下这些企业更可能违约?为什么?

13. 在一个小镇上,只有两家面馆:春风面馆和飘香面馆。但这两个面馆的卫生状况并不令人满意,他们通过整顿改善自己的卫生状况,但也要投入相当数量的投资。

假设目前每家面馆每年的盈利均为 7 万元,如果他们改善其卫生状况可以吸引更多的顾客,但同时也要支付相应的清洁成本。假设支付卫生成本后每家面馆的利润还剩 5 万元。但如果只有一家清洁店面而另一家不清洁,则顾客就会都到清洁的一家去就餐,其利润增长到 12 万元,而肮脏的一家则将亏损 3 万元。
(1) 画出两家面馆的支付矩阵,标出其策略清洁或者肮脏,并且给出其不同选择下的收益情况。
(2) 每家面馆的占优策略是什么?
(3) 你认为双方博弈的结局是什么?为什么?
(4) 如果只有一家面馆改善卫生状况,得到的利润不是 12 万元而是 6 万元,其他的支付不变,那结果又是如何呢?如果两个面馆存在串谋,又会有什么样的结果?请解释。

14. 亚当·斯密在 1776 年出版的《国富论》中写道:"做相同生意的人为了娱乐消遣很少在一起聚会,但最终会在对付公众或抬高价格的密谋中交流。"亚当·斯密所描述的是 18 世纪他所处的年代盛行的市场结构,这段话暗示了什么?为什么?

15. 2016 年 12 月 10 日石油输出国组织(欧佩克)和非欧佩克产油国石油部长在维也纳宣布达成减产协议。这是经过数月艰苦的磋商谈判终于达成的 8 年来的第一个减产协议,而欧佩克与非欧佩克国家之间则是 15 年以来首次达成减产协议。根据协议,欧佩克承诺每天减产 120 万桶;俄罗斯等 11 个非欧佩克产油国承诺每天减产 55.8 万桶,其中俄罗斯每天减产 30 万桶。协议的达成为全球市场带来利好,12 日国际油价和股市出现大幅上扬。北海布伦特原油价格一度上涨 6.5%,达到每桶 57.89 美元,为 18 个月来的最高水平。而年初油价曾跌落至 30 美元以下,创 13 年来新低。
(1) 为什么欧佩克要达成减产协议?
(2) 为什么欧佩克 8 年以来都没有达成过减产协议,而这次又经过了数月谈判才达成协议?
(3) 为什么欧佩克要与非欧佩克国家共同进行谈判?非欧佩克国家为什么也会同意减产?
(4) 2017 年 5 月欧佩克 6 个月的限产协议到期之后又决定延期 9 个月到 2018 年 3 月底,后来又进一步延长至 2018 年年底。但限产协议并没有扭转世界油价下行的趋势,你认为这是什么原因呢?欧佩克还有没有可能通过限产来提高油价?

16. 小蓝车和小红车是两家共享单车公司,他们计划向某一县级城市投放共享单车。经过调查和测算,他们得出的结论是:如果每个公司各向该市投放 1 万辆单车则可以实现他们共同利润的最大化,每年 20 万元,两家企业各得 10 万元;如果其中一方投入 2 万辆另一方投入 1 万辆，投入 2 万辆的公司则可以获得 15 万元的经济利润，投入 1 万辆的公司将有 5 万元的经济亏损；如果两家公司各投入 2 万辆，他们的经济利润就都为零。

(1) 画出他们的支付矩阵。

(2) 他们各自的占优策略是什么？最终能达到什么样的均衡？

17. 请说明串谋可以使企业福利增加的原因。既然串谋可以让企业变得更好，那么，为什么没有实现每一个行业都建立一个卡特尔呢？

18. 某教授在经济学课上设计了一个实验，在讲台上放了 A、B 两个箱子，让每位同学把总额 100 元的钱分别投入到两个箱子中，可以把 100 元全部投入 A 或者 B，也可以以任意比例把 100 元分成两份 分别投入两个箱子中，投钱的比例是秘密的，只有自己知道。下课后 A 箱中的钱会按照各自投入的数额退还每一个人，而 B 箱中的钱教授则按总额再加上 20% 的奖励平均分给每位同学。全班共有 100 名学生。

(1) 一名同学在下课的时候最多可以拿到多少钱，最少可以拿到多少钱？

(2) 如果全班事先开个会讨论，你认为他们会采取什么样的策略？

(3) 如果不允许同学们事先进行沟通，同学们会采取什么样的策略呢？

(4) 你认为你的最佳策略是什么？

(5) 你下课后能拿到多少钱主要取决于投入哪个箱子里的钱？

(6) 如果 A 箱代表私人市场，B 箱代表公共产品（我们将在后面的章节中讨论），你认为应该如何解决公众产品投入不足的问题？

第 13 章

生产要素市场

前面几章我们讨论了物品与劳务市场,即产品市场,除此之外还有一种市场——生产要素市场。这两类市场都是介于企业和家庭这两大经济主体之间的,企业从要素市场上购买来自己所需要的各种生产要素,在内部通过要素的结合生产出各种物品与劳务来,然后在产品市场上出售以获取收益;而家庭则是在要素市场上出售自己所拥有的各种生产要素以获取收入,然后在产品市场上购买自己所需要的各种物品与劳务完成消费活动。本章我们就对生产要素市场进行简单的介绍,主要包括生产要素的需求和供给,以及收入与平等问题。

13.1 生产要素的需求

企业的**生产**(produce)指的是将投入转化为产出的活动,或是将生产要素进行结合以制造产品的活动。因此企业要完成生产活动首先必须要购买生产要素,这就形成了要素市场上的需求。

13.1.1 要素需求的特点

生产要素指的是企业在生产过程中的投入品,主要包括劳动、土地和资本三种基本类型。劳动要素指的是生产过程中人的脑力和体力的总和;土地要素与我们日常理解的土地不太一样,其不仅仅是指地球上整个地表本身,还包括地表以上及以下的动植物、矿藏等,实际上其指的是在生产过程中投入的所有自然资源;资本指的是生产出来的不是直接用于消费,而是用于生产其他物品与劳务的各种东西,比如机器设备、厂房、原材料、半成品等。除了这三种基本的生产要素之外,还有一些其他的生产要素类型,比如管理者才能(指企业管理者经营企业的组织能力、管理能力与创新能力等)、信息、科学技术等,但这些都可以归类于上述三种基本生产要素之中,属于这三种基本生产要素的具体表现形式。

企业对生产要素的需求与消费者对商品的需求不一样,一般来讲有如下两个特点:

第一，**引致需求**（derived demand）。引致需求又称为派生需求，是由于消费者对企业产品的需求派生出了企业对生产要素的需求。消费者需要企业生产的产品，企业为了生产这些产品就需要生产要素，因此企业对生产要素的需求是间接的，是由消费者的需求引致的。企业购买生产要素本身并不是目的，目的是通过运用这些生产要素生产出产品来满足消费者的需求以获得利益，所以企业对生产要素的需求是有条件的，这个条件就是要使自己的利润实现最大化，多少数量的生产要素可以让企业的利润达到最大，企业就会购买多少数量的生产要素。

第二，**联合需求**（joint demand）。一般来讲，生产活动需要两种及两种以上的生产要素才能进行，单一的生产要素是生产不出物品或劳务来的。所以企业对生产要素的需求也不可能是单一的，而是两种或两种以上，并且企业对这些生产要素的需求是有一定比例的，对一种要素的需求与对另一种要素的需求的数量是密切相关的。

13.1.2 企业生产要素需求曲线

本章我们讨论要素需求有两个假设条件：一是假设市场是完全竞争市场，包括生产要素市场和企业产品市场；二是假设企业的目标是利润最大化，企业会根据利润最大化原则来确定自己的要素需求量。

利润最大化原则为边际收益等于边际成本，企业对生产要素的需求也要遵循这一原则。

生产要素给企业带来的边际收益我们可以用边际收益产品价值这个概念来表示。**边际产品价值**（value of marginal product，VMP）是指在其他条件不变的前提下，企业增加一单位要素投入所增加的产品的价值，也就是最后投入一单位的生产要素给企业带来的收益。其值的计算就是最后一单位生产要素生产的产品数量（即边际产量）乘以企业最后一个产品带来的收益即边际收益：

$$VMP = MP \cdot MR \tag{13-1}$$

我们知道，在完全竞争市场内，企业的边际收益等于价格，式（13-1）就可以写为：

$$VMP = MP \cdot P \tag{13-2}$$

由于在完全竞争市场内企业只能接受既定的价格，即价格 P 是一个常数，那么 VMP 的变化就取决于 MP 的变化了。我们曾经在第 9 章介绍了边际报酬递减规律，在合理投入区间内，企业连续投入某一种生产要素，随着投入数量的增加，最后投入的一个单位的生产要素带来的产量（即边际产量）MP 是递减的，那么，VMP 也就必然是递减的，如图 13-1 所示。

在图 13-1 中，横轴代表生产要素的数量，这里我们表示劳动 L 的数量，纵轴 C 代表成本。MP 曲线为要素的边际产量曲线，它是向右下方倾斜的。VMP 代表边际产品价值曲线，等于边际产量 MP 乘以产品价格 P。VMP 曲线与

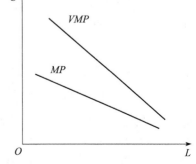

图 13-1 边际产量与边际产品价值

MP 曲线的关系取决于产品价格，如果价格 $P>1$，则 VMP 曲线位于 MP 曲线上方并且斜率大于 MP；如果 $P<1$，则 VMP 位于 MP 曲线的下方倾斜小于 MP；如果 $P=1$，则 VMP 与 MP 曲线重合。但由于 MP 曲线是向下倾斜的，不管作为常数的 P 值为多少，VMP 曲线肯定也是向右下方倾斜的。

如果产品市场是不完全竞争市场，那么产品的边际收益 MR 就不等于价格 P，并且是递减的，那么 VMP 等于 MP 与 MR 两个递减的数相乘，其结果 VMP 曲线会以更大的倾斜向右下方倾斜。

企业使用生产要素的边际成本就是企业增加一个单位要素的使用所增加的成本。在完全竞争的要素市场内企业面对的要素价格是既定不变的，所以企业增加一单位生产要素使用所增加的成本就是要素价格。

企业使用生产要素的原则就是边际产品价值等于生产要素价格，只有这时企业才能够实现利润最大化。如果二者不相等，企业通过调要素的使用量就可以使利润增加，这说明二者不相等时利润还没有实现最大化，还有增长的空间，我们可以以劳动要素的作用情况来进行分析，假设劳动的价格工资为 W。

当 $VMP>W$ 时，企业雇用最后一个工人所得到的收益高于其工资，这个工人给企业带来了净利润的增加，显然这时企业应该继续增加工人的雇用。随着雇用工人的数量增加，劳动的边际产品价值会递减，最后一个工人给企业带来的利润增加量会越来越小，但只要还可以使利润增加企业就应该继续增加工人的数量，直到 $VMP=W$，这时再增加工人数量已经不能再使企业的利润增加了，企业就没必要再增加工人的雇用了。

当 $VMP<W$ 时，企业雇用最后一个工人带来的收益小于其工资，说明这个工人给企业带来了亏损，使企业利润下降，显然企业就不应该雇用这个工人，解雇他反而会使亏损减少、利润增加。但随着雇用工人数量的减少，企业边际产品的价值会递增，但只要它还低于工人的工资，继续减少工人就仍有利可图，只有到了二者相等的时候，继续减少工人的数量才不会再增加利润了，企业也就不需要继续解雇工人了。

只有在 $VMP=W$ 时，企业的利润能够达到最大化，这时企业不管是增加还是减少工人的数量都不可能使利润增加，这时工人的数量就固定下来了。因此，$VMP=W$ 就是企业确定生产要素需求量的原则。由此，我们就可以得到企业的要素需求曲线，如图 13-2 所示。

图 13-2 中，我们用横轴代表劳动量，纵轴代表工资率，向右下方倾斜的 VMP 曲线就是企业劳动要素的需求曲线。假如价格为 W_0，企业应该雇用的劳动数量就是 L_0，因为这时劳动要素的边际收益 VMP 和边际成本 W_0 正好相等，企业利润实现最大化。在这一价格下如果劳动雇用数量大于或小于 L_0，企业都是不能实现利润最大化的，比如在 $L_2>L_0$ 时，边际产品价值为 W_2，小于边际成本 W_0，这时劳动要素存在边际亏损，只要减少雇用量即可减少亏损增加利润，所以这时企业就会减少工人的雇用数量直到 L_0；而在 $L_1<L_0$ 时，

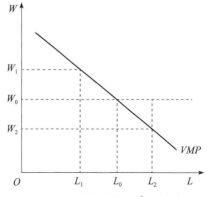

图 13-2 边际产品价值与要素需求

边际产品价格 W_1 大于边际成本 W_0,这时劳动要素存在边际利润,只要增加劳动的雇用量,企业的利润就会增加,所以企业就会增加工人的雇用数量直到 L_0。因此,W_0 工资率下企业对劳动的需求量就是 L_0,同理,W_1 工资率下的需求量就是 L_1,W_2 工资率下劳动的需求量就是 L_2。VMP 曲线就表示在各种可能的工资率下企业对劳动的需求量,也就是说,这就是企业劳动要素的需求曲线。

上面我们分析的是企业劳动要素的需求曲线,而企业对其他生产要素的需求曲线也是同样的。读者如果有兴趣可以自行到 https://v.youku.com/v_show/id_XNDA3MzQzOTExMg==.html?spm=a2hzp.8253869.0.0 上阅览、学习。

13.1.3　市场生产要素需求曲线

我们在前面讲产品市场的时候指出,把每一个需求者的需求曲线在水平方向上相加就可以得到市场的需求曲线,但对于要素的需求曲线来讲,我们却不能这样简单地相加。

VMP 曲线只是企业从自己的生产和收益情况出发形成的对要素的需求曲线,并没有考虑外部市场的情况,当把市场的因素考虑进来之后,情况会发生一定的变化。具体来讲,当要素价格上涨的时候,企业会根据自己的边际产品价值曲线来减少要素的需求,而要素的减少就意味着产量的减少,当市场内各家企业都由于要素价格上涨减少要素需求而导致产量减少时,市场上的供给就会减少,在需求不变的情况下产品的价格就会上涨。由于产品的价格上涨,生产要素的边际产品价值就会提高,而产品边际价值的提高又会导致企业购买更多的生产要素。这样就会出现要素价格上升→要素需求减少→产量下降→供给减少→产品价格上升→边际产品价值上升→要素需求增加的变化过程,从而使得要素价格上涨导致的要素需求减少的效果大打折扣,实际上减少的数量并没有企业 VMP 曲线所显示的那么多。同样的道理,当要素价格下降时,企业对要素需求增加的数量也没有其 VMP 曲线所显示的那么多。结果,在考虑了市场的因素后企业要素需求曲线要比其 VMP 曲线的斜率更小,如图 13-3 所示。

在图 13-3 中,假设开始的时候劳动要素的价格为 W_0,需求量为 L_0,当价格上涨到 W_1 的时候,按照企业的边际产品价值曲线,其需求量会减少到 L_1,但由于市场上产品供给下降导致价格上涨,企业的边际产品价值会提高,从而对劳动要素的需求实际上减少不到 L_1,而只是减少到 L_2;同样,当劳动要素价格下降的时候,企业对劳动的需求量也不是像 VMP 曲线所显示的增加到 L_4 而只是增加到 L_3。因此在考虑产品市场价格变动的因素后,企业要素需求曲线实际并不是 VMP 曲线,而是斜率更大一些、需求弹性更小的 d 曲线。

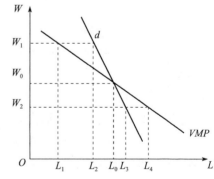

图 13-3　考虑市场因素的要素需求曲线

我们把要素市场上每个企业的需求曲线在水平方向上相加就可以得到市场的需求曲线,如图 13-4 所示。

图 13-4a 表示单个企业的生产要素需求曲线,图 13-4b 表示市场的需求曲线。假设市场

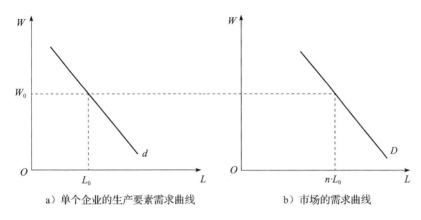

图 13-4 从企业要素需求曲线到市场要素需求曲线

上一共有 n 个相同的企业,我们把这 n 个企业的需求曲线相加就得到市场需求曲线,如在 W_0 价格下每个企业的需求量是 L_0,那么 n 个企业的需求量就是 $n \cdot L_0$。

13.1.4 影响要素需求的因素

导致要素需求发生变化的因素主要有产品价格变动、技术进步以及其他要素供给的变动。

决定企业对生产要素需求的是边际产品价值,而边际产品价值等于要素边际产量与产品价格的乘积,在边际产量不变的情况下,产品价格就决定了边际产品价值的大小。当产品价格上升时,要素的边际产品价值就会增加,在要素价格不变的条件下企业就会更多地购买要素,也就是说企业的要素需求增加了,要素需求曲线向右移动。

技术的进步也会影响企业对生产要素的需求。技术进步可以分为两种类型,一种是增加劳动要素需求的,一种是减少劳动要素需求的。有些技术进步可以提高劳动生产率,使得劳动的边际产品价值提高,从而导致对劳动要素需求的增加,需求曲线向右移动;而有些技术进步则可能会减少对劳动的需求,如工业机器人的使用就会降低劳动的边际产品价值,导致劳动曲线向左移动;另外新技术还可能带动新产业和新职业的出现和发展从而增加对劳动要素的需求,同时淘汰一些产业和职业,减少对劳动的需求。比如在电脑刚刚兴起时就诞生了一种新的职业——打字员,而随着电脑的普及,这一职业已经不复存在。很明显,从技术进步的长期发展过程和趋势来看,增加劳动需求的技术进步是占主流的,这从工人工资一直在不断提高而就业量并没有相应下降的事实中就可以得到印证。

生产要素相对价格的变化也会影响要素需求。由于要素的需求是一种联合需求,各种生产要素的数量应该遵循一定的比例,而要素相对价格变化就有可能改变这一比例,从而导致要素的需求发生变化。比如我国改革开放初期的民工潮,农民工工资非常低,很多企业就用手工代替自动化设备以节约成本,资本要素的需求就比较低;而近些年由于民工荒的出现,工人工资大幅度提高,浙江、江苏、广东等省都开始了"机器换人"的行动,对资本要素的需求不断增加。

快乐学习

小说：《夺命的冷漠：奇案中的经济学》

作者：[美] 马歇尔·杰文斯　　　　　　　　　　　　　译者：石北燕

出版：机械工业出版社 2008 年版

故事梗概：由美国某企业家成立的基金会有意购买著名经济学家马歇尔的故居，邀请哈佛经济学教授斯皮尔曼来到风景如画的剑桥协助。没想到购房计划还未谈妥，与斯皮尔同行的企业家就受到了神秘的攻击，差点丧命。紧接着，同样有意购买该故居的主教学院院长被人以骇人听闻的手法谋杀，使购屋之行危机重重。斯皮尔曼教授开始参与案件的调查，他运用经济学原理抽丝剥茧、解开谜团，但当真相即将水落石出时，具有最大作案嫌疑的一个戏剧女演员也被杀害，从而使案件再次陷入困境。斯皮尔曼教授继续寻找线索，深入分析罪犯的言行与心理，运用经济学原理进行缜密分析，与真凶斗智斗勇，甚至不惜冒着生命危险与残酷冷血的杀手面对面展开搏斗，最后终于将真相公之于众。

包含的经济学原理：这是马歇尔·杰文斯关于斯皮尔曼教授经济学探案系列小说"奇案中的经济学"的第三部，前两部分别为《边际谋杀》和《致命的均衡》，台湾出版时译为《夺命曲线》，与前两部的名字相呼应，并体现出了经济学的特色。本书延续了之前的文风和写作手法，大量的经济学原理和有趣的历史穿插在对话、讲座以及破案的过程中，让读者在阅读侦探小说的同时学习经济学。

小说中斯皮尔曼教授在剑桥大学做了一场《关于计划经济的未来》的演讲，演讲中斯皮尔曼大谈市场经济的好处，他认为只有市场经济才能满足人们多样化的需求，计划经济虽能保证人人得到东西，但因于没有选择，人们并不能得到他们最想要的东西，即不能实现资源的最优配置。他认为计划经济是不可能胜过市场经济的，但为什么还有那么多的知识分子支持计划经济呢？从利己性出发，我们不难找到答案。因为在计划经济下，那些知识分子是中央计划者，作为计划经济的受益者，他们当然不希望这种体制改变。他说："人总是会把自己的利益放在第一位，知识分子也不例外。在一个计划经济体系中，必须有人来负责指挥全局，而知识分子认为他们就是该负此责任的人，他们会获得成功的地位和声望。"

小说在故事叙述中恰到好处地引用了"供给需求""信息不对称"等经济学理论知识，还普及了边沁、马歇尔、亚当·斯密的一些古典经济学的观点，并且结合了一些经济学历史。书中还提到了商品需求和供给中的替代和互补问题，在破案中运用了逆向选择的原理，斯皮尔曼教授还多次提到庇古总是重复的宣言，"一切尽在马歇尔"，每一个行为总可以在马歇尔的《经济学原理》中找到解释。

13.2　生产要素的供给及价格

企业对各种生产要素的需求是非常类似的，但不同的生产要素的供给却各具特色。

13.2.1 劳动要素的供给与工资率的决定

劳动是进行生产活动的重要因素，也是我们大多数人所能够提供的最主要的生产要素，通过劳动获得工资收入可能是我们最重要的生活来源。

消费者在提供劳动的时候通常受到很多条件的制约，其中最重要的制约因素就是时间。一个人一天只有 24 小时，但这 24 小时不可能全部用来劳动，其中必须有一定的睡眠时间，这是人的生理需要。我们假设必需的睡眠时间为 8 小时的话，那么剩下的 16 小时就消费者可以自由支配的时间。我们可以将这 16 个小时分为两个部分：一是劳动时间；二是用来吃饭、消费、娱乐、健身、学习等的时间，我们称为闲暇时间。闲暇时间也可以称为劳动要素的"保留自用"，而劳动时间则称为要素供给。消费者就是要在劳动时间与闲暇时间之间进行权衡和取舍，而这种选择就决定了其劳动供给的数量。

在确定劳动时间和闲暇时间的比例的时候，消费者同样会遵循效用最大化的原则，也就是要使自己的边际收益等于边际成本。消费者从闲暇中可以得到效用，通过劳动获得货币收入也可以得到效用，这些效用同样适用边际效用递减规律。消费者就是要通过比较这两种效用在边际上的得失来决策是增加一个单位时间的劳动从而减少闲暇，还是相反。当消费者决定增加一个单位的闲暇时间的时候，他就会相应减少一个单位的劳动时间，而这一个单位的劳动时间的工资收入就是他增加的这一个单位闲暇时间的机会成本，比如如果一小时间劳动的工资为 20 元，那么他增加一小时闲暇时间的机会成本就是 20 元。

在工资率比较低的时候，消费者会提供较少的劳动，因为这时闲暇的机会成本比较低。如果工资率提高了，闲暇的机会成本也就提高了，闲暇对消费者来讲就变贵了，消费者就可能会减少闲暇时间，增加工作时间；但增加工作时间是有限度的，不可能一直增加，所以当工资率提高到一定程度时，劳动时间就不可能再继续提高了，毕竟消费者不可能把 16 个小时的自由支配时间都拿来工作；如果工资率继续提高的话，消费者提供的劳动时间有可能会减少，这是由于随着收入的提高，消费者也会把更多的收入用于消费，而消费需要时间，因此就会减少劳动时间增加闲暇时间。所以，随着工资率的提高，劳动的供给量一开始会增加，增加到一定程度之后就不可能再增加了，然后又开始减少，劳动供给曲线表现为一条向后弯曲的曲线，如图 13-5 所示。

对于图 13-5 中这种特殊的劳动供给曲线，我们可以用替代效应和收入效应进行解释。替代效应指的是一种商品的价格发生变化导致这种商品与其他商品之间的相对价格发生变化，从而使消费者多买便宜商品而少卖贵的商品，即两种商品之间发生替代的现象。由于工资率上涨了，闲暇就变得昂贵了，消费者就会减少闲暇的消费，相应地，劳动供给就会增加；收入效应指的是价格变动引起

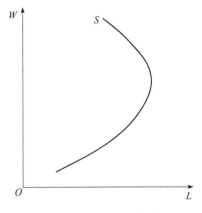

图 13-5　劳动供给曲线

实际收入的变动，进而由实际收入的变动导致对商品需求发生变动的现象。由于工资率上

涨了，消费者的实际收入增加了，这样消费者对商品的需求就会增加，包括对闲暇的需求增加，相应地，对劳动的供给就会减少。

在工资率比较低的时候，劳动供给比较少，闲暇相对比较多。与低工资率相适应，此时的闲暇边际效用也较低，这时如果工资率提高的话，就相当于提高了闲暇的机会成本，增加收入带来的边际效用的增加比较大，而牺牲闲暇导致的边际效用损失比较小，所以替代效应比较显著；同时由于劳动供给比较少，所以工资率的提高给消费者带来的总收入的增加额也会比较小，因此收入效应并不明显。所以，在工资比较低的时候，替代效应会大于收入效应，随着工资率的提高，劳动供给会增加，供给曲线向右上方倾斜。

在工资率比较高的时候，劳动供给比较多而闲暇相对较少。与高工资相适应，此时闲暇的边际效用也会比较高，这时如果提高工资率的话，消费者收入提高所产生的边际效用的增加就会比较有限，而如果放弃闲暇，产生的边际效用的损失就比较大，同样，如果增加闲暇，所产生的边际效用也会比较大，因此这时工资率再提高所导致的替代效应就不明显了；同时由于劳动供给比较多，工资率的提高会使消费者的收入提高得比较多，收入效应就显著。所以在工资率比较高的时候，收入效应大于替代效应，随着工资率的提高，劳动的供给会减少，供给曲线发生弯曲向左上方倾斜。

把劳动要素的需求曲线和供给曲线放到一起就可以得到劳动市场的均衡状况，如图13-6所示。

图13-6中，劳动的供给曲线与需求曲线相交于 E 点，这就是劳动市场的均衡点，这时的均衡工资率为 W_0，均衡就业量为 L_0。如果现实中的工资率高于均衡工资率，就会导致失业；低于均衡工资率，就会导致劳动供应不足。

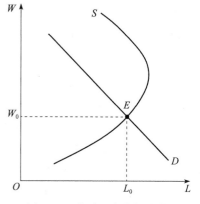

图13-6 劳动要素市场均衡

13.2.2 土地要素的供给与地租率的决定

企业对土地生产要素的使用可以有两种方式：一种是买即获得所有权，这时的要素价格称为源泉价格；另一种是租即获得土地的使用权，这时的要素价格称为服务价格。我们在这里只讨论土地要素的服务价格，即地租率。企业对土地要素的需求与对劳动要素的需求一样，也是取决于要素的边际产品价值。

土地要素的供给可以分为自然供给和市场供给两种类型，自然供给又称为物理供给，指的是地球所能提供给人类社会利用的各类土地资源的总量，包括已利用的土地资源和未来可利用的土地资源。这个数量是固定的，不会随着地租的变化而变化；市场供给又称为经济供给，指的是经过人类的开发之后可直接用于生产、生活的各种用途土地的有效供给。这个数量是可变的，从长期来看会随着经济发展和土地开发过程增加，但在短期内数量是稳定的。

与劳动者的时间类似，土地所有者的土地也可以分为保留自用和要素供给两部分。但土地的保留自用或者说消费性使用只占整个土地使用的极其微小的一个部分，基本上可以忽略不计，因此在分析土地要素的供给时一般都是假定土地所有者自用土地的效用为 0。这样，作为消费者的土地所有者想要得到最大效用就必须实现土地收入的最大化，也就是尽可能多地提供自己拥有的土地。因此，不管地租是多少，土地所有者都会把自己拥有的土地租出去，土地的供给曲线就是一条垂直于横轴的直线，如图 13-7 所示。

图 13-7 中的横轴代表土地要素的数量，纵轴代表地租率，土地供给曲线 S 就是从现有土地存量出发的一条垂线，其表明不管地租率怎么变化土地的供给都是不变的。

需要注意的是，这里土地供给不变并不是因为土地的自然供给固定，而是因为我们假设土地只有一种用途，也就是其机会成本为 0。这时即使地租率再低，土地所有者也不可能把土地改作其他用途，所以土地的供给是不变的。其实由此我们可以得到一个更一般的结论：凡是只有一种用途、机会成本为 0 的资源的供给曲线都是垂直的，供给弹性为 0。

把土地的供给曲线和需求曲线结合在一起就可以得到土地市场的均衡，如图 13-8 所示。

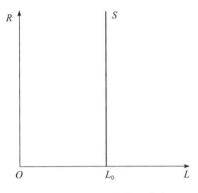
图 13-7　土地要素供给曲线

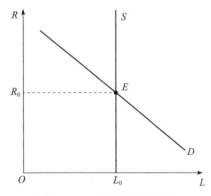
图 13-8　土地要素市场均衡

从图 13-8 中可以看到，土地的供给曲线与需求曲线相交于 E 点，这时均衡地租率为 R_0，地租总量为 OR_0EL_0。由于土地的供给不变，而随着经济发展人们对土地的需求却在不断地增加，土地需求曲线向右上方移动，因此从长期来看地租率会不断上升。

土地的使用价格称为地租，地租的存在是由于土地的供给数量是固定不变的。在现实中有很多资源的供给也可以看成是固定不变的，如专利技术、人的天赋才能、明星的歌喉长相甚至官员的权力等，对这些供给数量不变的一般资源的服务价格我们可以称为**租金**（rent）或者简称为**租**。地租只是租金的一种形式，是土地这种资源的租金。

租金是供给数量不变的资源的报酬，这种供给数量不变既可以是长期的也可以是短期的。有些生产要素尽管在长期中可变，但在短期中却是固定的。经济学上把短期内供给固定的要素的报酬，也就是固定供给量的生产要素的收益称为**准租金**（quasi-rent）。从数量上来看，准租金等于总收益减去总可变成本之后的余额，我们可以通过图 13-9 来进行分析。

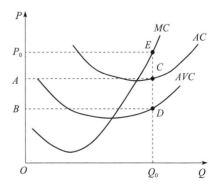
图 13-9　准租金

图 13-9 中我们假设价格为 P_0，则均衡产量为 Q_0，这时的总收益为 OP_0EQ_0，在均衡产量 Q_0 时的平均可变成本为 DQ_0，总可变成本为 $OBDQ_0$，那么准租金就为 BP_0ED。如果从准租金内减去固定成本 $BACD$，则得到经济利润 AP_0EC，所以准租金其实就是总固定成本与经济利润之和。当经济利润为 0 时，准租金就等于总固定成本，而当存在亏损的时候，准租金就会小于总固定成本。

生产要素的收入可以分为两部分：一部分是其机会成本，即用于其他用途可得的收益；另一部分是**经济租金**（economic rent），这一部分收入与要素的用途无关，从要素收入中减去这一部分并不影响要素供给，从数额上看它等于要素收入减去机会成本，相当于生产者剩余，如图 13-10 所示。

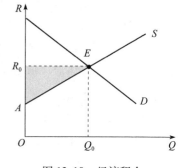

图 13-10　经济租金

图 13-10 中要素需求曲线与供给曲线相交于 E 点，OR_0EQ_0 为要素收入。要素供给曲线 S 相当于要素所有者的支付愿意，是要素所有者所能接受的要素的最低收入，如果收入低于此水平，要素所有者将把要素转作他用，所以 $OAEQ_0$ 即为 OQ_0 数量要素的机会成本。图中灰色区域三角形 AR_0E 就是经济租金。

经济租金的大小与要素供给曲线的斜率有关，斜率越大则经济租金就越高，当斜率变成无穷大，即供给曲线变成垂线时，所有要素收入就都变成经济租了，这就跟前面讲的地租一样了，因此地租只是经济租金的一种特殊形式；而当供给曲线的斜率变为 0，即成为水平线后，经济租金就消失了。

13.2.3　资本要素的供给与利息率的决定

与劳动和土地要素并列的资本要素指的是由经济制度生产出来的用于生产其他产品的物品。资本的价格也可以分为源泉价格（即购买资本品的价格）和服务价格（即租用资本品的价格）。我们在这里只讨论服务价格，因为即使企业购买来资本品，实际上在使用过程中也存在一个服务价格的问题，即我们在第 9 章讲的隐性成本。

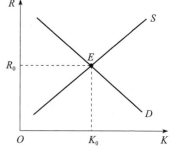

图 13-11　资本要素市场均衡

由于资本是可以生产出来的，它的供给就与劳动和土地的供给不一样，资本要素的供给者可以根据价格的变化调整资本要素的供给量，其目的是实现利润最大化。这样资本所有者会依据资本的边际成本来确定供给，供给曲线与需求曲线共同决定资本的价格，即利息率，如图 13-11 所示。

图 13-11 表示资本要素市场均衡的情况，资本要素的需求曲线与供给曲线共同决定的资本的利息率为 R_0。需要指出的是，资本并不仅仅包括实物资本，同时也包括货币资本，而货币资本的供给就是公众的储蓄，也是利率的函数，因此上面的分析同样适用于货币资本。关于货币资本的问题，我们在以后的章节中还会继续讨论。

快乐学习

电影《反托拉斯行动》

上映时间：2001 年 1 月 12 日　　　　　　　　　　导演：彼得·休伊特
出品国家：美国　　　　　　　　　　　　　　　　出品公司：米高梅电影公司

故事梗概：米罗（瑞安·菲利普饰）是个充满理想和正义感的年轻人，一个名副其实的电脑天才，其编程思路和水平几乎无人能比。他有一个漂亮的画家女朋友爱莉丝（克莱尔·弗兰妮饰）。米罗正在与好朋友泰迪创办自己的公司时接到了硅谷一个拥有数亿美金资产的大公司 NURV 老板加里·文斯顿（蒂姆·罗宾斯饰）的电话。加里想要邀请他和泰迪加盟。

加里是硅谷的一个传奇人物，他看中了米罗的天赋，而米罗加入 NURV 后不仅可以获得丰厚的报酬，并且在这种大公司里更有利于实现自己的理想，于是米罗决定投入 NURV 的怀抱。泰迪对此不以为然，他认为加里是一个贪得无厌的垄断者。

米罗与新搭档（瑞切尔·蕾·库克饰）的出色合作得到了加里的赏识，加里经常向他提供一些天才的高水平代码帮助他工作。在米罗的事业开始起步的时候发生了一系列事情，他的好朋友泰迪突然被害。从加里最新给他的一段代码中他怀疑泰迪的死与 NURV 有关，于是他开始调查这个公司，但他发现身边没人可以信任，他简直就是在和这个庞大的垄断组织孤军作战。

最后米罗终于找到了真相，并破解了 NURV 开发的新技术，他通过所有媒体向世人公布了加里不择手段地巩固垄断地位的事实和好朋友被害的真相，把加里送进了监狱。

包含的经济学原理：高科技企业中，科研技术人员是最重要的生产要素，研发费用占企业销售收入的比例较高，企业的生存和发展高度依赖于科技人才，因此企业的成本中占比重最大的就是科技员工的报酬。电影中加里肯花大价钱聘请米罗和泰迪这样的电脑天才，就是看中了这种高水平的生产要素。由于这种电脑天才的供给非常有限，因此要素价格非常高。还有一个原因就是，除了科技人员外，高科技企业的其他投入是比较低的，特别像米罗这样的编程人员，一台电脑就够了。因此如果加里不高薪聘请他们的话，他们就会成为自己强有力的竞争对手，就如同加里说的那样：世界上任何一个在汽车修理厂工作的小子如果有一个好点子就可以让我和我的公司陷入困境。

为了保持自己的垄断地位，加里不允许电脑天才们生产出威胁到自己公司的产品，所以他采取了非法的监视手段，用隐蔽的摄像头拍摄那些电脑天才的一举一动，一旦发现有价值的程序代码就偷盗过来，甚至不惜对有可能威胁到自己而又不肯为自己所用的电脑天才杀人灭口，如对泰迪就是这样。

13.3　洛伦茨曲线与基尼系数

消费者通过出售自己所拥有的生产要素以获取收入，因此要素价格就会直接影响人们的收入水平。在讨论收入问题的时候，除了消费者个人的收入问题，还有一个从全社会来看收入分配是否公平的问题，洛伦茨曲线和基尼系数就是衡量收入分配公平程度的两个重要指标。

洛伦茨曲线（Lorenz curve）是由美国统计学家洛伦茨（Max Otto Lorenz，1876—1959）1907年发明的用来反映社会收入分配或财产分配平均程度的曲线。洛伦茨把社会全体居民依其收入占全社会收入的比率分成若干个等级，统计计算出每个等级占有社会财富的百分比，再分别在横坐标和纵坐标上标明累计各个等级的人口占总人口的百分比以及他们的收入累计占社会总收入的百分比，把这两个百分比率的坐标点连续起来形成的一条曲线就是洛伦茨曲线。我们可以通过下面的例子来进行说明。

表13-1中的第1列是将整个社会所有的人按照其收入分成5个20%，最上面是收入最低的20%人口，其次是收入次低的20%人口；第2列是累计的人口百分比；第3列代表第1列每20%的人口所获得的收入在社会全部收入中所占的比例；第4列是第2列的累计人口百分比所获得的累计收入的百分比。从表13-1中可以看出，收入最低的20%的人口获得社会2%的收入，收入次低的20%的人口获得了整个社会4.5%的收入，那么社会收入最低的40%的人口就获得了社会6.5%的收入，以此类推。

表13-1 收入分配资料 （%）

人口百分比	累计人口百分比	收入百分比	累计收入百分比
20	20	2	2
20	40	4.5	6.5
20	60	18.5	25
20	80	23	48
20	100	52	100

我们把表13-1中第2列和第4列的数字画到图上就可以得到洛伦茨曲线，如图13-12所示。

图13-12正方形中的横轴代表累计人口百分比，纵轴代表累计收入百分比，对角线OL上面任意一点到横轴的距离与到纵轴的距离都相等，表示任意一个百分比的人口都得到了同样百分比的收入，这叫绝对平均曲线；而OHL折线则叫作绝对不平均曲线，它表示前面所有人的收入都为0，最后一个人得到了全部收入。洛伦茨曲线就是处于绝对平均曲线与绝对不平均曲线之间的一条曲线，它说明一个社会的收入分配状况既不可能

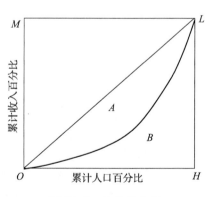

图13-12 洛伦茨曲线

做到绝对平均，也不可能是绝对不平均的。洛伦茨曲线越接近绝对平均曲线，说明社会收入分配的平均程度越高，越接近绝对不平均曲线，社会收入分配平均程度越差。

另外，我们还可以用一个更准确的指标来衡量一个社会收入平等的问题。我们把洛伦茨曲线与绝对平均曲线围成的面积称为A，把洛伦茨曲线与绝对不平均曲线围成的面积称为B，那么A的数值除以A和B之和的数值就是**基尼系数**（Gini coefficient），用G表示基尼系数，则有：

$$G = \frac{A}{A+B} \tag{13-3}$$

基尼系数是处于 0 和 1 之间的一个数,基尼系数越小表示收入分配越公平,基尼系数越大则表示收入分配越不公平。联合国曾经制定过一个基尼系数的标准,如表 13-2 所示。

表 13-2 基尼系数标准

低于 0.2	收入绝对平均
0.2～0.3	收入比较平均
0.3～0.4	收入相对合理
0.4～0.5	收入差距较大
0.5 以上	收入差距悬殊

基尼指数通常把 0.4 作为收入分配差距的"警戒线",超过 0.4 将引起社会的不安定。中国国家统计局公布的基尼系数如表 13-3 所示。

表 13-3 中国国家统计局公布的基尼系数

年份	2010	2011	2012	2013	2014	2015	2016	2017
基尼系数	0.481	0.477	0.474	0.473	0.469	0.462	0.465	0.469

可见我国的基尼系数长年在警戒线以上,我国需要采取措施降低社会收入分配不公平的问题。读者如果有兴趣可以自行到 https://v.youku.com/v_show/id_XNDQ1NTQ3MjgwNA==.html?spm=a2h0k.11417342.0.0 上阅览、学习。

13.4 小结

本章我们简要介绍了生产要素市场,它与前面几章介绍的几种类型的产品市场一起构成了一个经济社会完整的市场体系,要素市场是市场经济中不可或缺的一个组成部分。我们这里所介绍的要素市场是非常简单的,只是完全竞争的形式,其实与产品市场一样,要素市场也存在不完全竞争的类型,另外我们也没有对金融市场等具体的要素市场进行讨论,这些在其他的教材或课程中可能会进一步进行深入的研究。

延伸阅读

经济学帝国主义

经济学经过两百多年的发展,尤其是近几十年的发展,已经成为一门显学。同时其研究的对象与内容也在不断增加,已经涉足很多其他社会科学的传统研究范围,从而被人们形容为"到处攻城略地","侵略"别人地盘的"经济学帝国主义"。那么这种"帝国主义"是怎么产生的呢?其表现有哪些?将来会怎么发展呢?其他被侵略的学科是什么态度呢?经济学是否也被别的学科侵略过呢?读者如果有兴趣可以自行到 http://www.wdjjlt.org/yl/forum.php?mod=viewthread&tid=960 上阅览、学习。

关键词

生产　引致需求　联合需求　边际产品价值　基尼系数
租金　准租金　经济租金　洛伦兹曲线

思考题（扫描右侧二维码查看答案参与讨论）

1. 生产要素包括哪些基本类型？其含义都是什么？
2. 什么叫引致需求？什么叫联合需求？
3. 什么叫边际产品价值，为什么边际产品价值曲线是企业的生产要素需求曲线？
4. 企业自身的要素需求曲线与市场内企业的需求曲线有什么不同？为什么会这样？
5. 为什么劳动要素的供给曲线会向后弯曲？
6. 土地的供给曲线是什么形状的？为什么是这种形状？
7. 随着经济发展，地租会有什么样的变化趋势？为什么？
8. 什么叫租金？什么叫准租金？什么叫经济租金？
9. 什么叫洛伦茨曲线？它有什么作用？
10. 什么叫基尼系数？联合国确定的基尼系数的标准是怎么样的？

讨论与应用（扫描各题右侧二维码参与讨论）

1. 你是否同意以下观点？请解释。
   (1) 工人需要工作，雇主们提供工作。
   (2) 雇主们购买生产要素并不是为了从使用这些要素中获得快乐，而是要从通过使用这些要素来赚取的钱中获得快乐。
   (3) 边际产品价值理论也许并不能很好地解释生产要素价格问题，比如足球门票价格很低而大学学费很高，但那些足球运动员的工资却远高于大学教授。
   (4) 有一些民营企业被称为血汗工厂，因为工人的工资太低。这些老板都是黑心老板，故意压低工人的工资以赚取更多的利润。
   (5) 由于企业大量使用机器人，所以企业可以雇用比以前更少的工人，并且可以以更低的工资雇用工人。

2. 有一家专门生产毛绒玩具的小工厂，它既不能控制毛绒玩具的价格也不能控制支付给工人工资的数量。下面的表格表示该厂雇用的工人数量和玩具总产量之间的关系：

工人数量（人/天）	0	1	2	3	4	5	6
总产量（个/天）	0	15	27	36	43	48	51

假设每个玩具的价格为10元，回答下列问题：
   (1) 每位工人的边际产品价值（VMP）是多少？
   (2) 如果工资率为每天100元，这家玩具厂应该雇用多少个工人？
   (3) 如果工资率为每天75元，这家玩具厂应该雇用多少个工人？
   (4) 如果工资率为每天75元，而玩具价格为每个20元，这个玩具厂应该雇用多少个工人？

3. 分析下列各项因素对某地以组装电子产品为主要业务的电子厂劳动力需求曲线的影响，是沿着需求曲线移动还是需求曲线本身发生移动，如果是需求曲线移动，是向左移动还是向右移动？
   (1) 由于外来务工人员减少，当地工资明显上涨。
   (2) 几家电子组装厂搬迁到了境外。
   (3) 当地几所职业中专开设了电子组装方面的新课程。
   (4) 当地政府出台对机器换人的鼓励补贴政策。
   (5) 中国手机出口量大增。
   (6) 电子产品加工费上涨。

4. 试分析网购的发展对下列人员的劳动市场会产生什么样的影响。
   (1) 卡车司机。
   (2) 销售人员。
   (3) 装修工人。
   (4) 快递小哥。

5. 我国劳动法规定：企业必须为职工购买五险一金（养老保险、医疗保险、工伤保险、失业保险、生育保险和住房公积金，2016年生育保险与医疗保险合并），这一法律会对劳动要素市场带来什么影响呢？
   (1) 这项法律对企业从工人身上赚取的边际利润会产生什么影响？对工人的边际产品价值呢？对企业的劳动需求曲线有什么影响？
   (2) 如果劳动供给曲线不变，这项法律的实施会如何影响就业与工资？
   (3) 劳动的供给曲线会因为这条法律发生移动吗？为什么？如果发生移动这项法律是强化还是削弱了对工资及就业的影响？

6. 小王每小时工资是 40 元，她每周工作 45 个小时，后来工资涨到每小时 55 元，她每周变成只工作 40 个小时，试用收入效应和替代效应的原理分析为什么工资涨了小王的工作时间反而减少了？从中我们可以得到什么结论？

7. 一家服装厂实行计时工资，每个小时的工资是 20 元，工人一周工作 40 个小时。目前工厂接到一笔紧急订单，要求在短时间内完成。经过计算，每个工人必须每周工作 50 个小时才能按时完成这笔订单。于是老板制订了两个方案，第一个方案是每个小时的工资从 20 元涨到 24 元，第二个方案是原有工资不变，但加班工资翻番为每小时 40 元。在这两种方案下，如果工人每周的工作时间延长到 50 小时就能得到 1 250 元工资。你认为哪种方案更容易使工人同意把工作时间延长到每周 50 小时呢？请解释。

8. 老张经营一家皮鞋厂，他需要决策需要多少台机器来生产皮鞋，假设他面临的情况如下：

机器数量（台）	皮鞋产量（双）	资本边际产量（台）	皮鞋价格（元）	总收益（元）	资本边际产品价值（元）	每台机器的租赁成本（元）	多租用1台机器所增加的利润（元）
0	0	—	100		—	550	
1	12		100			550	
2	21		100			550	
3	28		100			550	
4	34		100			550	
5	39		100			550	
6	43		100			550	

   (1) 请将上面表格中空缺的数据补齐。
   (2) 如果老张要实现利润最大化的目标，他应该租赁多少台机器呢？为什么？
   (3) 画出老张皮鞋厂的资本要素需求曲线。

9. 老李和老刘是一对好朋友，他们一起到一个农村租种土地，老李租了 30 亩地种鲜花，老刘租了 20 亩地种大棚蔬菜，当地租地的价格都是每年 1 000 元一亩，他们两个人都没能力影响地价或者产品价格。有一天老李对老刘说自己土地的边际产品价值是老刘的两倍，老刘认为如果老李说的是真的并且老李想实现利润最大化的话，那么老李租的地太多了，你赞同老刘的话吗？请解释。

10. 我国在 2013 年才第一次公布全国的基尼系数，在此之前只是分别公布农村居民和城镇居民的基尼系数，比如国家统计局公布 1999 年我国农村居民基尼系数为 0.336 1，城镇居民基尼系数为 0.295，而后来公布的 1999 年全国基尼系数为 0.397。

    （1）为什么农村居民基尼系数、城镇居民基尼系数和全国基尼系数之间会存在这么大的差异？

    （2）只公布农村居民、城镇居民的基尼系数是否能够比较准确地反映我国的收入分配公平程度？请解释。

    （3）只分别公布农村居民、城镇居民基尼系数和只公布全国基尼系数哪一种做法更好？谈谈你的看法。

第 14 章
CHAPTER 14

市场失灵与政府政策

根据前面几章的分析我们知道，在完全竞争的市场条件下，资源配置会达到一个最优的状态，但这只是一种理论分析，现实中这种理想的完全竞争情况其实并不存在，从而资源配置也就不可能真正达到最优，也就是说市场也存在失灵的情况。尽管如此，市场仍然是资源配置的最好方式，如果想提高资源配置的效率的话还是要充分发挥市场的作用，市场机制越完善、市场发挥的作用越充分，那么资源配置的效果也就越优化。本章就是要对市场失灵的情况进行介绍，并分析为了应对市场失灵的问题政府可以采取哪些政策措施。

14.1 市场失灵

市场失灵（market failure）指的是通过市场不能使资源得到最优化配置的情况。在完全竞争市场内，追求效用最大化的消费者和追求利润最大化的生产者相互作用，在价格机制这只"看不见的手"的引导下实现供求的均衡。在实现均衡时消费者和生产者都实现了自己利益的最大化，没有任何人的利益受损，这时资源就实现了最优化的配置，即实现了"帕累托最优"。如果市场没办法达到完全竞争市场帕累托最优的话，市场就失灵了。

帕累托最优（Pareto Optimality）又称为**帕累托效率**（Pareto Efficiency），或简称为效率，是由奥地利经济学家维尔弗雷多·帕累托（Vilfredo Pareto，1848—1923）提出来的一个重要命题，指的是资源分配达到这样一种状态：在不使其中一些人境况变坏的情况下，不可能再使任何人的处境变好。如果在开始的时候没有实现帕累托最优的话，可以通过改进资源配置的方式去接近和达到帕累托最优状态。在从一种资源配置状态到另一种状态的变化中，如果在没有使任何人境况变坏的前提下，使得至少一个人变得更好，那么这种变化就叫作**帕累托改进**（Pareto Improvement）。当没有进一步进行帕累托改进的余地的时候，帕累托最优就实现了。需要指出的是，帕累托最优只强调效率而不是公平，比如把10元分给3个人，第一个人得8元，另外两个人每人得1元，这种分配

本章课件

就是符合帕累托最优的，但并不一定是公平的。

根据我们以前章节的分析，完全竞争市场均衡时是符合帕累托最优的，在不完全竞争市场内存在无谓损失就是没有实现帕累托最优，因为只要增加产量这些无谓损失就可以变为消费者或生产者的利益，是存在帕累托改进的可能的。但完全竞争市场只是一种理论上的抽象，可以说我们现实生活中的市场实际上都没有实现帕累托最优，所以从广义上来讲，现实中的所有市场都是失灵的。但是我们在这里讨论的市场失灵并不是广泛意义上的，一般来讲经济学上讲的市场失灵主要指的是这样两种情况：一是非市场力量能够比市场在资源配置过程中更有效率；二是市场力量没办法满足公共利益。

导致市场失灵的根本原因在于成本、利润或价格的传达不准确、不真实，进而影响市场中经济主体的决策机制，从而导致资源配置的无效率。当前看来，市场失灵主要包括四种类型：市场势力、外部性、公共产品和信息不完全，其中市场势力问题也就是不完全竞争问题，我们在前面的章节已经进行过分析，所以本章主要就后三种形式进行讨论。

由于存在市场失灵，很多人就提出应该由其他的方式来替代市场，比如由政府来提供相关的产品或者服务，同时也有很多人主张由政府来对市场进行干预。这些建议虽然有一定的道理，但政府等非市场力量也同样存在失灵的问题，并且这些非市场力量的失灵所造成的损失可能比市场失灵所造成的损失更大。读者如果有兴趣可以自行到 https://v.youku.com/v_show/id_XNDA3MzQ0NDMzMg==.html?spm=a2hzp.8253869.0.0 上阅览、学习。

快乐学习

小说《绿色国王》

作者：[法] 保尔-卢·苏里策尔　　　　　　　　　　　　译者：邓丽丹

出版：机械工业出版社 2016 年 7 月出版

故事梗概： 小说主人公的名字叫雷布·米歇埃尔·克利姆罗德，是德国纳粹集中营的一个幸存者，被美军从石灰堆中营救出来。后来他参加了中东突击队，成为犹太复国特工，在北非参与走私与买卖烟草等。在此期间他查到了杀害他母亲和妹妹的凶手，于是他只身一人来到南美，以独特的方式为亲人复仇，然后浪迹于亚马孙河流域，生活在印第安人的部落中。

几年后雷布身无分文来到美国，开始谋划建立他的商业帝国。当年，不满 22 岁的雷布依靠 3 万美元的贷款，在两个月内建立了 81 家公司，但没有在一份合同上留下自己的名字。此后他开始纵横商海，凭借其过人的智慧和超强的行动能力，以惊人的速度成功创建了 1 600 多家公司。他从传媒业开始，到石油运输，再到金矿购买，建立食品公司、航空公司，组建庞大的信息情报网，没花一分钱建立起了一个超级商业帝国，他自己也成了一个隐身的亿万富豪，连为他服务的国王幕僚都富甲一方，真正知道他的人却不超过五个。他实现了他做世界上最有钱的人，却没有人知道的目标。

最后，雷布试图建立自己的国家，他买下了南美几个相邻国家之间的一块土地，接收移民，修建公路、电厂、医院，种植林木，开采矿藏。他还制作了一面国旗，图案是只打扮成海盗，戴着眼罩、有条木腿的海龟。他向联合国提出议案，要求得到承认。这个议案毫无悬念地被全票否决了，于是雷布带着他的亲信迪戈，从此消失了。

包含的经济学原理：本书的作者保尔-卢·苏里策尔是法国著名的企业家，其父系罗马尼亚移民。他本人就是一名白手起家的富豪，他早年丧父，16岁即投身商界，经过艰苦奋斗取得成功，被誉为"法国最年轻的总经理"，世界著名的经济和金融专家。人们认为从这本小说的主人公身上就可以看到作者的某些影子。苏里策尔从1979年开始从事文学创作，他根据自己从事商业活动的经历写成《金钱》（1980）、《现金》（1981）、《财富》（1982）三部小说，这些小说出版后立即在十四个国家畅销，被誉为"金融三部曲"，其中《现金》获1981年法国夏季图书奖。而《绿色国王》这部小说更是取得了巨大的成功，于1983年12月在法国出版，初版即销售30万册，轰动了整个法语世界。之后在不到一年的时间里，这部作品被译成多种语言风靡全世界，被《福布斯》推荐为经商必读书之一。苏里策尔因此成为世界文坛上颇具影响力的作家之一。

这部小说描写了主人公那些曲折而惊险的传奇经历，又介绍了在激烈的竞争中主人公是如何勇于开拓和精于企业经营的生动故事，讲述了他们是如何运用现代经济、管理理论迅速而准确地抓住了金融界瞬息万变的致富良机，从贫寒一跃成为巨富的过程。其既是经济理论的运用，又是激烈商战的宝典，是一本值得反复阅读的佳作。

14.2　外部性

外部性是市场失灵的一种重要类型，也是一种普遍的现象，我们在日常生活中经常都会遇到。

14.2.1　外部性的含义

在经济活动中，每一个经济主体都享有一定的权利并承担一定的义务，获得一定的收益并支付一定的成本。但有时这种成本和收益并不是完全由经济主体自己来承担，从而产生了外部性的问题。所谓**外部性**（externality），指的是当一个人从事一项活动的时候，这项活动影响到了旁观者的福利，但他并没有为这种影响支付或者取得报酬，或者可以说是他对其他人强征了不可补偿的成本或者给予了无须补偿的利益。外部性可以分为负外部性和正外部性两种形式。

负外部性指的是生产或消费活动给旁观者福利带来的影响是不利的，让他人为自己承担了成本或者降低了他人的福利水平；正外部性则是指生产或者消费活动给旁观者福利带来的是有利的影响，自己承担了他人的成本或者使他人的福利水平得到了提高。分析外部性问题实际上就是把经济活动从对交易双方的关注扩大到整个社会，对于买方和卖方来讲，一个均衡的市场可能使他们都实现了利益最大化，但对于整个社会来讲却不一定，因为买方与卖方之外的人也因为他们的交易发生了福利变化。因此，市场的均衡并不一定等于社会总福利的最大化。比如一个开在居民区的夜间露天烧烤摊点，开心点钞票的老板和撸串喝冰镇啤酒的顾客都满意了，但附近的住户却饱受油烟及半夜喧嚣的困扰。除非政府有关部门出面阻止或限制，否则买卖双方不会顾忌居民的福利损失。

现实中外部性的例子非常多，比如企业直接排放废气、废水、废渣等造成环境污染，地铁等封闭的公共场所吃带气味的食物，河流上游过度开发造成水土流失，广场舞大妈的超分贝音乐，寝室内通宵打游戏的同学影响其他人休息，二手烟，汽车尾气，农民燃烧秸秆，等等。正外部性的例子有：企业技术创新带来的知识进步与扩散，大学城的建设和美化给附近居民提供休闲游玩场所，接受大学教育后对社会乃至后代教育都会产生益处，接种疫苗，允许别人蹭网的免费 Wi-Fi，植树造林带来了环境的改善，集资建桥修路，蜜蜂采集花粉同时为植物授粉，等等。读者如果有兴趣可以自行到 https://v.youku.com/v_show/id_XNDA3NDY3MTU0MA==.html?spm=a2hzp.8253869.0.0 上阅览、学习。

14.2.2 外部性的市场效率

通过以前各章的学习我们知道，市场内的需求曲线与供给曲线共同决定市场的均衡，在均衡点消费者剩余和生产剩余都达到最大，这时的资源配置是有效率的。市场上的供给曲线代表了卖者的**私人成本**（private cost），也就是作为单个使用者为了能够使用某一资源而带来的费用，或者指企业在生产过程中投入的所有生产要素的价格；需求曲线则代表了买者的私人价值，即买者对商品的评价或支付意愿。与其相对应的还有**社会成本**（social cost），即某一产品的全社会各个部门汇总起来的总成本，是产品生产的私人成本和生产的外部性给社会带来的额外成本之和；社会价值即对某种产品的全社会的评价的汇总所形成的总评价值，是产品的私人价值和其外部性给社会带来的额外利益之和。

当私人成本小于社会成本时就出现了负的外部性。例如，在汽油的市场交易中，卖方的供给曲线就只是反映了汽油的生产、运输、销售等私人成本，而没有反映出由于汽油的消费而导致的尾气排放、温室效应而带来的社会成本，如图 14-1 所示。

图 14-1 中需求曲线 D 代表私人价值，供给曲线 S 代表私人成本，二者的交点 E 就是市场均衡点，这一点是有市场效率的点，这时的均衡产量 Q_E 就是具有市场效率的产量。但如果我们把外部性考虑进来，情况就发生了变化，在私人成本的基础上加上外部成本之后所形成的社会成本曲线由 S' 表示，它与需求曲线相交于 E' 点，这是从整个社会来看最佳的均衡点，这时的产量 Q' 为社会最佳产量。从图中可以看出，市场均衡产量大于社会最佳产量，这说明外部性使得从市场的角度来看是有效率的产量，而从全社会的角度来看

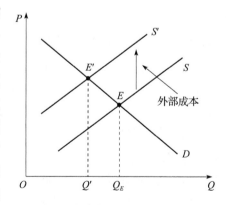

图 14-1 负外部性：汽油市场

却是没有效率的产量，社会配置在这种用途上的资源数量大于应该配置的数量，那么就会有其他用途的配置不足了，整个社会的资源配置没有达到最优化。

解决这种市场失灵的一个方案就是对卖者征税，税额为社会成本与私人成本之间的差额，从而使得私人成本与社会成本相等，这种方案是由英国经济学家庇古（Arthur Cecil Pigou，1877—1959）最先提出来的，所以这种税被称为**庇古税**（Pigovian Tax）。征收庇古税后，市场供给曲线会由 S 移动到 S'，均衡产量会变成社会最佳产量 Q'，这时社会成本和社会价值相等，资源配置就可以达到帕累托最优状态。这种通过征税的方式来解决外部性的方法叫作**外部性的内在化**（internalizing the externality），这种方法就是将外部成本引进到价格中，从而激励市场中的买卖双方改变选择，生产或购买更接近社会最优的量，纠正外部性的效率偏差。根据前面第 6 章的分析，对卖方征税和对买方征税的效果是一样的，在图 14-1 中也完全可以通过对买方征税使得需求曲线向左下方移动，从而实现 Q' 的社会最佳产量。

与负外部性相反，当私人价值小于社会价值时称为正外部性。例如注射疫苗就会产生正外部性，因为这不仅会保护自己，也会保护身边的其他人，对此我们可以用图 14-2 进行分析。

图 14-2 中需求曲线 D 代表私人价值，供给曲线 S 代表私人成本，二者的交点 E 是市场均衡点，这时的均衡数量为 Q_E，由于存在正外部性，社会价值高于私人价值，为 D' 曲线。社会价值曲线与供给曲线相交于 E' 点，这时社会最佳产量为 Q'，高于市场均衡产量 Q_E。在市场均衡产量时，社会价值是高于成本的，因此此时社会总利益并没有实现最大化，如果增加产量，社会总利益就会增加，直到产量为社会最佳产量 Q' 时社会利益实现最大化。

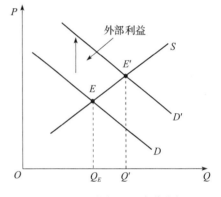

图 14-2　正外部性：疫苗市场

为了解决这种由于正外部性导致的市场失灵问题，我们同样可以运用外部性内在化的方法，不过负外部性时是把成本内在化，正外部性时则是把利益内在化。具体方法就是对消费者提供补贴，补贴的额度正好等于外部利益，这使得需求曲线向右上方移动到 D' 的位置，这样新的市场均衡产量就达到社会最佳产量了，资源配置实现帕累托最优。当然我们对生产者进行同等数额的补贴结果也是一样的，会使供给曲线向右下方移动达到社会最佳的均衡量。

14.2.3　外部性的公共政策

针对外部性造成的市场失灵，政府可以采取多种公共政策进行干预，目的是力图使资源配置接近社会最优状态。这些公共政策可以分为行政命令式的政策和以市场为基础的政策。

行政命令式的政策就是政府直接通过法律或者行政命令的方式禁止或限制某些经济活动来解决外部性问题。比如早在 1996 年我国就发布了《国务院关于加强环境保护若干问题的决定》，明令取缔关停被称为"十五小"的小造纸、小制革、小染料等十五种重污染小企业。除了这种直接命令关停之外，政府还可以给企业下达减少污染排放的数量、要求企业采用某种治污技术或安装治污设备等。这种行政命令实行起来简单有效，能够起到立竿见影的效果，但同时也存在很大的问题。比如对污染企业有时并不能一关了事，想杜绝污染是不可能的，应该是尽量减少污染，并且应该用最低的成本来减少污染，但政府并不知道减少多少、如何减少污染是成本最低的，同时也不可能知道在不同的行业什么样的技术与设备才是减少污染的最佳选择。政府行政命令看似简单易行，但实际上可能效果并不理想。

以市场为基础的公共政策主要包括矫正性税收与补贴、可交易的污染许可证这两种形式。前者我们已经做了介绍，现在我们主要对后者做一个简单的介绍。

可交易的污染许可证（tradable pollution permits）指的是由政府制定排污标准，向企业发放污染许可证，同时允许厂商之间自愿地转让污染权的一种制度。不同的企业减少排污的成本是不一样的，如果不管成本高低一律按同样的数量减排，整个社会因此产生的成本就会比较高，而如果允许企业之间对排污证进行交易，那么排污成本高的企业就可以购买污染指标不减排，而成本低的企业就可以出售污染指标增加减排数量，这样对两个企业都是有好处的，同时对整个社会也有好处，因为排污的数量并没有增加，同时排污成本降低了，我们可以通过一个例子来分析。

假设有 A、B 两家企业，当前他们的污染排放量都是每个月 40 吨二氧化硫（SO_2），两家企业一共是 80 吨/月，目标是减排 25%，达到 60 吨/月的排放量。同时假设 A 公司的减排成本为 100 元/吨，B 公司的减排成本为 200 元/吨。我们来比较在政府管制和可交易的污染许可证下的排污成本问题。

如果是政府实行管制政策，规定每家企业都必须减少 10 吨的排放量，那么 A 企业的排放成本为 $100 \times 10 = 1\,000$ 元，B 企业的排放成本为 $200 \times 10 = 2\,000$ 元，全社会排放成本为 3 000 元；如果实行可交易的污染许可证，政府给予每家企业 30 吨的排放许可证并建立许可证的交易市场，企业在得到 30 吨的排放许可证后，可以直接使用许可证排放 30 吨 SO_2，也可以排放少于 30 吨的数量把剩余的许可证出售，也可以购买别人的许可证排放多于 30 吨的 SO_2。我们现在假设 A 公司向 B 公司以 150 元/吨的价格出售 10 吨排污许可证，然后再计算二者的排放成本。

A 公司出售 10 吨许可证意味着只能排放 20 吨 SO_2，就是要减排 20 吨，其减排成本为 $20 \times 100 = 2\,000$ 元，但由于出售许可证得到 1 500 元收入，因此他们实际支付的减排成本为 500 元；而 B 公司购进了 10 吨许可证，加上自己的 30 吨指标，可以直接排放 40 吨，不用减排，他们的减排成本就是购买许可证支出的 1 500 元。因此全社会支出的减排成本为 $500 + 1\,500 = 2\,000$ 元，低于管制政策下的 3 000 元，并且每个企业支出的减排成本也都低于管制政策下的成本。

污染许可证的交易长期以来一直存在争议，有人认为没有人可以有权力购买或出售污染权，享受清洁的水和空气是基本人权，不能从经济的角度对其进行衡量。但经济学家则认为完全杜绝污染是不可能的，人们只能在污染和降低生活水平之间进行权衡取舍。而 93% 的经济学家同意污染税或可交易的污染权在控制污染上比规定污染排放标准更为有效。

14.2.4 外部性的私人解决方案

除了公共政策外，外部性也可以通过私人的方法来解决，比如个人的自律、公益组织、慈善活动等，也可以通过市场交易的方式来解决，著名的**科斯定理**（Coase Theorem）就对此进行了描述：如果市场交易成本为零，不管权利初始安排如何，市场机制能够自动使资源配置达到帕累托最优。这样，外部性也就得到了解决。

假设一家工厂的烟囱排放的烟尘给周围 5 户居民带来每户 75 元的损失，解决这一问题的方案有三种：一是为工厂的烟囱安装一个防法罩，价格为 150 元；二是每户居民购买一台除尘机，每台价格为 50 元；三是补偿每户居民的损失（由工厂或者居民户自己补偿）75 元，共 375 元。如果 5 户居民之间以及居民与工厂之间达成某种协议的交易成本为零的话，不管开始时产权如何安排都可以通过交易达到最佳的资源配置状态。比如工厂享有排污权，那么 5 户居民就会每户出 30 元为工厂安装一个防法罩，因为相对于各自花 50 元买除尘机和自己承担 75 元的损失来讲，这是成本最低的方案；而如果居民有清洁权的话，出于同样的理由工厂也会选择成本最低的自己花 150 元安装除尘罩，而不是花 250 元为每户买台除尘机或者每户补偿 75 元。可见在交易成本为 0 的时候不论初始产权如何分配，最后都能用最低的成本解决问题，即实现资源的最优化配置。

虽然科斯定理在逻辑上非常吸引人，但实践当中却难以真正实现资源的最佳配置，其主要的原因就在于存在交易成本问题，比如这 5 户居民之间达成一致意见、居民与工厂之间通过协商达成协议都是需要成本的，这些交易成本的存在有时可能根本达不成协议，而即使达成协议也可能不是最有效率的了，人们还要为此付出额外的交易成本。因此，科斯第二定律就产生了：在交易费用大于零的世界里，不同的权利界定，会带来不同效率的资源配置。这就强调了产权的重要性，就是说当私人不能够解决外部性时，政府就应该介入。

快乐学习

电影《罗生门》

上映时间：1950 年 8 月 25 日　　　　　　　　　　　　导演：黑泽明
出品国家：日本　　　　　　　　　　　出品公司：日本大荣电影有限公司

故事梗概：一个下着瓢泼大雨的午后，行僧、樵夫和杂工三个人躲在罗生门的台阶上避雨。樵夫（志村乔饰）向杂工讲了一个怎么也想不明白的怪事：三天前武士金泽武弘（森雅之饰）与妻子真砂（京町子饰）在森林里碰到强盗多襄丸（三船敏郎饰），真砂被强暴，武士被杀。纠察使署传讯各方相关当事人进行审讯，但每个人的证词都大相径庭，使一个看上去简单的案件最终变得扑朔迷离。

作为证人的樵夫、凶手多襄丸、死者的妻子真砂、召回死者灵魂的女巫都被传讯，每个人都分别讲述了自己所知道的金泽武弘的死亡过程。多襄丸讲自己见到真砂的美貌后把武士骗到山中捆绑，当着武士的面占有了武士的妻子，武士的妻子要求他们两个决斗，他大战 20 回合把武士杀了；真砂讲她被多襄丸强暴后，丈夫对她极为蔑视，她在悲愤与恍惚中误杀了丈夫，自己自杀未遂；而死者借女巫之口则说自己是自杀的；樵夫说，多襄丸占有了真砂后想带她走，真砂要求两人决斗，一开始，武士和多襄丸不愿意为一个女人决斗，在真砂的调唆下终于厮打起来，武士最终被杀死。

本来事实清楚的案件，但讲述者都怀着利己的目的，竭力维护自己，提供了美化自己的证词，使得这个事件变成了一个悬案。

包含的经济学原理：在经济活动中，人们是依据所掌握的信息做出决策的，信息的真实性与准确性与否就直接决定着决策的科学性与效率。但在现实生活中，是不可能获得完备的信息的，信息不对称成为常态。一方面是由于信息在传递的过程中会产生失真，另一个更重要的方面是由于人的自利本性，使得信息传递过程中不免会进行对自己有利的加工，使信息失真更加严重。比如在这部电影中，每一个讲述者都夸大了对自己有利的方面，隐瞒了对自己不利的方面，樵夫没有讲自己从死者的伤口上拔出和偷走了短刀；多襄丸没有讲自己其实武艺平平，长刀脱手，是偶然拿到短刀才杀了武士；妻子没有讲自己挑拨两人决斗；死者没讲自己的怯懦和对妻子的冷漠等等。这就使得无论哪一位讲述者都不可能传递准确的信息，即使把所有讲述者的话综合到一起也得不到真正准确的信息，此案由此成为一个悬案。

信息经济学所研究的就是如何在信息不对称的情况下进行决策的问题，通过设计一系列的信号传递和信号甄别方案，尽量避免由于信息不对称所导致的逆向选择和道德风险，使处于信息劣势的一方能够维护自己的利益，减少和避免对方由于信息优势而使自己导致损失。也就是说，信息经济学实际上是一门研究如何避免上当受骗的学问。

14.3 公共产品与公共资源

市场失灵的另外一个重要原因就是公共产品和公共资源的问题。由于这两类物品的特性，是没办法通过市场来提供有效率的供给的。

14.3.1 物品的分类

我们生活中有成千上万种商品，我们可以依据竞争性与排他性这两个特性对这些商品进行分类。**竞争性**（rivalry）指的是一个人使用了该物品会减少其他人对该物品的使用，或者说一个人消费了该物品别人就不能同时对其进行消费了。比如一个苹果你吃了别人就没法再吃了。**排他性**（exclusiveness）指的是可以阻止其他人使用这物品的特性。比如你买的衣服就可以不让别人穿。依据物品是否具有竞争性和排他性，我们可以把物品分为以下四类，如表 14-1 所示。

表 14-1 物品分类

	排他性	非排他性
竞争性	私人物品 * 衣服 * 食品 * 私家车	自然资源 * 公海中的鱼 * 环境 * 公共草地
非竞争性	自然垄断 * 有空座位的影院 * 校园 Wi-Fi * 供电网络	公共物品 * 国防 * 公共卫生 * 路灯

私人物品（private goods）指的是既有竞争性又有排他性的物品。比如你买了一杯奶茶，这杯奶茶就属于你所有，你可以阻止其他人喝，这就是排他性；而当你喝了之后别人也没法再喝了，这就是竞争性。我们以前章节中所讨论的物品基本上都属于这种私人物品。

公共物品（public goods）指的是既没有竞争性又没有排他性的物品。国防就是一种公共物品，军队保护所有国民的安全，不能够把其中一个国民排除在外，并且多增加一个国民并不减少其他国民所得到的保护。

公共资源（common resource）指的是具有竞争性但不具有排他性的物品。比如公海中的鱼数量是一定的，一些人捕得多了其他人就会捕得少，因此是有竞争性的，但没有排他性，没有人有权力不允许别人来捕鱼，这属于公共资源。

自然垄断（natural monopoly）指的是具有排他性但不具有竞争性的物品，我们在第 11 章中曾经对此进行过讨论。比如有线电视就是一种自然垄断，不交费就不能看，因此具有排他性，但多一台电视收看有线电视对其他用户的收看不会产生任何影响，所以不具有竞争性。

上述四种物品的区分并不是绝对的，有时同一种物品在不同的条件下可以属于不同的类型。比如道路根据是否收费可以是排他性的，也可以是非排他性的，根据路上是否拥挤可以区分是竞争性的还是非竞争性的，因为在拥挤时增加一辆车对道路的使用就会降低其他车辆对道路使用的成本。因此收费并且拥挤的道路就属于私人物品，收费而不拥挤的道路属于自然垄断，不收费也不拥挤的道路属于公共产品，不收费但拥挤的道路属于自然资源。

我们前面已经讨论了私人物品与自然垄断，本章就主要介绍公共物品和公共资源。读者如果有兴趣可以自行到 https://v.youku.com/v_show/id_XNDA3NDY3MTU0NA==.html?spm=a2hzp.8253869.0.0 上阅览、学习。

14.3.2 公共物品

由于公共物品具有非排他性的特征，很难避免**搭便车**（free ride），即得到某种物品的利益而并不为此付费的行为。这样私人供给者就很难收回成本，通过市场的力量不能够提供有效的供给，从而造成市场失灵。另一方面，由于公共物品非竞争性的特征，增加一个消费者不会对其他人的消费产生影响，也就是不用为此付出额外的成本，即边际成本为零或者极小，这样，只要新增加的消费者从消费中获得了收益就是社会总福利水平的提高，社会就应该提供这种物品。我们可以通过以下这个例子来看。

假设有一个小村子没有路灯，晚上村民出门很不方便，全村 1 000 个居民对安装路灯带来的利益评价都是 10 元，总利益为 10 000 元，而安装路灯的成本为 2 000 元，因此安装路灯是有效率的，可以增进社会福利水平。但是通过私人，市场路灯可能就安装不起来，比如有一家企业想通过给这个村子安装路灯来获利，但由于存在搭便车的可能性，也许没有人乐意为路灯付费，企业又不可能不允许村民夜间上路或者派人在路灯下收费，因此企业可能根本收不回成本。所以这种公共物品是不可能通过私人市场提供供给的，在这种情况下市场就失灵了。

公共物品的市场失灵与前面讲到的外部性非常类似，上面的企业如果安装了路灯就等于是给没有付费的人提供了正外部性，但企业决定是否安路灯时是不会把这种外部利益考虑进去的，因此不安装路灯对企业来讲是一个理性的决策，但对社会来讲却是无效率的。

解决公共物品供给问题通常的方法就是由政府直接进行经营，或者委托私人公司经营但政府给予相应的补贴。比如上面路灯的例子中可以由政府出资来建设，也可以由一个组织比如村民委员会向每个村民收取 2 元委托该公司安装。但现实中也有大量的由私人公司提供公共物品的现象，比如浙江省东阳市的横店集团就出资修建了防洪堤、公路、医院、学校等公共设施，在满足企业需要的同时也为当地居民提供了服务。

由私人市场生产公共物品不可能达到有效率的数量，因此需要通过政府提供公共物品来解决问题，但由政府提供公共物品同样存在生产什么和生产多少的问题。私人市场内的均衡数量是由供给需求双方共同决定的，是通过价格的变动进行调节的，但政府提供公共物品不存在价格调节的问题。那么政府如何进行公共物品的生产决策呢？通常是采用**成本收益分析**（cost benefit analysis，CBA）的方法，即估算该项目作为一个整体而言社会的总成本与总收益的一种方法。但这种方法的难度非常大，并且准确性也难以保证，因为这种成本与收益是没办法用货币来衡量的，经常是通过调查的方式进行估算，而当一项公共物品项目对自己有利的时候往往会夸大其收益，而对自己不利的时候往往会夸大其损害。所以最后成本收益分析的结果只能是一种近似的结果，远不像私人市场均衡条件下那么有效率。

14.3.3　公共资源

公共资源与公共物品一样具有非排他性，因此任何人都可以免费使用，但它又与公共物品不同，公共资源具有竞争性，一个人使用公共资源就会减少其他人的使用量。这必然就会导致公共资源的过度使用从而产生**公地悲剧**（the tragedy of the commons）。

1968 年，美国学者哈丁（Garrit Hadin，1915—2003）在《科学》杂志上发表了一篇题为《公地的悲剧》的文章。文中他设想了这样一个案例：有一块向一群牧民开放的草地，这块草地不属于任何人所有，即是一块公地，大家都可以自由地在上面放牧。由于放牧不需要付出成本，牧民们都会养尽量多的羊，慢慢地这块草地上可以承载的羊的数量就饱和了，这时再增加一只羊就可能会使整个草场收益下降，每只羊得到的平均草量就减少了。但牧民们还是想多养羊，因为再增加一只羊的收益由牧民自己获得，而因此导致的每只羊草量不足的损失是由所有牧民共同承担的，分摊到自己头上的数量微不足道，因此他多养一只羊的收益是大于其成本的。当每个牧民都这样想的时候，羊的数量就失控了，使得公共草场被过度放牧而造成退化，最后草地上没草了，羊也都养不成了。

造成公地悲剧的原因实际上也是外部性的问题，当一户牧民的羊吃草时就减少了别人家的羊吃草的数量，同时土地的质量也降低了，但在决定养多少羊时他们并没有考虑这种负外部性，他们只考虑了自己的成本与收益，结果全体牧民产生的外部成本聚集起来导致了草场的退化，而最后这些外部成本又反加诸全体牧民身上，造成了谁都养不了羊的悲剧。

要解决公地悲剧这种公共资源被滥用的问题可以有多种方法，比如征收使用税，把外部成本内在化；限制每人的使用量；拍卖使用权，等等。但最直接的方法就是把公共资源私有化，比如把公共草场分给牧民，由他们自己去决定在自己拥有的草场上养多少只羊，17 世纪英国所进行的圈地运动采取的就是这种方法。

14.4 信息不对称

信息不对称也是导致市场失灵的一个重要原因。**信息不对称**（asymmetric information）就是指的交易中的人所有拥有的信息是不一样的，有些人拥有某些信息而另外一些人没有。信息是经济活动中进行决策的重要依据，市场有效率的前提是生产者和消费者对产品的性能、价格等信息是完全的，如果存在信息不对称最终会导致交易的决策出现偏差，从而市场不能够实现资源配置的最优化。在信息不对称的情况下，拥有信息优势的一方可以凭借信息优势而获利，信息劣势的一方可能因此而蒙受损失。

信息不对称所导致的市场失灵主要包括逆向选择和道德风险两种情况。

14.4.1 逆向选择

逆向选择（adverse selection）指的是在签订契约前具有信息优势的一方利用这种信息优势做出对自己有利而对对方不利的选择，就是在签订合同前说谎。比如你大学毕业后去找工作，招聘的一方不了解你的实际情况，而你知道自己能否胜任招聘的岗位。如果这时你隐瞒自己的劣势、夸大自己的长处，甚至提供并不真实的信息获得了这个职位，这种行为就属于逆向选择。

逆向选择的存在会导致交易价格不能真实反映供求双方的交易意愿，因为信息劣势的一方是在信息优势一方的虚假陈述下与之成交的，价格扭曲又会破坏市场机制的作用，从而降低市场效率。同时逆向选择的存在还会导致市场上劣质物品驱逐优质物品的现象，这一点我们可以通过二手车市场的例子来看。

2001 年诺贝尔经济学奖得主乔治·阿克洛夫（George Akerlof, 1940—）在 1970 年发表了名为《柠檬市场：质量不确定性和市场机制》的论文，对二手车市场上的逆向选择问题进行了分析，在美国俚语中，"次品"俗称"柠檬"，柠檬市场就是指次品市场，二手车市场就是一种典型的柠檬市场。

在二手车市场上，买者和卖者有关车的质量信息不对称。假设卖者知道车的真实质量，而买者不知道，但知道车的平均质量，因而只愿意根据平均质量支付价格，但这样一来，质量高于平均水平的卖者就会退出交易，只有质量低的卖者才会进入市场。

其实在二手车市场上有性能和质量比较差的车也有比较好的车。但因为买主难以获悉有关二手车性能和质量的信息，加上性能有缺陷的二手车"看起来"和性能好的二手车几乎没什么分别，所以好车往往只能和"次品车"一起以同一个平均价格进行买卖。二手车市场上的次品车越多，车的平均质量水平就越差，而二手车的转手平均价格自然也就越低，对质量性能好的二手车而言，想卖一个好价钱就越难。拥有质量最好的二手车的车主，就会认为卖出自己手头的好车是不划算的，因而决定不卖。这时候留在二手车市场上的车子的平均质量水平就进一步降低，二手车的市场价格水平也会随之进一步下降。这样一来，质量"第二等"好的二手车也会退出二手车市场，二手市场的车的平均质量水平又一次下降，价格又随之下降。接着同样的原因将导致质量"第三等""第四等"好的二手车也纷纷退出二手车市场的交易。

由于存在信息不对称的问题，好货得不到好价钱的赏识，二手车市场这种"选择"机制所产生的最终均衡结果就是：唯一可通过这个筛选程序的汽车市场就是一个真正的"次品"市场，最终留在二手车市场交易的车，是质量最差的二手车。这就解释了为什么即使是好车在二手车市场上也卖不出好价钱，甚至是刚刚买来的新车开到二手机市场上也只能降价出售。

在现实社会中，逆向选择是一种普遍现象，阿克劳夫虽然讲的是二手车市场，但其实像烟、酒、食品、服装等所有的产品市场以及劳动、资本等要素市场中也都或多或少地存在逆向选择的问题。由于交易双方的信息不对称，如果一方隐藏了信息，就会导致假冒伪劣产品出现，如果不能建立一个有效的机制遏止假冒产品，假冒伪劣就会泛滥，甚至会导致市场瘫痪，市场配置资源的作用也就消失了。读者如果有兴趣可以自行到 https：//v.youku.com/v_show/id_XNDA3NDY4MTYxMg==.html?spm=a2hzp.8253869.0.0 上阅览、学习。

14.4.2 道德风险

道德风险（moral hazard）又称为败德行为，指的是拥有信息优势的缔约方利用自己的信息优势做出缔约另一方无法观测和监督的隐藏性行动或不行动，从而给缔约另一方带来利益损害的情况，这属于合同后的机会主义行为。比如，你毕业后找到了一份工作，老板没办法观察到你的工作状态，在他认为你正在苦思冥想公司发展计策的时候，你实际上是在考虑晚上的约会项目，这就是道德风险。

道德风险似乎与人类经济行为的道德因素没有太多的关系，因而人们对这个语词的使用存在不同看法，曾有人建议以"隐蔽行动"一词来替代它，相应地，用"隐蔽信息"来代替逆向选择。

道德风险的概念是在 1963 年由美国数理经济学家肯尼斯·阿罗（Kenneth J. Arrow，1921—2017，1972 年诺贝尔经济学奖获得者）引入经济学的。

道德风险在分析保险市场方面有较强的解释力。以财产保险为例，在保险市场上投保人的行为是私人信息，保险公司不可能随时进行监控和了解，由此可能产生道德风险。人们投保后可能不会像原来那样细心照顾自己的财产了，财产出险的可能性就会提高，从而保险公司赔偿增加。而保险公司为了盈利就要提高保费费率，对自己财产照顾细心的人会因为费率提高而退出保险，剩下的就是不那么细心的人了，这样出问题的可能性加大，费率进一步提高，结果又有对自己财产照顾比较细心的人退出。到最后，留下来投保的都是不细心照顾自己财产的人，同时保费费率也会非常高。

导致道德风险的原因主要是交易双方之间的合约是不完全的或者不确定的，这使得责任人不承担自己行为的后果，既得不到自己行为所产生的利益，也不承担自己行为所导致的损失。这样在信息不对称从而对方不能观察到自己行为的情况下，责任人就没有激励去努力使自己的行为产生对对方有利的效果。所以说到底，道德风险仍然是一个外部性的问题，由于既不能享受外部利益，又不用承担外部成本，所以经济活动的参与者就没有动力去做或者不做某种行为了。这些外部性的存在就可能导致市场不能现实均衡，即使实现了均衡，从全社会来看也是没效率的。

与逆向选择类似，道德风险在现实中也是一种普遍存在的现象，并且这两者之间产生某种关系，在交易过程中一方采取了逆向选择的行为，另一方可能就会采取道德风险的行为。逆向选择和道德风险都会导致市场失灵从而破坏资源的优化配置，应该采取措施尽量避免。

14.5 小结

本章讨论了市场失灵的问题。市场失灵并不是市场机制本身出了问题，而是各种原因导致市场机制不能正常发挥作用，如果解决了这些干扰市场机制发挥作用的因素，市场依然是并且是唯一能够使资源得到最优配置的途径。因此，政府对市场失灵的干预应该是致力于消除那些阻碍市场发挥作用的因素，而不是取消或破坏市场机制本身。并且很多政府的干预因素实际上效果并不好，甚至会有相反的效果，因为政府本身也会失灵，并且这种失灵比市场失灵造成的损失更大。更多的时候，市场失灵问题由市场的参与者自己进行解决也许更有效，这样做的结果即使达不到市场的最优状态，也可以达到一种次优的状态。

延伸阅读

诺贝尔经济学奖

诺贝尔经济学奖是经济学领域里的最高奖项，但它与其他诺贝尔奖项不同，并不是根据诺贝尔当年的遗嘱设立的，资金也不是用诺贝尔的遗产支付的。那么是谁，又是什么原因设立了这个奖项呢？获奖的评审程序是什么？都有哪些人获过此奖呢？哪位获奖者颁奖时外面有大量抗议的人群呢？哪位获奖者患了几十年的精神分裂症后获奖？哪位获奖者被多年前离婚的妻子分了一半资金？读者如果有兴趣可以自行到 http://www.wdjjlt.org/yl/forum.php?mod=viewthread&tid=985 上阅览、学习。

关键词

市场失灵　帕累托最优　帕累托改进　公共物品　公共资源　自然垄断　搭便车　外部性　私人成本　社会成本　庇古税　成本收益分析　公地的悲剧　信息不对称　外部性的内在化　可交易的污染许可证　逆向选择　道德风险　科斯定理　排他性　竞争性　私人物品

思考题（扫描右侧二维码查看答案参与讨论）

1. 什么叫市场失灵？市场失灵的原因是什么？市场失灵包括哪几种形式？
2. 什么叫帕累托最优？什么叫帕累托改进？
3. 什么叫外部性？举例说明什么叫负外部性和正外部性？
4. 什么是私人成本？什么是社会成本？什么是私人价值？什么是社会价值？
5. 试画图分析外部性是如何导致市场失灵的？
6. 什么叫庇古税？庇古税是如何实现外部性的内在化的？
7. 什么是可交易的污染许可证？与政府管制相比它的优越性在什么地方？
8. 举例说明科斯定律。
9. 什么叫竞争性？什么叫排他性？以这两者为标准可以把物品分为哪些类型，各有哪些例子？
10. 搭便车如何导致市场失灵？应如何解决？
11. 政府提供公共物品有什么优势和劣势？
12. 试分析公地的悲剧及其解决方案。
13. 什么叫信息不对称？由信息不对称引起的市场失灵包括哪些？
14. 举例说明逆向选择和道德风险。

讨论与应用（扫描各题右侧二维码参与讨论）

1. 下列例子所描述的是正的还是负的外部性？这些行为的社会成本大于还是等于私人成本？在没有干预的情况下，是否会有过多或过少的这种行为（即是否会形成社会最佳数量）？
   - (1) 你的室友经常玩游戏到后半夜甚至通宵，影响了你休息。
   - (2) 某大企业周年庆举行了盛大的焰火晚会。
   - (3) 夏天蚊子很多，你室友买了一个效果不错的电子灭蚊器。
   - (4) 使用一次餐具的外卖。
   - (5) 临街阳台上摆的五颜六色的鲜花。
   - (6) 有人在地铁内吃韭菜盒子（一种馅饼）。

2. 假设你们班有一位同学总喜欢在课堂上提问，因而老师经常不得不花长时间进行讨论。
   - (1) 你认为这位同学的行为具有正外部性还是负外部性？或者正负外部都有或都没有？你的答案是在什么样的假设条件得出来的？
   - (2) 这位同学行为的结果是有效率的吗？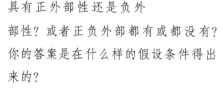如果不是，你会提出什么样的改进方案？

3. 你是否同意下列观点？简要说明你的理由。
   - (1) 当产品生产发生污染时，政府解决措施比市场解决措施更加有效。
   - (2) 二氧化碳会导致酸雨并且会使有呼吸问题的人呼吸困难，如果我们能够完全消除二氧化碳的排放量的话，将对社会产生巨大的收益。因此，二氧化碳的排放量的经济效率水平是零。
   - (3) 科斯定理表明我们根本不用操心如何对外部性进行管制的问题，因为参与其中的个人会通过谈判达到有效率的结果。
   - (4) 如果政府对污染行业的企业的处罚（征税）超过了污染造成的损失的实际价值，其结果也是无效率的，它会将过量的成本加在这些企业和消费其产品的消费者身上。
   - (5) 必须根据征收庇古税引起的无谓损失来衡量庇古税作为减少污染方法所带来的利益。
   - (6) 当决定通过征收庇古税来作为解决负

外部性的方案时，政府应该把税加在引起负外部性一方的身上。

4. 当前人类面临全球气候变暖的问题，这将威胁到人类的生存环境，为了解决这一问题，需要减少温室气体的排放，其中二氧化碳是一种重要的温室气体，为了减少二氧化碳的排放，可以有以下几种措施，试评价和比较这几种措施的效果与优劣，给出你的选择建议与理由。
   (1) 强制关停排放二氧化碳的工厂。
   (2) 给各个企业下达指令性的减排指标。
   (3) 征收污染排放税。
   (4) 建立可交易的污染许可证制度。

5. 小区楼下一群大妈跳广场舞，高分贝的音乐使楼上的居民不胜其烦。假设这些大妈们从广场舞中得到的享受是2 000元，而居民们受到的损害是1 000元。
   (1) 从效率的角度，你认为应该允许大妈们在此继续跳广场舞吗？
   (2) 如果没有关于噪声的规定，并且居民与大妈们可以零成本讨价还价，你认为会达成一项让大妈们放弃在此跳舞的协议吗？
   (3) 如果小区做了除非周围居民允许，任何人都不得在小区播放高分贝音乐的规定，在同样的双方可以无成本讨价还价的情况下，小区居民会允许大妈们播放音乐吗？
   (4) 楼上居民和大妈之间的讨价还价可能无成本吗？如果存在交易成本，哪方的优势更大？为什么？

6. 参照表14-1，根据排他性与竞争性的标准，将下列商品分类，并说出你的理由。
   (1) 免费开放的博物馆。
   (2) 共享单车。
   (3) 微信群内的红包。
   (4) 学校旁边餐馆免费开放的Wi-Fi。
   (5) 校园内的保安。
   (6) 给每个班发票的学校迎新晚会。
   (7) 教学楼内的自动售货机。
   (8) 期末复习期间图书馆的座位。

7. 公共产品和公共资源都跟外部性有关。
   (1) 你认为公共产品会产生正的外部性还是负的外部性？请举例说明。在自由市场上，公共资源的数量通常会大于还是小于有效率的数量？
   (2) 你认为公共资源会产生正的外部性还是负的外部性？请举例说明。在自由市场上，公共资源的数量通常会大于还是小于有效率的数量？

8. 假设每辆汽车和每个有收音机的人都会收听公共广播，而维持公共广播正常播出需要大量的资金投入。
   (1) 你认为公共广播的消费有没有排他性？有没有竞争性？它应该属于什么商品？
   (2) 你认为政府应不应该资助公共广播？为什么？

9. 下列行为当中哪个属于逆向选择？哪个属于道德风险？请解释。
   (1) 夸大商品功效的广告。
   (2) 餐馆在火锅内掺地沟油。
   (3) 考试作弊。
   (4) 与网友见面后发现其与此前发的照片不符。

10. 下列措施中哪些是针对逆向选择，哪些是针对道德风险的？哪些是同时针对这两个方面的？请解释。
    (1) 网购的好评与差评。
    (2) 对工人支付高于均衡水平的工资。
    (3) 家中雇有保姆的家庭安装隐蔽的摄像头。

(4) 七天无条件退货。

(5) 超市的免费品尝。

(6) 移动支付中扫二维码中奖。

11. 话说古代有两个女人 A、B 争一个小孩，都说是自己生的，最后闹到了县官那里。县官也分不清孩子到底是谁的，于是就说你们两个在公堂上抢吧，谁抢到了孩子就判给谁。于是两个女人一人拉着孩子的一只胳膊抢了起来，孩子疼得哇哇大哭。这时女人 A 突然放手了，女人 B 高兴地说："大人，我抢到孩子了，孩子是我的。"不料县官喝道："大胆刁妇！你自己的孩子你都不知道心疼吗？只有孩子妈才知道心疼孩子！"于是他把 B 重打了 20 大板并将孩子还给他生母 A 了。

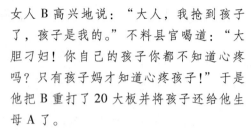

(1) 这个故事中，县官和两个女人之间是不是存在信息不对称？两个女人之间呢？请解释。

(2) 女人 B 在这次事件中的行为属于逆向选择还是道德风险呢？为什么？

第 15 章
CHAPTER15

国内生产总值

从本章开始我们进入宏观经济学部分的学习。宏观经济学就是把整个国家的经济看成一个整体,不再去讨论单个买者和卖者是如何进行交易的,而是要考察一个国家的总体经济是如何运行的,在运行过程中会生产什么问题,以及政府有什么可供选择的政策等。研究一国经济的总体运行首先遇到的就是如何衡量、评价一个国家经济总量的问题,因此本章我们就先来讨论国民经济的核算问题,主要介绍当前世界各国所普遍采用的国内生产总值的概念和统计方法,包括国内生产总值的含义、构成部分、统计方法及其局限性等内容。

15.1 一国收入、支出与 GDP

中国目前是仅次于美国的全球第二经济体,我们是依据什么做出这一判断的呢?或者说我们通过什么样的指标来衡量和比较世界各国的经济规模的呢?

15.1.1 GDP 的定义

衡量一个国家经济规模的指标是**国内生产总值**(gross domestic product,GDP),指的是一个国家在一定时期内生产的最终产品与劳务的市场价值的总和。要理解这一定义,我们应该关注以下这些关键词。

本章课件

- **一个国家内**。GDP 是一个地理范围的概念而不是国民概念,凡是在本国境内生产的都统计为本国的 GDP,而不管是本国人还是外国人生产的,在本国境外生产的都不统计;以国民为统计对象的指标叫**国民生产总值**(gross national product,GNP),它统计的是本国国民在国内外生产的价值总额。二者的关系为:GDP = GNP + 外国居民在本国生产的价值 − 本国居民在国外生产的价值。

  除了统计一个国家的 GDP,也可以统计一个地区的 GDP,如上海或者温州的 GDP 等。

- **一定时期内**。GDP 是一个流量概念,它所统计的是一个时期内生产出来的价值,这个时期通常是指一年,但也可以统计一个季度、一个月的 GDP。

- **生产**。GDP 是一个生产概念，统计的是本年度生产出来的物品与劳务，去年生产在本年度销售的计入上年的 GDP，而本年度生产但没有销售出去的则计入本年的 GDP。
- **最终产品**（finished products）。最终产品指的是在一定时期内已经完成生产，同期内不需要再加工就可以为社会提供消费使用的产品，可以分为消费品、投资品、军用物品和出口品四类。

与最终产品相对应的是**中间产品**（intermediate products），其指的是需要继续加工或者作为其他产品投入物的产品。这些产品的价值会包含在最终产品的价值之中，如果 GDP 把这部分中间产品统计在内就会导致重复统计。但有一种情况例外，就是这种中间产品在本年度内没有被加工成最终产品而是变成了以后企业使用或出售的存货，那么这种中间产品就会作为存货投资计入 GDP，然后在下一年度的统计中再把这一部分减去。

- **物品与劳务**。GDP 统计不仅包括有形的物品，如面包、汽车、服装等，也包括无形的劳务，如理发、外卖、旅游等。
- **市场价值**。由于生产出来的产品是千差万别的，没有办法进行加总计算，因此 GDP 用市场价格来统一表示物品与劳务的数量，但这也产生两个问题：一是没有经过市场交易的商品没办法统计在内，比如农民种的自己吃的粮食、自己手工制作的产品等，这样就会造成 GDP 计算中的遗漏，再比如两个家庭主妇，她们所做的家务劳动是不统计在 GDP 内的，但如果她们彼此交换，都到对方家进行完全相同的家务劳动，并彼此给予对方报酬，那么她们的家务劳动就计入 GDP 了；二是每年的商品价格水平是不一样的，同样的商品数量在不同的年份有不同的市场价值，这就造成了不同年份的 GDP 不具有可比性了，这个问题我们将放到以后讨论。

15.1.2 总收入与总支出

上面我们给出了国内生产总值 GDP 的定义，那么在实践中我们如何来统计这个数值呢？我们可以通过第 1 章给出的循环流量图（见图 1-3）的简化图来对此进行说明，如图 15-1 所示。

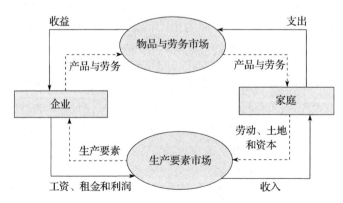

图 15-1 简化的循环流量图

图 15-1 是一个简化了的循环流量图，我们这里假设只有家庭和企业两个经济主体，称为两部门经济。从图的上部来看，企业把生产出来的物品与劳务供给到劳务市场上去销售，家庭买回这些物品与劳务供自己消费，这些物品与劳务的价值就是 GDP，我们可以用家庭购买支出的数量来表示；企业出售物品与劳务获得收入之后，会把这些收入全部以工资、租金、利息、利润等方式支付给要素所有者，而这些又构成了家庭的收入，这些收入同样也构成了 GDP，它们会成为家庭购买物品与劳务的支出。

我们在统计 GDP 的时候，既可以把总收入加在一起，也可以把总支出加在一起，这二者总是相等的。因为每一次交易都会有一个收入者和一个支出者，并且这个收入与支出是相等的，比如你为一名上初中的孩子提供了 2 小时的家教辅导，家长给了你 100 元，那么从你的角度来讲就是取得了 100 元的收入，从家长的角度来讲就是支出了 100 元，无论从你的角度还是家长的角度衡量，GDP 都加了 100 元。这样我们就得到了一个重要的恒等式：

$$国内生产总值 = 总收入 = 总支出 \tag{15-1}$$

图 15-1 只是一个极度简化的循环流量图，实际情况要比这个复杂得多。比如家庭不可能把所有的收入都用来购买物品与劳务，而是将一部分储蓄起来，这部分储蓄通过金融市场（可以看作要素市场的一种）又转化为企业的投资，而企业生产出来的产品与劳务也不可能全部卖给家庭，一部分会卖给其他企业等。另外，我们可以在图 15-1 中加上政府部门，从而构成三部门经济，政府从企业和家庭取得税收，又向企业和家庭购买各种物品与劳务以及生产要素；如果在图 15-1 中再加上外国外部就构成了四部门经济，外国部门也会参与本国的经济活动，如商品与劳务的进出口、投资金融活动，等等。但不管多么复杂，总收入等于总支出等于 GDP，即恒等式（15-1）依然是成立的。读者如果有兴趣可以自行到 https://v.youku.com/v_show/id_XNDA3NDY4MTk4NA==.html?spm=a2hzp.8253869.0.0 上阅览、学习。

快乐学习

小说《人民的名义》

作者：周梅森

出版：北京十月文艺出版社 2017 年 1 月

2017 年，《人民的民义》被最高人民检察院影视中心、中央军委后勤保障部金盾影视中心等单位改编成 52 集电视连续剧，被中国国家话剧院、最高人民检察院影视中心、北京嘉会本末文化艺术创作有限公司等改编为话剧。

故事梗概：一名国家部委的处长被人举报巨额受贿，最高人民检察院反贪总局侦查处侯亮平处长负责侦办此案。当侯亮平前去搜查时，看到的却是一位长相憨厚、衣着朴素的"老农民"在简陋破败的旧房里吃炸酱面的场面，经过斗智斗勇，终于揭开了这名巨贪的真面目：高级别墅中藏有烧掉了四台点钞机的 2 亿多巨款。此案牵扯到汉东省京州市副市长丁义珍，但就在决定对他采取控制措施的时刻，由于一位神秘人物的泄密而导致丁义珍逃往海外。案件线索最后定位于汉东省国有企业大风服装厂的股权争夺事件。汉东省检察院反贪局局长陈海在侦办案件过程中离奇遭遇车祸，侯亮平临危受命接任陈海的职务继续侦察。

在汉东省政坛，存在以省委副书记、政法委书记高玉良为首的"政大系"和以省委常委、京州市委书记李达康为首的"秘书帮"，两派势力盘根错节、明争暗斗、难分伯仲。新任省委书记沙瑞金决心打破这种平衡的局面，推动汉东省的进一步改革和发展。

侯亮平在瑞金书记的支持下，在前省检察院检察长陈岩石以及领导、同事的帮助下，经过曲折、激烈的斗争，出生入死、不畏艰难，终于查清了整个案件。最后省公安局局长祁同伟自杀，省委原书记、现国家级领导人赵立春，省委副书记、政法委书记高玉良等一批贪官以及大量的涉案犯罪分子都受到了应有的惩处。

包含的经济学原理：国内生产总值 GDP 是衡量一个国家或地区在一定时期内生产出来的所有产品与服务的市场价值的重要指标，GDP 的增长意味着生产出了更多的物品与服务，这样人民群众才能消费更多的物品与劳务，生活水平才能不断提高。另外，GDP 的增长还带来了就业和税收的增长，这些对于一个国家或地区来讲都是至关重要的。因此虽然人们对 GDP 这个指标存在一些非议与误解，但它仍然是衡量一个国家或地区经济发展的重要指标之一。

在小说中，京州市委书记李达康就非常重视 GDP，在研究对副市长丁义珍的处理时主张尽量将其控制在省内，以减少对经济工作的冲击。原来在八年前李达康担任林城市委书记的时候就是因为抓了当时负责开发区工作的副市长，吓跑了几十个投资商，从而使林城市的 GDP 从全省第二下降到最后一名。现在如果把丁义珍交给最高人民检察院有可能导致同样的后果，使 280 亿投资的光明峰项目泡汤从而影响京州市的 GDP。为了 GDP，他还亲自带人去强拆大风服装厂，可见 GDP 对达康书记非常重要，他的工作基本上都是围绕着 GDP 的增长进行的。

GDP 对一个国家或地区来讲是非常重要的，但不是唯一的。比如廉政建设、环境保护、分配公平、让人民群众充分享受改革发展带来的红利等也是非常重要的，要把 GDP 与这些方面统筹考虑，以求协调发展。

15.2 GDP 的核算方法

实践当中 GDP 的统计核算方法主要有三种：支出法、收入法和产出法。

15.2.1 支出法

支出法就是从最终使用的角度来反映一个国家一定时期内生产活动最终成果的一种方法。这种统计方法就相当于在图 15-1 中从物品与劳务市场流向企业的价值通道中装上一个流量器，以测量所有的企业通过出售商品与服务获得了多少收益。

企业出售的产品与服务从最终使用的去向可以分为消费（C）、投资（I）、政府购买（G）和净出口（NX）四个部分，把购买这四部分上的支出加在一起就构成了国内生产总值，即：

$$\text{GDP} = C + I + G + NX \tag{15-2}$$

上式也是一个恒等式，构成 GDP 的每一元钱必定属于这四个组成部分中的一个，而这四个组成部分中的每一元钱也都必定是 GDP 的组成部分。

- **消费**（consumption）。消费指的是家庭用于购买除住房以外的物品与劳务的支出。物品指的是有形的商品，如汽车、家具、衣服等，劳务指的是无形的服务，如旅游、教育、医疗等。二手物品的交易额是不计入 GDP 的，但交易所产生的中介服务费则要作为劳务计入 GDP。
- **投资**（investment）。投资指的是用于购买可以在未来生产更多的物品与劳务的产品的支出，可以分为资本设备、存货和建筑物三个部分。

  如果企业在本期内生产的产品没有卖出去，就可以理解为自己卖给自己了，变成了企业的投资，这就称为存货投资。如果下期这些产品卖出去了，企业的存货投资就减少了，相当于企业发生了负支出，这样就抵消了消费者的支出，不会出现重复计算。

  这里的建筑物除了企业的厂房、设施等，还包括家庭购买的住宅。购买住宅并不属于家庭的居住消费，居住消费的支出应该是房租。购买住宅是一种投资，可以通过收取房租来收回投资甚至获利，如果是自己居住实际上相当于自己向自己支付房租（回忆前面讲到的机会成本的概念）。

  我们日常生活中经常讲到的投资跟这里讲的投资是不一样的，这里讲的投资指的是形成实物的投资形式，这些实物可以用来生产其他产品，从而给所有者带来收益；我们日常生活中所讲的投资，如购买股票、期货、基金等理财形式，实际上是一种储蓄形式，而不是经济学上所讲的投资。

- **政府购买**（government purchases）。政府购买又称为政府消费，指的是各级政府用于购买物品与劳务的支出，比如政府采购交通工具、办公用品、公共设施等，雇用的公务员、司机、保安等雇员的工资等。

  政府的支出中除了购买物品与劳务外，还有一种**转移支付**（transfer payment），即没有形成交易的单方面的价值转移或者价值支付行为。政府的转移支付包括对个人的失业补助、低保、福利金、救济金、奖励等，也包括对企业的补贴、奖励等；个人之间的转移支付包括馈赠、捐助、遗产继承、赌博等。由于转移支付没有形成交易，只是财富在不同主体之间的转移，并不能使 GDP 增加，因此这些是不计入 GDP 的。

- **净出口**（net exports）。净出口等于出口额减去进口额，指的是生产出来的产品与劳务被外国买走的部分。之所以要减去进口，是由于这些产品与劳务是外国生产出来的，但反映在本国的消费、投资或政府购买中了，这样就会使本国的 GDP 增加，因此减去这一部分才能反映出真正的 GDP 的数量。

根据国家统计局数据，我国 2016 年用支出法统计的 GDP 以及这四个组成部分各自所占比例的情况如表 15-1 所示。

表 15-1　2016 年中国支出法统计的 GDP 及各部分占比

GDP	消费	投资	政府购买	净出口
745 632.4 亿元	293 443.1 亿元	329 137.6 亿元	106 467.0 亿元	16 584.7 亿元
100%	39.35%	44.14%	14.28%	2.22%

注：由于四舍五入的原因，GDP 各项占比加总不一定等于 100%。
资料来源：中华人民共和国国家统计局网站，http://www.stats.gov.cn/。

15.2.2 收入法

收入法又称为分配法，指的是从生产过程形成收入的角度，对常住单位的生产活动成果进行核算。一个国家所创造出来的 GDP，最终总是要分配给这个国家的各个组织或者个人，成为社会各阶层的收入，把这些收入加在一起就构成了 GDP。收入法的 GDP 计算公式为：

$$GDP = 要素收入 + 间接税 - 政府补贴 + 折旧 \qquad (15-3)$$

要素收入就是家庭通过出售、出租所拥有的生产要素获得的收入，包括工资、地租、利息、利润等，这是构成 GDP 的最重要的部分。

- **间接税**（indirect tax）又称价内税，指的是纳税人可以把税负转嫁给他人负担的税，如增值税、消费税、关税等，这些税都是在商品的流转环节征收，纳税人可以把税加在商品价格中出售，转嫁给商品的购买者。

  由于间接税是包含在商品价格内的，属于 GDP 的一个组成部分，但并没有被要素所有者（即家庭）得到，所以用收入法统计 GDP 的时候应该把这一部分加上。

  政府补贴就相当于支出法中的政府转移支付，这一部分构成了家庭收入的一部分，但并非来自交易，不属于家庭出售生产要素所得的收入，故应该从要素收入中减去。

- **折旧**（depreciation）指的是由于损耗或者技术过时而减少了的资本价值。从价值形态上看，折旧是资本损耗的价值转移到新产品中去的部分，构成产品价值的一部分从而也是 GDP 的一部分，但这一部分并没有分配给要素所有者，而是由企业计提用于将来更新设备，所以在用收入法统计 GDP 的时候也应该把这一部分加进去。

15.2.3 产出法

产出法又叫生产法或增值法，是从生产过程中创造的价值入手，剔除生产过程中投入的中间产品价值，只对增加价值部分进行核算的方法。与支出法只统计最终产品不一样，产出法是统计各个生产部门或企业的增值部分，把所有部门的增值部分加在一起所得到的与最终产品价值是一样的。我们可以用下面的例子来说明，比如一个农民把收获一定量的棉花卖给纺纱厂，纺纱厂纺成纱线卖给织布厂，织布厂把布卖给服装厂，最后做成衣服出售。假设各阶段的产值及增值情况如表 15-2 所示。

表 15-2　产出法统计 GDP　　　　　　　　　　（单位：元）

	农民	纺纱厂	织布厂	服装厂	合计
增值	1 000	500	1 000	2 500	5 000
产值	1 000	1 500	2 500	5 000	10 000

从上表中可以看出，如果统计各个阶段的价值增值的话，得到的数量是 5 000，与作为最终产品的衣服价值相等，说明用产出法得到的结果与支出法是一致的。但如果把各个阶段的产值加在一起，得到的结果是 10 000 元，原因是对生产过程中投入的中间产品进行了

重复统计，如棉花的价值就被统计了 4 次。

我国 2016 年用产出法统计的 GDP 以及各个组成部分所占比例的情况如表 15-3 所示。

表 15-3　2016 年中国产出法统计的 GDP 及各部分占比

GDP	第一产业增加值	第二产业增加值	第三产业增加值
743 585.5 亿元	63 672.8 亿元	296 547.7 亿元	383 365.0 亿元
100%	8.56%	39.88%	51.56%

资料来源：中华人民共和国国家统计局网站，http://www.stats.gov.cn/。

大家可以发现，用支出法和产出法统计出来的 GDP 的数据并不一致，这是由统计的口径、渠道等各方面的差异引起的统计误差。我国 GDP 的统计数据是以产出法为准，对于支出法统计出来的 GDP 数据，我们可以再加上一个统计项使之与产出法统计的 GDP 相等。

快乐学习

电影《我不是药神》

上映时间：2018 年　　　　　　　　　　　　　　　　　　导演：文牧野
出品国家：中国　　　　　　　　　　　　　　　　　　　　出品公司：坏猴子影业

故事梗概：印度神油店老板程勇（徐峥饰）已经人到中年，过得并不顺心，妻子已与他离婚，正在与他争夺抚养权，生意不好，父亲病重凑不齐手术费，甚至连房租也交不起了。一天，店里来了个白血病患者（王传君饰），求他从印度带回一批仿制的特效药格列宁，让买不起正版天价药的患者能保住一线生机。

在走投无路的情况下，程勇决定铤而走险从印度走私格列宁，结果销路特别好，并取得了印度格列宁在中国的总代理资格。由于程勇走私来的格列宁以低于正版的价格出售，挽救了很多人的生命，被封为了"药神"，同时程勇也赚得盆满钵满。国家发现市场上流通从印度走私来的假药，并开始对其进行侦查、打击，程勇最后停止了走私，用赚的钱开了一家工厂。

市场上没了印度仿制药，很多病人因为没钱买正版药而死去。程勇良心发现，决定继续从印度走私仿制药，并且以 500 元的进货价格向病人出售，自己每瓶药要赔 1 500 元，一个月要搭进去十几万元。

市场上再次出现仿制药使警察又开始启动侦查行动，最后程勇被捕，以贩卖假药罪被判处三年有期徒刑。

包含的经济学原理：电影中程勇走私格列宁的原因就是正版药和仿制药之间价格的巨大差异，那么为什么存在如此大的价格差异呢？其中一个重要原因就是正版制药厂的药品出厂价很高，而高额的出厂价是因为要弥补药品的前期开发、研制成本，比如瑞士诺华公司开发的格列卫（影片中的格列宁）自 1988 年至 2001 年共耗费了 13 年的时间，投资研发成本 50 多亿美元。当然仅用这个药本身的研发成本还不足以解释药价这么高的原因，据美国一些专家的测算，诺华公司的格列卫实际上在销售后的两年内就已经基本上收回了成本。但问题并不是这么简单，因为制药公司对新药的研发并不是总能取得成功的，很多药品投入大量的研发费用后最终可能失败，这样就只有投入而没有任何收益。据报道，新药研发的成功率可能只有1%，那么药厂就要用一种研发成功的药赚回99种失败的药的研发成本并且还要获利，新药定价高就容易理解了。

制药厂对新药卖高价是由专利法保护的，这样的目的是让药厂有动力不断研发新药，以满足社会发展的需要。就拿格列卫来讲，在此药出现以前，慢性粒细胞性白血病就是一种不治之症，病人五年的存活率只有30%，而这种发明使病人五年的存活率达到90%，实际上使这种不治之症变成了一种只要不断服药就可以存活的慢性病，并且这种药不会产生抗药性，病人的响应率达到100%。如果没有专利保护的高昂药价，这种神药就不可能被研发出来。另外专利都是有期限的，比如格列卫在中国的专利2013年就结束了，这时中国药厂就可以自由地生产这种药了。

15.3 名义 GDP 与实际 GDP

由于 GDP 统计的是当年产出的最终产品的市场价值，那么当我们说 2016 年的 GDP 比 2015 年增长 6.7% 的时候，指的是实际产生的物品与劳务增长了，还是只是价格上涨了，还是二者兼有呢？要搞清这个问题就涉及名义 GDP 和实际 GDP 的概念了。

15.3.1 名义 GDP 与实际 GDP 的计算

名义 GDP（nominal GDP）也称货币 GDP，是用生产物品和劳务的当年价格计算的全部最终产品的市场价值。它的变动既反映了产量的变化也反映了价格的变化；**实际 GDP**（real GDP）是用某一年的价格作为基期的价格计算出来的当年全部最终产品的市场价值。由于各年用于计算的价格是同一年的，也就是不变价格，因此它衡量在两个不同时期经济中的产品产量的变化，而把价格变化因素给剔除了。

我们通过一个例子来看名义 GDP 和实际 GDP 的计算和区别。假定只生产奶茶和凉皮两种商品，2015 年奶茶的价格为 6 元一杯，产量为 10 杯；凉皮的价格为 5 元一份，产量为 20 份。2016 年两种产品的价格不变产量上升了，2017 年产量不变价格上升了，2018 年产量与价格都上涨了。根据这些条件我们来计算每年的名义 GDP，和以 2015 年价格为不变价格的实际 GDP。见表 15-4。

表 15-4 名义 GDP 与实际 GDP

年份	奶茶（杯）	奶茶价格（元）	凉皮（份）	凉皮价格（元）	名义 GDP（元）	实际 GDP（元）
2015 基期	10	6	20	5	$(6 \times 10) + (5 \times 20) = 160$	$(6 \times 10) + (5 \times 20) = 160$
2016	15	6	25	5	$(6 \times 15) + (5 \times 25) = 215$	$(6 \times 15) + (5 \times 25) = 215$
2017	15	7	25	6	$(7 \times 15) + (6 \times 25) = 255$	$(6 \times 15) + (5 \times 25) = 215$
2018	20	8	35	7	$(8 \times 20) + (7 \times 35) = 405$	$(6 \times 20) + (5 \times 35) = 295$

在表 15-4 中，每年的名义 GDP 就是用当年的商品价格乘以当年的产量然后加总得出的，而实际 GDP 则是用基年即 2015 年的价格乘以当年的产量然后加总得出的。从表 15-4

中可以看出，由于 2015 年是基期，所以名义 GDP 和实际 GDP 是相同的，因为二者都是用的当年的价格；由于 2016 年价格没变，因此名义 GDP 和实际 GDP 实现了同速增长，这个增长只反映了产量的增长；由于 2017 年产量不变，只是价格上涨了，所以名义 GDP 增长了，这个增长只是价格变化带来的，而实际 GDP 没发生变化；2018 年产量和价格都上升了，所以名义 GDP 和实际 GDP 都增长了，但名义 GDP 增长的幅度要大于实际 GDP，这是由于名义 GDP 的增长里面既包含产量的增长也包含价格的上升，而实际 GDP 则只包含产量的增长。

总结表 15-4，我们可以看出，只要产量或者价格任意一项发生变化，名义 GDP 就会发生变化，而只有产量发生变化时实际 GDP 才会发生变化。因此实际 GDP 就是反映的一国实际产出量的变化，比较不同年份的实际产出变化的时候就应该用实际 GDP 而不是名义 GDP，而一个国家制定经济政策的时候所依据的也是实际 GDP 的情况。

15.3.2 GDP 平减指数

实际 GDP 反映的是实际产量的变化，名义 GDP 反映的是实际产量和价格的共同变化，那如果我们只是想知道价格的变化怎么办呢？这就需要运用 GDP 平减指数这个概念了。**GDP 平减指数**（GDP deflator）就是指名义 GDP 与实际 GDP 之比。

$$\text{GDP 平减指数} = \frac{\text{名义 GDP}}{\text{实际 GDP}} \times 100 \tag{15-4}$$

在基期由于名义 GDP 和实际 GDP 是相等的，所以基期的 GDP 平减指数为 100；此后如果实际产量增加了但价格水平没变，那么名义 GDP 和实际 GDP 依然是相等的，平减指数也是 100；如果产量没变价格水平提高了，那么名义 GDP 就会大于实际 GDP，平减指数就会大于 100。根据表 15-4 我们可以计算出该经济的 GDP 平减指数如下。

从表 15-5 中可以看出，基期 2015 年的平减指数为 100，2016 年由于只有产量增加而价格没发生变化，平减指数同样是 100，2017 年产量没变但价格上涨了，平减指数变成了 116，2018 年产量与价格增加了，平减指数也变成了 137。因此，GDP 平减指数只反映价格的变动而不反映产量的变动。

表 15-5 GDP 平减指数

年份	名义 GDP（元）	实际 GDP（元）	GDP 平减指数	通货膨胀率
2015 基期	160	160	$\frac{160}{160} \times 100 = 100$	—
2016	215	215	$\frac{215}{215} \times 100 = 100$	$\frac{100-100}{100} \times 100\% = 0$
2017	255	215	$\frac{255}{215} \times 100 = 119$	$\frac{119-100}{100} \times 100\% = 19\%$
2018	405	295	$\frac{405}{295} \times 100 = 137$	$\frac{137-119}{119} \times 100\% = 15\%$

GDP 平减指数反映了一个经济价格水平变化的情况，如果这个经济的物价水平整体上

上升，经济学家就称之为**通货膨胀**（inflation），而**通货膨胀率**（inflation rate）则是指从一个时期到下一个时期物价水平上涨的百分比。对这些问题我们将在第 20 章专门进行讨论。如果用 GDP 平减指数来衡量通货膨胀率的话，可得如下公式：

$$本年度通货膨胀率 = \frac{本年度 GDP 平减指数 - 上年度 GDP 平减指数}{上年度 GDP 平减指数} \times 100\% \quad (15\text{-}5)$$

表 15-5 的第 5 列就计算出各年度的通货膨胀率。其中由于 2016 年与 2015 年相比价格没发生变化，所以通货膨胀率为零；相比 2016 年，2017 年价格上涨了，通货膨胀率计算的结果分别为 2017 年 19%；2018 年 15%。

用 GDP 平减指数计算通货膨胀是一种重要的方法，另外在第 16 章中我们还会介绍另外一种衡量通货膨胀的指标，并比较二者之间的差异。

15.3.3　用 GDP 比较不同的经济

运用实际 GDP 的数据可以对同一个经济的不同时期以及不同经济体的经济水平进行比较，下图就显示了我国 1978 ~ 2018 年的年度实际 GDP 数据（以 1978 年的价格为不变价格）。

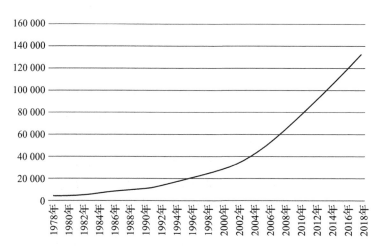

图 15-2　中国 1978 ~ 2018 年 GDP

资料来源：运用中华人民共和国国家统计局公布的 GDP 及 GDP 指数进行计算，以 1978 年的价格为不变价格。

从图 15-2 可以看出，改革开放之前我国的经济增长一直是非常缓慢的，从 20 世纪 80 年代中期经济增长开始逐渐加速，特别是 2001 年底我国加入 WTO 之后，经济开始进入快速增长阶段。我国 1978 年的 GDP 为 3 678.7 亿元，2018 年已经增长到 135 428.8 亿元，40 年增长了 36.8 倍。

除了可以比较同一个经济体不同年份的经济水平之外，运用 GDP 还可以比较不同国家的经济规模，由于各国统计本国 GDP 的时候一般都是用本国货币表示的，所以进行国际比较的时候需要换算成同样的货币，通常情况下人们都换算成美元进行比较。图 15-3 为 2017 年世界 GDP 排名前 10 的国家。

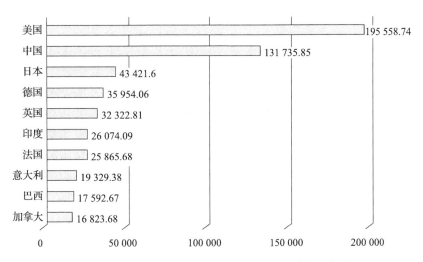

图 15-3　2017 年世界 GDP 排名前 10 的国家（单位：亿美元）

资料来源：国际货币基金组织网站，http://www.imf.org/external/index.htm。

还有一个重要的概念就是**人均 GDP**（real GDP per capital），即用 GDP 除以一国的常住人口得出的平均值。一国的人均 GDP 与该国国民的生活水平密切相关，更高的人均 GDP 代表更富裕，人民的生活质量也更高。表 15-6 给出了世界上人口最多的 12 个国家的人均 GDP 以及预期寿命、成人识字率、婴儿死亡率以及互联网使用率等指标，我们发现这些指标之间存在很强的相关性。

表 15-6　人均 GDP 与生活质量

国家	人均 GDP（美元）	预期寿命（岁）	成人识字率（%）	婴儿死亡率（%）	互联网使用率（%）
美国	59 495.34	77.14	99.0	4	87.9
德国	44 184.45	78.42	99.0	2	89.0
日本	38 550.09	80.93	99.0	1	94.0
俄罗斯	10 248.24	67.66	99.7	5	72.9
巴西	10 019.79	71.13	91.3	9	66.9
墨西哥	9 249.27	72.30	93.4	7	53.7
中国	8 582.94	72.22	95.1	6	52.7
印度尼西亚	3 858.69	68.94	92.8	14	50.4
尼日利亚	2 092.47	51.01	61.3	34	38.0
印度	1 852.09	63.62	74.4	28	34.4
巴基斯坦	1 570.00	62.20	55.0	46	50.4
孟加拉国	1 532.13	61.33	57.7	23	38.4

资料来源：网络查询整理，婴儿死亡率为 2015 年数据，成人识字率为 2016 年数据，其他为 2017 年数据。

15.4　GDP 的局限性

GDP 统计的是一国生产的产品与劳务的总和，也就是统计所生产出来的财富总和。生产的财富越多，人民的生活水平自然就越高，所以 GDP 是衡量一个社会经济福利水平的最好的指标。但是GDP这个指标也存在一定的局限性，有很多东西没有统计在内，因此对福利水平的评价是不完善的。

第一，关于休闲的问题。生产物品与劳务需要时间，投入的时间越多产量也就越大，同时闲暇的时间也就越少。GDP只统计了生产时间内的成果，而没有关注生产者的休闲时间，因此在反映福利水平方面是不完善的，因为休闲时间也是人们提高福利水平的一个重要方面，比如消费、娱乐、旅游、健身等。我国很多地方的农民工一天要工作十几个小时，一周要工作七天，休闲的时间很少。虽然我国的法定假期已经从改革开放初期的每年60天增长到115天，但很多人是享受不到的，这些在GDP中是体现不出来的。

第二，关于非市场活动的价值。GDP所统计的是用市场价格衡量的物品与劳务，所以没有经过市场交易的活动就没有被统计在内，而这些虽然没有经过市场交易的活动对于提高人们的福利水平也是至关重要的，比如家务劳动、可口的饭菜、整洁的家居、漂亮的装饰都会增强人们的福利。这些如果请人来做就会产生GDP，所以一个人同他的保姆结婚就会导致GDP的下降。

第三，关于环境的问题。经济发展可能会带来环境的污染，而这种污染就会降低人们的生活质量，但GDP的统计中反映不出这些问题。比如我国很多地区的经济增长是以牺牲环境为代价的，水、空气、土壤等的污染非常严重，这些不仅仅降低了人们的生活质量，还会给人们带来严重的疾病，危及居民的健康与生命。

为了应对这一问题，联合国经济和社会事务部在1993年修订的《国民经济核算体系》中提出了**绿色GDP**（green GDP）的概念，即从GDP中扣除自然资源耗减价值与环境污染损失价值后剩余的国内生产总值，又称为可持续发展GDP。

第四，关于收入分配的问题。GDP只反映出了生产出来的物品与劳务，并不能反映这些劳务在居民之间是如何分配的，而分配是否公平对社会福利水平也有很大的影响。

可以看出，GDP在衡量社会福利水平方面并不是一个完美的指标，它只能表明产品与劳务的数量，虽然这是提高居民福利水平最重要的因素，但并不是全部因素。虽然如此，GDP在目前的情况下依然是衡量经济福利的最好的指标，如果采用其他指标来衡量，结果会更差。

15.5 小结

国内生产总值GDP是衡量一国经济总量的一个重要指标，它不仅可以用来比较不同国家或同一国家不同时期的经济水平，还可以用来考察一国经济运行的健康状况，为政府制定宏观经济政策提供依据。我们后面的内容将进一步围绕这一概念进行分析，讨论由什么因素决定GDP，GDP增长过程中出现的问题，以及政府应采取什么样的宏观经济政策来保证GDP的不断增长和发展等。

延伸阅读

GDP 的历史

GDP 是在 20 世纪 30 年代诞生的,被誉为 20 世纪人类最伟大的发明之一,后经过了一系列的发展和丰富,最后形成了我们今天看到的样子。而我国的国民经济核算体系也经历了一个不断变化和发展的过程。读者如果有兴趣可以自行到 http://www.wdjjlt.org/yl/forum.php?mod=viewthread&tid=1343 上阅览、学习。

关键词

国内生产总值　国民生产总值　最终产品　中间产品　消费　投资　政府购买　净出口　转移支付　直接税　间接税　折旧　名义 GDP　实际 GDP　GDP 平减指数　人均 GDP　绿色 GDP

思考题（扫描右侧二维码查看答案参与讨论）

1. 简述国内生产总值的定义及这一定义包含的内容。
2. 国内生产总值与国民生产总值之间的关系是什么?
3. 什么是最终产品? 什么是中间产品? 二者之间的关系是什么?
4. 用市场价值统计 GDP 会生产什么问题?
5. 什么叫统计 GDP 的支出法? 其计算公式是什么?
6. 什么叫转移支付? 为什么不能把它计入 GDP?
7. 什么叫统计 GDP 的收入法? 其计算公式是什么?
8. 举例说明什么叫统计 GDP 的增值法?
9. 什么是名义 GDP? 什么是实际 GDP? 二者之间的关系是什么?
10. 什么叫 GDP 平减指数? 如何用 GDP 平减指数计算通货膨胀率?
11. GDP 的局限性有哪些?

讨论与应用（扫描各题右侧二维码参与讨论）

1. 下列行为会不会影响 GDP 的数据,如果影响,它会影响用支出法统计的 GDP 的哪一个部分呢? 影响的数值是多少? 请解释。
   (1) 小张点了一份外卖,共支付快餐费 15 元和配送费 3 元。
   (2) 小李从学姐那里买到一本去年用过的经济学教材,花费 25 元。
   (3) 农民刘大叔为了及时运送蔬菜到批发市场,买了一辆新的小货车,花费 5 万元。
   (4) 李阿姨最近到新马泰旅游了一个星期,共花费 2.3 万元。
   (5) 小刘的父母刚刚买了一套二手房花费 70 万元,并为此支付了 1 万元的中介费。
   (6) 富士康公司用内部交易的方式把价值 500 万元的手机半成品卖给它开在越南的分公司以便完成加工工作。
   (7) 西门子独资的公司在天津投资 2 亿元扩建厂房。
   (8) 某县用公开招标的方式为每个乡镇采购了一台电脑,共计支出 20 万元。
   (9) 小王的父亲买了一辆福特汽车花费 35 万元,这辆汽车是美国去年生产的。

(10) 你们学院有3位同学获得国家奖学金共计24 000元。

2. 在其他条件不变的情况下,如果两个国家合并了对GDP有没有影响?为什么?

3. 下列物品中哪些属于最终产品呢?请解释。
   (1) 三一重工卖给南水北调工程使用的一台挖掘机。
   (2) 某企业给员工发放的新工作服。
   (3) 某奶茶店购买的两箱盒装鲜牛奶。
   (4) 某公司出口的一批用于制作中成药的中药材。
   (5) 某地政府有关部门采购的一批监视摄像头。
   (6) 某企业出售给某汽车厂的一批雨刷器。

4. 假设世界上只有A和B两个国家,其人口分别为3亿和4.5亿,GDP分别为12万亿元和20万亿元,据估计A国的GNP为15万亿元。根据这些资料,试计算两个国家的人均GDP及人均GNP。

5. 假设一个国家只生产两种商品:智能手机和西装,其历年的产量及价格见下表:

年份	手机产量（万部）	手机价格（元）	西装产量（万套）	西装价格（元）
2010	50	2 000	70	1 750
2011	50	1 850	70	2 000
2012	75	1 850	90	2 000
2013	90	1 700	125	2 100

   (1) 以2010年为基期,试计算各年的名义GDP、实际GDP、GDP平减指数。
   (2) 运用GDP平减指数计算2011、2012、2013三年的通货膨胀率,并比较这三年的通货膨胀率有什么不同?请解释。

6. 如果一个人说今年的GDP增长了3%,另一个人说今年的GDP下降了1%,有没有可能这两个人说的都有道理?为什么?

7. 有一个流传甚广的笑话,说是两名经济学博士傍晚散步,路遇一摊牛屎,博士甲对博士乙说:"你把这摊牛屎吃了,我给你5 000万元。"博士乙感觉这在经济学上是合理的,就把牛屎给吃了,于是博士甲就给博士乙开了个5 000万元的欠条。博士乙吃了摊牛屎感到非常恶心,就想要报复一下博士甲,正好路上又出现了一摊牛屎,他就对博士甲说:"如果你也把这摊牛屎吃了,我同样给你5 000万元"。博士甲正为因为一个玩笑失去5 000万元懊悔呢,听博士乙这么说就毫不犹豫地把牛屎吃了进去,博士乙也把原来的欠条还给了甲。

   事后两个人都感到非常郁闷:两个人各自吃了一摊牛屎却什么也没得到。

   回到学校后,导师见他们闷闷不乐的样子,就问他们怎么了,他们一五一十地把经过告诉了导师。没想到导师兴奋地说:"怎么能说什么都没得到呢?就在你们散步的这么短短的时间内,你们就给国家创造了一个亿的GDP啊!"

   (1) 这两个博士真的创造了一个亿的GDP吗?为什么?
   (2) 从这个笑话中你得到了什么启示和感想?

8. 在某地举行的一次记者招待会上,发言人指出,本地的GDP较去年增长了12%（她用的是名义GDP）,你认为这个数据能体现出该地区经济增长的实际情况吗?如果你是现场的记者,想知道该地区经济增长的真实状况的话,你会提什么问题?

9. 小王利用课余时间到肯德基打工,每个月能得1 000元工资,去年一年,他以10元每个的价格卖出了10 000个汉堡包，还得到了3 000元的奖学金，还花1 700元买了辆电动车。在去年一年，用支出法统计的话，小王产生了多少GDP？

10. 刘师傅的草莓园今年获得丰收。他开放草莓大棚让顾客采摘共得到7万元的收入，其他草莓卖给超市2万元、卖给饮料厂6万元、自己零售1.5万元；饮料厂生产的草莓汁卖给超市10万元，通过网络销售4万元；超市向消费者销售草莓3.5万元、草莓汁9万元，向餐馆销售草莓汁4万元；餐馆向顾客销售草莓汁8万元。

    (1) 草莓和草莓汁一共贡献了多少GDP？
    (2) 在整个过程中，刘师傅、超市、饮料厂以及餐馆各自的GDP增值是多少？

    (3) 用支出法和产出法所统计出来的GDP一样吗？

11. 2018年12月31日晚上，小丽的烘焙店打烊时发现有20个面包没卖出去，每个价值10元，而2017年12月31日打烊时剩下的面包是30个，每个价格也是10元。

    (1) 2017年和2018年最后一天没有卖出去的面包是否能计入当年的GDP？如果计入GDP应该以什么样的项目计入，各计入多少？
    (2) 这些剩下的面包对2018年的GDP产生了什么样的影响？
    (3) 这些过剩的面包给2018年贡献了多少GDP？如果两年剩余的面包数量是相反的，这一贡献又是多少呢？

第 16 章
CHAPTER16

消费物价指数与生活成本

上一章我们讨论了一国经济总量的统计问题,即国内生产总值。虽然这是衡量社会福利最好的指标,但与此相比老百姓感受最深的还是物价问题,物价的变化直接影响人们的收入、消费水平等一系列问题,本章我们就介绍另外一个非常重要的宏观经济指标:消费物价指数。消费物价指数不仅可以用来衡量人们的生活成本,分析人们生活水平的变化,还可以对不同时期的货币量进行比较,比如价格、收入等,从而不被其表面的数量所迷惑,而是看到其真实价值的差异。本章所要讨论的内容包括消费物价指数的含义、计算,运用这一指数来衡量生活成本、比较不同时期的货币以及消费物价指数的局限性等内容。

16.1 CPI 的概念与计算

有一个笑话:原来的人民币 100 元印着 4 个人的头像,说明那时 100 元够 4 个人花,现在 100 元只够一个人花了,所以就只印了一个人的头像。虽然是笑话,但说明了一个事实,就是钱越来越不值钱了,或者说物价越来越高了。那么如何来衡量价格的高低或者 100 元到底值多少呢?这就要用到消费物价指数的概念了。

消费者物价指数(consumer price index,CPI)是一个反映居民家庭通常所购买的消费品和服务项目价格水平变动情况的宏观经济指标,经常作为观察通货膨胀水平的重要指标,我国称之为居民消费价格指数,分别统计城市居民消费价格指数和农村居民消费价格指数。读者如果有兴趣可以自行到 https://v.youku.com/v_show/id_XNDA3NDY4MjgxNg==.html?spm=a2hzp.8253869.0.0 上阅览、学习。

16.1.1 CPI 市场篮子

日常生活中人们的消费品有千万种,每种消费品的重要性和消费数量也不一样,我们不可能把每种消费品都进行统计计算,那么我们如何来计算这些消费品的价格指数呢?方法就是设立一个 CPI 的市场篮子。**市场篮子**(market basket)指的是一种或多种商品的聚集。就像我们生活中所用的篮子一样,其中可以装各种物品与劳务,根据不同物品与劳务就构成了不同的篮子。比如我们上一章讲的 GDP 统计的也是一种篮子中的物品与劳务的价值,那个篮子中装的是一个国家一定时期内所生产的最终产品,现在我们讨论的是 CPI 篮子里面装的特定的消费品。

本章课件

比如我们假设这个篮子中只有两种商品,2 瓶啤酒和 15 个鸡蛋,再假设啤酒的价格为每瓶 5 元,鸡蛋每个 1 元,那么购买这一篮子物品的费用就是 $5 \times 2 + 1 \times 15 = 25$ 元。我们要做的就是观察在今后的一段时间内,购买这一篮子物品需要支出的费用会发生什么变化。CPI 篮子中包含的物品与劳务的数量是固定不变的,这样当在一定时期消费者购买这一篮子东西的费用发生了变化的时候我们就可以肯定这种变化来自于商品的价格而不是数量。

那么 CPI 篮子中都有哪些物品与劳务呢?不同的人的消费结构是不一样的,我喜欢吃鸡蛋,你喜欢吃牛排,这样当鸡蛋和牛排的价格发生不同变化的时候,你和我的花费就会不同,而计算 CPI 又不可能用一个数字去分别描述每一个人生活成本发生的变化,解决的办法就是找出一个尽可能反映多数人消费习惯与偏好的一个"典型"的消费者,以这个"典型"的消费者的篮子中的物品为准。那么谁是这个"典型"的消费者呢?其实这个"典型"的消费者并不是一个具体的人,而是虚拟的,是通过大量的调查研究,以多数人的平均消费量与消费结构确定的一个数据比例。我国的 CPI 篮子构成由国家统计局确定,并且每过 5 年左右会根据实际情况的变化进行调整。2016 年新调整过的我国 CPI 市场篮子把所有消费品分成了八大类,各种所占的比重如图 16-1 所示。

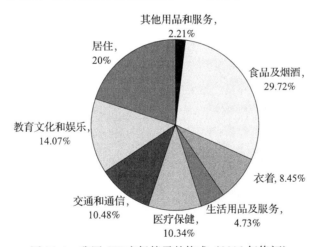

图 16-1 我国 CPI 市场篮子的构成(2016 年修订)

资料来源:中华人民共和国国家统计局网站,http://www.stats.gov.cn/。

16.1.2 CPI 指数的计算

计算 CPI 首先要确定一个基期,然后用基期的价格计算 CPI 市场篮子的费用,再用当期价格计算 CPI 市场篮子的费用,二者之比即为 CPI 的数值,即:

$$\text{CPI} = \frac{\text{当期价格下 CPI 市场篮子的费用}}{\text{基期价格下 CPI 市场篮子的费用}} \times 100 \tag{16-1}$$

下面我们通过一个例子来看:

假设 2016~2018 年各年啤酒和鸡蛋的价格以及用当年价格计算出的 CPI 市场篮子费用如表 16-1 所示。根据这些数据,我们就可以计算出各年的 CPI,假设以 2016 年为基年,则:

$$2016 \text{ 年 CPI} = \frac{25}{25} \times 100 = 100$$

$$2017 \text{ 年 CPI} = \frac{30}{25} \times 100 = 120$$

$$2018 \text{ 年 CPI} = \frac{40}{25} \times 100 = 160$$

表 16-1 CPI 的计算

年份	啤酒数量（瓶）	啤酒价格（元）	鸡蛋数量（个）	鸡蛋价格（元）	篮子费用（元）
2016	2	5	15	1	5×2+1×15=25
2017	2	6	15	1.2	6×2+1.2×15=30
2018	2	6.5	15	1.8	6.5×2+1.8×15=40

由于 2016 年是基期,该年度 CPI 市场篮子的当期费用和基期费用相等,CPI 为 100。以 2016 年为基期计算出 2017 年的 CPI 为 120,2018 年的 CPI 为 160。我国国家统计局还会公布以上一年为基期的各年度 CPI 数据,据此算法可以算出 2018 年 CPI $= \frac{40}{30} \times 100 = 133.3$。

图 16-2 为我国以 1978 年为基期的 1978~2017 年的 CPI。

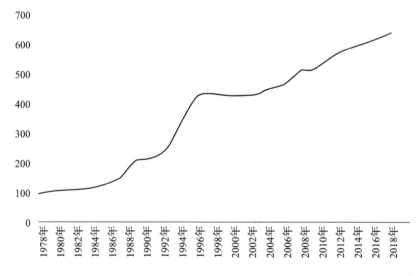

图 16-2 1978~2018 年中国 CPI (1978 年 =100)
资料来源:中华人民共和国国家统计局网站,http://www.stats.gov.cn/。

从以 1978 年为基期的 CPI 数据中我们可以清楚地看出 40 年来我国物价上涨的总体状况,如果以上一年为基期,则可以看到每年我国物价变动的情况,如图 16-3 所示。

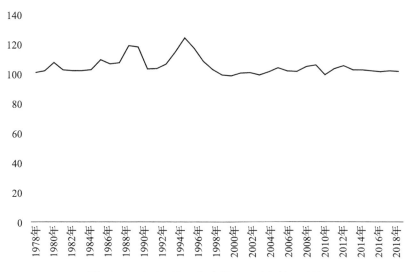

图 16-3　1978~2018 年中国 CPI（上年 = 100）

资料来源：中华人民共和国国家统计局网站，http://www.stats.gov.cn/。

我们还可以用 CPI 来计算通货膨胀率，其公式为：

$$通货膨胀率 = \frac{当年 CPI - 上年 CPI}{上年 CPI} \times 100\% \qquad (16-2)$$

根据表 16-1 中的数据，可以计算出：

$$2017 \text{ 年通货膨胀率} = \frac{30 - 25}{25} \times 100\% = 20\%$$

$$2018 \text{ 年通货膨胀率} = \frac{40 - 30}{30} \times 100\% = 33.3\%$$

通过 2017 年和 2018 年两年的通货膨胀率和这两年以上一年为基期的 CPI 可以发现，通货膨胀率等于以上一年为基期的 CPI 除以 100，再减去 1，然后再乘以 100%，推导过程如下：

$$通货膨胀率 = \frac{当年 CPI - 上年 CPI}{上年 CPI} \times 100\% = \left(\frac{当年 CPI}{上年 CPI} - \frac{上年 CPI}{上年 CPI}\right) \times 100\%$$

$$= \left(\frac{当年 CPI}{100} - 1\right) \times 100\% \qquad (16-3)$$

图 16-3 中表示的就是以上年为基期的 CPI，用公式（16-3）就可以得出中国每年的通货膨胀率，见图 16-4 中的灰色曲线。

16.1.3　CPI 与 GDP 平减指数

CPI 反映的是消费品市场篮子当期价格相对于基期价格的变动情况，而上一章我们讲到的 GDP 平减指数则反映了一国产出当期价格相对于基期价格的变动情况。这两个都是非常重要的价格指数，在理论和实际中研究一国价格水平时，既要关注 CPI 又要关注 GDP 平减指数。一般情况下这两个指数是相似的，但也存在一定的差异。

第一，市场篮子不同。GDP 平减指数所使用的市场篮子是一国所生产的全部最终产品，而 CPI 所使用的市场篮子是消费者所购买的物品与劳务，两个篮子内的东西是不一样的，所反映的价格变动自然也有所差异。比如一辆载重卡车的价格上升，由于载重卡车的价值属于 GDP 的一部分，必然导致 GDP 平减指数的上升，但载重卡车并不属于消费品，所以其价格变动并不影响 CPI；再比如一部进口的苹果手机价格发生了变化，作为消费品这种价格变化必然反映在 CPI 上，但由于进口商品不纳入 GDP，所以这种价格变化并不影响 GDP 平减指数。

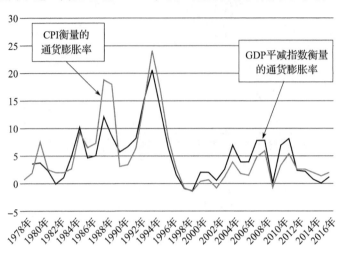

图 16-4　CPI 与 GDP 平减指数衡量的 1978~2016 年通货膨胀率

资料来源：CPI 数据由图 16-3 数据计算得来，GDP 平减指数数据由网络搜集数据计算得出，见 http://bbs.pinggu.org/thread-6195926-1-1.html。

第二，加权计算的方法不同。CPI 使用的是固定的一篮子物品与劳务，它只反映这些固定数量的产品与劳务的价格变动情况，而 GDP 平减指数则是对一国生产的全部物品与劳务的评价，而这些物品与劳务的组合是会随着时间的变化而变化的。所有产品与劳务的价格同比例变动的时候，这两种加权计算的方法没什么差别，但是如果产品与劳务的价格变动不同步，不同的加权组合方式反映出来的价格变化就会有所差异。

图 16-4 为用 CPI 和 GDP 平减指数衡量的 1978~2016 年的通货膨胀率。

图 16-4 中，灰色曲线代表的是以 CPI 衡量的通货膨胀率，黑色曲线代表的是以 GDP 平减指数衡量的通货膨胀率，二者的走向基本上一致，但也存在差异。在 20 世纪 90 年代中期以前 CPI 多数时候要高于 GDP 平减指数，而此后情况发生了逆转，GDP 平减指数明显高于 CPI，2012 年开始 CPI 又高于 GDP 平减指数了。

快乐学习

小说《看不见的心：一部经济学罗曼史》

作者：［美］罗塞尔·罗伯茨　　　　　　　　　　　　译者：张勇、李琼芳
出版：中信出版社，2002 年 1 月

故事梗概：山姆是美国华盛顿特区爱德华学校的一名经济学教师，他本学期给毕业班的学生开设了一门高级选修课：经济学世界。他的讲课方式非常新颖，把深奥的经济理论讲得浅显易懂、风趣幽默。律师世家出身的劳拉是爱德华学校的一名新教师，教授英语文

学,她是要在爱德华学校教两年书后去读法律学院以继承家族律师的衣钵。

由于山姆在第一堂课上的"桌上美元"游戏,他成了学校里的热门人物,也引起了劳拉的好奇。后来两个人在一个地铁口偶遇并相识,但两个人的价值观差异非常大,劳拉出身于上层家庭,富有人文关怀,同情市场经济中的失败者,看到的更多是市场经济带来的灾难;而山姆是经济学家,他看到的是市场经济的贡献,相信自由市场经济。二人的第一次谈话并不十分愉快。

后来随着见面次数的增加,在一次次的争论过程中,他们之间逐渐产生了感情,彼此爱上了对方。但这时山姆却被学校开除了。学期结束的时候学校组织了一场毕业晚会,毕业班的同学们演唱了一首事先没有安排、指导老师劳拉并不知情的歌曲,表达了对山姆老师的敬意和对学校开除他的不满。山姆悄悄地离去,劳拉以为山姆误会了自己,非常伤心。

三个月后,在他们第一次见面的地方,山姆又重新出现在劳拉的面前,两人重归于好。

包含的经济学原理:这是一本引人入胜的经济学爱情小说,山姆在讲课和与劳拉争论的过程中阐述了大量的经济学原理,如在第一堂课上他出了一道题,给出了世界石油的储量和消耗量,要求学生计算地球上的石油可供消费多少年,他的答案是永远。因为私利在起作用,会激励人们寻找更有效运用石油的方法和新的储量。私利和自由市场贯穿他的思想,他坚定地坚持亚当·斯密"看不见的手"的理论。

这本小说除了山姆与劳拉的爱情这条主线外,还描述了另外一条线索:依瑞卡·博德文,政府某监督部门的主管,一心想将一个残酷的首席执行官查理·克鲁斯绳之以法。小说中大量描写了克鲁斯的公司"健康网"的各种经营活动,使山姆的理论和"健康网"的行为相互印证,从而使得读者对很多企业行为的应有看法发生转变,这也算是一种理论联系实际吧。

罗塞尔·罗伯茨(Russell Roberts)是华盛顿大学(圣路易斯校区)经济、政治和公共政策中心的高级研究员、美国国家公共电台的时事评论员,是一个坚定的自由主义经济学家,他的另一本经济学小说《大选择:自由贸易和保护主义的寓言》被《商业周刊》评为1994年年度最佳商业类图书。

16.2 用 CPI 校正经济中的变量

经济中有很多变量会受到价格变动的影响,随着时间推移这种影响会使得表面看到的数据与真实的数据有越来越大的差距,这样就会给对事物的观察带来困扰,影响人们的判断与决策。运用 CPI 可以对这些经济变量进行校正,从而比较好地解决这一问题。

16.2.1 比较不同时期的货币数量

由于存在通货膨胀等因素,不同时期的货币数量所代表的实际价值是不能直接进行比较的,比如一个人 20 年前的工资跟现在的工资相比哪个更高呢?一个商品今天的价格比 10 年前的价格上涨了还是下跌了呢?要回答这些问题就需要对不同年份的货币数量进行比较。

我们先来看个例子,亚当·斯密的《国富论》一书国内有多个版本出版,其中由商务印书馆 2007 年出版的版本定价为 66.8 元，2014 年出版的版本定价为 128 元，那么这两个版本哪个更贵呢？为了解决这个问题，我们需要知道 2007 年的物价水平和 2014 年的物价水平，然后把 2007 年的价格换算成 2014 的货币数量，然后再与 2014 年的价格进行比较。货币数量的换算公式为：

$$Y \text{ 年的货币数量} = X \text{ 年的货币数量} \times \frac{Y \text{ 年的物价水平}}{X \text{ 年的物价水平}} \tag{16-4}$$

在上面的例子当中，我们把 2014 年定义为 Y 年，把 2007 年定义为 X 年，物价水平为 CPI。当然我们也可以把 2007 年定义为 Y 年，把 2014 年定义为 X 年，那样计算出来的结果就是把 2014 年的价格换算成 2007 年的货币量，然后再与 2007 年的价格进行比较。

如果以 1978 年为基期，2007 年的 CPI 为 493.6，2014 年的 CPI 为 606.7，把这些数值代入式（16-4）可得：

$$2014 \text{ 年的货币数量} = 2007 \text{ 年的货币数量} \times \frac{2014 \text{ 年的物价水平}}{2007 \text{ 年的物价水平}} = 66.8 \times \frac{606.7}{493.6}$$
$$= 82.1(\text{元})$$

可见，把 2007 年的价格换算成 2014 年的货币数量仍然低于 2014 年的价格，也就是说，商务印书馆出版的《国富论》2014 年比 2007 的实际价格上涨了 50% 还要多。

这种比较不同时期货币量的方法是一种非常实用的方法，很多研究人员、商业分析人员或者政策制定者经常会把一个时间序列的当期（名义）货币量转换成不变（实际）货币量，以便观察在剔除了通货膨胀因素后这一变量是如何变化的，从而得出更全面、客观的结论。

图 16-5 反映的就是浙江省杭州市 1994~2017 年最低月工资的当期货币量与不变货币量的情况。

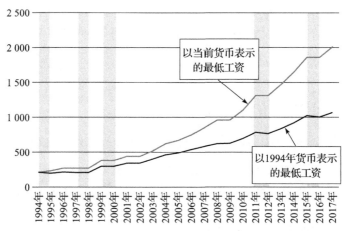

图 16-5　用当前货币和 1994 年货币表示的浙江省杭州市最低月工资（1994~2017 年）
资料来源：根据浙江省政府历年有关通知整理。

图 16-5 中灰色曲线代表以当前货币数量也就是以各年的货币量表示的最低工资，是最低工资的名义增长率；黑色的曲线代表用 1994 年的货币数量表示的最低工资，剔除了价格变动对最低工资增长的影响，是最低工资的真实增长率。从图 16-5 上可以看出，名义和实

际的最低工资总体上都是在上升的,但名义最低工资上升的速度明显高于实际的最低工资。在 1994 年,名义和实际最低工资都是 210 元,而到了 2017 年名义最低工资提高到 2 010 元,实际最低工资只提高到 1 068.58 元,名义最低工资是实际最低工资的 1.9 倍了。

另外,从图 16-5 中还可以看到,实际最低工资其实并不是一直上升的,有的年份还在下降,也就是图中用垂直的阴影条所表示的时间。

16.2.2 名义利率和实际利率

我们到银行存款,到期后不仅可以收回存款的本金,还可以得到一定的利息,如果从银行贷款,到期后除了归还本金外还要支付一定的利息。考虑到物价变动的因素,我们在考察存贷款问题的时候就要把存贷款存续时间内的货币价值问题搞清楚,就是要比较存贷款前后两个时间点上真实货币数量的变化。比如你在银行存了 100 元,一年期,利率为 10%,一年到期后你收回 100 元本金和 10 元利息,共 110 元。那么这 110 元和一年前的 100 元相比是增加了还是减少了呢?增加或者减少了多少呢?

我们先来看一个例子。1977 年四川成都的汤玉莲婆婆在当时的中国人民银行牛市口营业所存款 400 元,33 年后,2010 年这笔 400 元的存款产生了 438.18 元的利息,扣除需要征收的利息税 2.36 元,汤婆婆连本带息仅可取出 835.82 元。[①] 以 1978 年为基期计算,1977 年 CPI 为 99.3,2011 年 CPI 为 536.1,据此我们分别来计算汤婆婆 1977 年存入的 400 元对应的 2010 年的货币量和 2010 应得的 835.82 元对应的 1977 年的货币量。

$$2010 \text{ 年的货币量} = 400 \times \frac{536.1}{99.3} = 2\,159.52(元)$$

$$1977 \text{ 年的货币量} = 835.82 \times \frac{99.3}{536.1} = 154.82(元)$$

可以看到,汤婆婆 1977 年存入的 400 元钱不算利息就已经相当于 2010 年的 2 159.52 元,远远超过实际的本金和利息之和 835.82 元,也就是说汤婆婆把钱存了 33 年不仅没有增值,反而缩水了很多,钱不是越存越多而是越存越少了。33 年后得到的本息 835.82 元换算成 1977 年的货币只值 154.82 元,连 400 元的一半都不到。这还只是我们运用 CPI 指数进行的换算,如果用一些商品来比较,结果则更加惊人。如果按照 1977 年的物价,汤婆婆用这笔钱当年可以买 400 斤[②]猪肉、1 818 斤面粉、727 盒中华香烟或者 50 瓶茅台酒,但按 2010 年的物价来计算,835.82 元仅可买 69 斤猪肉、420 斤面粉、约 20 盒中华香烟或者 1 瓶茅台酒。1977 年,400 元钱相当于一个普通工人一年的工资,在当时的成都可以买一套房,但到了 2010 年,835.82 元则连 1 平方米都买不到。

为什么存在银行的钱会越存越少呢?这就涉及两个重要的概念:名义利率与实际利率。**名义利率**(nominal interest rate)就是衡量货币数量变动的利率,等于所得利息与本金的比率,银行等金融机构所公布的利率就属于名义利率。**实际利率**(real interest rate)指的就是

---

① 引自《成都汤婆婆 33 年前存款 400 元 现在连本带息 835 元》,载 2010 年 11 月 2 日杭州网,http://news.hangzhou.com.cn/gnxw/content/2010-11/02/content_3503825.htm。

② 1 斤 = 500 克。

根据通货膨胀校正过的利率,或者说是剔除了通货膨胀因素之后的利率。二者之间的关系为:

$$实际利率 = 名义利率 - 通货膨胀率 \quad (16-5)$$

实际利率为名义利率与通货膨胀率之间的差额。我们也可以这样来理解,名义利率所衡量的是你银行账户中货币数量的变动情况,而实际利率则衡量的是你银行账户中货币的购买力的变动情况。我们可以用存100元,利率为10%的例子做一个简单说明。

- 如果通货膨胀率为0,就是物价水平没发生变化,CPI为100,这时100元存款取出来时购买力仍然为100元,加上10元利息购买力为110元。这时的名义利率和实际利率是相等的。
- 如果通货膨胀率为5%,即CPI为105,这时100元存款取出来购买力就变成95元了,加上10的利息,购买力为105元,也就是实际利率为5%。
- 如果通货膨胀率为10%,即CPI为110,这时100元存款取出来就只剩90元的购买力了,加上10元的利息,最后得到的购买力仍然是100元,与本金相同,也就是说这时的实际利率为0。
- 如果通货膨胀率为15%,即CPI为115,这时100元存款取出来后购买力只有85元了,加上10元利息一共得到95元的购买力,这时的实际利率就变成了-5%。这种情况下存在银行的钱就会越存越少,前面汤婆婆的例子就属于这种情况。
- 还有一种情况就是出现通货紧缩,即物价水平下降,通货膨胀率为负值,比如为-5%,这时100元的存款取出来之后购买力就变成了105元,再加上10元的利息,本息一共有115元的购买力,这时的实际利率就变成了115%,高于名义利率。

图16-6表示的是我国1978~2016年名义利率与实际利率的相互关系,其中的名义利率为中国人民银行公布的一年期基准利率,实际利率是按照图16-4中以CPI衡量的通货膨胀率计算出来的。

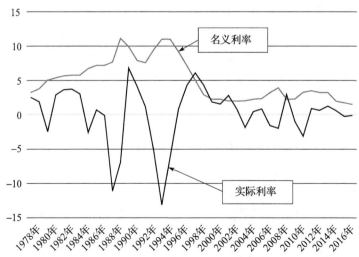

图16-6 1978~2016年中国名义利率与实际利率

资料来源:名义利率由中国人民银行公布的数据整理而成。

图 16-6 中灰色曲线代表名义利率，黑色曲线代表实际利率。从图中可以看出：①除了个别年份，我国的名义利率都是高于实际利率的，这说明这段时间内物价上涨是比较明显的；②名义利率与实际利率波动的方向并不一致，没有规律可循，这是由于通货膨胀率在不断地变动，这种变动使得名义利率和实际利率之间的差额时大时小，最大的差距为 1994 年的 24.1 和 1988 年的 18.8；③在很多年份利率为负值，具体来讲，有 15 年的利率为负值，占全部 40 年的 37.5%，这也就解释了为什么汤婆婆的钱会越存越少。

16.2.3 指数化

前面讲过，CPI 是用来衡量人们的生活水平的，当 CPI 发生变化的时候，如果人们的收入没有发生同步的变化，其生活水平就会受到影响。尤其是当 CPI 提高的时候，原来收入的购买力就会下降，从而人们的生活水平也会跟着下降。为了保证人们的生活水平能维持原有的水平，不至于因为物价的提高而降低，很多西方国家采取了将人们的收入指数化的做法。

指数化（indexation）就是把一定数量的货币与物价水平直接挂钩，根据物价水平的变化自动进行调整以抵消通货膨胀的影响的一种手段。现实中有很多货币数量可以指数化，其中比较常见的是收入的指数化如工资，尤其是固定工资的长期合同，通过指数化可以让其随着物价水平的变化进行不断的调整，使得员工的收入不至于随着物价的上涨而不断下降。除了工资之外，还有最低收入保障、失业救济等收入形式也应该指数化。

另一个应该指数化的是利率，包括存贷款利率、政府或企业发行的债券的利率。物价水平的变化会导致借贷双方的利益发生变化，如前面所述，物价上涨导致货币购买力的下降，这样债权人收回借出的货币时就会吃亏，而债务人偿还贷款时就会占便宜。如果利率指数化了就可以把这种利率差异消灭，使得名义利率等于实际利率。

还有一个应该指数化的是税收的起征额，物价上涨，如果起征额不变的话，实际上就相当于降低了起征额，这样就会加重纳税人的税收负担，降低其生活水平。

收入的指数化在西方国家已经比较普遍了，但在我国还没有实行，今后在进一步深化改革的过程中这一问题也会提上议事日程。

快乐学习

电影《惊爆内幕》

上映时间：1999 年 11 月 5 日　　　　　　　　　　　　导演：迈克尔·曼
出品国家：美国　　　　　　　　　　　　　　出品公司：美国博伟电影公司

故事梗概：杰弗里·威根德（罗素·克劳饰）是一家烟草公司的高管兼首席科学家，他的一份研究报告显示尼古丁会让人对香烟产生依赖性，他认为这样的事实因为涉及公共安全需要公之于众，但公司强烈反对。他被迫辞职。公司以保障其家人的医疗保险为条件与其签署保密协议。

美国哥伦比亚广播公司（CBS）"60分钟"栏目的新闻主播洛厄尔·伯格曼（阿尔·帕西诺饰）收到一份烟草公司制造的香烟对人体有害的报告，想找杰弗里核实，但杰弗里的任何解释都会构成对保密协议的违背，这意味着他身患疾病的孩子会失去医疗保险，这是最让他担心的，所以在做出选择时就跟洛厄尔讨论曝光之后的酬劳。但如果他缄口不语，作为一个科学家将倍受良心的折磨，最终，他同意接受洛厄尔安排的访谈。

但在节目播出前他们承受了巨大的压力，财大气粗的烟草公司一方面雇请律师高额诉讼CBS，并扬言收购它，另一方面收买媒体挖掘杰弗里的私生活，全面诋毁其人格以降低其证词的可信度，甚至致其家庭破裂。洛厄尔没有屈服，他背水一战，把信息透露给其他媒体，最后在公共舆论的压力下CBS不得不完整播出了访谈节目。这一系列行动为诉讼人对烟草公司的起诉铺平了道路，最后法院裁决烟草公司为其对公共健康的损害赔偿2 460亿美元。

包含的经济学原理：杰弗里在离职时和单位签署了一份保密协议，承诺不向外界透露公司的秘密，同时公司向他支付一定的报酬包括家人的医疗保险，因为他有一个女儿患有严重的气喘，需要高昂的医疗费用。由于他知道的公司秘密太多了，公司又要求他再签署一个附件，扩大保密的范围，但他拒绝了，他认为这是公司不相信他的职业道德。在洛厄尔刚开始找到他的时候，他是拒绝谈论与公司有关的事情的，因为这样做的成本太高了，不仅会失去收入和医疗保险，还会被公司高额诉讼。后来公司对他进行跟踪监视，并且对他的家人发出死亡威胁，使他认识到烟草公司对公共健康造成的损害的严重程度，因此他宁肯承受巨大的经济损失也要说出真相。

CBS在这件事上也面临艰难的选择，一边是新闻媒体的使命——披露真相，另一边是烟草公司的高额诉讼和收购。开始时，他们选择了经济利益，但后来随着公共舆论的发酵，成本函数发生了变化，继续隐瞒真相可能会使其声誉遭受巨大的损失，收视率、广告等经济利益也会受到影响，而公布真相在这些方面则会收到更好的效果，因此他们选择了播出全部的访谈内容。

16.3　CPI 的局限性

在我们用 CPI 来衡量生活费用的变化从而计算通货膨胀的时候，可能存在一些因素，这些因素可能会使我们高估了生活费用提高的程度，从而使得以 CPI 计算的通货膨胀率被高估。

16.3.1　替代偏向

我们先通过一个例子来看。假设一个 CPI 市场篮子中有 5 个苹果和 10 个梨，苹果的价格为 5 元一个，梨的价格为 3 元一个，这样算出的篮子费用为 $5 \times 5 + 3 \times 10 = 55$ 元。第二年苹果的价格涨到 10 元一个，梨的价格涨到 4 元一个，篮子费用变成 $10 \times 5 + 4 \times 10 = 90$ 元。如果以第一年为基期的话，第二年的 CPI $= 90/55 \times 100 = 163.64$，通货膨胀率为（163.64 −

100）/100 = 63.64%。

需要注意的是，上面得出的结论是建立在固定的 CPI 市场篮子的前提下的，也就是说假设消费者购买两种商品的数量不变。但实际上，在出现了商品价格的相对变化之后，人们购买两种商品的数量是会发生变化的，会用变得相对比较便宜的商品去替代相对比较贵的商品，减少价格上涨比较大从而变得相对更贵的商品的购买，增加价格上涨比较少从而变得相对比较便宜的商品。在上面的例子中，由于苹果的相对价格变得更高了，人们会减少购买，比如只购买 2 个；而梨的相对价格变得比较低了，人们会增加购买，比如购买 15 个。这样第二年的 CPI 市场篮子的费用实际上就变成了 10 × 2 + 4 × 15 = 80 元，第二年的 CPI = 80/55 × 100 = 145.45，通货膨胀率为（145.45 – 100)/100 = 45.45%。

可见，当价格出现不均衡上涨的时候，替代偏向会使得实际的消费支出比按照原来 CPI 市场篮子中的数量计算出来的支出低，这样 CPI 运用不变的市场篮子计算出来的 CPI 和通货膨胀率就会高于实际的数值。

16.3.2　新产品引进

随着经济发展，经常会有新的产品和服务投入到市场中，这些新产品的出现给消费者带来了更多的选择。不管是增加了全新的产品还是增加了新的花色品种，或者是增加了新的产品功能，这些都会使消费者选择的机会更多、范围更广，以满足消费者个性化的需求，使其生活变得更加丰富多彩。这些无疑会使消费者的福利水平得到提高，可以花同样的钱买到更多的满足，也就是说达到原来的福利水平花的钱更少了，每一块钱更值钱了。但 CPI 是以一篮子固定的产品与劳务来衡量物价水平的，并没有把新产品的引入所导致的货币价值增加的情况考虑在内。

比如共享单车这种服务的普遍推广可以提高人们的福利水平，一方面解决了乘坐公交车回家的最后一公里的问题，另一方面可以成为购买自行车的一种替代，不仅方便了出行，还解决了自行车的存放、丢失、保养、修理等问题，还可以成为一种健身的新形式，等等。但 CPI 使用固定的市场篮子，并没有把共享单车给消费者带来的福利水平的提高包括在内，这样就会低估新的产品与劳务的引进导致的货币价值提高。类似共享单车这样的新产品还有很多，比如手机中新增加的硬件功能和软件应用、移动支付、各种新型的电器、玩具、影视游戏周边产品、新款服饰，等等。

16.3.3　质量变动

除了引进新产品之外，还有原有产品质量提高的问题。比如，在电脑业存在一个**摩尔定律**（Moore's law），其内容为：当价格不变时，集成电路上可容纳的元器件的数目，约每隔 18 ~ 24 个月便会增加一倍，性能也将提升一倍。所以我们每一元所能买到的电脑性能，将每隔 18 ~ 24 个月翻一番以上。从最初的 286、386 电脑机型发展到今天，主流配置的电脑的价格几乎没什么变化，但性能早已经没办法进行比较了。不光电脑，手机、家电等也同样存在这样的情况，各种软件也在不断地升级、改进。但 CPI 作为固定篮子是没办法及时反映这种质量的提高的，因此会低估货币的价值。

16.3.4 价格折扣

CPI 统计的是正常的价格，但现实当中经常会有打折等行为发生，比如店庆、节假日等。现在在中国已经形成的"双 11"购物节就是一个折扣销售的成功案例。在 2018 年的"双 11"，开场 2 分 5 秒钟，天猫交易额就超过了 100 亿元，而全天总成交额高达 2 135 亿元。像这样的折扣销售方式在 CPI 篮子中很难反映出来，这也使得其统计的价格会比实际的价格高，从而高估了人们的生活费用，低估了货币的价值。

16.4 小结

消费者物价指数 CPI 是一项非常重要的宏观经济指标，它同人民群众的生活密切相关，同时在整个国民经济价格体系中具有重要的地位。它是进行经济分析和决策、价格总水平监测和调控及国民经济核算的重要指标。本章和上一章分别介绍了宏观经济学的两个衡量指标，在接下来的章节中我们将在此基础上进一步对宏观经济学进行深入的介绍，如什么决定一国的 GDP、在经济发展过程中会出现什么样的宏观经济问题以及政府采取的宏观经济政策等。

延伸阅读

奥派经济学

奥派经济学是现代经济学的一个分支，并不属于主流经济学，但其近些年来在中国收获了大量的拥趸，除了很多经济学家或多或少地受到奥派的影响之外，更是出现了大批的所谓的民间经济学爱好者成为奥派经济学的粉丝。由于奥派经济学入门的门槛比较低，很多并不具有经济学基础的人实际上并没有真正理解和掌握奥派经济学，只是运用奥派经济学的某些理论或者观点来论证自己的观点，甚至出现了被称为"国产奥派经济学"（简称"国奥"）的现象。在中国，奥派经济学成了一个追随人数众多的理论学派。读者如果有兴趣可以自行到 http://www.wdjjlt.org/yl/forum.php?mod=viewthread&tid=1344 上阅览、学习。

关键词

消费者物价指数　市场篮子　名义利率　实际利率　指数化

思考题（扫描右侧二维码查看答案参与讨论）

1. 什么叫消费者物价指数 CPI？其计算公式是什么？
2. 什么叫市场篮子？如何计算 CPI 市场篮子的费用？
3. 如何用 CPI 计算通货膨胀率？
4. CPI 和 GDP 平减指数之间的关系是什么？

5. 如何用 CPI 比较不同时期的货币数量?
6. 什么叫名义利率?什么叫实际利率?二者之间的关系是什么?
7. 什么叫指数化?哪些货币可以实行指数化?
8. 用 CPI 衡量费用存在什么样的局限性?它有可能高估还是低估通货膨胀率?

讨论与应用(扫描各题右侧二维码参与讨论)

1. 假设某经济的 CPI 市场篮子包括 100 斤大米、4 次理发和 6 件衣服,各年的价格见下表:

年份	大米价格 (元/斤)	理发价格 (元/次)	衣服价格 (元/件)
2010	3.5	50	120
2011	4	55	125
2012	4	60	120

   (1) 计算 2010 年的篮子费用。
   (2) 以 2010 年为基期,计算 2011 年的 CPI。
   (3) 计算 2012 年的通货膨胀率,并解释这个通货膨胀率的含义。

2. 截止到 2017 年,北美电影票房排行榜的总冠军是《星球大战 7:原力觉醒》,总票房为 9.37 亿美元,亚军是《阿凡达》,总票房为 7.6 亿美元。这是按当年美元数值进行的排行,如果剔除通货膨胀因素,按真实美元数量排名的话,则 1937 年上映的《乱世佳人》以 16.04 亿美元排第一,其后是《星球大战》(14.14 亿美元)和《音乐之声》(11.31 亿美元)。

   (1) 从这两个排名,你可以得出什么结论?
   (2) 《乱世佳人》当年的票房是 1.987 亿美元,在当前美国总票房中排到近 200 名。如果只考虑电影这一个因素(即 CPI 市场篮子中只有《乱世佳人》这一个商品),以 1937 年为基期,试计算 2017 年的 CPI。
   (3) 按照上面计算出的 CPI,把《星球大战 7:原力觉醒》和《阿凡达》的票房换算成 1937 年的美元数值,然后与《乱世佳人》的票房进行比较。

3. 判断下列产品与劳务中哪些会列入 CPI 篮子,哪些会列入 GDP 篮子,哪些都会列入,哪些都不会列入,解释你的答案。
   (1) 当年生产并销售的打火机。
   (2) 从美国进口的手机芯片。
   (3) 上一年生产今年销售的毛巾。
   (4) 国产航母。
   (5) 一次国内旅游。
   (6) 一次出国旅游。
   (7) 当年进口的由法国上一年生产的时装。
   (8) 在星巴克喝的咖啡。

4. 小明的爷爷对小明说:"在 1978 年的时候猪肉才 0.73 元一斤,而现在都涨到 15 元了,那时我一个人上班,只挣 36 元,可以养活一家 5 口人,现在物价太贵了,你一个月挣 3 000 元连你自己都养不活了。"
   (1) 如果小明爷爷说的是实情的话,请计算 1978 年的猪肉在 2017 年值多少钱,真的比 2017 年的猪肉便宜吗(1978 年 CPI = 100,2017 年 CPI = 637.5)?
   (2) 计算小明爷爷的工资在 2017 年相当于多少钱,上涨了多少倍。与猪肉价格相比,哪个上涨得更多?
   (3) 小明爷爷当年养活一家 5 口人的标准与今天的标准一样吗?如果按照当年的标准,现在的工资能否也养活那么多人?

5. 下表是张先生最近两个月的消费情况:

项目	第一个月 数量	第一个月 价格	第二个月 数量	第二个月 价格
电影	4次	45元	6次	45元
牛排	3次	74元	4次	68元
汽油	60升	6.78元	45升	7.24元

（1）以第一个月的消费为 CPI 货币篮子，计算两个月的篮子费用、CPI 及第二个月的通货膨胀率。

（2）以第二个月的消费为 CPI 货币篮子，计算两个月的篮子费用、CPI 及第二个月的通货膨胀率。

（3）比较上面两个计算结果，并解释其差异。

6. 某国以 2010 年为基期，2010～2015 年物价水平上涨了 51%，2016 年通货膨胀率为 10%，2017 年为 9%，试计算这两年的 CPI。如果 2018 年该国的 CPI 为 173，那么 2018 年该国存在通货膨胀吗？

7. 下列商品如果纳入 CPI 市场篮子当中，你认为哪些商品随着时间的推移有可能会导致 CPI 的计算数值产生偏差？请解释。

（1）食盐。
（2）手机。
（3）汽车。
（4）台球杆。
（5）零食。
（6）牛仔裤。

8. 在人类历史上出现过很多富可敌国的大富豪，他们可能拥有巨额的财富，广厦万间、良田千顷、奴婢成群，但他们没有手机，没有网络，没有高铁、飞机，没有电影、电视，没有西餐、咖啡，没有空调、冲水马桶等一切现代文明的设施。你是愿意生活在古代做一个富豪，还是愿意生活在今天做一个普通人呢？给你多少钱你才愿意放弃今天的一切呢？与这些古代的富豪相比，你是比他们更富有还是更穷困呢？

第 17 章

经济增长

全世界各个不同的国家之间人们的生活水平存在天壤之别,而我国改革开放前后相比生活水平也发生了翻天覆地的变化,究其原因就在于经济的发展和人均收入的提高,不同的人均收入增长率决定着人们生活水平提高的速度。比如我国1978年的人均GDP只有人民币385元,而2017年达到59 660元,39年增长了155倍多,年均增长率为13.8%。那么人均收入的提高由哪些因素决定呢?什么样的政策措施可以保证人均收入的持续稳定增长呢?本章就将对这些问题进行讨论,主要内容包括经济增长的含义、导致经济增长的根源以及政府政策如何推动经济稳定持续增长等。

17.1 经济增长的含义

经济增长(economic growth)通常是指在一段较长的时间里,一个国家人均产出(或人均收入)水平的持续增加。在早期的文献中,有人用一国总产出的指标来衡量经济增长,但是现在越来越多的人用人均指标,因为总量的增长有可能只是由人口的增加导致的,并不一定代表实际产出能力的提高。由于人均产出率决定了一国人民生活水平提高的速度,所以各国都非常重视人均产出的增长。

17.1.1 不同国家的经济增长

人均产出率之所以重要,是由于这样一个基本原理:一国的生活水平取决于其生产物品与劳务的能力。要想消费物品与劳务,首先就要生产出来,没有真实的商品靠想象是没法实现消费的。同时生产出来的物品与劳务越多,能够消费的自然也就越多,从消费中获得的效用也就越高。所以生产能力如何就决定了一国可消费物品与劳务的数量,也就决定了其生活水平,而体现这种生产能力的指标就是人均产出量。

表 17-1 反映的是 13 个国家人均产出量 100 多年来的一个变化情况

本章课件

及其增长率。

表 17-1　13 个国家的人均真实产出（以 2010 年的美元衡量）

国家	时期（年）	期初人均 GDP	期末人均 GDP	年增长率（%）
日本	1890～2010	1 517	34 810	2.65
巴西	1900～2010	785	10 980	2.43
墨西哥	1900～2010	1 169	14 350	2.31
中国	1900～2010	723	7 520	2.15
德国	1990～2010	2 204	38 410	2.06
加拿大	1870～2010	2 397	38 370	2.00
美国	1870～2010	4 044	47 210	1.77
阿根廷	1900～2010	2 314	15 470	1.74
印度	1900～2010	681	3 330	1.45
英国	1870～2010	4 853	35 620	1.43
印度尼西亚	1900～2010	899	4 180	1.41
巴基斯坦	1900～2010	744	2 760	1.20
孟加拉国	1900～2010	629	1 800	0.96

资料来源：Robert J. Barro and Xavier Sala-Martin, *Economic Growth* (New York: McGraw-Hill, 1995), Tables 10.2 and 10.3; *Word Development Indicators* online; and author's calculations.

从表 17-1 中我们可以看出三个方面的问题。

第一是各国的人均 GDP 差异很大。比如，2010 年美国的人均 GDP 是中国的 6.3 倍、印度的 14.2 倍以及孟加拉国的 26.2 倍。更高的人均 GDP 就意味着人均拥有的财富更多，可以获得更好的医疗和教育，拥有更多的住宅和汽车，还有更好的营养、娱乐以及更长的寿命等，就是可以有更高的生活水平。

第二是一个世纪前是富裕的国家现在依然是富裕的国家。如表 17-1 中期初最富裕的英国、美国、加拿大及德国在 2010 年时仍然是最富裕的国家，但名次有所变化，英国原来在这 4 个国家中是排第一，现在排到第四了。但是也有例外，比如阿根廷原来的人均 GDP 比德国还高，但 2010 年时却只有德国人均 GDP 的 40%了，日本原来的人均 GDP 并不高，但 2010 年已经仅次于刚才提到的 4 个国家排第 5 位了。

第三个是各国的人均 GDP 增长率存在差异。表 17-1 就是按照这个增长率从高到低排序的。由于增长率的不同，国家之间的相对富裕程度会发生一定的变化，人均收入高的国家不一定永远会收入高，收入低的国家也可能会迎头赶上。比如中国在 1900 年时人均 GDP 低于印度尼西亚和巴基斯坦，但到了 2010 年就远远超过了这两个国家，而由于增长率低于日本、巴西和墨西哥，中国人均 GDP 与这三个国家的差距到 2010 年的时候进一步拉大了。由于英国的增长率比较低，它的排名在下降，1870 年的时候英国是最富有的国家，它的人均 GDP 比美国高 20%左右，是加拿大的两倍多，但到了 2010 年，它的人均 GDP 已经比美国低 25%，比加拿大低 7%。读者如果有兴趣可以自行到 https://v.youku.com/v_show/id_XN-DA3NDY5MzMzMg==.html?spm=a2hzp.8253869.0.0 上阅览、学习。

17.1.2　人均 GDP 的持续增长

如果人均 GDP 能够以一个不变的比率持续增长的话，那将会产生非常惊人的效果。这是由于这种增长就像复合利率一样。**复合利率**（compound interest）就是在计算收益时对本金及其产生的利息一并计算，也就是利上加利的一种计算方式。比如你向银行存了100元，年利率为5%，一年到期后你得到本息共计105元，然后第二年就是以这105元作为本金来计息，第二年年末的时候得到105元的本金再加上这105元所获得的利息，并以此作为第三年的本金，之后以此类推，你的财富以每年5%的速度增长。那么你这100元存款什么时候能够翻一番变成200元呢？这里有一个70法则。

70法则（rule of 70）就是计算在复利情况下资产增长一倍需要多长时间的一种方法，计算公式为70除以利率。比如年利率为5%时，70÷5=14，就是需要14年资产数量就可以翻一番，如果利率为10%则7年就可以翻一番了。这一计算法则不仅适用于存款的计算，对于经济增长、通货膨胀率导致的物价上涨等情况的计算也都是适用的。

回到本章开头，我国自1978年到2017年的人均GDP平均增长率为13.8%，那么我国人均GDP翻一番需要的时间大约为70÷13.8=5.07年，即大概5年多一点的时间就会翻一番，那么39年就是翻了近7.7番，而7番就是原来数值的128倍。图17-1为我国1952~2015年人均GDP的增长情况。

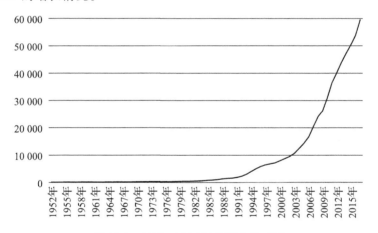

图17-1 1952~2015年我国人均GDP

资料来源：中华人民共和国国家统计局网站，http://www.stats.gov.cn/。

从图17-1中可以看出，在改革开放以前，中国的人均GDP基本上没有多大变化，一直在低水平上徘徊，到了1980年左右才开始有了缓慢的上升，到1992年中国建立社会主义市场经济制度后增长才开始加速，而在2001年中国加入世界贸易组织WTO之后，人均GDP的增长变得非常迅速。

我们也可以从一个国家实际GDP的增长率来计算其人均实际GDP的增长率。由于在实际GDP增长的同时人口也可能在增长，因此不能用实际GDP增长率来表示人均实际GDP的增长率，而是要减去人口增长率，即：

$$人均实际GDP增长率 = 实际GDP增长率 - 人口增长率 \qquad (17\text{-}1)$$

这一计算公式表明：只有在实际GDP的增长率高于人口增长率时，人均实际增长率才会增加，如果人口增长率高于实际GDP的增长率时，人均实际GDP的增长率会下降。

快乐学习

小说《阿特拉斯耸耸肩》

作者：[美] 安·兰德　　　　　　　　　　　　　　　　　　译者：杨格

出版：重庆出版社 2013 年 7 月出版

该书是美国历史上仅次于《圣经》的超级畅销书，被誉为对美国影响最大的 10 本书之一，是 1999 年美国现代图书公司读者的 20 世纪百大英文小说票选第一名。

故事梗概：达格妮是美国一家有几百年历史的铁路家族企业的业务副总，她的哥哥詹姆斯是这家公司的总裁但经营能力很差；继承家族产业的德安孔尼亚铜矿公司总裁弗兰西斯科是达格妮青梅竹马的伙伴，他的铀矿被墨西哥收归国有，损失惨重；达格妮用靠自己白手打拼的钢铁制造总裁里尔登研制出新型合金，修了一条高速铁路并成了他的情人。他们发现经济状况越来越坏并且很多优秀的人才不断消失。

达格妮在一个曾经辉煌而后来破产的 20 世纪发动机公司发现一种传说中以空气中的静电为动力的发动机模型，开始寻找这台发动机的发明者。政治环境对能干的企业家越来越不利，甚至以公布达格妮和里尔登的情人关系为要挟逼里尔登无偿捐献他花了十年研制的里尔登合金。世界经济在快速衰退，社会精英依旧在不断失踪。

在寻找真相的过程中，达格妮驾驶的飞机失事坠入一个山谷，这里有一群能力卓越的人，在发动机发明者高尔特的策划下逃离社会、政治及经济环境越来越差的美国，建成了一个与世隔绝的"桃花源"。他们秉持的是坚定的客观主义，"不为别人而活，也不要求别人为我而活"。这些卓越的人逐渐逃离导致整个国家陷入了混乱。这些人等待人们完全认识到他们的重要性后，才会重新回来。

包含的经济学原理：这是一部在美国乃至世界都引起巨大争议的长篇小说，其用大量的篇幅描绘了自由竞争、国家管制、计划经济、空想社会主义、世外桃源式的乌托邦等各种社会形态，宣扬了作者丰富而独特的哲学思想与经济学说。她推崇亚当·斯密"看不见的手"的自由经济理论，极力反对国家干预的凯恩斯主义，对社会产生了非常广泛而深刻的影响，甚至成立了安·兰德研究会、阿特拉斯学会等。

不仅是普通人，很多哲学家、经济学家也深受影响，在美国一些顶尖大学研究这部小说甚至可以获得奖学金。著名经济学家克鲁格曼曾指出共和党副总统候选人保罗·瑞安是安·兰德的忠实粉丝，他的货币学知识全部来自《阿特拉斯耸耸肩》中弗朗西斯科·德安孔尼亚发表的 23 段关于金钱的演讲；新奥地利学派著名经济学家米塞斯读了这部小说后曾写给安·兰德写信高度赞扬，安·兰德是米塞斯的崇拜者，书中表达了很多他的思想，而由于这部小说的原因，米塞斯的著作和思想也受到了越来越多的人关注；哈耶克则认为在引导大众对自由主义的追随上，安·兰德比任何人都要成功。这部小说还对硅谷的企业家产生了巨大的影响，安·兰德是苹果公司乔布斯、甲骨文创始人拉里森、维基百科威尔士、亚马逊贝佐斯等人的偶像。

17.2 经济增长的源泉

既然人均 GDP 的增长率如此重要而不同国家的增长率又存在一定的差距，那么这个增长率是由哪些因素决定的呢？

17.2.1 劳动生产率

我们把劳动者在单位时间内生产出来的物品与劳务的数量称为**生产率**（productivity）。更高的生产率就会生产出更多的物品与劳务来，对于一个家庭是如此，对于一个国家也是如此。从一个国家的角度来看，生产率其实也就是人均产出量，在其他条件不变的情况下，人均产出量越高，社会财富增加得就越快，人民的生活水平也就提高得越快。一国存在对外贸易的情况下也不影响这一原理，因为根据前面第 3 章讲的内容我们知道，贸易会使每一个参与者的状况变得更好，对个人、家庭和国家都是如此。

那么生产率由什么因素决定呢？我们先从一个生产函数来看。**生产函数**（production function）描述的是生产中所投入的各种生产要素和它们生产出来的产量之间的关系。如果我们用 Y 来表示产出量，用 L 表示劳动量，用 K 表示物质资本量，用 H 表示人力资本量，用 N 表示自然资源的数量，那么我们就可以写出如下的生产函数：

$$Y = A \cdot F(L, K, H, N) \tag{17-2}$$

上式中，$F(\ )$ 表示这些生产要素与产出量之间的函数关系，A 表示一个生产技术的变量，在发生技术进步即 A 的值增大时，会使同样的生产要素生产出更多的产出。

通常生产函数存在规模收益不变的特性，即当我们把所有的生产要素的投入量增加同样的倍数的时候，产出量也会增长同样的倍数。比如对于任何一个正数 x，都有：

$$xY = A \cdot F(xL, xK, xH, xN) \tag{17-3}$$

上式表明，当劳动、物质资本、人力资本和自然资源都增长 x 倍的时候，产出量 Y 也会增长 x 倍。如果我们设 $x = 1/L$，那么生产函数就会变为：

$$Y/L = A \cdot F(1, K/L, H/L, N/L) \tag{17-4}$$

上式中的 Y/L 就是人均产出量，也就是生产率，这个公式表明，生产率是由人均物质资本（K/L）、人均人力资本（H/L）、人均自然资源（N/L）以及科学技术 A 共同决定的。

17.2.2 决定劳动生产率的因素

1. 人均物质资本

工人在生产物品与服务的过程中所使用的机器设备、建筑物等长期存在的生产物资形式称为**物质资本**（physical capital），或者简称为资本。比如农民，他所使用的镰刀、锄头、铁锹等农具就是资本，这种工具越多、越复杂或者价值越高，他在同样时间内能够生产出来的粮食也就越多。一个只有传统农具的农民的产量是没法跟一个使用拖拉机、播种机、收割机等现代化农业机械的农民相比的。

人们的生产过程可以分为两种类型：一种直接生产，即不借助工具进行生产；另一种是**迂回的生产**（roundabout production），即先生产出生产资料来，然后再用生产资料去生产消费品，这些生产资料就是资本。迂回生产可以提高生产效率，就如人们常说的"磨刀不误砍柴工"，而且迂回生产的过程越长，拥有的资本越多，生产效率也就越高。

2. 人均人力资本

除了物质资本外，还有一种**人力资本**（human capital），也称为非物质资本，指的是工人通过教育、培训和经验而获得的知识与技能。这是体现在劳动者身上的资本，其主要特点在于它与人身自由联系在一起，不随产品的出卖而转移。人力资本的获得主要依靠各级各类教育、培训的投入以及工作经验的积累，同时也包括卫生保健等方面的投入，以使劳动者拥有更健康、强壮的体魄。与物质资本一样，人力资本提高了同样可以生产出更多的物品与劳务，所以人力资本也是一种生产要素。

与人力资本相关的还有**人力资源**（human resources），指的是一国具有劳动能力的人口的总和。二者有一定的相似性也存在区别，通过教育、培训等人力资本投资可以提高人力资源的水平，而对人力资源进行合理开发和有效配置也可以提高劳动生产率，从而形成更多的人力资本。

3. 人均自然资源

自然资源（natural resources）指的是自然界提供给人类的直接或间接用于满足人类需要的所有有形之物与无形之物。自然资源可以分为两种类型：一种是可再生的，如阳光、空气、森林等；另一种是不可再生的，比如各种矿物如金属非金属矿藏、核原料、石化原料等，这些资源可能要经过上百万年才能形成。

自然资源是影响劳动生产率的一个重要因素，在其他条件不变的情况下，拥有的自然资源越多，实际的产出量也就越大。有些国家人民的生活水平比较高就是由于拥有大量的自然资源，比如中东一些产油国。

自然资源虽然非常重要，但并不构成一国生产率高低的必要条件，有些国家虽然缺乏自然资源，但仍然是世界上生产率较高、较富裕的国家，如瑞士。瑞士是一个内陆国家，却几乎垄断了世界高端造船业并拥有自己的远洋船队；国内并不出产可可豆，却是巧克力第一生产大国；全年只有4个月的放牧时间，却生产出世界上品质一流的奶制品；此外还有手表、机床、金融业等很多世界知名的产品和服务，并连续多年成为全世界创新和竞争力第一的国家。瑞士这样的成功例子表明，自然资源并不一定是本国本身拥有的，完全可以通过贸易取得。

4. 技术知识

技术知识（technological knowledge）可以理解为关于人们如何更好地生产物品与劳务的相关信息。新技术的推广和使用可以显著地提高生产率，在不增加其他要素的前提下生产出更多的物品与劳务。比如杂交水稻技术的普遍推广就使得我国水稻的亩产量有了很大的提高，同样的土地可以生产出更多的粮食以满足需要，同时也使农业生产需要投入的劳动力减少，更多的农村人口被解放出来，成为工业生产所需要的劳动资源。

技术知识可以是公开信息，一旦某人使用之后大家都可以学习使用，没有或很难限制，比如通过论文、会议等形式公开发表的技术以及已经超过专利保护期限的专利技术；也可以是私人信息，如由一些公司单独掌握的秘密的自有技术，又称为**技术诀窍**（know-how），这类技术通常属于不受法律保护的知识产权，同时也没有明确的期限性，但可有效地使用，并可有偿传授和转让；还有一种形式就是专利技术，需要公开技术的内容，但在专利有效期内受到法律的保护，其他人在没有得到授权的情况下不允许使用该技术。

技术知识与人力资本有着密切的关系，人力资本就是在这些技术知识传递的过程中付出的代价。

17.2.3 收益递减问题

通过式（17-2）可以知道，人均资本的增加会提高生产率水平从而使GDP更快地增长，那么如果劳动力数量不变的情况下如果我们一直增加物质资本的投入，是不是可以使GDP一直快速增长呢？

在第9章中我们介绍了边际报酬递减规律，在其他条件不变的情况下连续投入一种生产要素，开始时这种要素带来的边际产量是递增的，但总存在某一个值，超过这个值后边际产量就会递减。这里资本投入的增加也会出现同样的情况：当资本量很小的时候，资本的增加会使产量大幅度上升；而当资本量很大时，资本的增加则只会使产量小幅度上升，如图17-2所示。

图17-2中横轴表示人均物质资本，纵轴表示人均产出，PC曲线为**生产率曲线**（productivity curve），它所反映的是人均产出是如何随着人均资本的变动而变动的。从图中可以看出，在人均资本量比较低的时候，增加一定量的人均资本会导致人均产出量的大幅度增加；但是当人均资本量比较高的时候，再增加同样的人均资本所导致的人均产量的增加量就非常小了。

由于存在资本的边际报酬递减，在其他条件相同的情况下，一个贫穷国家比富裕国家有更加迅速的增长，这种现象称为**追赶效应**（catch-up effect）。贫穷国家的工人开始时缺乏基本的机器设备因此生产率非常低，这时如果投入少量的资本就可以使其生产率大幅度提高；但是富裕国家的工人会使用大量的资本工作，从而生产率比较高，这时再投入与穷国同样的资本，其生产率提高就非常有限了。

前面讲的是在其他条件不变的情况下人均资本增加对人均产出的影响，如果其他情况发生了变化，比如出现了技术进步或者人力资本的提高，这种影响又会是什么样的呢？

图17-3中，PC_0为原来的生产率曲线，PC_1为人均人力资本提高、技术进步后的生产率曲线。假设人均资本从K_0增长到K_1，在原来的曲线PC_0下，人均产出从Y_0增长到Y_1。但是由于人均人力资本的增加，技术进步了，生产率曲线已经变成了PC_1，这时人均产出量也就相应地增长到了Y_2。

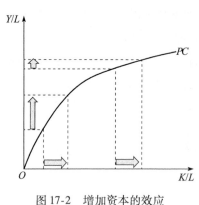

图 17-2 增加资本的效应

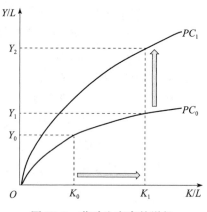

图 17-3 劳动生产率的增长

快乐学习

电影《伯纳德行动》

上映时间：2007 年 2 月 10 日 　　　　　　导演：斯戴芬·卢佐维茨基
出品国家：德国　　　　　　　　　　　　　出品公司：巴贝斯堡电影有限公司

故事梗概：索洛维奇（卡尔·马克维斯饰）是第二次世界大战时期生活在柏林的一个犹太商人，靠造假过着声色犬马的生活。后来被警察督察长赫尔佐（大卫·史崔梭德饰）逮捕并被送往了集中营。在集中营，索洛维奇凭借自己画画的才能获得了较好的生活待遇，但不久就被转移到了柏林北部的萨克森豪森集中营，在这里，他又一次面对赫尔佐，原来他们到这里是为了执行一项秘密计划：伯纳德行动。

纳粹从各个犹太人集中营中精心挑选出一批具有特殊才能的人，建立了一个伪币制造工厂，准备大量伪造英美等国家的货币以破坏其经济，从而达到军事上胜利的目的。作为补偿，纳粹安排这些人住进比较高级的兵营里，并且还安排星期天休息，提供乒乓球等娱乐设施。索洛维奇是其中的一个重要人物，他带领五个人负责伪币的制造。博格（奥古斯特·迪赫饰）是一个感光胶版专家，他拒绝用自己的才能为纳粹服务。

索洛维奇等人通过斗智斗勇，与赫尔佐等纳粹管理者进行周旋，故意拖延伪币的制造进程，最后使得德国在美元还没有大批量生产时就战败了，纳粹运用假币破坏美国经济的阴谋没有得逞。

包含的经济学原理：这是一部反映真实历史事件的电影，根据阿道夫·博格原著《魔鬼工厂》改编。1936 年德国组织了一批专家，专门研究欧洲各国的货币，然后命令集中营中的犯人大量伪造外国货币，妄图以此来破坏英国的经济，同时还可以为自己筹集资金。他们在集中营建立起这个"伪钞制造工厂"，对外却伪装成挂牌的国有企业"伯纳德公司"，以此蒙蔽整个欧洲的视线。他们伪造的货币主要以英镑为主，德国当时印制的英镑占世界英镑数量的三分之一。当时英镑的国际地位还很高，很多地方都可以使用英镑结算，因此德国人拿着大量的英镑，在英国以及其他使用英镑的国家，大量购买战争所需的物资。

一国的货币数量应该与该国的经济增长相适应,如果货币发行过多,就会导致太多的货币追逐太少的商品从而导致通货膨胀,严重的还会使金融系统混乱,破坏社会稳定。假币如果能做到以假乱真也能产生同样的效果,而德国印制的假币非常逼真,连英国的银行都没办法鉴定出来,所以当时给英国经济也带来了一定的冲击。后来德国开始伪造美元,但刚刚伪造成功战争就结束了,没产生更加严重的后果。

不仅仅是德国,其实在我国的抗日战争期间,日本也对我国进行过这样的"货币战"。1938 年日本就开展了代号为"杉工作"的计划。1939 年至 1945 年的 7 年间,日本共制造假币 40 亿元,堪称世界假币制造之最。

17.3 经济增长的公共政策

第二次世界大战以来,有很多国家实现了经济的快速增长,也有一些国家一直停滞不前,导致这些不同结果的原因又是什么呢?著名经济学家罗伯特·卢卡斯就对这些问题非常着迷,他指出:这些问题所导致的人类福利的结果是惊人的,因此一旦一个人开始思考它们,就很难去考虑其他的事情。读者如果有兴趣可以自行到 https://v.youku.com/v_show/id_XNDA3NDY5MzY4MA==.html?spm=a2hzp.8253869.0.0 上阅览、学习。

17.3.1 促进投资增长

增加人均物质资本量是提高劳动生产率、促进经济增长的一个重要手段,而物质资本作为生产出来用于生产其他物品的物品,实际上是减少了当前的消费,是对当前消费欲望的一种节制。拿本来可以消费的物品作为投入品生产其他物品,目的是将来获得更多的物品,实际就是一种储蓄。

要增加人均资本涉及两个方面的问题:一个是储蓄问题,一个是投资问题。我们先来看储蓄问题。在第 15 章中我们曾经给出了一个以支出法计算的 GDP(这里用 Y 表示)公式:

$$Y = C + I + G + NX \tag{17-5}$$

为了简单方便,我们假设分析的是一种**封闭经济**(closed economy),即不与国外发生经济联系的经济,没有贸易、金融等各种经济往来;而实际上各国都是一种**开放经济**(open economy),即与其他国家存在经济往来。在封闭情况下,净出口 NX 肯定是零,这样就可以得到:

$$Y = C + I + G \tag{17-6}$$

式(17-6)表明在封闭的经济内,生产出来的所有产品即 GDP 全部被家庭、企业和政府买走了。由此式可得:

$$I = Y - C - G \tag{17-7}$$

式(17-7)等号右边的 $Y - C - G$ 可以称为**国民储蓄**(national saving),或简称为**储蓄**(saving),用 S 表示,指的是一个社会生产的总产品减去最终消费(包括居民消费和政府消

费)后的余额。用 S 替代 $Y-C-G$ 就可得到:

$$I = S \tag{17-8}$$

式(17-8)表示投资等于储蓄,意味着社会总产品中消费剩下的部分全部被企业买走成为投资了,这时整个社会就实现了均衡。

储蓄可以写成如下公式:

$$S = Y - C - G = (Y - C - T) + (T - G) \tag{17-9}$$

上式中的 T 代表税收,即政府的收入⊖。$Y-C-T$ 表示**个人储蓄**(personal savings)或居民储蓄,Y 为居民收入,从中减去税收 T 后为**居民可支配收入**(disposable income of residents),从中再减去消费就是居民储蓄。$T-G$ 为**公共储蓄**(public saving)或政府储蓄,即政府收入减去政府支出后剩下的部分。如果 $T>G$,则为**预算盈余**(budget surplus),如果 $T<G$,则为**预算赤字**(budget deficit)。

投资是由企业进行的(家庭住宅投资除外),要形成实物资本的。投资和储蓄是一对容易混淆的概念,比如人们会把购买股票、债券、基金等叫作投资,但在经济学中这属于储蓄。从宏观经济学的角度看,投资和储蓄肯定是相等的,因为卖不出去的产品也算作企业的存货投资。但在现实当中投资和储蓄并没有关系,二者并不一定相等。我们可以从图 17-4 来看。

图 17-4 表示的是一个**可贷资金市场**(market of loanable funds),假设只有这一个金融市场,所有的储蓄者都到这里来存款,所有的借款者都到这里来贷款。在现实当中连接储蓄者和投资者的市场很多,比如股票市场、债券市场等,我们这里是一种简化的分析。

图中横轴代表可贷资金的数量,纵轴代表利率。储蓄者是可贷资金的供给方,利率越高从资金出借中获得

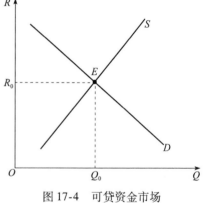

图 17-4 可贷资金市场

的收益就越大,会有更多的可贷资金提供,因此供给曲线 S 向右上方倾斜;而投资者是可贷资金的需求方,利率提高将使获得投资资金的成本增加,会减少资金的需求,因此需求曲线 D 向右下方倾斜。S 曲线与 D 曲线相交于均衡点 E,这时的利率 R_0 就是均衡利率,Q_0 是可贷资金的均衡数量。如果实际利率低于均衡利率,就会有更多的投资需求和更少的资金供给,此时握有投资机会而缺乏资金者就愿意付出更高的利率来获得资金,从而使利率上涨直至均衡利率;如果实际利率高于均衡利率,储蓄者就会降低利率要求把自己的资金贷出去,从而使利率下降到均衡利率。

政府促进投资的公共政策可以从两方面着手:一是鼓励储蓄,比如降低或取消利息税⊖,这样可以使可贷资金市场上的供给曲线向右移动,从而降低均衡利率、增加可贷资金的均

⊖ 政府的收入除了税收之外还有债务收入、国有企业利润、国有财政如土地收入、行政司法收入等,这里为了分析问题方便我们用税收来代表。
⊖ 我国曾于 1950~1959 年、1999~2008 年对个人存款利息征收利息税。

衡数量；二是鼓励投资，如降低与投资有关的税收等，这样可使需求曲线 D 向右移动，从而提高均衡利率、增加可贷资金的均衡数量。

促进投资增长的公共政策还有一项重要内容就是鼓励引进外资，尤其是对于资本短缺的落后国家更为重要。比如中国在改革开放初期就大量引进外资，这对提高我国劳动者的人均资本数量起到了不可估量的作用，是我国经济迅速增长的一个极为重要的因素。

17.3.2 加强人力资本投资

20世纪60年代，美国经济学家西尔多·**舒尔茨**（Theodore W. Schultz，1902—1998）和加里·**贝克尔**（Gary Stanley Becker，1930—2014）创立了**人力资本理论**（human capital management），开辟了关于生产率和经济增长研究的崭新思路。这一理论认为传统经济学只注重有形的物质资本，如厂房、机器、设备、原材料、土地、货币和其他有价证券等，而忽略了无形的人力资本。按照这种观点，在经济活动过程中，应该一方面不间断地把大量的资源投入生产，制造各种适合市场需求的商品；另一方面以各种形式来发展和提高人的智力、体力与道德素质等，以期形成更高的生产能力。人力资本和物质资本共同构成经济增长不可或缺的重要因素。

人力资本理论认为，在经济增长中，人力资本的作用要大于物质资本的作用，特别是在当今后工业时代的知识经济中，人均人力资本的多少决定着经济增长和人民生活水平的高低。我们不应当把人力资本的再生产仅仅视为一种消费，而应视为一种投资，这种投资的经济效益远大于物质投资的经济效益。

人力资源是一切资源中最主要的资源，人力资本理论是经济学的核心问题。人力资本的核心是提高人口质量，教育投资是人力投资的主要部分。所以政府应该加大教育投入，包括基础教育投入和高等教育投入，学历教育和非学历教育投入，也包括各种职业培训的投入，等等。

除了教育投资，人力资本投资还包括医疗保健方面的投资。在同等条件下，一个更健康、强壮的工人会有更高的生产效率。另外，加强营养也是增强生产者体力与智力，提高生产率的一项重要内容，营养不足，没有足够的热量摄入会极大地影响劳动者的工作热情和工作能力的正常发挥。如在我国改革开放初期，进入中国的外资企业都给员工发了明显高于国内企业的工资，其中一部分收入就是让员工在当时普遍贫困的情况下能够有更多的钱来购买具有丰富营养的食品，从而增强和改善员工的体质和精神状态，以提高其生产效率。

17.3.3 研究与开发

技术的进步使我们的生活水平有了极大的提高，如汽车、飞机、抗生素、电脑、智能手机、互联网、基因工程等的发明，都极大地提高了生产各种物品与服务的能力。因此，政府在促进技术进步方面应该采取积极的公共政策。

推动技术进步的一项重要内容就是**研究与开发**（research & development，R&D），指的是各种研究机构、企业或个人创造和运用科学技术新知识，用新技术生产产品与服务，或对技术、产品和服务进行改造升级的过程。R&D 有很强的正外部性，尤其是其中的科学研究，一旦出现新的研究成果就会成为人类知识宝库中的一部分，其他人可以免费使用，因此政府应该对研究与开发给予一定的支持。

近年来我国的 R&D 发展非常快，根据 2016 年 2 月美国国家科学基金会发布的《美国科学与工程指标》，在按购买力平价计算的全球研发总支出当中，中国约占 20%，仅次于美国（27%）；日本居第三位，占 10%；德国第四，占 6%；接下来是韩国、法国、俄罗斯、英国和印度，他们分别占全球研发支出总额的 2%~4%。

推动技术进步的另外一个公共政策就是保护知识产权，使企业发明出来的新产品可以获得排他性的垄断权利，以高额的垄断利润来收回研发成本，激励企业不断地研发新产品，促进科学技术的进步。

17.3.4 产权与自由

与物质资本、人力资本以及技术进步相比，促进经济增长更重要的是一国政治、经济制度，如产权、自由等方面的制度。

产权（property right）指的就是有关财产的权利，是人对财产的所有权、占有权、使用权、收益权、处置权等一系列权利的一个权利束，其中最重要的是处置权。产权明晰是市场经济正常运行的前提条件，每一个市场主体都运用自己拥有产权的资源参与经济活动，独立决策并承担决策的后果。产权可以激励人们更努力地工作，因为工作的成果可以为自己获得财产，但如果产权得不到有效的保护，自己的财产说不定哪天就不归自己所有了，那工作的积极性也就没有了，就像中国一句古语讲的：无恒产者无恒心。在西方发达国家，产权保护被认为是理所当然的事情，但对一些落后国家来讲，在产权保护方面存在很多问题，如司法制度不能很好地发挥作用，合同得不到尊重和履行，欺诈行为或许得不到应有的惩罚，等等。缺乏有效的产权保护往往是落后国家经济增长缓慢的一个重要因素，而加强产权保护则是提高生产率、促进经济增长的核心公共政策。

经济自由（economic freedom）指的是人们可以根据自己的意志做出选择，在市场上进行自由买卖的一种状态。实现经济自由的一个基本前提是产权受到保护，产权不清晰或者不能得到保护，那么人们就不可能自由地行使财产权利，不能自主地去签订和履行契约，交易就没法正常进行了。我国改革开放之前实行的是公有制，个人产权得不到保护，人们也没有经济自由，经济发展非常缓慢。改革开放的过程就是放权的过程，逐步地给予了人们越来越大的经济自由，由此我国经济也实现了快速、持续的增长。

经济自由还包括一个重要的内容就是对外贸易自由，不仅一个国家内部的经济活动是自由的，对外的经济活动也应该是自由的。一些落后的国家通常会采取**内向型政策**（introverted policy），即试图通过避免与其他国家进行相互交易来提高国内的生产率和生活水平的政策。如我国在改革开放前实行的就是这种闭关锁国的内向型政策。而发达国家采取的都是**外向型政策**（extroverted policy），即通过与其他国家的相互交易试图与世界经济融为一体，充分利用国内外资源来提高本国生产率和生活水平的政策。经济学家们认为，从封闭走向开放是落后国家向发达国家迈进的必由之路。从图 17-1 中可以看出，我国的人均 GDP 在改革开放前的封闭经济中长年在低水平徘徊，随着改革开放的外向型政策的实施有了明显的增长，而加入 WTO 实行更加开放的政策之后才开始迅速增长。没有加入 WTO 融入世界经济体系，中国经济就不可能有四十多年的高速增长。

17.4 小结

经济增长问题是经济学中一个非常重要的问题，本章只是对其基本概念进行了一些简单的介绍，并初步探讨了一些促进经济增长的公共政策。在有关经济增长的问题上，不同的经济学家存在较大的分歧，提出了多个增长理论和增长模型。限于篇幅我们对这些增长理论和增长模型没有进行逐一的介绍，在更高级的宏观经济学中这些内容是非常重要的组成部分。有关经济增长的问题我们在以后的章节中还会有所涉及。

延伸阅读

有趣的经济学读物

在人们的印象中，经济学家所写的都是严肃复杂的论文和晦涩难懂的专著，但实际上并不是这样的，很多经济学家都写过一些通俗易懂的文章，或者进行基本经济理论的科普，或者把研究成果更简单地介绍给公众，这些通俗读物是我们学习经济学非常好的课外阅读材料。读者如果有兴趣可以自行到 http://www.wdjjlt.org/yl/forum.php?mod=viewthread&tid=1345 上阅览、学习。

关键词

经济增长　复合利率　70法则　生产率
生产函数　物质资本　迂回的生产　人力资本
人力资源　自然资源　技术知识　技术诀窍
生产率曲线　追赶效应　封闭经济　开放经济
国民储蓄　个人储蓄　居民可支配收入
公共储蓄　预算盈余　预算赤字　可贷资金市场
研究与开发　产权　经济自由　内向型政策
外向型政策

思考题（扫描右侧二维码查看答案参与讨论）

1. 人均产出率为什么重要？
2. 从图 17-1 近 100 年来不同国家人均 GDP 的变化情况可以得出什么结论？
3. 在复利情况下如何计算一笔资产增长一倍所需要的时间？
4. 决定劳动生产率的因素有哪些？
5. 技术知识可以分为哪些类型？
6. 为什么说自然资源并不是决定生产率高低的必要条件？
7. 国民储蓄、个人储蓄、公共储蓄之间的关系是什么？
8. 储蓄和投资是如何在可贷资金市场上决定

均衡利率和均衡可贷资金数量的？
9. 人力资本投资包括哪些内容？
10. 推动技术进步的公共政策有哪些？
11. 产权为什么重要？
12. 经济自由包括哪些方面的内容？

讨论与应用（扫描各题右侧二维码参与讨论）

1. 2017年我国实际GDP的增长率为6.9%，人口自然增长率为0.53%。如果这两个增长率一直持续下去：

   （1）哪一年我国的实际GDP将是2017年实际GDP的两倍？

   （2）哪一年我国的人均实际GDP将是2017年人均实际GDP的两倍？

2. 改革开放以来，中国的人均实际GDP有了快速的增长，被人们称为"中国奇迹"，你能否简单地解释一下是哪些因素导致中国的人均GDP实现了快速增长？另外，你认为中国经济的增长在较长的时期内能不能继续保持这样的高增长速度？如果想要保持这种高增长速度应该如何做？

3. 下面的表格为一个经济体劳动生产率，根据表格中的数据，判断这个经济体在第一年中肯定发生了什么？请解释。

人均资本（元）	人均产出（元）	
	第一年	第二年
100	70	90
200	130	170
300	180	240
400	220	300
500	250	350
600	270	390
700	280	420

4. 你愿意生活在一个人均实际GDP水平较高但是增长率却比较低的国家，还是愿意生活在一个人均实际GDP较低但是增长率较高的国家？说出你的理由。

5. 你认为下列哪种政策能够在长期内有效地促进不发达国家的经济增长和生活水平的提高？请解释。

   （1）与美国打贸易战。
   （2）提高奖学金的数量与金额。
   （3）对企业投资减税。
   （4）实行自由贸易。
   （5）加强法院判决执行力度。
   （6）采取限制进口的措施保护国内企业。

6. 根据国际统计数据，各国人均收入与人口健康之间存在正相关的关系。

   （1）请解释更高的收入如何会导致更好的健康状况。

   （2）请解释更好的健康状况如何会导致更高的收入。

   （3）针对上面两个假说，你认为政府应该采取什么样的公共政策？请解释。

7. 1950~1973年，法国、德国、日本的经济增长率都比美国高出至少两个百分点，但那段时间内最为重要的技术进步都发生在美国。你如何解释这个现象呢？

8. 假设有三位同学，每个人各有1万元的储蓄，同时每个人又都找到了一个最多可以投资2万元的创业项目。这三位同学的预期的年收益率如下：

小张	7%
小靳	10%
小文	16%

（1）如果不允许借贷，每个人都只能用自己的储蓄进行投资，一年后每位同学可获得多少收益？

（2）现在假设学校为了鼓励同学们创业，开设了一个同学之间的资金借贷平台，同学们可以以 r 的利率进行资金借贷。决定一个同学成为资金借款者或者贷款者的因素是什么？

（3）在利率为 9% 的时候，上述三个同学的可贷资金的需求量和供给量各是多少？如果利率为 12% 呢？

（4）在上述三个同学组成的可贷资金市场内，使可贷资金供给和需求实现均衡的均衡利率是多少？在此均衡利率下，谁会把资金借出去，谁会贷款？

（5）在均衡利率时，假设一年到期后，投资者获得到了预期收益，当他们偿还了贷款并支付了利息以后，每个学生各自有多少钱？

（6）把（5）的答案和（1）的答案进行比较，谁从可贷资金市场上获益，借款者还是贷款者？有没有人蒙受损失？

9. 温州是一个几乎没有什么自然资源的地区，却成了全国最富裕的地区之一，而西部很多地方自然资源非常丰富，却是比较贫困的地区。试解释这种现象。

10. 我国著名经济学家林毅夫主张"后发优势"理论，他认为创新不等于发明，后发国家不必追求原创性与发明型技术创新，只要学习和模仿先发国家的技术、经验，就可以实现经济的超常规发展，最终后来居上。而杨小凯则提出了"后发劣势"理论，认为由于落后国家模仿先进国家的空间很大，故可以在没有好的制度的前提下，通过对发达国家技术和管理模式的模仿，取得发达国家必须在给定的制度下才能取得的成就；模仿技术容易，模仿制度困难，因为制度创新可能冒犯既得利益，这样短期内依然可以取得快速发展，却给长期发展留下隐患，甚至带来长期发展的失败，从而跌入"后发劣势"的死坑。你如何看待这两个人的理论？

第 18 章

失 业

上一章我们讨论了经济增长的问题,分析了生产率与人民生活水平之间的关系。我们看到,一个社会增加物质资本与人力资本的投资、采用先进的科学技术就可以提高生产率、促进经济增长,因此储蓄、投资和技术进步是非常重要的,但除此之外更加重要的是劳动者,没有劳动者的参与,资本和技术都发挥不了作用。本章所要讨论的失业问题就是各种原因致使这一部分劳动者不能参加社会财富的生产过程,这必然会影响到经济增长和人民生活水平的提高。同时失业也会对失业者本人和其家庭带来不利的影响。本章要讨论的内容包括失业的含义、类型以及影响等。读者如果有兴趣可以自行到 https://v.youku.com/v_show/id_XNDA3NDY5Mzg4MA==.html?spm=a2hzp.8253869.0.0 上阅览、学习。

18.1 失业与失业率

失业是宏观经济运行过程中一个重要的经济现象,也是宏观经济学的一项重要研究内容,我们的讨论从失业的概念开始。

18.1.1 失业的概念

失业(unemployment)指的是一个人有能力工作、愿意工作并且一直在找工作,但没有工作的状态。在这个定义中有几个关键词。

本章课件

一是有工作能力,我国规定年满 16 岁及以上的人才算有工作能力,不满 16 岁的人没有工作是不能算失业的。另外,退休的人没工作也不算失业,我国目前的退休年龄为男 60 岁、女 55 岁,将来也许会统一改为 65 岁。因此失业统计的是 16 岁以上到退休年龄的人口。

二是有工作的意愿,有些有工作能力的人不愿意工作,这些人也不能算作失业。比如妇女结婚后在家相夫教子,不出去工作,有人嫌目前工资太低不愿意工作,如果有高工资的机会还是愿意工作的,等等。

三是正在找工作，比如在有关部门进行失业登记，如果有人长期失业，一直找不到工作，已经失去信心，不再继续找工作了，这样的人是不算作失业的。

因此，经济学上所讲的失业并不是简单的指没有工作，而是要满足这一系列的条件，只有在有工作能力的情况下，自己愿意工作并且还在寻找工作，但是没有工作的状态才能称为失业。

另外，失业者还包括这样一些特殊情况：被暂时解雇，等待重新回到工作岗位的人；已经找到新的工作岗位，并且在30天内就要去报到上班的人，比如大学毕业已经和用人单位签署就业合同，但自己要休息一段时间才去正式报到；因暂时患病，或者认为本行业一时没有工作可找，没有找其他工作的人，如学校旁边的餐馆由于放暑假没顾客而暂时关门导致没有工作的员工等。

上面关于失业的定义所描述的是可以统计的失业，但现实当中还存在一种没法统计的失业——**隐蔽性失业**（disguised unemployment），即表面上有工作但实际上并没有对工作做出贡献的人，就像我们通常所说的人浮于事、两个人的活三个人干的情况。在存在隐蔽性失业的情况下，劳动者的边际产出率可能是零或者负数，如果减少一个劳动者总产出量不会减少甚至会增加。我国人多地少的农村就属于这种情况，改革开放前的国有企业也是一样，所以在改革开放中我国提出了"减员增效"的口号，减少了国有企业的工人数量，企业的效益反而提高了。我们这里不将隐蔽性失业作为讨论的对象。

18.1.2 失业的衡量

处在失业状态中的人我们称为失业者，与此相对应，那些有工作的人就称为就业者。就业者包括为了获得报酬给别人打工的人、自我雇用者如在自己企业工作并获得报酬的人、在自己家族企业工作而没有报酬的人等。另外，不管是从事全职工作还是只是部分时间工作，或者兼职工作的人都属于就业者。同时就业者还包括那些有工作岗位，但是由于生病、度假等原因暂时没有在岗位上工作的人。就业者和失业者之和称为**劳动力**（labor force），即：

$$劳动力 = 就业者 + 失业者 \tag{18-1}$$

与劳动力相对应的是**非劳动力**（non-labor force），即成年人中既不是就业者也不是失业者的人，比如全日制的学生、军人、退休人员、家务劳动者、监狱服刑人员、被医院收留的人员如精神病患，等等。非劳动力和劳动力加在一起就是一个国家的成年总人口，即：

$$成年人口 = 劳动力 + 非劳动力 \tag{18-2}$$

衡量一个国家失业水平的指标是**失业率**（unemployment rate），指的是失业人口占劳动力人口的百分比，计算公式为：

$$失业率 = \frac{失业者人数}{劳动力} \times 100\% \tag{18-3}$$

与此相关的还有一个概念叫**劳动参与率**（labor participation rate），指的是劳动力在成年人口中所占的百分比，计算公式为：

$$劳动参与率 = \frac{劳动力}{成年人口中} \times 100\% \tag{18-4}$$

劳动参与率反映的是选择参与劳动市场的人口所占的比例。

18.1.3 失业的统计

美国是由劳工统计局对失业问题进行统计，定期公布失业率、劳动参与率等指标。但我国长期以来并没有进行失业问题的统计，我国公布的是一个具有中国特色的相近的指标——**城镇登记失业率**（the registered urban unemployment rate），这个指标统计的是具有当地城镇户口的劳动者中没有工作并且在当地就业服务机构进行失业登记的人员与这些登记的失业人口和当地城镇户口中就业人口之和的比率。统计对象不包括广大的农村人口，也不包括城镇常住人口中的农业户籍人口、外来务工人员、港澳台及外方人员。我国公布的1978~2016年城镇登记失业率如图18-1所示。

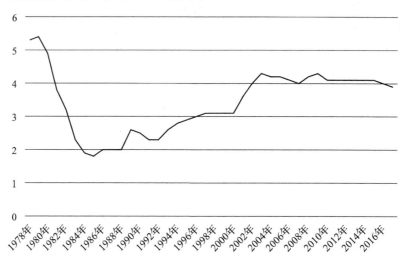

图18-1 我国1978~2016年城镇失业登记率

2004年9月，国务院印发了《关于建立劳动力调查制度的通知》，开始进行劳动力情况的调查工作，2005年开始第一次调查，2006年开始半年调查一次，2007年每个季度调查一次，2009年开始每个月在4个直辖市和27个省会城市调查一次，2015年调查范围扩大到所有地级市。2010年时，国家曾计划于2011年调查失业率数据，但后来不了了之，直到2018年4月才开始向公众按月公布我国城镇失业率数据。2018年4月17日国务院新闻办举行了2018年一季度国民经济运行情况发布会，宣布2018年1月至3月，全国城镇调查失业率分别为5.0%、5.0%和5.1%，分别比上年同月下降0.2、0.4和0.1个百分点。

当前我国劳动力调查采用了国际劳工组织关于就业、失业的统计标准，但根据我国的实际情况做了个别调整，采用抽样调查的方法，通过样本推算总体，采用了分层两阶段概率抽样方法（PPS），并综合考虑各地区人口规模和居民城乡结构。全国每月调查约12万户，涵盖家庭户和集体户，样本覆盖我国所有市（地、州、盟）和约1800个县（市、区、旗）。为避免样本老化、减轻调查户负担，调查样本每月按一定比例轮换。抽中户中在调查时点的现住人口（居住在本户的人口）和常住人口（包括本户人口中外出不满半年的人口）均为调查对象，不受地域、户籍、年龄等限制。调查内容包括姓名、性别、年龄、受教育程度等基本信息和调查时点前一周是否工作、未工作原因、工作的行业和职业等就业、失业情况信息。

18.1.4 失业率

由于中国的失业率统计和公布刚刚开始,我们现在以美国的失业率为例进行简单的讨论。图 18-2 为美国 1947～2016 年的失业率情况。

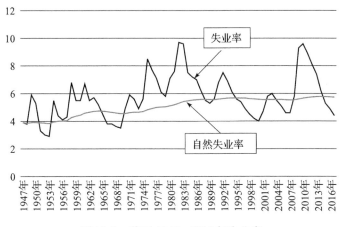

图 18-2　美国 1947～2016 年失业率

从图 18-2 中我们可以看出,美国各年统计出来的失业率是逐年波动的,这种波动是围绕着一个正常失业率进行的,这个正常失业率我们称为**自然失业率**(natural rate of unemployment),这是失业率的一个平均水平,又称为充分就业的失业率;而围绕自然失业率上下波动的失业率我们称为**周期性失业**(cyclical unemployment),这种周期性失业往往是与经济的短期波动即经济周期联系在一起的,我们将在以后的章节中对此进行讨论。

失业率是衡量经济中的失业状况的,但是由于这一指标是通过对居民家庭的调查后计算出来的,而调查过程中获得的有些数据可能并不十分准确,有时候并不能准确地反映出失业的真实情况。

第一,劳动力数量并不稳定。失业率是失业人数与劳动力人数之比,而劳动人数并不是一个固定的值,会经常发生变化,当失业人数没发生变化的时候,由于劳动力的数量变了从而导致失业率会发生变化,这样可能使得失业率有时并不一定能够准确地反映失业状况的变化。在现实当中,随时会有人加入劳动者的队伍中来,比如新参加工作的年轻人,原来已经离开劳动力队伍成为非劳动力的人又重新回来寻找工作等,同时劳动力的数量也会随时减少,比如有些失业者长期找不到工作不再继续寻找从而变成非劳动力,有些有工作的劳动力尤其是结婚后的女性劳动力自愿离职回归家庭等。

第二,有些失业者可能并没有积极地去寻找工作。他们在调查时称自己为失业者有可能是为了获得政府为失业者提供的经济帮助,但实际上他们可能更符合非劳动力的定义。

第三,有些称自己是非劳动者的人可能是愿意工作的。这些人可能已经努力地寻找工作了,但是在求职失败后放弃了努力,这些人被称为**丧失信心的工人**(discouraged workers),尽管他们没有工作,但没有被统计在失业人员中。

> 快乐学习

小说《鲁滨逊漂流记》

作者：[英] 丹尼尔·笛福　　　　　　　　　　　　　　　　　译者：刘荣跃
出版：国际文化出版公司 2016 年 11 月出版

故事梗概：鲁滨逊·克鲁索出生于一个富裕、体面的商人家庭，但喜欢航海和冒险。他瞒着父亲出海，在一次航行中遇到风暴触礁，船上同伴全部遇难，只有鲁滨逊一个人漂流到一个荒无人烟的孤岛上。

他依靠船只上残存的衣服、食物、工具、武器等开始了荒岛生存的过程，先是支起帐篷，以捕鱼、打猎、喝小溪里的淡水为生，度过了最初艰难的生存阶段。然后他开始进行各种生产活动，种植大麦和稻子，制作各种生产工具和生活用品，烘烤出粗糙的面包；捕捉并驯养野山羊，让其繁殖；甚至建起了"乡间别墅"和养殖场。

在荒岛生活的第 24 年时他救了一个被食人族带到此处准备吃掉的土著，取名为"星期五"，后来"星期五"成为鲁滨逊的仆人和好朋友，两个人凭借各自的技能在岛上互相帮助，克服各种困难。几年后有艘英国商船经过小岛，水手发生叛乱，把船长等三人抛弃在岛上，鲁滨逊与"星期五"帮助船长制服了叛乱水手，夺回了船只，然后带着"星期五"随船经过半年的旅行回到了家乡。他在这个荒岛上生活了 28 年 2 个月又 19 天。

包含的经济学原理：鲁滨逊的故事在经济学中占有极其重要的位置，很多人以此故事为开篇来讨论经济问题：如资源约束下的选择、生产、消费、储蓄、投资、经济增长等。马克思也多次提到这个故事，如在《资本论》第 1 章中就以这个例子来说明非商品生产社会里不存在拜物教问题，他还认为经济学家运用这个故事是割裂了人的社会关系。

很多经济学家还借用鲁滨逊的故事来表达自己的观点，比如弗里德曼用来分析分配公平问题，卢卡斯用来解释货币幻觉问题，罗斯巴德用来讨论长期投资问题等。张五常也用这个故事来区分生产成本与交易成本问题，认为鲁滨逊世界里的所有成本都是生产成本，而这个世界里没有的成本都是交易成本，这种区分方法非常重要，使交易成本这个本来只是模糊的概念变得清晰和可衡量，为制度经济学和交易成本经济学奠定了一个分析框架和分析基础。

在现代经济学中，鲁滨逊仍然是重要的研究内容，人们建立了大量的鲁滨逊经济的微观模型和宏观模型，甚至发展为鲁滨逊经济学。

18.2　摩擦性失业

前面介绍了失业与失业率的相关概念，下面我们具体来讨论有关失业的原因以及政府可能采取的公共政策。

18.2.1　摩擦性失业与结构性失业

任何时候，即使经济运行状况非常好，也不可能做到百分之百就业，也就是说失业率不可能是零,总会有一些人找不到工作。这些与经济运行状况无关的失业就属于自然失业。由于与经济的运行状况无关,这种失业也就不能够通过政府的经济政策得以消除。这种自然失业主要包括摩擦性失业和结构性失业两种类型。

1. 摩擦性失业

摩擦性失业(frictional unemployment)指的是工人在寻找工作过程中导致的失业,或者说是由于使工人与工作相匹配的过程而引起的失业。在经济发展过程中,这种原因经常会导致工作岗位的变动情况,劳动者在离开了原来的工作岗位寻找新的适合自己岗位的过程中就会出现一定时期的摩擦性失业。由于经济在不断变化,这种摩擦性失业也就不可避免。通常这种摩擦性失业都是短期的,是劳动者转换不同的工作岗位过程中的一个过渡。

2. 结构性失业

结构性失业(structural unemployment)指的是劳动力市场上劳动力的供给量大于需求量,从而市场上提供的工作岗位数量不足以为每个想找工作的人提供工作而导致的失业。我们知道,供给量大于需求量是由于实际价格高于均衡价格,如果价格可以自由变动就可以实现市场均衡,但劳动市场比较特殊,实际工资很难下降,这种结构性失业也就难以避免了。与摩擦性失业相比,结构性失业往往是长期的。

本章将对构成自然失业的这两种形式进行分析,本节讨论摩擦性失业,下一节讨论结构性失业。

18.2.2 摩擦性失业的原因

一个经济中存在无数个工作岗位,同时也存在无数个劳动者,如果这些工作岗位和这些劳动者能够做到一一对应,就不会有失业存在,但这实际上是不可能的。由于各种原因,工作岗位会经常发生变化,而劳动者本身也会发生变化,这样就有可能经常会有人从原来的工作岗位上离开,需要去寻找新的工作。**寻找工作**(job search)就是使工人与适当工作相匹配的过程。由于不同的工作岗位对劳动者的要求不一样,而不同的劳动者的爱好与技能也存在差异,同时岗位空缺的信息在经济中的传递也需要成本和时间,因此寻找工作并不是一件很容易的事。一个劳动者失去原来的工作后可能需要一个较长的时间才能重新找到一份称心如意的新工作,在寻找新工作的这段时间,摩擦性失业就产生了。

那么在什么情况下劳动者会从原来的工作岗位离开去重新找工作呢?

第一,不同企业间劳动需求发生变化。由于各种原因,企业的经营状况会发生变化,从而对劳动力的需求也会发生变化,有些企业会减少雇用劳动者的数量,而有些企业则会增加,这样就会导致一部分工人从经营状况不好的企业离开去寻找新的工作。比如由于智能手机的发展,原来全球手机销量第一的诺基亚迅速衰落,仅在2014年就裁员1.25万人,这些人就要被迫重新寻找工作。智能手机的发展不仅使原来生产普通手机的企业面临困境,同时也使生产计算器、数码相机、MP3/MP4等音频、视频播放设备等很多企业的生存受到空前的挑战,从而大批的工人变成失业者,需要重新就业。除了这种技术变化导致的企业劳动需求的变化，还有很多其他因素会产生同样的效果，比如企业经营或产品出了问题导致的企业破产等，三鹿集团就是很好的例子。

第二，不同区域就业状况发生变化。一国内不同的地区产业结构是不一样的，因此其就业状况的变化也就会有差异，有些地区的工作岗位会增加，而有些地区的工作岗位会减少，这样也会导致摩擦性失业的出现，而考虑到不同地区之间就业信息的传递问题以及劳动者对不同地区就业的偏好差异，这种地区之间就业状况变动导致的失业可能更难以消除。比如我国有很多城市是以钢铁、煤炭等大宗产品为特色的，当这些产品产能过剩的时候，其就业状况就会变坏，而当国家大搞建筑投资时，这些地方的就业就又会变好。由于各地成本等条件的变化，经常会发生企业将产品生产的部分或全部由原生产地转移到其他地区，这种现象叫作**产业转移**（industrial transfer）。

第三，劳动者自身要求发生变化。一个劳动者在某一个单位就职要考虑多种因素，收入待遇、工作环境、发展空间、晋升渠道等，然后再考虑自己的能力，尽量做到两者之间的匹配。而如果这两个方面匹配的平衡发生变化，就有可能出现劳动者离开工作岗位的情况。比如当劳动者的能力提高之后，就有可能会离职寻找一个待遇更好、上升空间更大、更能发挥自己作用的新单位，也就是我们通常所说的"跳槽"。还有就是近些年大学生屡屡出现就业难的情况，很多人先就业再择业，暂时找不到专业对口、比较满意的工作，就先找一个专业不对口的工作实现就业，然后再寻找自己喜欢的工作。

第四，一些职业的消失和新兴。随着经济的发展和科学技术的进步，很多职业会被淘汰，而很多新生的行业会不断涌现，消失的行业中的从业人员不仅要面临重新找工作的问题，更重要的是他原来的工作技能已经完全没用了，必须学习新的技能才行。比如在电脑发明以前有一个职业叫打字员，其工作是用专门的打字机械来把别人的文章打印出来，电脑发明后这一职业被电脑打字员所替代，而随着电脑的普及，人人都可以自己打字印刷了，打字员这个职业现在基本上已经消失了。而在此之前，有很多手工业已经消失了，比如打铁的、弹棉花的、修秤的、补锅的等。现在随着网购的发展，实体店在不断萎缩，将来随着科学技术的发展，一线的操作工人会越来越少，将被自动化设备、机器人所取代。但与此同时，新的职业也在不断出现，比如编写程序的"码农"、快递小哥等。可以预见，旧行业的消失和新行业的兴起还会不断地进行下去，由此产生的摩擦性失业也不可避免。

18.2.3 有关摩擦性失业的公共政策

摩擦性失业是不可能消除的，但政府可以对此采取一些公共政策，通过这些公共政策帮助那些失业者缩短失业的时间、尽快找到新的工作，同时对其失业期间的生活提供一定的补贴，避免因为失业而导致其生活水平的大幅度下降。针对摩擦性失业的公共政策主要包括以下几个方面。

第一，提供就业信息，加快劳动者与工作岗位的匹配速度。失业者找工作的困难之一就是招工信息的获取问题，不能及时地了解什么地方有适合自己的岗位空缺。政府可以建立企业招工信息发布平台，免费为企业和劳动者双方提供及时的服务，以利于双方的双向选择，缩短失业者寻找工作的时间，从而降低失业率。

第二，开展职业培训，提升劳动者的素质与技能。摩擦性失业者找工作的另一个困难是自身技能问题，离开原有的工作岗位之后可能要面对不同技能要求的新岗位，这就需要劳动者重新学习以适应新的要求。尤其是技术原因导致的摩擦性失业更加突出，有些职业可能永远消失了，原来的技能也就派不上用场了，需要从头开始学习。

这方面政府可以发挥积极的作用，创办专门的职业培训学校，为失业人员免费进行各种技能培训，帮助他们获得再就业所需要的技能，以便能够有更多的就业机会，从而缩短失业时间，降低失业率。

第三，失业保险。我国实行强制的**失业保险**（unemployment insurance）制度，建立失业保险基金，对因失业而暂时中断生活来源的劳动者提供物质帮助以保障其基本生活。这一基金来源于职工个人、用人单位的缴纳和国家财政补贴，就是我们通常讲的"五险一金"中的失业保险。这种失业补助金的发放并不是面对所有失业者的，自己辞职或者因为自己的过错被开除的以及个人缴纳保险时间不足一年的失业者是不能享受补助的。我国失业补助按照各地最低工资的80%的标准发放，发放的期限主要依据失业前个人缴纳保险金的时间，最多为24个月。

失业保险制度对于摩擦性失业可能会产生两个方面的后果，一方面是由于有失业补助，那些失业者可能会不急于寻找新的工作，因为一旦有了新工作补助就会停发，因此这种制度有可能会延长摩擦性失业的时间，推高失业率；但另一方面，由于可以得到失业补助，失业者的生活不至于马上陷入困境，因此他们可以不着急就业，从而能够花更多的时间去寻找自己满意的工作，而一旦找到自己喜欢的工作后可能就会长期在此工作，又会减少以后"跳槽"的可能性，从而使摩擦性失业率降低。

快乐学习

电影《楚门的世界》

上映时间：1998年　　　　　　　　　　　　　　　　导演：彼得·威尔
出品国家：美国　　　　　　　　　　　　　　　　　出品公司：派拉蒙影业公司

故事梗概：楚门（金·凯瑞饰）是从小生活在一个叫桃源岛的小镇上的一个30岁的小伙子，他在镇上一家保险公司做经纪人。虽然表面上他跟普通人的生活一样，但实际上他是一档叫作《楚门的世界》的真人秀肥皂剧的主角。这个小镇实际上是建在一个超大的摄影棚中的，在小镇的各处安装了5 000个摄像头，楚门的所有生活都会向全世界直播，每时每刻全世界的人都在关注着他的一举一动，除他之外，这个镇子上的所有人，包括他的父母、妻子、朋友、同事都是演员，而这一切他一无所知。

直到有一天他去世多年的父亲突然出现，被工作人员带走，他无意中在收音机中听到他的所有行踪都实时播送了出来，他公司的人在他出现后才开始工作，他家附近的路上每天都有相同的人和车在反复来往，他的妻子根本不是医生等怪事不断出现，整理旧物时回忆起他多年前曾经一见钟情的一个女孩对他的暗示，他开始怀疑。他开始想离开这座岛到外面的世界去看看，但所有的努力都失败了。

他决定驾船从海上偷偷离开，但突破了剧组人造大风大浪后他绝望地发现大海和天空也是这个巨大摄影棚的一部分，海的尽头是一堵画着蓝天白云的墙。沿着墙不断地走，他终于发现了一扇门，他义无反顾地走出了这个虚幻的世界。

包含的经济学原理：这部电影公映后引发了人们在哲学、社会学、伦理学等多方面的思考，当然也有很多经济学原理问题。

首先是企业的行为，影片中的电视公司耗费巨资搭建了一个包括大海、天空以及一个小镇的庞大摄影棚，制作了一档30年不停机的直播节目。成本是空前的，当然利润也是空前的，由于全世界不间断直播，拥有了17亿观众，插播广告、植入广告以及周边产品等给公司带来了巨大的利润，一年的利润比一个小国的GDP还要高。

其次是市场需求，人们都有偷窥别人生活的欲望，当今大行其道的电视真人秀、网络直播的观众甚众就是例证。影片中的这档电视节目就是迎合了人们的这种需要，把楚门毫不知情的一切行为都展示在观众面前，满足了人们的偷窥欲望，因此吸引了17亿人为此疯狂。当楚门走出这个虚假的世界从而直播结束后，人们开始寻找新的电视节目，这也说明人们真正关心的其实不是楚门，而是满足自己的偷窥欲望。

最后就是娱乐产业，有需求、有供给，就会形成市场，形成产业。而今天网络的发展使这种娱乐产业发展的空间更大，比如大量的网络直播、不断发展壮大的网红经济等。

18.3 结构性失业

结构性失业的主要原因就是实际工资高于劳动市场上的均衡工资，从而使得劳动供给量大于需求量。读者如果有兴趣可以自行到 https://v.youku.com/v_show/id_XNDA3NDcwNDg3Ng==.html?spm=a2hzp.8253869.0.0 上阅览、学习。

18.3.1 最低工资法

各国为了保障工人利益通常会通过立法确定最低工资标准，规定劳动者在法定工作时间提供了正常劳动的前提下，其雇主或用人单位必须支付不低于法律所规定的最低金额的劳动报酬。政府最低工资肯定是高于劳动市场上的均衡工资的，劳动市场上的供给量就会大于需求量，这就意味着肯定有一部分劳动者是没法找到工作的，即存在失业，如图18-3所示。

图18-3中S、D分别为劳动市场的供给和需求曲线，二者相交于E点，这就是劳动市场的均衡点，在这一点上，均衡工资为R_e，均衡就业量为Q_e，这时是不存在失业的。如果政府规定最低工资为R_1，这时的劳动需求量为Q_1，供给量为Q_2，Q_1Q_2为失业人数。可见，当实际工资高于均衡工资时，就会存在失业。

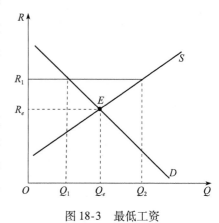

图18-3 最低工资

用最低工资法可以解释一部分结构性失业的问题,但不能够解释全部的结构性失业。因为在实践中,很多工人的实际工资是高于最低工资的,政府制定最低工资保障制度对这些人的就业是没有影响的,它真正影响到的是那些最弱势的劳动者群体,比如农民工中体力比较差、文化水平比较低、缺乏工作经验的人。

18.3.2 工会

工会(labor union)是与雇主就工资、津贴、工作条件等内容进行谈判的一个工人协会。中国的工会与西方国家是不一样的,我们这里分析的工会以西方国家为例。在西方国家,成立工会是自由的,工人加入工会也是自由的,工会向会员收取会费来维持运作,为会员争取利益,会员缴纳会费以享有工会为其争取的利益。

工会实际上是一个垄断劳动供给的卡特尔组织,它代表所有的工会会员与雇主进行交涉,并与其就会员的雇用条件问题达成一致,这一过程叫作**集体谈判**(collective bargaining)。如果在谈判中不能达成协议,工会有时会以组织罢工和游行示威的方式给雇主施加影响,从而在谈判中占据有利地位,雇主往往会在强大的压力面前妥协,从而对工会会员支付高于没有工会时更高的工资。根据西方经济学家的研究表明,参加工会的工人的工资比没有参加工会的工人的工资要高出 10%~20%。

随着工资的提高,劳动的供给会增加,需求会减少,如果工会谈判的工资高于均衡工资,就会导致失业出现,这时工人就被分成了两部分:一部分是**局内人**(insider),即工会提高工资后仍然就业的人;一部分是**局外人**(outsider),即原来有工作,工会提高工资后导致失业的人。很明显局内人会因为工会提高工资而获益,而局外人则会受损。作为局外人,这时有两种选择:一是继续处于失业状态,等待机会争取成为局内人以赚取高工资;二是到没有工会的部门去找工作,这样就增加了这些部门的劳动供给,从而导致其工资水平下降。

工会问题在西方经济学界存在不同的看法。支持者认为工会的存在可以增强工人与企业进行博弈过程中的力量,尤其是在企业存在垄断性的市场势力的情况下,单个的工人与企业相比处于劣势地位,而组织起来的工会则可以以集体谈判形成的市场势力平衡雇主的市场势力,保护工人免受雇主的摆布。另外即使劳资双方达成工资协议形成雇佣关系后,依然会有一系列的问题,如工作时间、加班问题、休假、晋升、工作环境等,这些同样需要员工与雇主之间的交涉与协商,工会在这方面也可以发挥重要的作用以保护工人的利益。

对工会的批评者则认为,工会把工资提高到均衡工资之上时会导致失业,并且还会降低其他部门的工资,这样会导致资源配置的无效率。存在工会的部门的高工资会减少这些部门劳动力的需求,使其就业人数少于有效率的竞争条件下的数量,同时也是不公平的,因为一些工人(即局内人)获得的利益是以另一些人(即局外人)的利益损失为代价的。

18.3.3 效率工资

除了前面提到的最低工资法和工会之外,还有一种较高工资的情况,那就是**效率工资**

(efficiency wages)，指企业付给员工的高于市场平均水平的工资，这样的工资能够起到有效激励员工的作用，从而可以提高生产率与企业经营绩效。效率工资与最低工资法和工会一样，都会因为工资高于均衡工资而导致失业，但它们之间也是有区别的，最低工资法和工会是阻止雇主在劳动力过剩时给工人低工资，而效率工资则是企业主动给工人高工资，即使出现市场上劳动力过剩的时候也是如此。

企业为什么会主动给予工人较高的效率工资呢？这是由于企业认为给工人高工资虽然会提高劳动成本，却可以提高员工的工作效率，从经济效益的角度来讲是值得的。效率工资不是因为员工的效率高而发放的奖励性高工资，而是通过高工资来激励员工提高效率。

效率工资理论认为可以从以下几个方面来解释企业给予员工高工资的原因。

第一，工人健康。收入高就可以购买更多有营养的食品，从而可以提高自身的健康水平，而健康的工人体力充沛、精神集中，可以有更高的生产率。

当然，这种理论更多的是解释发展中国家，尤其是比较贫穷落后的发展中国家的情况，比如在我国改革开放初期外资企业给工人发放的工资明显高于国内企业的情况。对于发达国家来讲，这一理论的意义不大，因为在那里即使仅仅是均衡工资水平就足以使工人过上衣食无忧的生活，用不着通过提高工资来加强营养。

第二，工人流动性。一个企业的工人流失，尤其是技术工人的流失会给生产带来一定的影响，流失严重甚至会导致企业不能正常经营。同时，如果企业对工人进行了培训，那么这些工人的流失也会给企业带来经济上的损失。工人流失的原因很多，其中一个重要原因就是"跳槽"到其他企业以获取更高的收入。因此为了防止和减少工人的流失，给予一些熟练工人和技术工人高于平均水平的效率工资就是一个好的办法。

在我国，雇用农民工的民营企业，尤其是规模比较小的民营企业工人流失的现象就比较严重。春节放假后很多工人并不是回到原来的企业继续打工，而是寻找另外的企业甚至到另外的城市，在"民工荒"的时期更是如此。因此很多企业会通过给予较高的效率工资的方式来留住工人。当然有些企业也会采取相反的方式，就是扣发一两个月的工资作为押金，第二年如果回厂工作再全额发放。这也是我国一些企业拖欠农民工工资的原因之一。

第三，工人素质。企业都希望招到素质高的工人，而较高的效率工资就是吸引高素质工人的一个重要条件。如果招工时开出的工资高，就会有更多的有能力、有技术的高素质工人来求职，企业就可以有更大的挑选余地。如果企业开出的工资比较低的话，是很难吸引优秀求职者的。

第四，工人的努力程度。企业内有很多岗位对员工的努力程度是难以观测的，这种信息不对称容易导致道德风险，为了解决这个问题企业就要加大对职工努力程度的监测力度，一旦发现有偷懒或回避责任的行为就要给予处罚，直至开除。但是这种监测本身就是难度比较大的，并且还要付出相应的成本，同时也不一定有效。

解决这一问题的一个方法就是实行比较高的效率工资制度，这样可以激励工人尽心尽力工作，以保住自己这种收入比较高的职位。如果没有效率工资只是发放均衡工资的话，工人离开这个职位以后可以比较顺利地找到同样报酬的工作，工人就不会珍惜这一工作岗位。所以这时较高的效率工资就相当于工人被开除的机会成本,这一机会成本越高,工人就越珍惜机会从而努力工作。

18.4 小结

失业对一国经济来讲意味着资源的巨大浪费,因为劳动是不能储存的,没有工作就白白地流失掉了。这一方面会影响到社会财富的创造,另一方面也会使失业者的收入及生活水平下降,同时还会产生很多社会问题。因此各国政府都会采取各种政策措施来减少失业,但失业是不可能消灭的,我们本章讨论的自然失业就属于没办法消灭的失业。在以后的章节中,我们还会讨论周期性失业,对于由经济问题引进的周期性失业,政府可以运用经济政策来进行治理和消除,使之达到自然失业的水平,即实现充分就业。

◈ 延伸阅读

凯恩斯革命

凯恩斯革命是经济学发展历史上的一件划时代的大事,它标志着现代经济学的开始。它否定了"看不见的手"和古典经济学的自由放任政策,主张政府干预经济。其以刺激有效需求为主要内容的经济政策主张的实施带来了战后几十年的繁荣,提出了完全不同于以前古典经济学的全新理论,从此经济学分为微观和宏观两个组成部分。读者如果有兴趣可以自行到 http://www.wdjjlt.org/yl/forum.php?mod=viewthread&tid=949 上阅览、学习。

◈ 关键词

失业　隐蔽性失业　劳动力　非劳动力失业率　结构性失业　寻找工作　产业转移
劳动参与率　城镇人口失业登记率　自然失业率　失业保险　工会　集体谈判
周期性失业　丧失信心的工人　摩擦性失业　局内人　局外人　效率工资

◈ 思考题(扫描右侧二维码查看答案参与讨论)

1. 如何理解失业的概念?
2. 什么叫隐蔽性失业?
3. 如何计算失业率和劳动参与率?
4. 失业率能准确地反映出一个社会的失业状况吗?
5. 什么叫自然失业率?自然失业包括哪两种类型?
6. 什么叫摩擦性失业?导致摩擦性失业的原因有哪些?
7. 有关摩擦性失业的公共政策有哪些?
8. 失业保险会导致摩擦性失业增加还是减少?
9. 什么叫结构性失业?
10. 最低工资法如何导致结构性失业?
11. 工会如何导致结构性失业?
12. 什么是局内人和局外人?
13. 企业给予工人效率工资的原因有哪些?

讨论与应用（扫描各题右侧二维码参与讨论）

1. 假设有一个国家，成年人口中就业者为 2.366 8 亿，失业者为 0.231 4 亿，非劳动力为 1.129 3 亿，用这些数据计算：
   (1) 成年人口。
   (2) 劳动力。
   (3) 劳动参与率。
   (4) 失业率。

2. 下列情形会导致失业率发生什么样的变化？这些变化能够准确反映劳动力市场上的现状吗？这些变化会使人们的状况变得更好还是更坏？请解释。
   (1) 小张刚刚失去工作并且开始寻找新的工作。
   (2) 小刘在失业两个多月后终于找到一份新的工作并开始上班了。
   (3) 软件工程师李童是家中唯一挣钱的人，由于他们公司搬到外地去了，他失去了一份年薪 18 万元的工作，但马上他就找到了一家小的民营企业兼职，月薪 3 000 元，他要一直在这里工作，直到他找到另一份软件开发的工作为止。
   (4) 刘强失业半年了，这半年中他多次找工作都没能如愿，现在他已经丧失找到一份合适工作的信心了，成天在家打游戏，不再找工作了。

3. 下表是某三个国家某年的数据，以千人为单位：

国家	成年人口	劳动力	就业者	失业者	失业率	劳动参与率
A	210 462		100 164	4 846		
B		32 315		3 219		54.5%
C	83 651	47 660			8.9%	

   (1) 填写表中的空白栏。
   (2) 从表中可以看出，不同的国家失业率是不一样的，请说出三个影响失业率的原因。

4. 某国某年就业人数增加了 480 万，失业人数减少了 240 万，你认为这两个数字是一致的吗？有人认为失业减少的人数总是会小于就业增加的人数，你同意这个观点吗？为什么？

5. 下列的情况你认为应该属于摩擦性失业还是结构性失业？请解释。
   (1) 小胡大学毕业后递出多份简历找工作，但还没有找到。
   (2) 小丽开了一家女装店，近来生意一年不如一年，最后终于关门歇业了。
   (3) 张强原是某杂志社的编辑，最近杂志停刊了，张强也失业了。
   (4) 去美国留学学金融的叶萌想找一份银行的兼职工作，但银行职员工会很强大，机会很少。
   (5) 刘磊刚到一个新的城市，想找一份工作。
   (6) 小刘有一个创业的创意，他从原来的公司辞职了，准备自己创业。

6. 如果政府的目标是最大化其公民的福利，你会建议取消失业保险吗？如果政府的目标是最大化就业，你的答案会发生变化吗？为什么？

7. 以下哪种情形能够减少摩擦性失业？请解释。
   (1) 政府取消最低工资保障制度。
   (2) 拼多多网站在美国上市。
   (3) 58 同城、赶集网等一些网站增加招聘信息以及个人求职信息的板块。

（4）一些职业技术学院开设面向社会的免费职业教育课程。

（5）政府强制要求企业为职工买养老保险。

8. 你在跟室友一起看新闻，新闻上说这个月的失业率为 5.8%，比上个月上升了 1 个百分点，这已经是失业率连续三个月不断上升了。你的室友感叹道：经济状况真的是越来越不好，每个月有工作的人越来越少了。

（1）你同意她的这种说法吗？为什么？

（2）如果你室友的观点成立，需要什么前提条件？你需要知道哪些数据？

9. 我们假设一个西方国家只存在两个部门，制造业部门和服务业部门，开始时两个部门都没有工会。

（1）现在假设制造业部门成立了工会，请解释这一变化会给制造业的就业和工资带来什么影响。

（2）制造业劳动市场的变化会对服务业劳动市场的供给有什么影响？服务业劳动市场的均衡工资与就业率会发生怎样的变动？

10. 人们普遍认为失业保险使得工人有动机在耗尽其福利前不会去积极找工作，假设有位经济学家提出这样一个建议：统一给出一个发放失业保险的时间期限，比如 6 个月，但不是在期限内工人一旦找到工作就立即停发其失业保险，而是在开始时就一次性发放 6 个月的失业保险，而不管他多长时间找到工作。请分析这一建议的优点和缺点各有哪些。

第 19 章
CHAPTER19

银行与货币

货币是人类历史上最伟大的发明之一，没法想象在今天的社会如果没有货币将是一种什么样的景象。有人把货币比喻为经济肌体的血液，没有血液人一分钟都活不下去，现代经济中没有了货币同样一分钟都没法运转。在前面的章节中我们已经讨论了很多货币现象，如价格、成本、利润、工资、投资，但没有介绍货币本身是什么。在本章当中我们就专门对货币以及银行的问题进行讨论，包括货币的定义、职能，银行的类型、性质，货币的发行、创造等一系列的内容，为我们以后对更多货币现象进行分析打下一个良好的基础。

19.1 什么是货币

对于货币，我们每个人都再熟悉不过了，在人们的观念中货币就是钱，我们可以用钱来买我们所需要的一切东西，那么在经济学中我们是如何定义货币的呢？

19.1.1 货币的定义及职能

本章课件

在经济学中，我们将**货币**（money）定义为经常用来购买各种商品与服务的一系列资产。比如你钱包里的现金、银行卡以及支付宝、微信、各种电子钱包内的余额等，不包括汽车房产等实物财富，也不包括股票、债券等有价证券。把每个人的货币加在一起就构成了一个国家的货币存量。

货币主要具有三个基本的职能：价值储藏手段、计价单位和交换媒介。

价值储藏手段（store of value）指的是把一部分现在的购买力转换为将来的购买力的一种形式。比如你刚刚得到 100 元，你既可以现在就把它花掉，也可以留到明天、下星期或者下个月再花掉，这种留到以后再花掉的行为就叫价值储藏。由于人们取得收入经常是一次性的，如一个月发一次工资，但交易却每天都要进行，所以不可能把钱一次性花完，价值储藏成为必须。货币并不是经济中唯一的储藏手段，此外还可以用股票、债券、基金等非货币的金融工具，或者黄金、古董、字画等物质资产。我们用**财富**（wealth）这个概念来表示人们所拥有的价值储藏的总量，既包括货币也包括非货币资产。

货币并不是一种完美的价值储藏手段，因为如果物价上涨了你储藏的货币就只能买到更少的商品与服务了。用各种非货币的手段来进行价值储藏的一个目的就是保值增值，但它们不能直接用来购买商品与服务，当需要购买时得先把它们出售出去换成货币。

计价单位（charge unit）是指人们用来标记价格和记录债务的标准。就像衡量一个商品经常用重量、体积、面积等单位一样，对商品的价格也需要一个衡量的单位，而这个衡量单位就是货币。如果你去买一辆汽车，销售人员会告诉你这辆汽车的价格是 10 万元人民币，而不会说是 20 吨大米，虽然这样说也是正确的。同样你去工厂上班老板给你开的工资也是用货币来表示的，而不是用厂子里生产的产品如 300 双皮鞋或者 20 件衬衫来表示。如果你从银行获得一笔贷款，偿还时同样是要用货币来衡量本息的数额。

用货币作为计价单位，可以便于我们对纷繁复杂、千差万别的商品与服务的价值进行比较。货币除了作为价格与债务的记录标准之外，也是其他的经济活动数量的一种记录标准，比如 GDP、投资、进出口数额等。

交换媒介（medium of exchange）指的是货币，是我们用来购买物品与服务的东西，或者说是买者购买时给予卖者的东西。比如当你想买一部手机时，你把 3 000 元钱给服务员，服务员把手机给你，交易就完成了。你在走进手机专卖店之前，你有充分的信心商店会接受你的货币，而商店接受你的货币也是由于他们有充分的信心可以用这些货币购买自己所需要的所有东西，这就是因为货币是被普遍接受的交换媒介。

人们的财富可以从一种形式变为另一种形式，比如可以把手机卖掉换成一辆自行车，这就形成了财富价值形式的流动。我们把一种财富形式兑换成另一种财富形式的容易程度称为**流动性**（liquidity）。在所有财富形式中，货币无疑是流动性最强的，因此人们通常会把货币称为流动性，比如我们经常听说流动性不足或者流动性过剩，指的就是经济中的货币存量过少或者过多。读者如果有兴趣可以自行到 https://v.youku.com/v_show/id_XNDA3NTg3OTEyMA==.html?spm=a2hzp.8253869.0.0 上阅览、学习。

19.1.2　货币的种类

人类最早的交易可能是易货交易，猎人拿兽皮交换农民的粮食、渔夫用海鲜换来自己需要的衣服等，这个时期的交易是偶然的。后来随着经济活动的发展和交易愿望的增加，易货交易的方式远远不能满足需要了，于是就慢慢产生出了大家普遍认可并接受的交易媒介——货币。

早期的货币属于**商品货币**（commodity money），也就是以具有内在价值的商品作为货币。目前发现人类最早使用的货币是粮食、贝壳这样的自然产物。后来逐渐发展到铜、银、金这样的人工开采的金属，由于这些金属本身具有价值，所以既可以采用铸币的形式，如金币、银元、铜钱等；也可以采用非铸币的金属块，如金条、散碎银两等。由于金银这些贵金属本身就可以当作货币，因此这时的货币并不一定是由官府来铸造发行的，这种贵金属货币也是可以在不同的国家通用的。

随着社会的发展，后来出现了纸币，但商品货币时代的纸币只是作为商品货币的一种替代凭证出现的，比如我国古代的银票，就是由私人钱庄发行的一种取货凭证，任何人都可以凭银票提出一定数量的白银，因此得到银票就相当于得到了白银，银票也就代替白银充当了货币。

货币发展的第二个阶段是**法定货币**（fiat money），法定货币指的就是那种自身并没有内在价值，由政府规定或法令确定为货币的货币。现在世界各国所发行的都是法定货币，如现金、银行卡中的余额、支付宝等各种支付工具中的电子货币。由于法定货币本身没有价值，但持有人可以凭借它换取面额所标明的价值，所以货币本质上相当于一种债券，就像中国古代时的银票一样，持有货币者是债权人，货币的发行者是债务人，因此货币实际上是中央银行的债务，而人们购买商品与服务则是债权的转让。

法定货币下货币的发行权属于一个国家的主权，几乎每个国家都会规定本国境内只能使用本国货币，如我国就规定人民币是我国唯一的合法货币，任何人都不得在我国境内使用其他国家的货币，也不能拒收人民币。当然也会有例外情况，比如可能多个国家使用一种货币，如欧元；可能一个国家将其他国家的货币定为法定货币，比如巴拿马等多个国家就确定美元为本国法定货币；也有一个国家不同地区使用不同货币的情况，如我国的港澳台地区都发行有自己的货币。

除了前两种货币之外，还有一种**超主权货币**（super-sovereign money），这种货币不由任何国家发行，是不与任何国家主权挂钩的货币，如比特币等虚拟货币（更多内容见本章延伸阅读）。也有人将世界银行发行的**特别提款权**（special drawing right，SDR）甚至欧元也称为超主权货币。

19.1.3 货币供给的构成

我们把一个国家拥有的货币数量定义为**货币供给**（money supply）。那么都有哪些资产可以称为货币供给呢？或者说货币供给包括哪几部分呢？不同的国家对货币供给组成部分的规定是不一样的，我国是将其分成 M0、M1 和 M2 三个部分。

M0 指的是**通货**（currency），即流通中的货币，也就是我们钱包中的现金，包括纸币和硬币，这一部分在整个货币供给中占的比重很小，尤其是随着无现金社会的建设，其占比会越来越小。我国 2017 年年底 M0 的数量仅为 6.07 万亿元。

M1 称为**狭义货币**（narrow money），即实际交易中使用的货币，包括 M0 再加上商业银行的活期存款。由于商业银行的活期存款随时可以通过刷卡支付，所以和现金的性质是一样的。我们在支付宝（不包括余额宝）、微信等第三方支付平台中存放的货币余额也属于这一部分，因为这些钱表面上是放在支付宝或微信中，但实际上也是放在商业银行的，支付宝或微信等只是一个支付平台，并不是储蓄机构。我国 2017 年年底 M1 的数量为 54.38 万亿元。

M2 称为**广义货币**（broad money），包括 M1 再加上定期存款、储蓄存款、货币市场基金余额等，后面这几种资产形式是不能直接在购买行为中充当交易媒介的，但通过一定的手续在短时间内可以不受损失地转变为现金,因此被称为**准货币**(near money)。M2 是衡量一个国家货币供给量的非常重要的指标,以后我们讨论货币供给量时如果不加指明的话指的就是 M2。2017 年年底我国 M2 的数量为 167.68 万亿元。

前面提到的余额宝与支付宝余额是不一样的,它实际上是一种购买货币市场基金的行为,把货币转入余额宝是购买基金,转出或者消费是赎回,因此它是有收益的。根据 2018 年中国人民银行的规定,货币市场基金属于 M2,而不像支付宝余额属于 M1。

另外,还有两种情况非常类似,但不属于货币。一个是信用卡(贷记卡)上的消费额度,虽然可以用来支付消费的金额,但这属于一种向银行借贷的行为,支付后形成的是债务,需要以后偿还的,因此信用卡上的可用额度不属于持卡人的货币资产;另一个是各种预付费消费卡,如在超市、健身房、美容院等商家购买的消费卡,也包括学校餐厅的饭卡,这些虽然也可以刷卡消费,但是货币已经支付给商家了,这种卡只是一个延期消费的凭证,而不是货币了。读者如果有兴趣可以自行到 https://v.youku.com/v_show/id_XNDA3NTg3OTE1Ng==.html?spm=a2hzp.8253869.0.0 上阅览、学习。

快乐学习

小说《红楼梦》

作者:曹雪芹

《红楼梦》是中国古代四大名著之一,被多次改编为戏曲、电影、电视剧等艺术形式。

故事梗概:《红楼梦》又称《石头记》,是我国古代一部章回体长篇小说,以贾、史、王、薛四大家族的兴衰为背景,以富贵公子贾宝玉为视角,以贾府的家庭琐事、闺阁闲情为脉络,刻画了以贾宝玉和金陵十二钗为中心的儿女情长和社会百态,通过主人公的悲剧以及家族没落的叙述展示了当时社会的现状及危机。

小说主要通过两条线索展开:一条是以贾宝玉、林黛玉的爱情为中心,贯穿全书的主线。从林黛玉和薛宝钗接踵来到贾府,与贾宝玉的爱情纠葛开始形成,并在矛盾中向前展开。贾宝玉与林黛玉相识、相知、相恋,贾宝玉却与薛宝钗成婚,林黛玉悲愤而亡,最后贾宝玉遁入空门。

另一条线是以宁、荣二府及其社会关系为中心,由一些彼此独立而又互相关联的情节组成副线,揭露了这些权贵遗族寄生腐朽,荒淫糜烂的生活,只有门口的石狮子是干净的,描写了最终贾府及其亲族由盛转衰的结局。

《红楼梦》不仅有极高的文学造诣,对当时的政治、社会、经济等诸多方面也进行了详尽的描述,披露了清代初叶众多经济事件,演绎了当时许多的经济情节,描写了清代初叶国家经济生态和朝廷、府邸、下层平民的生活状态,堪称清初的一部经济百科全书。

包含的经济学原理:红楼梦中多次讲到了货币,使我们可以一窥当时的货币制度。当时的主货币是白银,征税 1 两以上就必须用白银支付。黄金在日常生活中用途并不多,金银的兑换比例大约是 1:10(见第五十三回)。交易中除了使用制式的金锭、银锭(即元宝)之外,也会使用散碎银两通过称重来进行支付,人们还可以用这些零星的金银铸造成金银锞子(见第五十三回),即用金或银铸造的小艺术品,可以用来支付或者作为礼物送人

(见第七、十二、十八、四十二、七十回等)。成色不好的金银称为淡金、潮银,在支付的时候要打一个折扣(见第一百零五回)。

当时还使用银票,即把手头的银子存到钱庄,由钱庄开具的凭证,可以凭银票到钱庄提取上面标明的银子数量,也可以用银票进行交易的支付,银票其实就成了货币(见第十三回)。此外还有会票,即在一地交付银两开具会票,在另一地将会票兑换成白银,就相当于今天的汇票,携带方便(见第十七回)。

当时还存在两种借贷行为:一种是典当,薛宝钗家就是开当铺的,这相当于一种抵押贷款,把东西拿到当铺,当铺按东西的价值打折后借给银两,到期归还银两及约定的利息赎回东西,如到期不能赎回则抵押物归当铺所有(见第五十七回);另一种就是单纯的贷款,贷款人要写借据,到期还本付息(见第十二、二十四回)。

19.2 银行系统与货币创造

人们通常把国家增加货币供给称为"印票子",这种说法虽然很形象,但并不准确,如上所述,现金在我国货币总量中占不到2.67%的比例,即使印再多的钞票,对货币供给总量的影响也是可以忽略不计的,那么货币的供给是由什么决定的呢?

19.2.1 商业银行和中央银行

一个国家对货币供给量的控制称为**货币政策**(monetary policy)。货币政策是以中央银行为主导,由中央银行与商业银行共同完成的。

1. 中央银行

中央银行(central bank)指的是一个国家的货币当局,是在整个金融体系中居主导地位的金融中心机构,是实施货币政策和监管金融体系的一个重要组织。我国的中央银行就是中国人民银行,它是属于国务院的一个政府机构,负责国家金融政策的实施。中央银行的职能主要包括三个方面。

第一,发行的银行,负责发行国家的货币。

第二,银行的银行,充当商业银行和其他金融机构的最后贷款人。

第三,国家的银行,代理国库,为政府提供服务,是政府管理国家金融的专门机构。

一国的金融体系中除了中央银行外还包括各种银行和非银行金融机构。银行包括商业银行、政策银行、投资银行等,非银行金融机构包括证券公司、保险公司、信托投资公司等。

2. 商业银行

商业银行(commercial bank)实际上就是以货币为主要经营对象的企业,与其他工商企业一样,它的目标是追求利润最大化。商业银行的业务主要包括负债业务、资产业务和中间业务三大类。负债业务主要是吸收存款,包括活期存款、定期存款、储蓄存款等;资产业务包括放款和投资两大类，放款指的是为企业提供短期贷款，包括票据贴现、抵押贷款等，投资业务就是购买有价证券以取得利息收入；中间业务是指代为顾客办理支付事项和其他委托事项，从中赚取手续费的业务。

商业银行通过自己的业务经营可以创造出新的货币来，而创造出来的这些货币就构成了一国经济中的货币供给，中央银行可以运用各种政策工具管理和影响商业银行创造货币的数量即货币供给量。

19.2.2 商业银行的货币创造

为了说明货币创造问题，我们先来假设一个没有银行的国家，在这个国家，所有的货币都表现为通货即现金，货币量就是公众持有的通货量。我们假定这个国家有1 000元的通货。

现在我们假设有人在这里开设了一家银行，名为"第一银行"。开始时这家银行只接受存款不发放贷款，其唯一的功能就是给存款者提供一个保存货币的安全场所。

银行收到的但没有贷放出去的存款称为**准备金**（reserve），第一银行只吸收存款不发放贷款就相当于把全部存款都作为准备金了，把收到的货币存放到金库中直到存款者提款或者花出去为止，这种情况我们称为**百分之百准备金银行制度**（100-percent-reserve banking）。

现在我们假设这个经济中1 000元都存入了第一家商业银行，我们就可以得到第一银行的**资产负债表**（balance sheet），即关于资产和负债情况的会计报表：

第一银行的资产负债表 （单位：元）

资产		负债	
准备金	1 000	存款	1 000

资产负债表的左侧表示银行的资产，也就是存放到金库中的1 000元的准备金，右侧表示银行的负债，即欠储户的1 000元存款，银行的资产与负债是相等的。

在没有银行之前，这个经济共有1 000元的以通货形式持有的货币，现在人们把这1 000元通货全部都存到银行了，于是银行就产生了1 000元的以活期存款形式存在的货币供给。可见这个经济的货币供给量并没有发生变化，增加1元存款就会减少1元的通货，结果只是货币的表现形式从通货变为了活期存款，因此我们可以得出一个结论：如果实行百分之百准备金银行制度的话，银行体系并不影响货币供给。

现在我们假设银行在吸收存款后不是把全部存款留作准备金，而是把其中一部分作为贷款贷出去以获得利益。经济中总会有一些人乐意以支付一定的利息为代价来从银行获取一定数量的货币在一定时期内的使用权，用来买房、买车、购进机器设备、支付学费等。当然，银行不可能把所有存款都作为贷款贷出去，总要保留一部分作为准备金以满足储户支取或使用其存款的需求，但只要银行不断地吸收新的存款，就没必要把全部存款留作准备金，因为后面吸收的存款可以用来支付前面储户的取款需要。这种银行只把一部分存款作为准备金的制度我们称为**部分准备金银行制度**（fractional reserve banking）。

银行总存款中作为准备金持有的比率称为**存款准备金率**（deposit-reserve ratio），也可以简称为准备金率。假设准备金率为20%，那么第一银行放贷之后的资产负债表就变为：

第一银行的资产负债表　　　　　　　　　　　　　　　　　（单位：元）

资产		负债	
准备金	200	存款	1 000
贷款	800		

第一银行资产负债表右侧负债没变，仍然是1 000元的存款，左侧的资产却变成了两部分：200元准备金和800元贷款，由于贷款是借给别人的，借款人以后要偿还的，所以它仍然是银行的资产，这两者加起来还是1 000元，银行的资产仍然等于负债。

我们再来看货币供给，在银行发放贷款之前经济中只有1 000元的存款货币，当发放贷款之后，除了原来的存款货币没变之外，又新增加了800元的通货，借款人可以用这800元的通货购买自己所需要的商品，货币供给数量变成了1 800元。也就是说在部分准备金银行制度下银行创造了800元的货币。

这是一件看起来非常神秘的事情，银行竟然能够无中生有地创造出货币来。但是银行只能创造货币而不能创造财富。借款人从第一银行贷出了800元，这构成他的资产，可以用来购买他所需要的商品，但同时他也产生了800元的债务，将来他要向银行偿还这800元的。因此在借款人资产负债表上资产和债务都是800元，其财富并没有增加。从整个经济来看，这种货币创造只是增加了经济中的流动性，但并没有比以前更富有。

19.2.3　货币创造乘数

从前面的介绍我们知道，当第一银行把吸收的1 000元存款中的800元作为贷款贷出去后就创造了800元的货币，但事情并没有到此为止。如果借到这笔钱的人把这800元存入了另一家银行，或者他把钱支付给了别人，而收到钱的人又存入了另一家银行，这家收到存款的银行同样留下20%的准备金即160元，把剩下的640元再作为贷款贷出去，那么货币创造的过程就会继续。下面是第二银行的资产负债表：

第二银行的资产负债表　　　　　　　　　　　　　　　　　（单位：元）

资产		负债	
准备金	160	存款	800
贷款	640		

从第二银行借到640元贷款的借款者如果把这笔钱再存入第三家银行，这家银行同样留下20%的准备金128元，其余512元的作为贷款贷出去，这样就又创造了512元的货币，见下面的资产负债表：

第三银行的资产负债表　　　　　　　　　　　　　　　　　（单位：元）

资产		负债	
准备金	128	存款	640
贷款	512		

这一过程还会不断地进行下去，随着每一次的存款和之后的贷款，货币就被银行系统

源源不断地创造出来。虽然这种货币创造可以永远继续下去，但不能够创造无限多的货币。假设存款准备金率为 r，那么 1 000 元初始存款所有创造的货币数量如下：

$$初始存款 = 1\,000 \text{ 元}$$
$$第一银行贷款 = (1-r) \times 1\,000 \text{ 元}$$
$$第二银行贷款 = (1-r)^2 \times 1\,000 \text{ 元}$$
$$第三银行贷款 = (1-r)^3 \times 1\,000 \text{ 元}$$
$$\vdots$$
$$总计货币供给量 = [1 + (1-r) + (1-r)^2 + (1-r)^3 + \cdots] \times 1\,000$$
$$= \frac{1}{r} \times 1\,000 (\text{元})$$

从上面的公式可知，增加 1 元钱的初始存款就可以创造（$1/r$）的货币，我们前面的例子中存款准备金率为 20%，那么（$1/r$）就等于 5，1 000 元的初始存款就可以创造 5 000 元的货币。我们把银行系统利用 1 元初始货币所能创造货币的数量称为**货币创造乘数**（money creation multiplier），简称货币乘数，其值等于存款准备金率的倒数。比如如果存款准备金率为 10% 的话，货币乘数就是 10。货币乘数的大小与准备金率的大小是成反比例变化的，准备金率越小则货币乘数越大，准备金率越大则货币乘数越小，当准备金率为 100% 的时候，货币乘数就是 1，就是说百分之百准备金银行制度下 1 元存款就等于 1 元货币，不可能创造出新的货币来。

在 20% 的准备金率下，银行有 5 000 元的存款就要有 1 000 元的准备金，同样，银行如果有 1 000 元的准备金就能够创造 5 000 元的货币。当我们向银行存入一笔初始存款时，当这笔存款全部变为银行的准备金时货币创造就完成了。

19.2.4 银行资本与杠杆

前面我们给出的是一个最简单的银行资产负债表，实际的资产负债表要比这个复杂得多。比如银行不仅仅是通过吸收存款来发放贷款，还会从其他渠道如发行股票和债券来筹集资金，其中以发行股票的方式向所有者所筹集的资源为**银行资本**（bank capital），银行经营的目的就是通过运用这些资源为其所有者创造利润。同时银行的资金也并不是只用来发放贷款和留作准备金，还会购买股票和债券这些金融资产来盈利。

下面是更现实的一个银行资产负债表的例子：

更现实的银行资产负债表 （单位：元）

资产		负债和所有者权益	
准备金	200	存款	800
贷款	700	债务	150
有价证券	100	资本（所有者权益）	50

上面资产负债表的右侧为负债和所有者权益（资本），这家银行吸收了 800 元的存款，

发行了 150 元的债务（如债券），银行所有者投入的资本（所有者权益）为 50 元，一共 1 000 元；左边为银行的资产，其中 200 元为准备金，发放的贷款为 700 元，购买政府或者企业债券这些金融资产 100 元，合计同样是 1 000 元，银行的资产等于负债加所有者权益。这两边之所以相等就是因为我们定义所有者权益等于银行的资产减去负债。

在经济活动以中，把借到的货币追加到用于投资的现有资金上称为**杠杆**（leverage），一个企业如果是用债务来追加资本就是在运用杠杆。我们把企业总资产与其资本的比率称**为杠杆率**（leverage ratio），上面的例子中该银行的杠杆率为 1 000/50 = 20。这一杠杆率说明银行的所有者每出 1 元的资本可以使用 20 元的资产，其中 19 元是通过发行债券或者吸收存款的方式获得的。

物理学上的杠杆可以将你比较小的力变成比较大的力，而经济学上的杠杆可以让你以较少的资本获得较多的收益。比如在上面的例子当中，如果你的资产增值 5%，你持有的有价证券的价格上升了，你的资产就变成了 1 050 元，由于你的存款与债务没发生变化，即储户和债权人仍然拥有 950 元，那么你的资本就为 1 050 − 950 = 100 元了，即比原来增加了一倍，也就是说，当杠杆为 20 的时候，你的资产增值 5%，你的所有者权益就增加了 100%。

但是，如果你的资产贬值了，在存在杠杆的条件下也会产生严重的后果，比如由于你持有的有价证券价格下跌了，你的资产缩水 5%，变成 950 元了，那么你的所有者权益便下降 100% 变成 0 了。而当资产缩水大于 5% 时，你的所有者权益就变成了负数，即资不抵债了，这时你就会破产。为了避免这种情况发生，金融管理当局会要求银行必须持有一定量的资本，这种规定叫**资本需求量**（capital requirement），目的是保证银行能够偿还储户的存款。

快乐学习

电影《一出好戏》

上映时间：2018 年 8 月 10 日　　　　　　　　　　　　　　　　　　导演：黄渤
出品国家：中国　　　　　　　　　　出品公司：上海瀚纳影视文化传媒有限公司

故事梗概：总是入不敷出的马进（黄渤饰）与表弟小兴（张艺兴饰）同在社会底层打拼，习惯性买彩票幻想一夜暴富。一日公司全体成员出海团建，途中马进得知自己彩票中了头奖 6 000 万元。但一场突如其来的风暴把他们抛到一座与世隔绝的荒岛上，失去规则、失去阶级、失去财富的他们开始了荒岛求生的历程。

刚开始是司机小王（王宝强饰）因为有摘野果、找淡水的野外生存能力成为这群面临基本生存需要的人的领导者，他制定了"想要活着就要付出劳动"的规则，开始对这些人实行原始的粗暴管理；后来张总（于和伟饰）由于发现了颠覆的大船上的物资包括捕鱼工具渔网而成为新的领导者，并开始建立自己的资本和货币体系；马进则是靠着天降的鱼资本以物易物，又运用小兴的技术从心灵上收服了大家，成为第三代领导者和精神主导。

马进、小兴和小王意外发现有一艘定期经过后山的游轮，马进和小兴害怕回归现代社会后他们将失去权力，于是否认游轮的存在，把小王塑造成精神失常的形象，并以安全为由制止所有人登上后山。后来马进幡然悔悟，制止小兴一错再错，当游轮再次经过时他点起大火作为求救信号，带领大家回到陆地上。

包含的经济学原理：这群人荒岛求生过程可以分为三个发展阶段：第一阶段是满足人们的基本生理需要，这时生产手段原始，没有生产工具，只能摘野果、徒手抓鱼，生产效率低下，只够维持基本的生存；第二阶段是满足人们的安全需要，这时拥有先进的生产工具和更好的居住条件，产品有了剩余，人们的生存问题解决了，接下来就是对人身安全和资源所有权的追求了。在这个阶段产生了交易，发行了货币，建立了相对文明的秩序规则；第三个阶段是满足人们情感与归属的需要，这个阶段出现了技术进步，有了电、有了光明，原来马进用鱼换回来的因为没电而变成废物的手机也有用途了，其中储存的内容成了人们精神上的依托。这三个阶段是符合人类经济发展的进程和马斯洛心理性需求层次理论的。

这部电影中涉及很多经济学原理，比如稀缺资源下的选择与分配问题，资源垄断问题，交易与货币发行问题，货币本位问题，通货膨胀与通货紧缩问题，技术进步与经济增长问题，物以稀为贵、岛上不能再生的东西可能会产生更大的价值，等等。这部电影与我们在本书第9章介绍的小说《小岛经济学：鱼、美元和经济的故事》有异曲同工之妙。

19.3 货币供给管理

经济中的货币可以分为两个部分：一部分是**基础货币**（monetary base），又被称为**高能货币**（high-powered money），指的是中央银行发行的债务凭证，表现为商业银行的存款准备金和公众持有的通货；另一部分就是商业银行系统所创造出来的存款。后一部分加上公众手中的通货就构成了一国的货币供给，国家的货币政策就是对这一货币供给量进行管理。

由于公众手中的通货在整个货币供给中占的比重是微不足道的，所以货币政策主要就是对银行创造货币的管理，而影响货币创造的两个因素：一是准备金即基础货币的数量，二是货币乘数。中央银行主要运用公开市场业务、贴现率和法定准备金率这三大政策工具对这两个方面进行管理。

19.3.1 公开市场业务

公开市场（open market）是中央银行和商业银行之间买卖有价证券的一个市场，其中中央银行是市场的主导。**公开市场业务**（open-market operations）指的是中央银行通过在公开市场上买进或卖出有价证券，吞吐基础货币，调节货币供应量的活动。

当中央银行从商业银行手中买进有价证券时，商业银行的基础货币就会增加，在货币乘数的作用下就会发放更多的贷款、创造更多的货币；当中央银行向商业银行卖出有价证券时，商业银行的基础货币就会减少，在货币乘数的作用下，就会使商业银行大幅度地减少贷款、减少更多的货币创造。货币乘数只是一个创造货币的放大器，其本身没有方向性，比如当货币乘数为10的时候，增加1元基础货币就可以增加10元存款，减少1元基础货币就会减少10元存款。

从交易品种看，中国人民银行（以下简称央行）公开市场业务债券交易，主要包括回购交易、现券交易和发行中央银行票据三种。

回购交易分为正回购和逆回购两种：**正回购**（sell-repo）为央行卖出有价证券，并约定在未来特定日期买回有价证券的交易行为，是央行从市场收回流动性的操作，正回购到期则为央行向市场投放流动性的操作；**逆回购**（anti-repo）为央行购买有价证券，并约定在未来特定日期将有价证券卖出的交易行为，逆回购为央行向市场上投放流动性的操作，逆回购到期则为央行从市场收回流动性的操作。

现券交易分为现券买断和现券卖断两种，前者为央行直接买入债券，一次性地投放基础货币；后者为央行直接卖出持有债券，一次性地回笼基础货币。

中央银行票据（central bank bill）是央行为调节商业银行超额准备金而向商业银行发行的短期债务凭证，其实质是中央银行债券，央行通过发行央行票据可以回笼基础货币，央行票据到期则体现为投放基础货币。

19.3.2　贴现率

工商企业在进行经济活动的过程中经常会收到一些在将来某个时期才能兑现的远期票据，在企业需要资金的时候，就可以对这些票据进行贴现。**贴现**（discount）是收款人将未到期的商业承兑汇票或银行承兑汇票背书后转让给受让人，受让人按票面金额扣去自贴现日至汇票到期日的利息以后将剩余金额支付给持票人。商业汇票到期，受让人凭票向该汇票的承兑人收取款项。贴现过程中收款人所支付的利息率称为**贴现率**（discount rate）。

贴现的受让人可以是商业银行也可以是其他机构，当商业银行收到贴现的未到期票据后，还可以向央行进行再次贴现，称为**再贴现**（rediscount），并向央行支付再贴现的利息，这种利息支付比率就是**再贴现率**（refinancing rate），也可以简称为贴现率。

央行可以通过调整贴现率的方式来影响商业银行的再贴现行为，从而调节商业银行基础货币的数量。如果央行降低贴现率，就会降低商业银行通过贴现的融资成本，贴现行为就会增加，商业银行的基础货币的数量就会增加，货币创造能力也会提高；如果央行提高贴现率，商业银行通过贴现的融资成本就会增加，其贴现行为就会减少，从而基础货币减少、货币创造能力下降。

贴现率政策与公开市场业务的区别在于前者是由商业银行主动获取贷款而增加基础货币，而后者则是由央行主导的。

19.3.3　法定准备金率

货币乘数等于存款准备金率的倒数，准备金率的高低决定了货币乘数的大小。因此央行就可以通过调整商业银行准备金率来决定货币乘数。央行规定的商业银行提取存款准备金的最低比率称为**法定准备金率**（required reserve ratio），法定准备金率的大小央行是可以进行调节的，当央行提高法定准备金率的时候就会降低货币乘数，从而使得同样的基础货币能创造出来的货币减少，而如果降低法定准备金率则可以提高货币创造能力、增加货币供给。

与前两种政策措施相比，法定准备金率效果更直接、更有力，并且可以立竿见影，但同时造成的负面后果也非常严重。比如如果提高法定准备金率，就意味着存款中发放贷款的比例降低，并且这一降低不是指的以后吸收的存款中的贷款比例降低，而是以往所有存款中的贷款比例都必须降低，这样银行就要把已经贷出去且还没有到期的贷款收回来，这种行为叫"抽贷"，这种抽贷的行为很可能会极大地影响企业正常的经营活动。法定准备金率的政策虽然效果明显，但副作用太大，所以西方国家一般不会轻易采用，只有在出现严重危机的时候才实施。但是在我国这种政策却变成了一种常规的货币政策，如在 2010 年 1 月至 2011 年 6 月，不到一年半的时间内央行就 12 次提高法定准备金率。

19.3.4　货币供给管理中的两个问题

央行在实施货币政策、管理货币供给的时候有两个问题需要考虑。

第一，居民持有货币的方式问题。在前面讨论货币乘数的时候，我们假设居民在从银行取得贷款之后会全部存入另一家银行，以活期存款的方式持有货币，但实际上并不是这样的，居民获得收入之后可能会以通货的方式持有一部分货币，这样这批通货就退出了银行系统货币创造的过程，使央行货币政策的效果打一个折扣。客户从银行提取或多或少的现金，从而使一部分现金流出银行系统，出现所谓的**现金漏损**（currency drain）。现金漏损与存款总额之比称为**现金漏损率**（currency drain ratio）。出现现金漏损会降低银行货币的能力，减小货币乘数。

央行发行的基础货币分为银行存款准备金和居民手中的通货两部分，只有准备金才能产生货币创造的效果。居民的现金漏损率央行是没办法干预的，所以央行在制定货币政策的时候应该考虑这一问题。尤其是如果有某种原因使居民对银行产生不信任，更多的以通货的形式持有货币的时候会对货币政策的效果产生比较明显的影响。

第二，银行的准备金率问题。央行规定的法定准备金率只是一个最低水平的准备金率，而实际上银行很可能会使自己的实际准备金率高于法定准备金率，就是持有更多的存款准备金，这叫作**超额准备金率**（excessive reserve ratio）和**超额准备金**（excess reserves）。当存在超额准备金率的时候，实际的货币乘数就会低于央行所预期的货币乘数，这也是央行在制定货币政策的时候需要考虑的。

19.4　小结

货币对经济的运行与发展来讲具有极其重要的意义，就像人们经常把货币称作"流动性"一样，如果一个国家的货币供给量不足，经济中的交易就难以进行，财富的流动就变得困难，经济发展受到影响。但如果货币的供给过多，同样会出问题，大量的货币涌入市场，会对市场运行带来严重的冲击，从而导致通货膨胀。因此经济中的货币供应是应该有一个适度的量。这些问题我们将在以后的章节中继续讨论。

延伸阅读

比特币与区块链

区块链是一种去中心化的新型数据库技术，并以密码学方式保证其不可篡改和不可伪造，在各个方面具有非常广泛的应用前景，而比特币就是一种基于区块链技术的电子货币。这种货币具有普通货币的基本职能，但没有发行银行，属于一种无主权货币，一经出现就引起人们的普遍关注和争议。读者如果有兴趣可以自行到 http://www.wdjjlt.org/yl/forum.php?mod=viewthread&tid=1037 上阅览、学习。

关键词

货币　价值储藏手段　财富　计价单位
交换媒介　流动性　商品货币　法定货币
超主权货币　货币供给　通货　狭义货币
广义货币　准货币　货币政策　中央银行
商业银行　准备金　百分之百准备金银行制度
资产负债表　部分准备金银行制度
存款准备金率　货币创造乘数　银行资本
杠杆　杠杆率　资本需求量　基础货币
公开市场　公开市场业务　正回购　逆回购
中央银行票据　贴现　贴现率　再贴现
再贴现率　法定准备金率　超额准备金率
超额准备金　现金漏损　现金漏损率

思考题（扫描右侧二维码查看答案参与讨论）

1. 什么是货币？货币的主要职能有哪些？
2. 为什么货币又被称为流动性？
3. 从发展的历程来看，货币可以分为哪几种类型？
4. 货币供给由哪几部分构成？各部分的相互关系是什么？
5. 什么是中央银行？其主要职能有哪些？
6. 什么是商业银行？其主要业务包括哪些？
7. 为什么百分之百准备金银行制度下商业银行不能创造货币？
8. 简述商业银行货币创造的过程。
9. 什么叫货币创造乘数，试推导。
10. 杠杆是如何导致资本的盈利或亏损扩大的？
11. 什么是公开市场及公开市场业务，中国人民银行公开市场业务的内容包括哪些？
12. 简述正回购与逆回购。
13. 央行如何运用贴现率政策工具？
14. 什么叫法定准备金率，央行如何运用这一政策工具来影响货币乘数？

讨论与应用（扫描各题右侧二维码参与讨论）

1. 当你在使用支付宝的时候，可以有多种交易方式，那么在下面的各种交易方式中，你所使用的交易对象属于货币吗？会影响货币供给量吗？请解释。

   （1）扫码支付，用绑定的借记卡付款。
   （2）扫码支付，用绑定的贷记卡付款。
   （3）扫码支付，用支付宝余额付款。
   （4）扫码支付，用余额宝中的余额付款。
   （5）扫码支付，用"花呗"付款。
   （6）使用"借呗"获取一笔资金。
2. 货币的三个职能是什么？下列资产分别能满足哪些职能？不能满足哪些职能？为什么？

(1) 你从拍卖行拍到的一件古董。
(2) 在学校餐厅使用的饭卡。
(3) 一张电影票。
(4) 信用卡。
(5) 网购优惠券。

3. 你生活在一个盛产郁金香的国度里,有一天国王突然异想天开想发布一个诏令用郁金香作为这个国家的货币,他认为这个国家的人都喜欢郁金香,大家都会乐意接受郁金香,郁金香很值钱并且易于携带。你如果是国王的经济顾问,你会建议国王下令把郁金香作为货币吗?如果会,请列出几条理由;如果不会,也请列出几条理由。

4. 当你放假回家整理房间的时候,在床下发现了一张100元的钞票,你早就忘了这张钞票的事,然后你把这张钞票存入银行,假设银行的法定准备金率为20%。
(1) 货币供给增加的最大数量是多少?
(2) 货币供给增加的最小数量是多少?

5. 你认为在下列交易中是否牵扯货币的使用?为什么?
(1) 在第二次世界大战时期的战俘营内和以后的一些西方监狱中,香烟在囚徒们之间流通,他们用香烟来交换自己需要的各种东西,比如一本杂志可能值2根香烟,一台收音机可能值2盒香烟等,你认为在这种情况下香烟是否能够实现货币的三种职能?
(2) 很多网络游戏中都存在虚拟的游戏币,这些游戏币可能需要用人民币充值来兑换,也可能要通过完成游戏任务以获得奖励的形式获得,用这些游戏币可以购买游戏中的装备和道具,如果在游戏中获得的装备或道具也可以换成游戏币。你觉得这些游戏币是货币吗?
(3) 在现实中有些票据是可以**背书**(endorsement/indorsement)的,如支票,就是指持有人通过签章的方式转让给其他人以进行商品与服务的交易,这种背书可以多次进行。你觉得这样的支票可以构成货币吗?为什么?

6. 你从工商银行自己的账户上取出了1 000元现金,试用资产负债表说明银行资产和债务发生了什么变化。如果法定准备金率为20%,你的这一行为对银行的贷款会产生什么影响?

7. 下列各种行为会对M0、M1和M2产生什么样的直接影响?
(1) 你用3 000元现金购买了一部手机。
(2) 你把支付宝余额中的1 300元转到了余额宝中。
(3) 你在微信群中发了个50元的红包。
(4) 你从你的借记卡中取出了500元现金。
(5) 你用支付宝余额偿还了信用卡的1 000元欠款。
(6) 你用余额宝中的钱购买了一份20元的旅行保险。

8. 假如央行从证券交易商手中买进了50万元的债券,证券交易商随后把这50万元的支票存入某商业银行,再请用资产负债表说明这一行为对银行贷款的影响。如果法定准备金率为10%,试分析央行的这次交易行为最多可以增加多少货币供给。

9. 有经济学家建议实行百分之百准备金银行制度,认为这样央行可以更好地控制货币供给量。
(1) 为什么这个方案有助于控制货币供给?
(2) 在这一方案下,银行的资产负债表会是怎么样的？

(3) 如果实行这一制度，你认为银行的业务如何才能够有利可图？

10. 某银行开始时拥有银行资本 200 元，吸收了 800 元的存款，存款准备金率为 12.5%，并将其余资产全部用作贷款。

(1) 请列出该银行的资产负债表。

(2) 计算该银行的杠杆率是多少？

(3) 假定该银行的贷款中有 10% 违约，并且这些违约的贷款永远收不回来了，列出该行新的资产负债表。

(4) 上述违约发生后，银行的总资产减少百分之几？银行的资本减少百分之几？哪个更大？为什么？

11. 假设某个岛国国民中共有 20 000 张 100 元的纸币。

(1) 如果国民全部把货币作为通货持有，货币量是多少？

(2) 如果人们把货币全部作为活期存款持有，银行准备金率为 100%，货币量是多少？

(3) 如果人们把一半货币以通货持有，一半以活期存款持有，银行准备金率为 100%，货币量是多少？

(4) 如果人们把货币都以活期存款的形式持有，银行准备金率为 15%，货币量是多少？

(5) 如果人们把一半货币以通货持有，一半以活期存款持有，银行准备金率为 15%，货币量是多少？

第 20 章
CHAPTER20

通货膨胀

上一章我们讨论了银行和货币的问题，一国中央银行可以通过一系列的政策措施来控制货币供给量，但央行如何确定应该供给多少货币呢？如果货币供给量过多或者过少会产生什么后果？本章就要在上一章的基础上继续对这些问题进行分析。货币供给变化对经济的影响在长期内与短期内是不一样的，我们在本章中主要分析货币供给变化的长期影响，短期影响在以后的章节中会继续介绍。货币供给变动的长期影响主要是价格问题，即通货膨胀和通货紧缩。本章主要分析通货膨胀的相关理论及其成本等问题。

20.1　物价水平与货币价值的关系

与失业一样，通货膨胀也是宏观经济中的一个非常重要的现象和宏观经济学研究的重要内容，同时也是一国政府要着重解决的经济问题。

20.1.1　通货膨胀与通货紧缩

一个经济中物价总水平的上升称为通货膨胀。我们讲的通货膨胀是整个社会物价水平的变动情况，而不是仅看几种或少数具体商品的价格变动情况。另外，通货膨胀不是某种原因引起的暂时的物价上涨，而是指一个较长时间内持续上涨的情况。比如，某地因为刮台风或者连降暴雨，蔬菜价格大涨，但这种恶劣天气过后价格又恢复正常了，这种情况就不能看成通货膨胀。在第 15 章和 16 章中讨论的 GDP 平减指数和消费物价指数 CPI 是两个衡量通货膨胀的重要指标。

本章课件

通货膨胀顾名思义指的是经济中流通的货币太多了、泛滥了、膨胀了，结果会引起商品价格的上涨，因此我们前面给出的通货膨胀的定义实际上是从结果或者现象上来定义的，而不是从原因或本质的层面进行的定义。这种物价水平的上涨是经济中的通货泛滥导致的，因此是所有商品价格即物价水平的变动。读者如果有兴趣可以自行到 https://v.youku.com/v_show/id_XNDA3NTg5MDA2MA==.html?spm=a2hzp.8253869.0.0 上阅览、学习。

除了通货膨胀，还有一个概念是**通货紧缩**（deflation），指的是经济中通货不足导致的物价水平的下跌。在经济中，通货膨胀的情况更加常见，但通货紧缩有时也会发生，比如20世纪30年代大萧条期间很多国家就经历了长期的通货紧缩，美国1933年的CPI指数就比1929年下降了24%。而日本从20世纪90年代开始就一直处于近似通货紧缩的状态，多次出现CPI指数长期负增长的情况。

20.1.2 货币价值与物价水平

货币价值和物价水平其实是一个问题的两个方面，当物价上涨，东西变贵了的时候，实际上从另一个方面来讲，也就是货币价值下降、钱不值钱了。我们如果用 P 表示 CPI 或者 GDP 平减指数所衡量的物价水平，那么 P 就衡量了购买一篮子物品与服务所需要的货币数量。如果我们反过来考虑，那么 $1/P$ 就表示用 1 元买到的所有的这个篮子中的物品与服务的数量。或者我们也可以这样讲，P 表示用货币衡量的物品与服务的价格，$1/P$ 则表示用物品与服务衡量的货币的价格。

我们可以从一个例子来进一步说明：比如篮子内只有一个苹果，当苹果价格为 2 元时，1 元货币的价格就是 1/2 个苹果，而当苹果价格上涨到 3 元时，1 元货币的价格就下降为 1/3 个苹果了。现实中这个篮子当然不只是一个苹果，而是有千千万万种物品与服务，但道理是一样的，当物价水平上升时，货币的价值就会下降。因此，我们与其讲通货膨胀衡量的是物品与服务的价格水平，不如说其实衡量的是货币的价值。

那么货币的价值由什么决定呢？与其他物品与服务一样，货币的价值同样也是由其供给和需求共同决定的。

我们在上一章已经对货币的供给进行了讨论，货币的供给是由中央银行通过公开市场业务、贴现率和法定准备金率三大政策决定的，在本章当中我们就简单地认为中央银行可以准确地确定货币的供给数量。

货币的需求又叫**流动偏好**（liquidity preference），指的是在财富一定的前提下，人们乐意以货币的形式持有的财富数量。货币又称为流动性，流动偏好就是指对货币的偏好，为什么人们喜欢以货币的形式持有一部分财富而不是把货币全部用来购买物品与服务或者股票、债券等有价证券呢？这其中的原因有很多，比如为了日常购买物品与服务的便利，就是我们通常所说的持有一定的"零花钱"，为了应付可能突然发生的意外事件而随时准备一笔钱，为了在证券市场出现机会的时候可以正好有钱买入获利而持有一部分货币等。除了上述原因之外，我们认为对货币需求影响最大的因素就是物价水平。人们的钱包、支付宝、微信、银行卡中的钱都是用来买东西的，当物价水平比较低的时候，人们准备持有的货币就可以少一些，当物价水平提高后人们持有的货币就会相应增加以满足自己的购买需要，因此货币的需求是与物价水平成反比的。

货币的供给需求以及货币价值与物价水平之间的关系如图 20-1 所示。

在图 20-1 中，横轴代表货币的供给量和需求量。右侧的纵轴代表物价水平 P，其数值是从上到下逐渐提高的，即越往上表示物价水平越低，东西越便宜，越往下表示物价水平越高，东西越贵。左侧的纵轴代表货币价值 $1/P$，其数值是从上到下逐渐降低的，越往上货币的价值越高，越往下货币的价值越低。左右两侧纵轴的数值是一一对应的，它们互为倒数。图中的 MS 曲线为货币供给曲线，货币供给的数量 M_1 是由央行决定的，与物价水平或者货币价值无关，所以在这里表现为一条垂线。MD 代表货币的需求曲线，如前所述，货币的需求量与物价水平是同方向变化

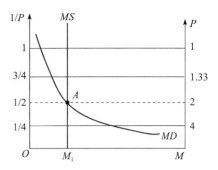

图 20-1　货币的供给与需求

的，物价水平越高则人们就会持有越多的货币，也就是说货币需求量与货币的价值反方向变化，货币越不值钱人们就要持有越多的货币，因此 MD 曲线在图中是向右下方倾斜的。

图 20-1 中的 MS 与 MD 曲线相交于 A 点，这就是货币供给需求的均衡点，由此点决定物价水平为 2，货币价值为 1/2。如果现实中货币供求市场没有实现均衡，那么公众手中的货币（即货币供给量）就会多于或者少于他们乐意持有的货币量（即需求量），这时他们就会对手中的货币量进行调整，或者把多余的货币用来购买各种物品与服务以及各种有价证券，或者卖出手中的有价证券，或者把通过出售物品与服务所得的收入以货币的形式持有，总之人们会调整手中的货币量，只要公众的货币需求与货币供给量不相等，这样调整就会继续，直到二者相等实现均衡。

现在我们来看政府的货币政策发生变化后会产生什么样的影响，假设央行通过各种政策使货币供给增加了，如图 20-2 所示。

假设在开始的时候货币市场在图 20-2 中的 A 点实现了均衡，央行突然把货币的供给量增加了一倍到 M_2，至于增加货币供给的方式，可能是给每个国民发一个大红包，也可能是购入公众手中的政府证券等。货币供给曲线移动到 MS_2，与货币需求曲线 MD 相交于 B 点，在新的均衡点物价水平上涨到 4，货币价值下降到 1/4。

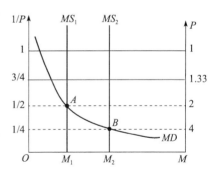

图 20-2　货币供给增加

也就是说，当货币的供给增加之后，货币会变得不值钱而物价水平会提高。

那么，均衡点如何从旧的均衡 A 点达到新的均衡 B 点呢？这个问题我们在后面的学习中还会进一步讨论，现在只是简单地分析其作用的原理。

当货币供给增加后，公众手中的钱变多了，超过了他们愿意持有的数量，他们就会把多出的部分花出去，购买物品与服务；或者把钱存到银行，而银行把这些存款贷出去后，拿到贷款的人也会用来购买物品与服务。这样经济中物品与服务的需求就会增加，但根据第 17 章的内容我们知道，一个经济物品与服务的增加取决于生产率和要素供给等，央行只是增加货币的供给，对这些方面没有影响，因此物品与服务的供给不会发生变化。在需求增加、供给不变的情况下，物品与服务的价格肯定会上升。而随着物品与服务价格的上升，

人们愿意持有的货币又会比以前增加，因为每次交易他们要付出比原来更多的货币。最终货币的供给与需求会在 B 点实现新的均衡。通过这一过程我们可以看到，央行增加货币供给并没有使物品与服务的产出增加，即没有实现经济增长，只是使物价水平提高了。当然如果是央行减少货币的供给量就会发生相反的变动。

这种用流通中的货币数量的变动来说明商品价格变动的理论称为**货币数量论**（quantity theory of money），最早是由大卫·休谟提出来的，后来欧文·费雪（Irving Fisher，1867—1947）和弗里德曼进行了发展。这种理论认为经济中货币的数量决定了货币的价值，而货币供给量的增长是通货膨胀的主要原因。

20.1.3 通货膨胀的衡量及分类

衡量通货膨胀严重程度的指标是通货膨胀率，就像前面章节中我们所讲过的一样，通货膨胀率表示一定时期内物价水平上涨的比率，计算公式为：

$$通货膨胀率 = \frac{本期物价水平 - 上期物价水平}{上期物价水平} \times 100\% \tag{20-1}$$

根据通货膨胀率的高低，我们可以把通货膨胀分为以下几个类型。

- **低通货膨胀**（low inflation）。低通货膨胀又称为温和的通货膨胀，通常指那种年通货膨胀率为 1 位数的情况。这种通货膨胀价格上涨缓慢且可以预测，此时的物价相对来说比较稳定，人们对货币比较信任。
- **急剧的通货膨胀**（galloping inflation）。急剧的通货膨胀又称为加速的通货膨胀、飞奔的通货膨胀或奔腾的通货膨胀，是价格急速上涨的通货膨胀，通常是指通货膨胀率为 2 位数甚至 3 位数的通货膨胀。在这种通货膨胀发生时，人们对货币的信心产生动摇，只愿意保留极少量的货币在手中以应付日常交易所需，人们更愿意囤积商品，购置房产，甚至经济社会会产生动荡。这是一种较危险的通货膨胀。这种通货膨胀局面一旦形成并稳固下来，便会出现严重的经济扭曲。
- **恶性的通货膨胀**（hyperinflation）。这种通货膨胀在经济学上并没有一个统一的标准，一般认为当年通货膨胀率超过百分之百的时候就属于恶性通货膨胀了。这是一种不能控制的通货膨胀，在物价急速上涨的情况下，货币很快就失去价值，物价时刻在增长，其灾难性的影响使市场经济变得一无是处。

恶性通货膨胀比较少见，但一旦爆发将是灾难性的。人类历史上曾经经历了几次恶性通货膨胀：①第一次世界大战后的德国、奥地利、波兰、俄国（苏联）等国；②第二次世界大战后的中国、希腊、葡萄牙等国；③20 世纪 80 年代，阿根廷、玻利维亚、巴西、秘鲁等国；④2008 年左右的津巴布韦；⑤2018 年左右的委内瑞拉。这几次恶性通货膨胀都给这些国家造成了巨大的损失。

快乐学习

小说《看不见的珍藏》

作者：[奥] 斯蒂芬·茨威格　　　　　　　　　　　　　　　　　　　　译者：张玉书
出版：载《斯·茨威格中短篇小说选》，人民文学出版社 2006 年 6 月出版

故事梗概：赫尔瓦特是德国的一个收藏家，60 多年以来，他不吸烟、不喝酒、不旅行、不看戏，把节省下来的每一分钱都用来买画了，最后他收藏了足足 27 本名家画作，包括荷兰的伦勃朗、德国的丢勒、意大利的曼台涅等大师的作品，他分门别类为每位大师的画作制作了一本收藏册。第一次世界大战开始后，赫尔瓦特由于激动双眼失明了，此后他所有的业余爱好都放弃了，唯一的乐趣就是这 27 本画册。虽然眼睛看不见，但他熟悉每一幅画的位置，"每天下午能把他的画夹子翻上三个钟头，跟每幅画都像跟人似的说上一阵。"这几乎成了他生活的唯一内容和生命的唯一寄托。但他不知道，他画册里那些心爱的画作其实一张都没有了，都已经变成了空白的废纸。

原来当年德国正在经历极其严重的通货膨胀，"钞票的价值像逸出的煤气似的，转眼化为乌有"，赫尔瓦特一个月的退休金还不够一家人生活两天，为了活命，他的女儿和他的妻子已经瞒着他把他所收藏的画作一张一张地卖出去了。

一天一位古玩商人突然来访，赫尔瓦特的妻子和女儿请求古玩商人不要揭穿真相，以免剥夺老人生活中唯一的乐趣。古玩商人同意了，于是那天下午他就同赫尔瓦特一起欣赏并赞美了一个下午的看不见的名画。

包含的经济学原理：第一次世界大战结束后，根据《凡尔赛和约》，德国政府需要支付 1 320 亿金马克的赔款，相当于 9.6 万吨黄金。而战争已经使德国千疮百孔，几乎变成废墟，依靠财政收入根本无法完成赔款，政府只能大量超发货币以换取民间物资和购买外汇，这就直接导致了严重的通货膨胀。那时候工人们的工资一天要分两次发，因为到了傍晚，一块面包的价格可能就等于早上一幢房子的价值。当时每个德国人口袋中可能都装有几十亿马克，甚至有段时间一个面包就需要 2 000 亿马克，而一周的养老金都买不来一杯咖啡。斯蒂芬·茨威格这篇小说的写作背景就是德国这次恶性通货膨胀，小说的副标题就是：德国通货膨胀时期的一个插曲。

这种恶性通货膨胀会给一个国家的政治、经济、社会带来巨大的影响，价格体系失灵，经济秩序遭到严重破坏甚至崩溃，给人民群众的生活带来灾难性的影响，尤其是依靠固定收入比如退休金生活的人，其生活质量与福利水平会大幅度地下降，大多数人的财产会归零。小说中收藏家 60 余年辛辛苦苦收藏的画作全没了，但出卖这些画作并没使他的生活得到明显的改善，因为卖画获得的钱等拿到手时就已经一文不值了。

20.2　古典通货膨胀理论

本节我们主要介绍古典经济学有关通货膨胀的理论，包括大卫·休谟等古典经济学家

提出的古典二分法和货币中性理论，以及费雪交易方程式等内容。

20.2.1　古典二分法与货币中性

古典经济学家把所有的经济变量分成了两类：一类叫**名义变量**（nominal variable），就是用货币来衡量的变量；另一类叫**实际变量**（real variable），又叫真实变量，指的是用实物单位衡量的变量。比如，苹果公司卖出了多少部手机是实际变量，卖了多少钱则是名义变量；你发了多少工资是名义变量，这些工资能购买多少物品与服务是实际变量。这种把经济变量区分为名义变量和实际变量的方法就称为**古典二分法**（classical dichotomy）。

区分名义变量和实际变量之所以重要，是由于这两个变量的决定和影响因素是不一样的。货币制度可以影响名义变量，但不会对实际变量产生影响。比如央行如果把货币的供给量增加一倍，那么价格、名义利率、名义工资等以货币表示的变量都会增加一倍，而实际变量并不会因此发生变化。实际产出由生产率和要素供给决定，实际利率和实际工资由市场供给需求决定。很明显这些实际变量的变动与货币供给量的变化是无关的。这种认为货币供给变动与实际变量变动无关的观点就是**货币中性**（money neutrality）。

货币中性通常是描述经济中的长期现象，一个国家较长时期比如十年内货币供给量的变化，对于名义变量如物价会产生明显的影响，对实际变量如实际 GDP 的影响却是微乎其微的。但是，在短期内情况就不一定了，比如价格的变动可能会导致各种混乱和错误从而影响到实际变量。就连休谟本人也怀疑货币中性学说在短期中的适用性。在下一章我们将就货币政策短期影响的问题进行讨论。

20.2.2　货币数量方程式

古典经济学的货币数量论中有一个非常重要的货币**数量方程式**（quantity equation），这是一个把货币数量与名义产出联系起来的一个方程式，是由美国著名经济学家费雪在 20 世纪初最早提出来的，因此又称为费雪方程式（Fisher Equation），也可以称为货币交易方程式。这个方程式非常简单，却具有非常重要的意义，是构成后来的货币主义的基础和核心，同时也是很多宏观经济模型建立的依据：

$$M \cdot V = P \cdot Y \tag{20-2}$$

在上式中，等号左边的 M 表示货币量，V 表示**货币流通速度**（velocity of money）即经济中普通的一块钱在一年中有多少次用于支付新生产的物品与服务，这两者的乘积就是一个国家在一年内人们一共用多少钱来购买物品与服务，也就是代表了整个社会的需求量；等号右边的 P 表示物价水平，即 GDP 平减指数，Y 代表产出量，即实际 GDP，二者的乘积即为名义 GDP，就是这一年中一共产生了多少钱的商品与服务，其代表整个社会的供给量。

由于上式左侧代表的是这个经济中总的需求即人们在购买物品与服务上花了多少钱，而右侧则代表的是总的供给，即出售生产出来的物品与服务一共卖了多少钱，左侧有 1 元的支出右侧自然就有 1 元的收入，所以二者肯定是相等的，这是一个恒等式。

从式（20-2），我们可以得到式（20-3）：

$$V = \frac{P \cdot Y}{M} \tag{20-3}$$

货币流通速度等于名义 GDP 除以货币数量。比如一个经济只生产苹果，共 200 斤苹果，每斤 5 元，名义 GDP 就是 1 000 元，这个国家如果只有 100 元的货币，那么货币流通速度就是：

$$V = (5 \times 200)/100 = 10$$

西方经济学家认为货币流通速度是比较稳定的，费雪在货币数量方程式中就把它处理成一个常数，而弗里德曼也认为货币流通速度的变化非常小，他在《美国货币史（1867—1960）》一书中通过实证考察认为这期间美国货币流通速度几乎没什么变化。

通过考察美国 1960 年以来的名义 GDP、货币供给量和货币流通速度，我们也可以得出相同的结论，如图 20-3 所示。

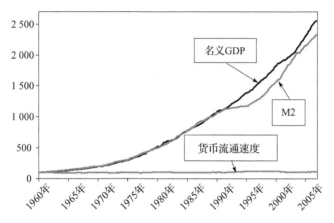

图 20-3　美国名义 GDP，M2 与货币流通速度（1960 年 = 100）（1960 ~ 2005 年）
数据来源：U. S. Department of Commerce；Federal Reserve Board。

上图中名义 GDP、M2 以及货币流通速度都是以 1960 年 = 100 计算出来的，从图中可以看出，在这几十年的时间内，尽管名义 GDP 和货币供给量增加了 25 倍之多，但货币流通速度变化不多，可以忽略不计，并且数据如果增加到 2017 年这一结论仍然成立。

从式（20-2）还可以得到下式：

$$M = \frac{P \cdot Y}{V} \tag{20-4}$$

上式中，假设货币流通速度 V 不变，则货币数量 M 与名义 GDP（$P \cdot Y$）同比例变化，而根据货币中性理论，货币数量不影响实际 GDP，因此货币数量和物价水平就会同步变动，结论就是：如果货币供给量迅速增加就会导致通货膨胀。这就是货币数量的核心理论。

式（20-2）货币数量方程式告诉我们的是价格水平、货币数量、实际 GDP 和货币流通速度之间的关系，我们可以把这个式子转换成有关变化率或增长率的新公式，这样我们就可以进一步来考察到底是什么因素决定和影响了通货膨胀率：

货币数量增长率 + 货币流通速度增长率 = 通货膨胀率 + 实际 GDP 增长率　（20-5）

这就意味着：

通货膨胀率 = 货币数量增长率 + 货币流通速度增长率 − 实际 GDP 增长率　（20-6）

20.2.3 货币数量论与中国

货币数量似乎在中国并不适用，不能解释我国的经济现实情况。首先看我国的货币流通速度。

从图20-4可以看出，我国的货币流通速度变化是比较大，呈不断下降的趋势，这一点与西方国家有很大的区别。另外，从图20-3中可以看出，美国的名义GDP和货币供给量呈大致相同的走向，正相关的程度非常大，但我国的这两个指标的差异却非常大，如图20-5所示。

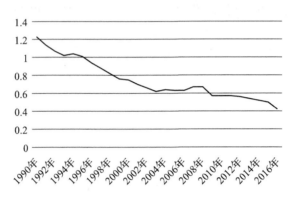

图20-4 中国货币流通速度（1990～2016年）
数据来源：根据中国国家统计局公布的GDP及货币供给量M2计算所得，http://www.stats.gov.cn/。

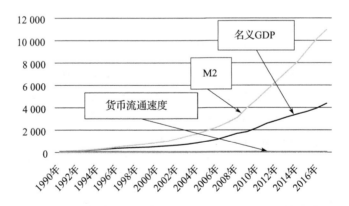

图20-5 中国名义GDP，M2与货币流通速度（1990年=100）（1990～2016年）
数据来源：中国国家统计局网站：http://www.stats.gov.cn/。

从图20-5可以看到，我国货币供给的增加速度远远快于名义GDP的增长速度，并且二者之间的差距在不断地扩大。

货币数量论得出的结论是当货币供给量快速增加时会导致通货膨胀，但这一结论在我国也不成立，如图20-6所示。

从图20-6可以看到，中国的货币供给量M2与CPI关系并不大，若1990年为100，2016年的M2为10 135.5，增长了101.4倍，而CPI仅为290，只增长了2.9倍。

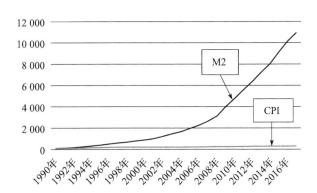

图 20-6　中国货币供给与通货膨胀率（1990 年 = 100）（1990 ~ 2016 年）
数据来源：中国国家统计局网站，http://www.stats.gov.cn/。

20.2.4　费雪效应

货币数量论认为货币供给增加会导致通货膨胀的上升，这个结论是非常有意义的，我们可以用来分析很多经济问题，比如利率。

前面在第 16 章中我们已经讲过，利率可以分为名义利率和实际利率，名义利率指的是衡量货币数量变动的利率，等于所得利息与本金的比率。银行等金融机构所公布的利率就属于名义利率；所谓实际利率指的就是根据通货膨胀校正过的利率，或者说是剔除了通货膨胀因素之后的利率。二者之间的关系为：

$$实际利率 = 名义利率 - 通货膨胀率 \qquad (20\text{-}7)$$

比如你在银行存款，银行给出的利率是 5%，而当年的通货膨胀率为 3%，那么你实际得到的实际利率就为 2%。

上面这个公式还可以写成名义利率等于实际利率加上通货膨胀率，即：

$$名义利率 = 实际利率 + 通货膨胀率 \qquad (20\text{-}8)$$

从式（20-6）我们可以看到，根据货币中性理论，实际利率与货币供给量是没关系的，它取决于可贷资金市场上的供给和需求，这样名义利率与通货膨胀率就会出现一对一的调整，也就是说，当货币供给增加导致通货膨胀率提高之后，实际利率并不发生变化，而名义利率将与通货膨胀率发生相同的变化。这种名义利率根据通货膨胀率所做的调整就称为**费雪效应**（Fisher effect）。

与前面讲到的货币中性一样，费雪效应在长期内是正确的，在短期内并不一定。因为短期内每一笔具体的借贷行为发生时双方并不知道合同履行期间的通货膨胀率是多少，只能根据自己的预测来确定一个名义利率，这样当预测的通货膨胀率与实际不一致的时候，实际利率就会受到影响，通货膨胀率高于预期的时候实际利率就低于可贷资金市场上的均衡利率，反之则会高于均衡利率。但是在长期内人们就会对通货膨胀率有一个更加准确的预期，实际利率也会不断地接近均衡的利率。因此，费雪效应在长期内是有效的，这一点从具体的实证数据中也可以得到验证。

> 快乐学习

电影《国家破产之日》

上映时间：2018 年 11 月 28 日　　　　　　　　　　　　导演：崔国熙
出品国家：韩国　　　　　　　　　　　　出品公司：韩国希杰娱乐株式会社

故事梗概：1988 年韩国举办了让国民引以为傲的汉城运动会，韩国 1996 年加入 OECD（经济合作及发展组织）正式跻身发达国家行列，1997 年国民人均所得维持在 1 万美元以上，85% 的韩国人认为自己已经是中产阶级了。但就在这光鲜的外表背后，韩国经济却面临重大的危机，外资首先觉察到问题的严重性，纷纷从韩国撤离，同时韩国还面临偿还外债的压力，在两周后需要偿还 100 亿美元外债时其外汇储备只剩 38.4 亿美元了。大型企业纷纷倒闭、股市暴跌、货币大幅度贬值、失业率飙升，国家即将破产。在这种危机情况下，1997 年 12 月 3 日，韩国宣布接受 IMF（国际货币基金组织）550 亿美元的援助，本片就是讲述接受 IMF 援助前一周发生的故事。

影片分三条线展开：①政府层面，韩国银行通货政策小组组长韩时贤（金惠秀饰），最早预见国家破产的迹象，为了阻止破产而奔走，却受到财政部次长（赵宇镇饰）等想建立新秩序的利益集团处处阻挠；②底层，原本想着扩大工厂规模，入驻大型百货的碗具厂厂长甲秀（许峻豪饰），签下巨额合同却因为金融危机面临破产倒闭；③投机商，金融公司财经顾问尹正学（刘亚仁饰），因为察觉到韩国金融市场的异常，大举做空国家，扭转个人命运。

包含的经济学原理：这部电影的背景是 1997 年的亚洲金融风暴，从当年的 7 月开始，泰国、马来西亚等国首先爆发金融危机，到 11 月危机蔓延到韩国，给韩国经济造成巨大冲击，韩国成为这次金融风暴中受损失最大的国家之一。

韩国经济遭受巨大损失的一个重要原因就是其经济和金融制度。正如影片中描述的那样，韩国的企业都是资本驱动型的，依靠大量投资来进行竞争，而金融机构都由政府掌控，在政府的干预与支持下给企业大量贷款，造就了三星、现代、LG 这样的巨无霸企业。20 世纪 90 年代世界市场不景气，韩国出口不畅，使外向型经济的韩国经济受到影响，企业不景气、银行坏账增加。同时韩国外债严重，1997 年时高达 1 672 亿美元。其中短期外债 650 亿美元，1997 年年底应付外债本息 300 亿美元，但 12 月初时外汇储备只有 60 亿元。这样当受到金融风暴的冲击时，韩国经济几乎瞬间崩溃也是正常的。

IMF 对韩国的援助是成功的，逼迫韩国进行了经济结构和金融结构的改革，使一些不符合巴塞尔协议资本充足率要求的银行倒闭，开放金融市场，建立更加灵活的就业市场。虽然初期使韩国经济经历了衰退，但其后的经济更加健康。相比之下，同样是受到 1997 年金融风暴打击的马来西亚拒绝了 IMF 的援助，其经济走向闭关自守，到现在都没有能够恢复到危机前的水平。

20.3　通货膨胀的成本

通货膨胀会给一个国家的经济、社会、个人带来一定的损失，这些构成了其成本。

20.3.1 通货膨胀税

一个国家的政府的财政支出的来源可以有这样几个方面：一是向公众征收税收等财政收入，二是向公众发行债券，三是发行货币。前两个不会增加货币的供给量，只是货币从公众手中转移到政府手中，社会上的货币总量并没发生变化，而后一个则是直接向社会注入货币，必然会带来货币价值的下降和物价水平的上升。

政府用发行货币的方式来筹集收入的时候，实际上是在征收**通货膨胀税**（inflation tax），这是一种隐蔽的税收，纳税人并不需要向政府直接交税，而是政府发行了新的货币使得物价上升、货币贬值，贬值的那部分就是通货膨胀税。比如原来的 100 元现在只值 90 元了，那剩下的 10 元去哪了？不可能凭空消失的，而是被政府以通货膨胀税的形式征走了。

通货膨胀税是对每一个持有货币的人征的税，征税的对象是持有的货币量而不是拥有的财富量。

20.3.2 通货膨胀的个人成本

说到通货膨胀的个人成本，人们首先就会想到是由于物价水平提高了，自己的钱购买力下降了，同样的钱能买到的东西起来越少，从而导致自己的实际收入和生活水平的下降。但这实际上是个误区。通货膨胀确实会导致货币购买力的下降，但同时出售物品与服务时收入的货币数量也增加了，或者说，你的工资也增加了。人们的收入的膨胀与物价的膨胀是一起发生的，因此，通货膨胀本身并不会降低人们的购买能力，不仅不会降低，并且随着工资的增加购买能力还可能不断提高，如图 20-7 所示。

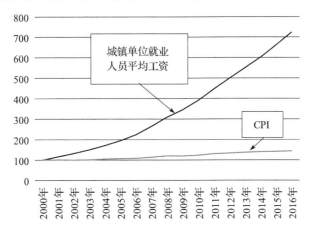

图 20-7　中国城镇单位就业人员平均工资与 CPI（2000 年 = 100）（2000 ~ 2016 年）
资料来源：根据中国国家统计局网站相关数据计算。

从上图中可以看出，城镇单位就业人员平均工资 2016 年比 2000 年增长了 7.24 倍，而 CPI 只增长了 1.45 倍，人们的购买力不仅没有降低，反而大大提高了。

之所以人们会有这个误区，主要问题是没有能够理解货币中性理论，根据货币中性，通货膨胀只会影响名义工资，不会影响实际工资，实际工资是由劳动力市场上的供给和需求决定的。

通货膨胀给个人带来的成本主要包括皮鞋成本和菜单成本这两项。

- **皮鞋成本**（shoe leather cost）。皮鞋成本又称为鞋底成本，泛指为了减少货币持有量而产生的成本。这是一种形象的说法，通货膨胀会使货币购买力下降，因此人们获得收入之后就会第一时间把钱取出来，去购买物品与服务，或者兑换成其他可以保值的财产如外币等，去银行频繁取钱就会造成皮鞋的磨损而产生成本。

  在温和的通货膨胀下，这种皮鞋成本也许会比较小，但在恶性通货膨胀下，货币可能分分钟都在贬值，这种皮鞋成本就很明显了，人们不乐意在手中持有货币，会尽快地花出去，由此会造成时间和精力上的损失，本来这些时间和精力是可以投入到其他方面的。

- **菜单成本**（menu cost）。菜单成本指的是企业改变价格所形成的成本。就像餐馆的菜价发生变化后需要印刷新的菜单一样，通货膨胀导致企业价格发生变化后也会支付相应的成本来改变价格，包括确定新价格、印刷新的产品目录、通知经销商、更改价格标签、制作新的广告等一列成本。

20.3.3　社会成本

通货膨胀会造成一系列的扭曲和混乱，包括价格相对变动导致的资源配置扭曲、税收扭曲以及混乱与不方便，等等，这属于社会经济成本。

相对价格变动导致的资源配置扭曲。市场经济中价格是资源配置的信号，当通货膨胀导致价格上升时，如果所有物品与服务的价格按照同比例上升不会改变原有的资源配置状况，但如果不同的商品与服务上升的幅度是不一样的，就会导致物品与服务之间的相对价格发生变化，也就是会造成价格的扭曲。当市场主体按照扭曲了的价格体系来进行自己的交易决策的时候，就会导致资源配置的扭曲。

税收扭曲。税收都是以名义变量为依据征收的，当通货膨胀导致名义变量发生变化后，比如名义收入提高后，政府就会征更多的税，这样就会使人们的实际收入下降，从而造成税收的扭曲。

我们以利息税为例来进行分析。假设银行存款的名义利率为4%，利息税税率为25%，在没有通货膨胀的时候，征收25%的利息税会使实际利率下降到3%；但如果存在通货膨胀比如8%的通货膨胀率的话，对12%的名义利率征收25%的利息税会导致名义利率下降到9%，实际利率（名义利率－通货膨胀率）则下降到1%，而如果有更高的通货膨胀率，比如12%，实际利率将下降为0，超过12%的通货膨胀将使实际利率变为负数。

混乱与不方便。货币的一个重要职能就是价值尺度，用自身的价值去衡量其他物品与服务的价值，但如果通货膨胀导致货币的价值发生了变化，那这种衡量肯定会造成不方便和混乱，就像我们用一把刻度会发生变化的尺子去衡量物品的长度一样。这就使得所有的经济变量都不能再进行直接比较了，必然经过一定的折算之后才能进行比较，就像我们在第16章所讲的那样，这样社会成本必然会提高。

20.3.4 未预期的通货膨胀的影响

人们在签订合同的时候都会对未来的通货膨胀有一个预期，根据这个预期来确定价格等因素，但如果发生了没有预期到或者超过人们预期水平的通货膨胀时，就会产生财富在不同人之间的重新分配。

首先是在债权人和债务人之间重新分配。当实际通货膨胀率高于人们的预期时，财富重新分配将有利于债务人而不利于债权人。比如双方达成一项名义利率为7%的借贷交易，当时预期通胀率为2%，实际利率为5%。如果实际通胀率高于2%就会使实际利率低于5%，而实际通胀率高于7%的话实际利率就会变成负值。如果实际的通货膨胀率低于人们的预期时，财富分配将有利于债权人而不利于债务人，如果上例中实际通胀率低于预期的2%时，实际利率就会高于5%。

如果是恶性通货膨胀，那这种债权人、债务人之间的财富分配会更加显著。比如2018年委内瑞拉预计通货膨胀率达到百分之一百万，人们的名义收入也相应地增加百分之一百万即一万倍，原来一个月挣5 000玻利瓦尔的现在一个月挣5 000万玻利瓦尔了，那么，如果你在银行里有100万元的房贷还会是个问题吗？

其次是在雇主和雇员之间的重新分配。雇主与雇员之间的合同尤其中长期合同中，往往规定薪酬会随着通货膨胀的预期进行调整，当实际通胀率大于预期通胀率的时候对雇主有利而对雇员不利，当实际通胀率小于预期通胀率的时候，对雇主不利而对雇员有利。

通货膨胀对固定收入者是不利的。有些人是换取固定收入的，比如低保、最低工资等，当通货膨胀发生时，由于这些人的名义收入不发生变化，其实际收入就会降低。

20.4 小结

本章我们讨论了通货膨胀的问题，我们把通货膨胀看成一个货币现象，是由政府供给货币的数量过多导致的，但这一理论只能用于解释长期中的经济现象。在后面的章节中，我将对短期内的经济问题进行分析，讨论经济波动或者说经济周期的问题，我们将对通货膨胀问题做进一步的解释。通货膨胀和失业是一国宏观经济不均衡时出现的两个问题，对经济的发展会造成一定的破坏，一国政府应该采取相应的宏观经济政策对其进行治理，以保证宏观经济的健康发展。

◆ 延伸阅读

历史上的恶性通货膨胀

恶性通货膨胀是一种不能控制的通货膨胀，在物价急速上涨的情况下，恶性通货膨胀使货币很快失去价值。恶性通货膨胀没有一个普遍公认的标准界定。一般界定为每月通货膨胀50%或更多，但很多时候会采取宽松界定，使用的比率会更低。多数经济学家认同的定义为"一个没有任何平衡趋势的通货膨胀循环"。人类历史上曾发生过数次极其严重的恶性通货膨胀，如第一次世界大战后的德国、第二次世界大战后的中国、2018年的委内瑞拉等。读者如果有兴趣可以自行到 http://www.wdjjlt.org/yl/forum.php?mod=viewthread&tid=1346 上阅览、学习。

关键词

通货紧缩　　流动偏好　　货币数量论　　货币数量方程式　　货币流通速度　　费雪效应
低通货膨胀　　急速的通货膨胀　　恶性的通货膨胀　　通货膨胀税　　皮鞋成本　　菜单成本
名义变量　　真实变量　　古典二分法　　货币中性

思考题（扫描右侧二维码查看答案参与讨论）

1. 什么叫通货膨胀和通货紧缩？按照严重程度通货膨胀可以分为几种类型？
2. 货币价值与物价水平之间的关系是怎样的？为什么会如此？
3. 运用货币供给与货币需求模型分析货币供给增加会导致物价上涨。
4. 货币数量论的内容是什么？
5. 什么叫实际变量？什么叫名义变量？货币供给变动会影响哪个变量？
6. 什么叫古典二分法和货币中性？
7. 什么叫货币数量方程式？根据这一方程式在货币流通速度不变的情况下可以得到什么结论？
8. 什么是费雪效应？
9. 通货膨胀税指的是什么？
10. 通货膨胀的个人成本有哪些？
11. 从长期来看，通货膨胀会降低人们的购买力吗？
12. 通货膨胀的社会成本有哪些？
13. 未预期到的通货膨胀会有哪些影响？

讨论与应用（扫描各题右侧二维码参与讨论）

1. 你是否同意以下这些说法？请解释。
   (1) 在一种物品或服务的价格上升的时候，通货膨胀就发生了。
   (2) 在一个给定的年份，一个人即使工资增长了，其购买力也可能会下降。
   (3) 如果每个人都预期到通货膨胀会发生，那么它将发生。
   (4) 如果价格以一种使物价总水平不变的方式变动，那么没有一个人的状况会变得更好或者更坏。
   (5) 通货膨胀并没有降低大多数人的购买力。
   (6) 通货膨胀会使债务人受损而债权人获益，因为债务人必须支付更高的利息。

2. 假如发生了10%的通货膨胀，以下各种人会受到什么样的影响？为什么？
   (1) 农村低保老人。
   (2) 奶茶店的老板。
   (3) 按揭还房贷的户主。
   (4) 工厂里挣最低工资的工人。
   (5) 退休工人。

3. 你有一个朋友总听人说"通货膨胀税"，但始终搞不明白是怎么回事，他知道你正在学习经济学，于是向你请教。你告诉他：当政府用发行货币的方式来弥补支出，而不是用税收或者借债的方式时，通货膨胀就发生了。所谓通货膨胀税，就是由于这种通货膨胀而使得货币贬值了，贬值的那一部分就相当于给政府缴税了，这种税收会由所有持有货币的人来承担。你朋友听完后说："这是好事啊，富人有很多钱，通货膨胀税让富人承担更多的税收，我觉得这是公平的，政府就应该用发行货币的方式来为所有支出筹资。"

(1) 你认为富人持有的货币比穷人更多这种说法正确吗？

(2) 富人收入中用货币的方式持有的比例高于穷人吗？

(3) 与所得税相比，通货膨胀税是加在富人身上的负担大，还是加在穷人身上的负担大？

(4) 还有什么原因可以说明通货膨胀税并不是一种好的政策吗？

4. 试列举一些持有货币的益处和害处。你觉得持有货币的机会成本是什么呢？

5. 假设一个国家的货币供给是5 000亿元，真实GDP是5万亿元，名义GDP是10万亿元。

(1) 物价水平是多少？

(2) 货币流通速度是多少？

(3) 假设货币的流通速度不变，如果货币供给增加到1万亿元，会发生什么情况。

(4) 你关于第（3）个问题的回答符合古典二分法的原理吗？

(5) 货币供给从5 000亿元增长到1万亿元正好翻了一番，如果实际GDP只增长了5%，价格水平会发生什么变化？价格上涨的幅度是大于一番，小于一番，还是正好等于一番？为什么？

(6) 当通货膨胀率比较高的时候，人们不愿意持有货币，会更快地花钱。在货币供给翻一番而人们更快地花钱的情况下，价格水平会发生什么变化？价格上涨的幅度是大于翻一番，小于翻一番，还是正好等于翻一番？为什么？

(7) 在实际GDP增长5%的情况下，如果政府想保护物价水平不变，它应该把货币供给设定为多少？如果政府想把通货膨胀率保持在10%呢？

6. 如果货币数量是30 000亿元，实际GDP是100 000亿元，价格水平是0.9，年实际利率是2%，名义利率是7%。

(1) 货币流通速度是多少？

(2) $M \times V$ 的值是多少？

(3) 名义GDP的值是多少？

7. 我们设想一个只有两个人的经济。老张是种水稻的，而老李是种小麦的。他们总是消费等量的大米和小麦。假设2017年稻米的价格是3元，小麦的价格是1元。

(1) 如果2018年稻米的价格为6元，小麦的价格为2元，通货膨胀率是多少？老张的状况是变好了、变坏了，还是不受价格变动的影响？老李呢？

(2) 如果2018年稻米的价格为4元，小麦的价格为2元，通货膨胀率是多少？老张的状况是变好了、变坏了，还是不受价格变动的影响？老李呢？

(3) 如果2018年稻米的价格为1元5角，小麦的价格为2元，通货膨胀率是多少？老张的状况是变好了、变坏了，还是不受价格变动的影响？老李呢？

(4) 根据前面三个问题的答案，试解释对于老张和老李来讲，是整体的通货膨胀率更重要，还是稻米和小麦的相对价格的变动更重要。

8. 如果货币流通速度的年增长率为1%，年实际利率为2%，年名义利率为7%，实际GDP的增长率为3%。

计算：通货膨胀率、货币增长率和名义GDP增长率各是多少。

9. 假设有两个国家,一个是高通货膨胀率,一个是低通货膨胀率,请完成下表,然后回答问题。

	低通货膨胀率国家	高通货膨胀率国家
实际利率	5	5
通货膨胀率	3	11
名义利率		
25%税收引进的利率下降		
税后名义利率		
税后实际利率		

(%)

(1) 哪一个国家对储蓄的激励更大?为什么?

(2) 政府为了解决这个问题可以做些什么?

10. 根据货币数量论,货币供给量与物价水平会同步变动,也就是说货币供给量迅速增加会导致通货膨胀。但是如果1990年为100,我国2016年的M2为10 135.5,增长了101.4倍,而CPI仅为290,只增长了2.9倍。我国的这种情况明显与货币数量不相符合,你能不能尝试着解释问题出在什么地方?

第 21 章
CHAPTER21

总需求与总供给

前面几章我们讨论的主要是长期中的宏观经济问题，一般认为古典经济学描述了长期世界，但并没有描述短期世界。比如根据古典二分法和货币中性的理论，货币数量的变动并不影响真实 GDP、失业等变量，这在长期内是正确的，但如果分析短期货币中性理论就不适用了，真实变量与名义变量就会高度相关，货币供给的变动会导致真实 GDP 暂时背离其长期趋势，即出现经济的波动。本章我们就对这些问题进行分析，主要介绍总需求和总供给模型，并运用这一模型对经济波动问题进行解释。

21.1 总需求曲线

我们在本章当中要运用总需求-总供给模型来对短期经济波动进行分析与解释，因此在介绍总需求曲线之前先来了解经济波动的概念。

21.1.1 经济波动

一国经济增长的轨迹不可能是直线的，而是会出现一定的上下起伏。总体经济活动沿着经济增长的总体趋势而出现的扩张和收缩的这种现象就叫作**经济波动**（economic fluctuation）。经济波动主要有两种表现形式，一种是扩张即经济总量的增长，一种是收缩即经济总量的下降。由于经济总量增长在很多时候是一种常态，因此衡量经济波动的标准通常是指经济指标的下降即衰退。

本章课件

在有些年份，可能会出现市场需求萎缩、企业产品卖不出去从而产量下降甚至停产倒闭、工人失业、企业的利润、居民收入水平及消费水平下降等，从而导致真实 GDP 下降的情况，如果这些情况是比较缓和的话，那么这个时期就称为**衰退**（recession），如果是比较严重就称为**萧条**（depression）。

经济波动有时又叫作**经济周期**（business cycle），但这个称呼容易给人一个误导，好像经济波动是周期性出现的，似乎存在某种规律，是可以预测的。但现实是这种经济波动并没有什么明显的周期性，对于未来出现的波动也没办法预测。很多经济学家提出了大量的周期理论，区分了短周期、中周期、长周期等，但这些理论既不能对以往的经济波动历史做出有说服力的解释，也不能对未来的波动做出哪怕粗陋的预测。

图 21-1 给出了我国 1952 年到 1978 年的 GDP 走势。

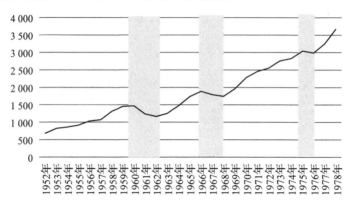

图 21-1　我国 1952~1978 年 GDP 走势图
数据来源：中国国家统计局网站，http://www.stats.gov.cn/。

从图 21-1 可以看出，我国 1952~1978 年 GDP 总体趋势是不断增长的，但有三个处于衰退的阶段，即图中灰色竖条表示的区域。但这三个衰退阶段持续的时间、衰退的程度以及间隔的时间都是没有规律可循的。并且改革开放 40 多年以来，我国经济再没有衰退过，一直保持持续的增长状态，而到底哪一天会出现衰退的现象，我们根本没办法预测[⊖]。

图 21-1 中，我们用 GDP 数据来表示经济波动，但实际上在经济衰退期间并不仅仅是 GDP 会出现下降，而是多种经济指标都会同时出现变动，比如投资支出、消费支出、个人收入、公司利润、商品零售总额等指标都会出现下降，但失业率指标会上升。

为什么经济会出现波动呢？经济学家们给出了各种解释，我们在这一章中主要介绍总需求和总供给模型对这一问题的解释。

21.1.2　向下倾斜的总需求曲线

总需求曲线（aggregate demand curve）表示在每一个特定物价水平上，经济中物品与服务的需求量，即家庭、企业、政府和外国客户想要购买的物品与服务的数量。在图形上，总需求曲线表现为一条向右下方倾斜的曲线，如图 21-2 所示。

图 21-2 中我们用横轴表示一个社会的产出量，即物品与服务的总量，用纵轴表示物价水平。AD 曲线表示总需求曲线，它是自左上方向右下方倾斜的，说明总需求量与价格水平成反方向变化。如当价格水平比较高为 P_1 时，总需求量比较小为 Y_1，当价格水平下降到 P_2 的时候，总需求量则增加到 Y_2。

⊖ 改革开放后虽然没有出现过衰退，但增长速度存在一定的波动，于是有人提出"增长性衰退"的概念。但这不属于本教材讨论的对象。

我们曾经在第 4 章讲到需求曲线，指的是某一种产品或服务的需求，可以用替代理论或者资源移动理论来解释，一种商品价格便宜了，其需求量增加，实际上消费者是用这种商品代替了其他商品的消费，资源从其他市场流动到这个市场中来；价格上涨减少需求量则是用别的商品代替这种商品，资源流出。但是现在讲的总需求是对所有物品与服务需求量的变化，显然不能用代替和资源流动来解释，需要建立新的理论。

为什么总需求曲线会向右下方倾斜呢？第 17 章我们曾经给出一个公式，一个经济中的 GDP（这里用 Y 表示）是由其消费（C）、投资（I）、政府购买（G）和净出口（NX）共同决定的，即：

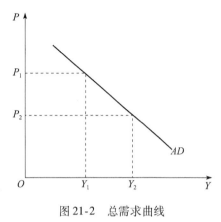

图 21-2　总需求曲线

$$Y = C + I + G + NX \tag{21-1}$$

这四个方面的需求就构成了总需求，所以这四个方面的变化都会导致总需求的变化。假设政府购买是由政府政策决定的，与物价水平无关，我们来看其他三项在物价水平发生变化时会如何变化。

1. 物价水平对消费的影响：财富效应

从上一章我们知道，物价水平与货币价值是反方向变化的。如果你持有一笔货币，当物价下降的时候，你的货币就升值了，钱更值钱了，这就意味着你的财富增加了，而财富的增加就会让你购买更多的物品与服务。相反，如果是物价上涨了，那么你的货币就贬值了，你变得比以前贫穷了，财富的减少会使你更少地购买物品与服务。因此，物价水平与消费需求就是反方向变化的。

2. 物价水平对投资的影响：利率效应

上一章我们讲到，对人们的货币需求影响最大的因素就是物价水平，当物价水平下降的时候，人们手中的货币升值就会使其持有的货币量超过其愿意持有的数量，他们就会把多余的部分存入银行的储蓄账户以获取利息或者购买证券获得收入，从而使以货币形式持有的财富数量保持原有的比例不变。当人们把货币换成有利息的资产时，实际上就是增加了可贷资金市场上的资金供给，这就会使利率水平降低（下一章我们还会继续分析这一问题）。

当利率水平降低后，贷款的成本就会降低，企业就会更多地贷款来购买更多的机器设备和厂房，投资就会增加。不仅企业，家庭也会更多地按揭贷款来购买住宅或者其他需要贷款来购买的商品如汽车等，这样利率的降低就增加了物品与服务的需求。

当物价水平上升时，人们手中的货币就贬值了，为了满足对流动性的需求，人们就会把手中的证券等资产转换成货币，或者把储蓄账户中的钱取出来，这样就会减少可供资金市场上的货币供给，从而导致利率上升，结果是减少投资和消费。

3. 物价水平对净出口的影响：汇率效应

根据上面的分析我们知道，物价水平变化会引起利率的变化，在资本自由流动的情况下，利率的变动就会引起资本的跨国流动，从而影响到一国的汇率。

比如，如果一国物价下降，那么该国的利率也会下降，利率下降就会使得一些人会通过向国外投资来获益，比如把钱存在外国利率更高的银行，或者购买外国利率更高的债券等。要想在国外投资首先就得把本国货币兑换成外国货币，比如美元。人们在外汇市场上卖出本国货币买进外国货币就会导致本国货币的贬值。例如开始时美元兑人民币的汇率为 $1 = ￥6，当对外投资增加时变成了 $1 = ￥7，这就说明人民币贬值了。

本国货币贬值后出口将变得更加容易，原来成本是人民币 6 元的商品在国外要卖 1 美元，现在卖 86 美分就可以收回成本了，价格降低需求量就会增加；同时进口却变得更加困难，原来 1 美元的进口商品在国内卖人民币 6 元，现在要卖 7 元了，价格提高需求量减少。因此，本国货币贬值就会导致出口增加、进口减少，也就是净出口会增加。

如果是一国物价水平上涨，利率就会提高，从而吸引其他国家的投资者，这样外汇市场上就会出现用外国货币购买本国货币的情况，结果是本国货币升值。本国货币升值后出口就会变得更困难而进口更容易，结果是净出口减少。

通过以上的分析我们看到，当一国物价水平降低时，会因财富效应增加消费需求、利率效应增加投资需求、汇率效应增加净出口的需求，三者合起来就是：物价水平下降会导致总需求量的增加，总需求曲线向右下方倾斜。

21.1.3 总需求曲线的移动

就像我们区分沿着需求曲线移动和需求曲线本身的移动一样，总需求曲线也存在同样的问题。前面讲到的由于物价水平的变化导致的总需求量的变化就属于沿着总需求曲线的变化，而当物价水平不变而总需求量发生变化时，这就属于总需求曲线本身的移动了。现实中消费、投资、政府购买和净出口组成总需求的这四大部分都可能会在物价水平不变的情况下出现需求量变化的情况，就是说这四个组成部分都可能会导致总需求曲线发生移动。

（1）**消费**。在物价水平不变的情况下，人们的消费可能由于某种原因增加或减少，比如股市下跌会使人们的财富缩水，从而减少消费量；如果政府出台一项政策，比如未来高校免收学费，那么正在为孩子上大学攒学费的家庭可能就会把钱拿出来增加消费等。这些消费量的变化都与当前的物价水平无关，因此所产生的结果就是总需求曲线的移动。

影响消费的一个重要的因素是税收，如果政府减税，人们的可支配收入就会增加，消费需求就会增加；如果政府增税则会减少人们的可支配需求，消费需求就会减少。

（2）**投资**。在物价水平不变的时候可能会由于其他原因导致投资的增加，如对人工智能、机器人等发展前景看好而增加的投资，或者"中国丈母娘式买房"的增加导致房产市场需求增加等，这些会使总需求曲线向右移动；当然也会有因素导致投资减少，比如企业家对未来的悲观看法等，这样会导致总需求曲线向左移。

影响投资的一个重要因素是政府的税收政策，税收减免会激励人们增加投资，减少或取消税收优惠，或者增加税收则会导致投资的下降。另外影响投资的还有一个重要因素就是货币供给量。与长期内的货币中性不同，在短期内货币供给增加会导致利率下降，而利率下降又会降低企业的融资成本，从而会增加投资；而货币供给减少则会提高利率从而使投资减少。这个问题我们在下一章还会继续分析。

（3）**政府购买**。这是政府移动总需求曲线最直接、最有效的方式。比如中央提出"八项规定"，减少公款吃喝、公款旅游就可以减少总需求，投资建一条高铁就可以增加总需求。政府实施的这些政策通常是与物价水平无关的，因此这些总需求量的变化就会导致总需求曲线的移动。

（4）**净出口**。在物价水平不变的情况下，一个国家的进出口量也会因为某些原因发生变化，比如其他国家经济的扩张和收缩就会影响到本国与它们之间的贸易状况，一个国家实行自由贸易还是保护贸易政策，贸易战，等等。这些因素如果导致出口增加大于进口增加则净出口会增加，总需求曲线会向右移动；如果是进口增加大于出口增加则净出口会减少，总需求曲线会向左移动。

快乐学习

小说《拯救亚当·斯密》

作者：[美]乔纳森·怀特　　　　　　　　　　　　　　　　　译者：彭一勃等
出版：中国人民大学出版社 2009 年 10 月

故事梗概：理查德·伯恩斯是一位即使毕业的经济学博士，他的博士论文完成后他将获得一所名校的教职，为一个全球大公司世化公司提供重要的咨询甚至有可能获得经济学界知名的萨缪尔森奖。在一个风雨交加的夜晚，正在为论文最后一章发愁的伯恩斯迎来了一位不速之客。他的前女友朱莉娅·布鲁克斯介绍的罗马尼亚移民机械师哈罗德·蒂姆斯找到他，告诉他自己被经济学之父亚当·斯密附体了，要来找他聊聊。

原来亚当·斯密在天堂过得并不开心，因为从人间传递过来的信息让他觉得自己被曲解了。人们崇拜他、谈论他，但并不了解他的思想真谛，只是用他的某个思想来为自己服务。他的思想体系没有了，剩下的只是实用性教条。斯密无法在天堂享受这份荣誉，于是决定借人还魂来向这个世界宣讲他真正的理论。

伯恩斯开始并不相信，但后来逐渐相信了。亚当·斯密带着伯恩斯穿越整个美国，一路上不断给他讲解市场与道德的关系，告诉他市场经济不仅需要竞争，需要看不见的手，更需要道德，市场经济缺少了道德，引发了许多罪恶，在个别地方甚至成了灾难。他们经历了一段令人心跳的冒险，期间有凶杀，有爱情，甚至还目睹了斯密、休谟、卢梭、伏尔泰等一群名人集体复活，坐在一起打牌。

最后，伯恩斯被亚当·斯密说服了，在世化公司的大会上他讲了自己对市场经济的新理解，并与心爱的朱莉娅结了婚。

包含的经济学原理：亚当·斯密一生有两本著作：《道德情操论》和《国富论》，前者从人具有的同情心出发，论述了利他主义的伦理观。后者从利己的本性出发，论述了利己主义的利益观,这种矛盾在经济学史中称为"斯密之谜",也称为"斯密问题"或"斯密悖论",这个概念是由著名经济学家熊彼特最早提出的。

这部小说借斯密之口通俗地讲述了这两本书中的观点,他认为人性中既有动物的一面,即利己;又有天使的一面,即利他。利己的一面使人们建立起"看不见的手"所引导的市场经济秩序。利他的一面以使人在社会中控制自己的私利和行为,使得由利己的人构成的社会也是一个有道德的社会。但是后人都只看到了人的利己的方面,强调利己的人受"看不见的手"引导增进了社会利益的思想作为市场经济千古不变的基本原则,而忘掉了利他的一面,从而使得当今的市场经济出了大量的问题,忘记了道德,引发了罪恶,带来了灾难。所以当前更加应该重视的是道德的建设。就像书中斯密讲的:有了灯芯,有了蜡,但没有氧气,蜡烛还是不能燃烧。这个氧气就是道德,没有道德,市场经济只能够带来堕落和失败。

关于亚当·斯密之谜至今仍然存在争论,并没有一个明确的结论,小说中借亚当·斯密之口表达的观点也是作者自己的观点,而非亚当·斯密本人的观点。

21.2 总供给曲线

前面我们讨论了总需求曲线,接下来我们来分析总供给曲线。总供给曲线在长期内和短期内是不一样的,我们将分别进行讨论。

21.2.1 长期总供给曲线

总供给曲线(aggregate supply curve)表示在每一个特定物价水平上,企业生产并销售的物品与服务的数量。从第17章我们知道,长期中一个国家产品与服务的生产量(即实际GDP)取决于其劳动的数量、物质与人力资本的数量、自然资源的数量以及科学技术水平,而与这个国家的物价水平是无关的,不会随着物价水平的变化而变化。因此长期的总供给曲线就表现为一条垂线,如图21-3所示。

图21-3中的LAS曲线为长期总供给曲线,它垂直于横轴,说明不管物价水平发生什么变化这一总供给的数量都是不变的。从上一章我们知道,物价水平与货币价值都是由货币供给量决定的,我们可以设想,如果一个国家一夜之间货币供给数量增加了一倍,那么物价水平肯定上涨一倍,但实际生产的物品与服务却不会有所变化,这就是货币中性。

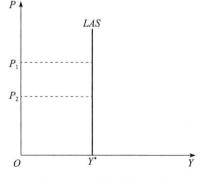

图21-3 长期总供给曲线

长期中总供给曲线的出发点的产量Y^*通常被称为**潜在产量**(potential output)或**充分就业的产量**(full employment output),指的是经济中现有资源被充分利用时所能生产的产量。由于充分就业时的失业率为自然失业率,所以这个产量又称为**自然产出水平**(natural level of output），就是经济长期中所趋向的那个产出水平。

任何使自然产出增加的因素都可以使总供给曲线的位置发生移动，比如以下这四种：

（1）**劳动**。一国的劳动力数量可以因为移民等因素发生变化，如果外来移民增加，劳动数量就会增加，就可以生产出多的物品与服务，从而总供给曲线就会向右移动；如果移民到国外的人增加，则本国的劳动数量就会减少，生产的物品与服务也会减少，总供给曲线向左移动。除了移民之外，像我国的计划生育政策也会人为地增加或减少劳动数量。

自然失业率的变化也会影响劳动的数量。自然失业率是长期失业率但并不是不变，比如提高最低工资可能就会提高自然失业率从而使劳动减少总供给曲线左移，而网络求职形式的发展可能就会降低自然失业率，从而使总供给曲线右移。

（2）**资本**。物质资本和人力资本存量的增加可以提高劳动生产率生产出更多的物品与服务从而使总供给曲线向右移动，而资本存量的减少则会降低劳动生产率以及物品与服务的产量而使总供给曲线左移。我国改革开放引进外资就是一个成功的例子。

（3）**自然资源**。自然资源的增加可以提高劳动生产率和物品与服务的产量使总供给曲线右移，这些自然资源包括土地、水、空气、各种矿藏等，增加自然资源可以是发现了新的矿藏，也可以是从外部进口；如果自然资源减少则会降低劳动生产率和物品与服务的产量使总供给曲线向左移动。

（4）**技术知识**。先进的技术可以在劳动、资本、自然资源等要素不变的情况下增加产量，因此技术进步也是使总供给曲线向右移动的重要因素。

除了以上这些因素之外，还有一些同样可以移动总供给曲线，比如对外贸易发展、制度的创新等。

运用长期的总需求曲线和总供给曲线我们就可以来描述经济长期趋势，比如我们分析一个经济每10年的经济变化情况，如图21-4所示。

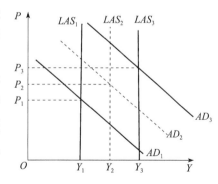

在图21-4中我们给出了某国1990、2000、2010年这三个年份的总需求和总供给的情况。通过前面的分析我们知道，很多因素会导致总需求和总供给的增加，假设这三个年份该国的实际产出量分别为Y_1、Y_2和Y_3，总供给曲线分别由LAS_1、LAS_2和LAS_3表示，而总需求则由AD_1、AD_2和AD_3表示。从图中可以看出，在我们考察的

图21-4　长期增长与通货膨胀

这20年中，该国的总供给曲线和总需求曲线都在不断地向右移动，结果是不仅其产出量从Y_1增长到Y_2再增长到Y_3，并且其物价水平也由P_1提高到P_2然后又提高到P_3。这样，我们运用长期总供给曲线和总需求曲线建立的模型就提供了一个在长期内经济增长和通货膨胀同时发生的解释模型。

21.2.2　短期总供给曲线

长期内总供给曲线是一条垂线，这是因为长期内存在货币中性，产出量不受物价水平

变化的影响。但短期内就不一样了，在短期内物价水平的上涨往往会导致产出量的增加，物价水平的下降会导致产出量的下降，因此短期的总供给曲线就是一条向右上方倾斜的曲线，如图21-5所示。

图21-5中SAS曲线表示短期总供给曲线。我们知道长期的产出量为自然产出水平，但短期内的产量并不一定等于这个自然产出水平，而是不断地趋向于这一水平。也就是说，短期内的产量是会偏离长期内的产量的，导致这种偏离的原因是经济中的实际物价水平很可能会背离人们预期的物价水平，从而导致供给量背离自然产出水平。当实际物价水平高于预期物价水平时，短期产量就高于自然水平；当实际物价水平低于预期物价水平时，短期产量高低于自然水平。对此我们可以从以下三个方面来看：

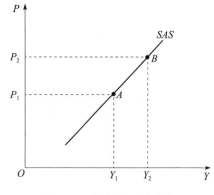

图21-5　短期总供给曲线

(1) **黏性工资理论**（sticky wage theory）。这种理论认为短期中名义工资对经济变动的调整是缓慢的，也就是说工资是"黏性"的，难以变动。造成工资黏性的因素有很多，其中一个重要的原因就是工人和企业签订的工资合同可能是长期的，这种长期合同往往会规定长期的名义工资。除此之外，还有工人和工会反对降低名义工资、影响确定工资的社会规范与公正观念变动缓慢、调整工资的交易成本过高等因素。

企业对工人的需求取决于实际工资，但跟工人签订的合同中规定的是名义工资。假设名义工资为W，企业预期的物价水平为P，那么W/P就是企业所预期的实际工资水平。当实际的物价水平低于企业预期的物价水平的时候，由于黏性的名义工资不变，实际工资W/P就会高于企业的预期实际工资水平，实际工资高了，企业对劳动力的需求就会减少，这样就会减少雇用劳动力从而物品与服务的产量也会下降。另外，当物价水平下降的时候，企业支付给工人的工资并没有降低，就是说成本并没同步下降，这样企业从出售物品与服务中获得的利润就降低了，这也会导致企业减少产量。因此，较低的物价水平就会导致较低的产量，如图21-5中的A点。

如果实际的物价水平高于企业预期的物价水平，那么名义工资不变时实际工资W/P就会低于企业预期的实际工资，这时企业对劳动的需求就会增加，增雇工人、增加产量。同时由于物价水平的提高而支付给工人的工资并没有同步提高，所以企业通过出售物品与服务可以获得更高的利润，更高利润刺激下企业就会提高产量。因此更高的物价水平可以带来更高的产量，如图21-5中的B点。

(2) **黏性价格理论**（sticky prices theories）。这个理论认为一些物品与服务的价格对经济变动的调整也是缓慢的，这其中的主要原因就是对价格的调整不是免费的，而是存在菜单成本。

企业在年初会根据自己对未来物价水平的预期来制订产品与服务的价格，如果经济中出现了未预料到的货币紧缩，那么长期中物价水平就会下降。面对物价水平下降，有些企业可能对未预料到的经济变化反应迅速，马上降低了自己生产的物品与服务的价格；而有一些企业可能由于不想支付菜单成本而在调整价格方面暂时滞后了，这样的结果是那些没有根据经济变化及时降低价格的企业生产的物品与服务的价格就高于人们合意的价格，于是人们减少对这些物品与服务的购买，而销售量的下降又反过来使得企业减少产量、解雇工人。因此，物价水平的降低会导致产出量的减少。

如果是货币供给量超过原来预计的水平从而导致未预料到的物价上涨，一些企业可能会快速反应提高自己生产的物品与服务的价格。而另一些企业可能反应滞后，没有及时调整价格，那么这些未调整的价格就会低于人们合意的价格，于是就会增加对这些低价物品与服务的购买，而随着销售量的增加企业也会雇用更多的工人以增加产量。因此，物价水平的提高会导致产出量增加。

（3）**错觉理论**（theories of illusion）。这种理论认为物价总水平的变动会暂时误导供给者，让供给者产生错觉，使企业在短期内对其产品与服务的市场变动判断失误，从而做出错误决策。

比如当物价水平下降的时候，企业有可能并没有掌握全局信息，而只是以为自己生产的产品或服务的价格下降了，由产品价格下降得出市场供大于求的悲观判断，从而就减少生产，引起总供给减少。同样，当物价水平上升的时候，企业也可能会认为只有自己的产品或服务的价格上升了，由此得出自己的产品供不应求的乐观判断，从而增加生产。结果是物价水平与物品与服务的产量同方向变化。

以上这三个理论都给出了总供给曲线向右上方倾斜的原因，它们的共同点就是强调预期物价水平与实际物价水平之间的差异，当二者不一致的时候就会导致产出量偏离长期自然产出水平，从而使得短期总供给曲线不再是一个垂线。我们对此可以用如下公式进行表述：

$$\text{产量的供给量} = \text{自然产出水平} + a(\text{实际物价水平} - \text{预期的物价水平}) \quad (21\text{-}2)$$

上式中的 a 表示产量对未达到预期的物价水平变动做出的反映程度。

从上式中可以看出，当实际物价水平高于预期物价水平时，总供给量就大于自然产出水平，并且实际物价水平高出得越多，供给量增加得也就越多；当实际物价水平低于预期的物价水平时，总供给量就会低于自然产出水平，并且物价水平低的幅度越大，总供给量减少得也就越多。因此可以得到结论：总供给量与实际物价水平是同方向变化的，总供给曲线向右上方倾斜。

前面讲到劳动量、物质资本与人力资本、自然资源以及技术知识等因素的变化会导致长期总供给曲线的移动，这些会导致长期总供给曲线的因素同样会使短期总供给曲线的移动。比如由于自然灾难等原因致使机器设备灭失、资本存量减少，那么不管是长期还是短期在物价水平不变的情况下产量都会下降，直到新的机器设备投入使用；由于发现了新的能源，不管长期或短期在物价水平不变的情况下产量都会增长。

除了以上这些因素之外，还有一个不会影响长期总供给曲线，而只会使短期总供给曲线发生移动的因素，就是预期物价水平。我们可以从式（21-2）来看，式中的自然产出水平在短期内是不会发生变化的，可以看成一个常数，在实际物价水平不变的情况下，如果预期物价水平发生了变化，那么产量的供给量肯定也会发生变化。因此预期物价水平的变化就可以导致短期总供给曲线的移动，预期物价水平提高导致产出量的减少从而短期总供给曲线向左移动，预期物价水平降低则会使曲线向右移动。

预期物价水平变化导致短期总供给曲线移动的现象我们可以用黏性价格理论来解释，当人们都预期物价水平会提高时，企业与工人签订的合同中的名义工资必然会提高，工资的提高就会增加成本，成本上升就会使企业的产量下降，而不管物价水平是否变化；而如果人们都预期物价水平会降低时，名义工资肯定会下降，这样就会导致成本降低，从而使企业的产量增加。

快乐学习

电影《开罗紫玫瑰》

上映时间：1985 年 3 月 1 日　　　　　　　　　　　　　　导演：伍迪·艾伦
出品国家：美国　　　　　　　　　　出品公司：20 世纪福克斯家庭娱乐公司

该部电影于 1986 年获第 58 届奥斯卡金像奖最佳原创剧本奖提名，第 43 届美国金球奖最佳编剧，第 39 届英国电影和电视艺术学院最佳影片奖、最佳剧本原创奖，第 11 届法国凯撒最佳外国电影奖等多项国际大奖。

故事梗概：本片的背景是 1929～1933 年的大萧条时期。塞西利娅（米娅·法罗饰）是一个餐馆的女招待，白天辛辛苦苦地洗盘子，晚上还要面对毫无情趣的丈夫。由于经济不景气，她丈夫失业了，每天赌博、喝酒无所事事，心情不好时还会拿塞西利娅出气，而不久后塞西利娅也失业了。在婚姻与工作双双失败的绝望境况下，她一次又一次地走进电影院，想通过看电影来暂时忘记现实的苦涩。其中一部名为《开罗紫玫瑰》的影片以及影片中的男主角汤姆（杰夫·丹尼尔斯饰）成了她全部的精神寄托。

在她第五次看这部电影的时候，影片中的汤姆突然走下银幕，来到塞西利娅身边，在影片中的人物和观众的议论声中，两个人手拉手跑出了电影院，在现实的世界里坠入了爱河。男主角的失踪事件惊动了联邦调查局，警察出动要找到汤姆的下落。汤姆的扮演者吉尔（杰夫·丹尼尔斯饰）和电影厂长、制片人也开始寻找汤姆，劝说他回到电影中去。

塞西利娅见到吉尔时疯狂地爱上了他，而汤姆和吉尔都爱着塞西利娅，她面临艰难的选择。最后塞西利娅选择了现实中的吉尔，汤姆回到了电影中。但最后吉尔也离开了她，她又回到了丈夫身边。

包含的经济学原理：电影中描述的女主人公在经济萧条时期频繁去看电影并不是编剧、导演凭空想象出来的，而是反映了一种客观现实。1929～1939 年，美国经历了 10 年大萧条，但这 10 年却是电影发展的黄金 10 年。20 世纪福克斯、米高梅、华纳兄弟、环球、哥伦比亚这些知名的电影公司都是这时成立的，《金刚》《乱世佳人》《小妇人》《蝴蝶梦》《米老鼠和唐老鸭》《猫和老鼠》《白雪公主》这些优秀影片都是这时拍摄的，并且还涌现了卓别林、秀兰·邓波儿、克拉克·盖博、费雯丽、英格丽·褒曼、葛丽泰·嘉宝、凯瑟琳·赫本等一大批表演艺术家。这就是著名的电影逆经济周期现象，经济越不景气电影市场反而越繁荣。这一现象在此后美国经济不景气的时期如 20 世纪 70 年代、"9·11"事件后、2008 年次贷危机后反复出现。

除了电影之外，还存在很多与经济衰退有关的独特消费现象，比如随着经济衰退口红的消费量会增加，高跟鞋消费量会增加并且鞋跟会变高，但裙子的长度会缩短，另外服务员也会变得更漂亮，等等。这些经济现象反复出现，一再得到验证，但至今缺乏令人信服的经济学解释。

21.3 用总需求-总供给模型解释短期经济波动

在短期内，引起经济波动的原因一个来自总需求，另一个来自总供给。

21.3.1 总需求变动引起的经济波动

我们首先假设开始时经济处于长期均衡状态，如图 21-6 所示。

图 21-6 中长期总供给曲线 LAS 和总需求曲线 AD 相交于 A 点，这就是经济的长期均衡点，均衡物价水平为 P_e，长期均衡产量也就是自然产出水平为 Y^*。由于在短期内经济肯定是均衡的，所以短期总供给曲线也通过 A 点，这说明预期物价水平已经调整到了这种长期均衡。也就是说，当一个经济处于长期均衡的时候，预期物价水平必定等于实际物价水平，如果不相等时是不可能达到长期均衡的，因此，总需求与短期总供给曲线的交点总是和总需求与长期总供给曲线的交点重合。

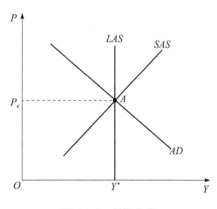

图 21-6　长期均衡

从经济的长期均衡的状态开始，我们来看总需求变化如何导致经济波动。

假设某些原因使经济笼罩在悲观的情绪中，比如股市突然暴跌、出现贸易战、金融危机或者战争的预期，等等，这些事件的发生使得人们对未来充满了担忧、失去了信心，从而改变了自己原来的计划，家庭开始减少消费开支，企业不再购买新的机器设备，从而使整个经济的总需求出现了下降，总需求曲线向左移动，如图 21-7 所示。

假设总需求曲线由 AD 移动到了 AD'，短期均衡点就从 A 点移动到了 B 点，产量从 Y^* 减少到 Y_1，物价水平从 P_e 下降到 P_1，产量下降说明经济出现衰退。也就是说人们悲观的预期会实际演化成真正的经济衰退，导致失业增加和收入下降。我们把均衡产量与自然产出水平之间的差额称为**缺口**（gap），如果均衡产量小于自然产出水平则称为**衰退缺口**（recession gap），如果均衡产量大于自然产出水平则称为**膨胀缺口**（expansion gap）。

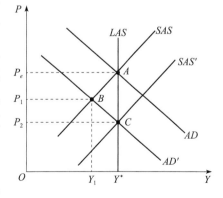

图 21-7　总需求变动引起的经济波动

当短期均衡点从 A 移动到 B 之后，物价水平从 P_e 下降到 P_1，这样实际的物价水平就低于需求减少之前人们的预期物价水平了。在长期内，人们必然会修正自己对物价水平的预期，降低后的预期物价水平会改变工资、价格，从而使短期总供给曲线发生移动。比如根据黏性工资理论，当预期到物价水平下降的时候，工人的名义工资就会降低，工资的降低会让企业雇用更多的工人，从而生产更多的产品，总供给曲线就会向右移动，比如从 SAS 移动到 SAS'，短期均衡点从 B 移动到 C，而 C 点又是长期均衡点，所以这时实现了长期均衡，产量回到自然产出水平 Y^*，价格下降到 P_2。

从以上的分析可以看到，在短期内总需求的下降会导致衰退，使经济出现波动，但在长期内，即使政府不进行干预，也可以通过物价水平的下降来抵消需求的下降，从而使产量回到自然产出水平。也就是说，在长期内需求下降只会引起物价水平下降而不会导致产量降低。或者说，总需求移动的长期效应是名义变动（物价水平）而不是实际变动（产量）。

我们前面分析的一个假设是面对衰退政府并没有采取措施，但实际上政府很可能会采取相应的经济政策来应对这种衰退，方法就是当总需求下降的时候政府可以刺激总需求，通过政府购买等手段来使总需求向右移动，如果能够通过政策的实施使总需求曲线尽快地回到 AD，那么这个经济就可以快速地摆脱衰退。关于经济政策问题我们将在下一章进行讨论。

21.3.2 总供给变动引起的经济波动

我们仍然从图 21-6 的长期均衡出发来进行讨论。假设某种原因导致企业的成本上升了，如雾霾等环境治理成本、能源及原材料价格上涨、土地及房租上涨，等等，这样就会使得短期总供给曲线向左移动，如图 21-8 所示。

如果短期总供给曲线 SAS 移动到 SAS'，则短期均衡点由 A 移动到 B 点，这时产出量由 Y^* 下降到 Y_1，物价水平则由 P_e 上升到 P_1。这种经济停滞（stagnation）和通货膨胀（inflation）同时出现的情况称为**滞胀**（stagflation）。

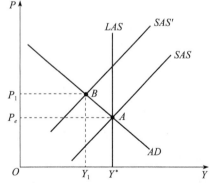

图 21-8　总供给变动引起的经济波动

当滞胀发生时，人们会提高对物价水平的预期，从而会制订更高的名义工资，工资的提高又会增加企业的成本从而使短期总供给曲线继续向左移动，结果进一步降低产量提高物价水平，然后又继续提高工资，从而形成一个恶性循环，这种现象称为**工资－价格螺旋上升**（wage-price spiral）。这种工资－价格螺旋上升的状况是不可能一直持续下去的，到达一定程度后会减慢速度并发生逆转，原因就是随着产出量的下降，就业水平也会下降，越来越多的失业者的存在会压低工资水平，而随着工资水平的降低企业的成本也会降低，这会促使短期总供给曲线向右移动，移动的结果是产量增加和物价水平的下降，这又会降低人们的预期物价水平从而使名义工资继续下降和短期总供给曲线继续右移，最终短期总供给曲线回到 SAS 的位置，短期均衡点回到 A 点实现长期均衡。

我们前面的分析有一个前提条件就是总需求不发生变化，但实际上这是不可能的，政府一般都会采取措施来刺激总需求，以抵消总供给短期变动所带来的影响，如图21-9 所示。

假设政府通过各种政策使总需求从 AD 移动到 AD'，短期均衡点就从 B 移动到了 C，实现了长期均衡，这时产出量恢复到自然产出水平 Y^*，物价水平则提高到 P_2。这种政策可以说是抵消了短期总供给曲线移动带来的影响，提高了产出量，但也导致物价水平大幅度提高。

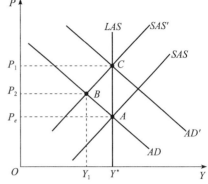

图 21-9　抵消总供给移动的影响

21.4　小结

本章我们介绍了宏观经济波动的概念并重点分析了总需求－总供给模型，然后用这一模型对宏观经济的波动问题进行了解释，看到即使没有政府的干预宏观经济波动最终也会结束，使产出量回归到自然产出水平上来实现长期均衡，但这往往要经历比较长的时间并且会使物价水平发生剧烈变动。总需求－总供给模型是宏观经济分析的一个重要工具，下一章我们将继续运用这一分析工具来对宏观经济政策问题进行讨论，以探讨是什么原因导致了宏观经济出现这样的波动，政府应该采取什么样的政策措施来应对这种波动。读者如果有兴趣可以自行到 https://v.youku.com/v_show/id_XNDA3NTg5MzUxMg==.html?spm=a2hzp.8253869.0.0 上阅览、学习。

延伸阅读

新经济史学

新经济史学（又称为历史计量学）是在20世纪50年代末60年代初兴起的一个现代经济学的新流派，他们将规范的经济学理论和计量、统计的方法相结合，应用于对美国经济史的研究，从而开辟了一个融合历史学研究和经济学研究的新领域。两个代表人物是道格拉斯·诺斯和罗伯特·福格尔，他们共同获得了 1993 年的诺贝尔经济学奖。读者如果有兴趣可以自行到 http://www.wdjjlt.org/yl/forum.php?mod=viewthread&tid=1347 上阅览、学习。

关键词

经济波动　衰退　萧条　经济周期　　　缺口　衰退缺口　膨胀缺口　滞胀
总需求曲线　总供给曲线　自然产出水平　工资－价格螺旋上升
黏性工资理论　黏性价格理论　错觉理论

思考题（扫描右侧二维码查看答案参与讨论）

1. 什么叫经济波动，它有哪两种形式？
2. 什么叫经济衰退和萧条？衰退有哪些特点？
3. 什么叫总需求曲线？有哪些因素导致总需求曲线向右下方倾斜？
4. 哪些因素可以使总需求曲线移动？
5. 什么是总供给曲线？

6. 长期总供给曲线为什么是一条垂线？哪些因素可以移动长期总供给曲线？
7. 试用总需求曲线和长期总供给曲线来分析经济增长的长期趋势。
8. 短期总供给曲线为什么是向右上方倾斜的？哪些因素可以移动短期总供给曲线？
9. 什么叫衰退缺口和膨胀缺口？
10. 试分析短期内总需求下降导致的经济波动。
11. 试分析短期内总供给下降导致的经济波动。

讨论与应用（扫描各题右侧二维码参与讨论）

1. 你认为下列说法正确吗？为什么？
   (1) 总供给增加意味着产出增加物价水平上升。
   (2) 经济波动是一种不以人的意志为转移的客观规律。
   (3) 如果政府不采取相关政策，经济总是停留在自然产出水平。
   (4) 总需求增加意味着物价水平的上升导致总产出的增加。
   (5) 自然产出水平由总需求-总供给模型决定。
   (6) 在长期中物价水平不能影响总产出，但在短期内可以。

2. 下列因素哪些会导致沿着总需求曲线的移动，哪些会导致总需求曲线的移动，会朝哪个方向移动？为什么？
   (1) 贸易战使中国贸易顺逆下降。
   (2) 工人名义工资增长10%。
   (3) 物价水平上升。
   (4) 个人所得税抵扣额提高。
   (5) 外商直接投资增加。

3. 我国大学录取率不断提高，试解释这一现象在长期内会对我国的自然产出水平及总供给产生什么样的影响。

4. 下列因素哪些会导致沿着短期总供给曲线的移动，哪些会导致短期总供给曲线的移动，会朝哪个方向移动？为什么？
   (1) 货币供给量增加。
   (2) 新发现一个储量丰富的天然气油气田。
   (3) 人们预期通货膨胀率会进一步提高。
   (4) GDP平减指数提高。
   (5) 我国新型的量子计算机研制成功。
   (6) 我国到国外留学的学生大量归国。

5. 假如经济处于长期均衡，画图并回答问题。
   (1) 运用总需求-总供给模型来表示出最初的均衡点（标记为A点），其中应给出长期总供给曲线和短期总供给曲线。
   (2) 假设央行增加了货币供给量，请用图形说明如何由原来的均衡点变为新的均衡点（标记为B点），产量和物价水平会发生什么变化？
   (3) 在长期内B点是不是一个稳定的均衡点？长期的均衡（标记为C点）应该在什么地方？什么因素会导致从B点移动到C点？
   (4) 根据总供给的黏性工资理论，如何比较A点与B、C点的名义工资？
   (5) 根据总供给的黏性工资理论，如何比较A点与B、C点的真实工资？
   (6) 根据上面（4）（5）题的答案中对名义工资和实际工资的影响来判断，货币供给在短期中对真实变量会产生影响，但在长期中是中性的这个结论在这里适用吗？

6. 现在"双11"已经成了全球最大的购物狂欢节，2017年

"双11"当天,仅天猫一家就成交1 682亿元,试用总需求-总供给模型分析其经济效应,这种现象在短期内会生产什么样的结果,长期呢?

7. 最近网上一条消息称,各地工人纷纷要求涨工资,因为工人预期通货膨胀率将会上升。你的室友看到新闻后对你说:
"通货膨胀是一个自我实现的预言,如果工人认为物价会持续走高,他们就会要求涨工资,而涨工资就会增加生产成本,企业就会提高价格,这样,预期更高的物价就会导致更高的物价。"
  (1) 你室友的这个观点在短期的经济中是正确的吗?请解释。
  (2) 如果政府不采取任何措施,并允许经济自行调整到自然产出水平,在长期中预测的高物价会引起高物价吗?请解释。
  (3) 如果政府想抵消不利的供给冲击,高物价的预期在长期中会引起高物价吗?请解释。

8. 试解释下列事件会使总需求曲线移动、短期总供给曲线移动,还是都移动,或者都不移动,请用图形说明每一个使曲线发生移动的事件对经济的影响。
  (1) 一场台风使浙闽沿海地区的部分农田绝收。
  (2) 由于中国经济发展势头良好,很多外国人,尤其是非洲黑人来中国打工。
  (3) 央行宣布提高存款利率,人们都决定把大部分收入储存入银行。
  (4) 物价水平下降。

9. 下列说法都是错误的,请解释它们错在哪里。
  (1) 需求曲线向右下方倾斜,因为实际上它是经济中每个物品与服务的需求曲线的水平相加。
  (2) 长期总供给曲线是垂直的,因为经济力量并不影响长期的总供给。
  (3) 如果每个供给者能随时调整他们的价格,那么短期总供给曲线就是一条水平线。
  (4) 只要经济进入衰退,长期总供给曲线就会向左移动。

10. 根据下列每一个事件,如果政府不采取行动,请解释其对物价水平和产量的影响。
  (1) 世界经济繁荣,中国出口增加。
  (2) 政府大规模进行高铁建设投资。
  (3) 各地实施机器换人战略,节约了大量的劳动力。
  (4) 股市大跌,导致人们的财富大量缩水。
  (5) 职业教育的发展与普及,使得工人的劳动生产率明显提高。

第 22 章
CHAPTER 22

宏观经济政策

当一国经济出现问题的时候，比如出现经济波动，该国政府通常情况下是不会袖手旁观的。虽然像我们前面分析的，政府什么都不做在很多情况下也许是不错的选择，经济自身也可以自己恢复，但政府总还是会选择主动出手干预经济。在宏观经济领域，政府实施的政策主要有两个：财政政策和货币政策，由于这两种政策都是调整总需求的，所以又被统称为需求管理政策。其实对这两种政策我们前面已经多多少少进行过介绍和分析，如在第 17、18 章就涉及财政政策，第 19、20 章涉及货币政策，但那些介绍和分析是零星而不全面的。本章我们将对这两种政策进行一个系统的讨论。

22.1 财政政策

财政政策在一国宏观经济政策中占有非常重要的地位，与货币政策不同，是可以对总需求进行直接管理的政策。读者如果有兴趣可以自行到 https://v.youku.com/v_show/id_XNDA3NTg5NTIzNg==.html?spm=a2hzp.8253869.0.0 上阅览、学习。

21.1.1 宏观经济政策目标

宏观经济政策（macroeconomic policy）指的就是政府为了达到一定目标而对宏观经济运行所进行的有意识的调节。必须是面向全国统一无差别地实行的经济政策才称为宏观经济政策，针对某一区域、某个行业，甚至是企业的政策不算宏观经济政策，同时宏观经济政策必须是间接的，直接对市场、价格、收入等进行干预的政策也不能称为宏观经济政策。最重要的宏观经济政策就是需求管理政策，即财政政策和货币政策。

宏观经济政策的实施是要实现一定的政策目标的，包括以下四个方面：

（1）**充分就业**（full employment）。充分就业指的是在现有的工资水平下，所有愿意接受工作的人都获得了就业机会的情况。充分就业并不是指所有的人都找到工作，摩擦性失业和结构性失业总是会存在的。因此充分就业实际上就是自然失业率的就业水平，即消灭了周期性失业的就业水平。

（2）**物价稳定**。物价稳定指的是物价水平不要出现明显或剧烈的波动。物价稳定不是指个别物品或服务的价格不变，而是针对整体的物价水平而言的，或者说就是要抑制住通货膨胀、避免通货紧缩、维持币值的稳定，因此我们又常把这一目标称为"稳定币值"。

（3）**经济增长**。经济增长指的是在一个较长的时间跨度上，人均产出（收入）水平的持续增加。以前的文献比较重视 GDP 总量，近些年来则更加重视人均 GDP 的增长。

（4）**国际收支平衡**（balance of payment）。国际收支指的是一个国家在一定时期内对其他国家所有的交易收付。国际收支平衡指的是国际收支的收入等于支出的状况，如果收入大于支出称为国际收支顺差，支出大于收入则称为国际收支逆差，国际收支平衡就是既不存在顺差也不存在逆差的情况。

这四个目标中前三个属于内部目标，最后一个属于对外目标。

宏观经济政策的这四个目标是不可能同时实现的，它们彼此之间既有一致性又有矛盾性。比如充分就业和经济增长是一致的，但与物价稳定却是矛盾的，一国宏观经济政策通常在充分就业和稳定物价之间进行转换。针对内部的经济政策同样会影响国际收支问题，如经济增长和增加货币供给量会导致国际支出增加，可能出现逆差等。政府在实施宏观经济政策的时候只能在这几个目标之间进行权衡取舍，而不可能同时满足。

22.1.2 财政政策

财政政策（fiscal policy）指的是政府通过改变财政收入和财政支出的方式来达到其目标，可以分为财政收入政策和财政支出政策两种类型。

政府的财政收入主要是税收，**税收**（taxation）是国家依法向企业和个人等课税对象征收的款项或实物，具有强制性、无偿性和固定性三个特征。除了税收之外，政府财政收入还有债务收入、规费收入、罚没收入、土地出让收入、国有企业利润收入，等等。经济学上所讲的财政收入政策主要是指通过变更税收来改变居民的收入从而影响总需求的政策。

政府的财政支出主要包括政府购买和转移支付两项内容，我们在第 15 章中已经对此进行了介绍。通过政府购买可以直接形成总需求，转移支付则可以增加居民的收入从而通过居民的消费或者投资行为而增加总需求，这两项政策措施都可以使总需求曲线向右移动。我们在这里主要讨论政府购买的政策效果。

政府购买会直接形成总需求，比如中国政府投资 400 亿元修建一条高铁，承建这条高铁的公司会用这些投资购买各种设备、材料，支付工人的工资等，这些就构成了总需求，并使总需求曲线向右移动。现在的问题是这些投资会使总需求曲线向右移动多少呢？从直观上看，肯定是要向右移动 400 亿元的，但实际上并非如此，而是存在两种情况：第一种是乘数效应，会使总需求曲线移动大于 400 亿元的距离；第二种是挤出效应，会使总需求曲线移动小于 400 亿元的距离。读者如果有兴趣可以自行到 https://v.youku.com/v_show/id_XNDA3NTkwMzA4NA==.html?spm=a2hzp.8253869.0.0 上阅览、学习。

22.1.3 乘数效应

国家投资的 400 亿元中的一部分会成为高铁建设公司的利润和员工工资，一部分会用来购买设备与原材料，出售设备与原材料的企业得到钱后一部分变成利润与工资。最终，这 400 亿元会全部变成利润与工资，即变成居民的收入。从这个过程我们可以看出，当政府投资了 400 亿元之后，实际产生的对物品与劳务的总需求是大于 400 亿元的。

但事情并没有到此为止，当居民拿到收入后，会用这些收入来购买消费品，这样总需求会进一步增加。而出售消费品的企业得到收入之后会雇用更多的工人，获得更多的利润，这些更高的收入又会导致对物品与服务的更多需求。这一过程不断地重复，最终形成的总需求会远远大于初始的 400 亿元而成为其数倍。这种一笔初始的投资会产生一系列连锁反应，从而会使社会总需求发生成倍增加的情况我们称之为**乘数效应**（multiplier effect），如图 22-1 所示。

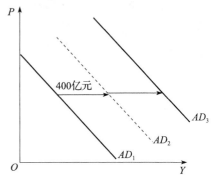

图 22-1 乘数效应

图 22-1 中假设开始时的需求曲线为 AD_1，当政府投资 400 亿元修建高铁后，总需求会直接增加 400 亿元，总需求曲线移动到 AD_2，人们获得收入后会增加自己的消费支出，从而使总需求曲线继续向右移动，在乘数效应的作用下会一直移动到 AD_3。那么 AD_3 相比开始时的 AD_1 到底移动了多大的距离呢？或者说政府的 400 亿元投资最终会产生多少总需求呢？这就涉及支出乘数的问题。

讨论乘数我们需要先了解一个概念：**边际消费倾向**（marginal propensity to consume MPC），即新增消费在新增收入中所占的比重，或者说是家庭在获得额外收入中用于消费而不是储蓄的比重。比如 MPC 为 0.8 就意味着当你新得到 1 元收入后，将把其中的 8 角用于消费，2 角用于储蓄。在我们的例子中，当政府投资的 400 亿元变成居民的收入后，居民将拿出其中 $400 \times 0.8 = 320$ 亿元用于消费。

下面我们就来推导乘数。如上所述，当政府投资 400 亿元后就会产生 400 亿元的总需求，而获得这 400 亿元收入的人会拿出 $MPC \times 400$ 亿元去进行消费，从而又产生了新的总需求。而获得这些收入的人又会拿出 $MPC \times (MPC \times 400)$ 亿元进行消费从而又产生了新的总需求。这一过程会不断进行下去，我们把所产生的所有总需求加在一起可以得到：

$$政府投资变动 = 400 \text{ 亿元}$$
$$第一轮消费变动 = MPC \times 400 \text{ 亿元}$$
$$第二轮消费变动 = MPC^2 \times 400 \text{ 亿元}$$
$$第三轮消费变动 = MPC^3 \times 400 \text{ 亿元}$$
$$\vdots \qquad\qquad \vdots$$

$$需求总变动 = (1 + MPC + MPC^2 + MPC^3 + \cdots) \times 400 \text{ 亿元}$$

据此我们可以得到:
$$乘数 = 1 + MPC + MPC^2 + MPC^3 + \cdots = 1/(1 - MPC)$$

我们的例子中边际消费倾向 $MPC = 0.8$,那么乘数就等于 5,即政府投资 1 元可以产生 5 元的总需求。

上面的公式表明,乘数的大小取决于边际消费倾向,人们将新增加的收入拿出来消费的比例越大,其对物品与服务产生的需求也就越大。当 MPC 为 0.8 时乘数为 5,当 MPC 为 0.9 时乘数就变为 10。

我们上面举的例子是政府购买或者说政府投资增加在乘数的作用下起到了拉高总需求的效果,但实际上不并不仅仅是政府购买,其他构成总需求的支出,比如消费、投资、净出口的变化都会在乘数的作用下起到同样的效果。

乘数是一把双刃剑,当开始的支出是正数的时候,乘数会导致总需求成倍地增加;如果是支出的减少,那么乘数也会导致总需求成倍的减少,比如净出口如果下降了,那么总需求会在乘数的作用下有更大的下降。

22.1.4 挤出效应

从上面的分析我们可以看到,当政府投资 400 亿元修高铁的时候,乘数效应会使总需求的增长超过 400 亿元,但实际上并不一定真的会如此,因为除了乘数效应还存在另外一种相反方向的力量,就是挤出效应。当政府增加投资的时候一方面会增加物品与服务的需求,另一方面也会提高利率,使消费和投资下降,从而阻止总需求的增加。这种政府支出增加所引起的私人消费或投资降低的效果从而导致总需求减少的情况称为**挤出效应**(crowding out effect)。

当政府投资增加了 400 亿元,高铁建设公司的所有者和工人的收入就会增加,而由于乘数效应,其他企业的所有者及工人的收入也会增加,这些增加的收入中的一部分会用来增加消费,从而总需求增加了。同时,他们也会选择以流动性的方式持有更多的财富,也就是说,财政扩张所引起的收入增加会提高货币需求。但与此同时,央行的货币供给并没有同步增加,因此利率就会提高,如图 22-2 所示。

图 22-2 中 MS 代表货币供给,由于政府的财政扩张并不影响央行的货币供给政策,因此 MS 不变。假设开始时货币需求为 MD_1,这时的均衡利率水平为 r_1。当收入水平提高时,货币的需求就会从 MD_1 移动到 MD_2,为了保证货币市场的均衡,利率就会从 r_1 提高到 r_2。

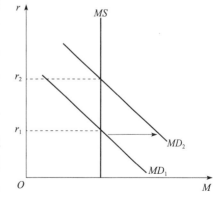

图 22-2 财政扩张与利率

当利率提高之后,反过来又会减少对物品与服务的需求,特别是利率的提高增加了借款的成本,所以住房和资本品的需求会下降,同时投资减少,企业主和工资的收入也会减少,对物品和服务的需求也会减少,如图 22-3 所示。

图 22-3 中开始时总需求为 AD_1，当政府增加 400 亿元的投资后总需求移动到 AD_2，但如果发生了挤出效应，又会导致总需求的下降，从 AD_2 移动到 AD_3。

综合上面的分析可以看到，当政府增加 400 亿元投资的时候，社会总需求增加的幅度可能大于 400 亿元，也可能小于 400 亿元，这主要是取决于乘数效应和挤出效应哪个更大。如果乘数效应大于挤出效应总需求的增加会大于 400 亿元，但如果乘数效应小于挤出效应则总需求的增加就可能会小于 400 亿元。

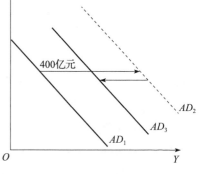

图 22-3 挤出效应

22.1.5 税收变动

财政政策的另一项重要内容就是税收政策。当政府减少税收时，居民的收入就会增加，在增加的收入中家庭就会拿出一部分用于增加消费，这样物品与服务的需求就会增加，总需求曲线向右移动。当政府增加税收时，居民收入减少、消费减少，总需求曲线就会向左移动。

税收对总需求的影响也存在乘数效应和挤出效应的问题。政府减税引起的消费的增加会导致生产企业利润和工人工资的增加，这又会进一步刺激消费支出的增加，这就形成了乘数效应。同时收入提高也会导致对货币需求的增加进而又倾向于提高利率，利率的提高又会影响消费和投资，从而总需求会减少，这就是挤出效应。因此政府减税对总需求的影响就取决于乘数效应和挤出效应的大小，最后总需求曲线移动的幅度可能大于也可能小于政府减税的幅度。

另外政府税收变化对总需求的影响程度还受到居民对这一变化的持续时间预期的影响。如果居民认为这种税收变化是长期的，那么就会对其消费行为做出比较明显的改变，税收变动对总需求的影响程度就会比较大。如果居民认为这种税收变动是短期的、临时的或者一次性的，那么据此做出的对消费的调整幅度就会比较小，这种税收变动对总需求的影响也就比较小。

快乐学习

小说《钱商》

作者：[加] 阿瑟·黑利　　　　　　　　译者：陆谷孙、张增健、翟象俊
出版：译林出版社 2009 年 1 月出版

根据本书改编的电视连续剧由著名影星柯克·道格拉斯与琼·科林斯主演，是历史上收视率最高的电视剧之一。

故事梗概：美利坚第一商业银行的总裁班·罗塞利肺癌晚期即将去世，这家家族式银行顿时陷入继承人之争，两位有能力的总裁候选人海沃德和范德沃特各自施展招数，企图

将银行掌握在自己手中。

海沃德从追求银行利润最大化的目标出发，主张压缩公益基金，甚至是"长期绑定银行基金但利率微乎其微的项目——出自建造低工资阶层的住房"，把贷款的目标客户倾向于经营状况好、营利能力强的大公司。结果由于太相信自己的判断，无视风险，违规向跨国公司提供巨额贷款，最后上当受骗，跨国公司破产，贷款无法收回，差点把银行带入万劫不复的深渊。海沃德内心十分羞愧，最终选择跳楼自杀。

范德沃特则同情穷人，总是做出有利于穷困者的提案与决策，开办小额贷款业务，这样做虽然在短期内可能会影响银行的利益，但在长期内却可以形成银行的独特风格，树立品牌、扩大影响，从而保障银行的长期利益。范德沃特非常重视小微客户，不会因为银行的利益去牺牲小企业的利益，坚持眼于银行的社会责任角色。在范德沃特的努力下，小额贷款成为美利坚第一商业银行的招牌，而积少成多的小额储蓄成了银行资金的重要来源。

包含的经济学原理：小说作者阿瑟·黑利是一位著名畅销书作家，被誉为"商业小说之王"，他的11部作品在40个国家被翻译成38种文字，总印数超过1.7亿本。

小说的背景是20世纪70年代初，当时美国刚刚经历了越战和经济萧条，出现了"滞胀"的局面，这标志着凯恩斯主义经济政策的破产，作者在小说中表达了主张自由市场经济制度、反对凯恩斯主义政府干预的思想。当时布雷顿森林体系崩溃了，作者反对这种战后国际金融制度，主张恢复金本位。

作为金融商战小说，作者更多的是描述银行业经营问题，比如选择客户问题、风险控制问题、银行业务的种种细节与技艺、客户挤兑以及银行危机应对与管理、金融业务创新、银行业信息化，等等。这样一本情节扣人心弦的经济小说，对于理解现代金融知识，了解银行业运行规律，洞悉金钱游戏的实质，都有着教科书一般的指导作用。

另外小说中反映的金融业发放小额贷款支持中小企业发展的经营策略对我国今天的普惠金融也具有一定的参考意义。

22.2 货币政策

上一章讲到总需求曲线向下倾斜主要由三个因素共同决定：财富效应、利率效应和汇率效应。在本节当中我们就主要讨论货币政策对利率的影响以及所产生的利率效应对总需求的影响。

22.2.1 流动性偏好理论

凯恩斯在其《就业、利息与货币通论》一书中提出了**流动性偏好理论**（liquidity preference theory），这一理论的核心就是认为利率是由货币的供给与需求决定的，利率的变动会调节货币的需求与供给实现均衡。由于凯恩斯把人们对货币的需求称为流动偏好，所以这一学说就被称为流动偏好理论。

在短期内我们假设通货膨胀率是不变的，那么根据费雪效应"实际利率 = 名义利率 −

通货膨胀率"可知，实际利率与名义利率中间的差距是不变的，二者会同方向变动，因此在以下的分析当中我们不再明确区分实际利率和名义利率的变动。

下面我们就从货币的供给、需求如何决定利率以及它们又如何取决于利率的角度来介绍流动性偏好理论。

先看货币供给问题。第19章中我们已经讲过，货币的供给是由中央银行确定的。中央银行通过公开市场业务、贴现率和法定准备金率这三种工具改变商业银行的准备金数量和货币乘数，从而调整货币的供给量。由于货币供给量是由中央银行决定的，并不取决于其他经济变量，一旦确定就与利率的变动无关。因此货币供给曲线在图形上就表现为一条垂线，如图22-4所示。

人们为了方便用来购买物品与服务，会将其财富的一部分以货币的形式持有，而不是以可以带来收益的其他财富形式如证券来持有。决定人们持有多少货币的因素有很多，但流动性偏好理论强调的是利率。

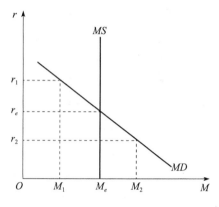

图22-4 货币市场均衡

因为持有货币就失去了你原本可以持有证券等其他财富形式而得到的利息，因此利率就是人们持有货币的成本。当利率上升的时候，人们持有货币的成本就提高了，对货币的需求就会减少；当利率降低的时候，持有货币的成本就会下降，货币的需求就会增加。因此货币的需求量与利率是成反比例变化的，货币需求曲线向右下方倾斜，如图22-4中的 MD 曲线。

按照流动性偏好理论，利率的调整能够使货币市场实现均衡，如图22-4中的 r_e 就是均衡利率，当实际利率高于这一利率或者低于这一利率时，人们就会调整自己的资产组合，从而使利率降低或者提高，最终实现均衡利率。

比如当实际利率为 r_1 时，人们愿意持有的货币量为 M_1，小于人们实际持有即货币供给数量 M_e，这些持有超额货币的人就会把手中的一部分货币用来购买证券等可以获得利息收入的产品或者存到利息比较高的储蓄账户中去。出售证券或者吸收存款的人总是希望支付更低的利息，因此大量的超额货币进入证券或储蓄市场后必然会压低利率水平。而随着利率水平的降低，人们就会增加其愿意持有的货币数量，直到实际利率降低到均衡利率为止，这时人们愿意持有的货币数量正好等于货币供给量，利率不再继续下降。

如果实际利率为 r_2 则会发生相反的情况，人们愿意持有的货币数量就会大于实际持有的货币数量，人们就会把一部分证券等资产卖掉或者把储蓄存款取出来以增加其货币持有量，结果就会导致利率水平的上升，最后利率达到均衡利率水平才会稳定下来。

22.2.2 总需求曲线向下倾斜

现在我们就运用流动性偏好理论来解释总需求曲线向右下方倾斜的问题。假设物价水平提高了，我们看物价水平提高如何影响均衡利率，均衡利率的变化又是如何影响总需求量的，如图 22-5 所示。

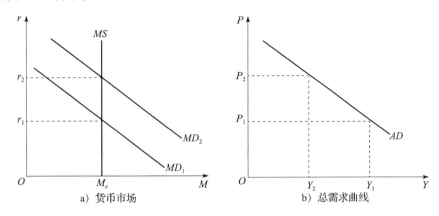

图 22-5 货币市场与总需求曲线的倾斜

图 22-5a 代表货币市场，图 22-5b 则代表总需求曲线。假设图 22-5b 中物价水平从 P_1 上升到了 P_2，根据第 20 章的内容我们知道，物价水平是决定货币需求的一个重要因素，当物价水平提高之后，人们购买同样数量的物品与劳务需求支付更多的货币，也就是说在利率不变的情况下人们的货币需求量就会增加，表现在图 22-5a 中就是货币需求曲线从 MD_1 移动到了 MD_2。

当货币需求曲线发生移动之后，在货币供给不变的情况下利率必然上升，只有这样才能抵消人们对货币的额外需求以维持货币市场的均衡。利率提高之后，人们对物品与劳务的需求就会减少。利率提高之后，借款的成本和储蓄的收益就会提高，这样通过按揭购买住房和汽车等大件商品的人就会减少，通过借款建立新工厂和购买新设备的企业也会减少，结果是社会总需求的下降。

因此，当物价水平从 P_1 上升到了 P_2 之后，人们对货币的需求就会从 MD_1 增加到 MD_2，在货币供给不变的情况下，利率就会从 r_1 上升到 r_2，利率的上升又会导致总需求量从 Y_1 减少到 Y_2，结果就是物价水平上升，总需求减少，二者呈反方向变化，总需求曲线向右下方倾斜。

22.2.3 货币供给量的变动

前面我们用流动性偏好理论说明了总需求量随着物价水平变动的问题，解释了总需求曲线为什么向右下方倾斜。运用这一理论，我们还可以解释在物价水平不变的时候总需求量的变动问题，也就是总需求曲线的移动问题。

使总需求曲线移动的一个重要因素就是政府的货币政策。假设中央银行通过公开市场上的逆回购增加了货币供给，在货币需求不变的情况下货币供给的增加肯定会导致均衡利率降低，如图 22-6 所示。

图 22-6a 中由于央行货币供给增加，MS_1 曲线移动到 MS_2，在货币需求曲线 MD 不发生变化的情况下，均衡利率从 r_1 降低到 r_2。这是因为在 r_1 利率时人们愿意持有的货币数量为 M_1，当央行创造出更多的货币以后，人们会用手中的超额货币去购买可以带来收入的有价证券等，购买的增加导致利率下降一直到实现新的均衡利率为止。

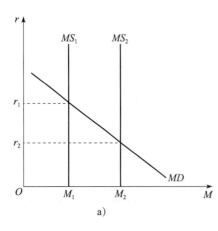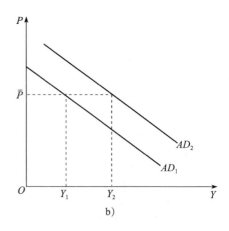

图 22-6　货币供给增加

利率的下降会降低借款成本，这样就会刺激人们购买更多的物品与劳务，同时也会刺激投资，从而在物价水平不变的情况下导致总需求数量的增加。反映在图 22-6b 中就是，在既定的价格水平 $\bar{P}$ 下，总需求的数量从 Y_1 增加到了 Y_2，也就是总需求曲线从 AD_1 移动到了 AD_2。

因此，当央行增加货币供给量时，均衡利率就会下降，对物品与劳务的需求就会增加从而导致总需求曲线向右移动；而当央行减少货币供给量时，均衡利率就会上升，对物品与劳务的需求就会减少，从而总需求曲线就会向左移动。也就是说，央行可以通过货币政策改变货币供给来使总需求曲线移动。

快乐学习

电影《起跑线》

出品时间：2017 年　　　　　　　　　　　　导演：萨基特·乔杜里
出品国家：印度　　　　　　　　　　　　　出品公司：马多克电影

故事梗概：贫农区出身的服装店老板拉吉·巴特拉（伊尔凡·可汗饰）想让自己的女儿受到最好的教育，否则就会输在起跑线上。他们购买"学区房"，搬到富人区居住，彻夜排队报名，参加家长考试，但依然没有得到入学指标。

后来拉吉听自己的仆人说贫困家庭也可以申请最好的学校，于是就搬到一个贫民区，占用贫困家庭的指标申请到了最好学校的入学名额。但自己的欺骗行为使拉吉陷入痛苦之中，于是他投了一笔钱给公立学校改善办学条件。他在贫民区结交的好友发现他是一个富人，就去学校进行举报，但看到他可爱女儿之后放弃了举报。这更加深了他的自责，于是准备自己去向学校坦白。

在去学校坦白的时候拉吉却发现学校实际上也是在把教育当成一种生意来做，造成了学校根据父母阶层，挑选学生的情况，他的女儿当初之所以没能入学是因为学校不想招收家里开店铺的学生，政府虽有 25% 的名额给贫困学生，但是很多贫困家庭的孩子即使获得了名额也因为不能融入班集体中而早早退学。他感到非常失望，在慷慨演讲批评了那些富人的阶级制度之后，决定带女儿离开这所最好的学校。但其他家长并没有附和他，即使认为他说得对也保持沉默，最后只有拉吉带自己的女儿离开了。

包含的经济原理：影片反映了印度基础教育的困境和想上一个好的学校非常困难的现实。2009 年印度实施了印度义务教育法，规定对 0~14 岁的儿童全部实行免费的初等教育，同时规定不接受任何政府补贴的私立学校也要拿出 25% 的学位分配给贫困人群，且学校不得向学生收费，这就是屡被提及的 RTE 贫困生指标。

对于免费招收 25% 贫困生的要求，私立学校并不积极。由于不能向这些贫困生收费，所产生的费用只能由政府来承担，但由于政府并不考虑学校的差异，只是制订统一的生均成本，使得条件比较好的私立学校根本不能弥补办学成本，比如在印度首都新德里，2015 年前，贫困生月均拨款为 1 198 卢比（约 115 元人民币），在学校不断抗议之下，2015 年提高到 1 598 卢比（约 155 元）。

教育问题产生的原因很大一个方面在于政府的投入问题，没有足够的投入提高教育质量，实现教育公平都是难以做到的。这实际上也就涉及政府税收的使用比例的问题，因为教育上投资多了，其他方面投资就会少，政府肯定要在不同的资金用途之间进行权衡取舍。

22.3　宏观经济政策的运用

前面我们介绍了财政政策和货币政策是如何移动总需求曲线的，那么这两种宏观经济政策具体应该如何运用、如何配合呢？

22.3.1　宏观经济政策使用的原则

政府在采用宏观经济政策进行调控的时候应该遵循一定的原则，概括起来主要包括以下几个方面：

第一是逆经济风向而动。宏观经济政策的一个重要目标就是实现经济增长，但这个增长应该是持续稳定的，而不应该是忽上忽下的，应该尽量避免经济的波动。因此经济政策若在实施的过程中不能顺应经济增长变动的趋势，因为这会扩大经济波动的幅度。而应该与变动的趋势反着来，增长快的时候要抑制经济，尽量去降低增长速度；增长慢或者衰退的时候要刺激经济，使其恢复正常增长，也就是要逆经济增长的风向而动。

第二是斟酌使用、相机抉择。要根据宏观经济的具体实际情况来选择合适的政策工具，财政政策和货币政策都是对总需求进行管理的政策，但其政策效果是不一样的，并且这两种政策中还包含不同的政策工具，使用不同的政策工具结果也会有差异。因此在具体的政策实施过程中应该依据不同的情况进行不同的选择，同时把不同的政策、不同的政策工具与手段搭配起来使用。下面我们会继续对这两种政策的配合使用进行介绍。

第三是治标治本相结合。财政政策和货币政策只是对需求进行管理，这其实都是治标，要想实现治本还得从提高生产率入手，从增加实物资本与人力资本的积累、促进可持续发展、制度创新等方面来实现经济的稳定增长。需求管理只是短期内稳定经济的政策，提高生产率才是长期经济增长的政策。

第四是对内对外政策的协调。我们在这里讨论的都是在封闭条件下的宏观经济政策问题，只考虑总需求变动对充分就业、物价稳定及经济增长三个方面的影响，但实际上这些对内的经济政策都会影响国际收支平衡的目标，在具体的政策实施过程中需要把对内对外的效果通盘考虑。开放条件下的宏观经济政策问题是其他课程需要进一步讨论的问题，限于篇幅，本教材不进行介绍。

22.3.2 财政政策与货币政策的配合使用

财政政策和货币政策都有扩张性和紧缩性两种形式。扩张性财政政策指的是增加政府购买和减税，紧缩性财政政策是减少政府购买和加税；扩张性货币政策是增加货币供给，紧缩货币政策是减少货币供给。这样财政政策和货币政策就有四种搭配方式：扩张性财政政策和扩张性货币政策（简称双松）、紧缩性财政政策和紧缩性货币政策（简称双紧）、扩张性财政政策和紧缩性货币政策（简称一松一紧）、紧缩性财政政策和扩张性货币政策（简称一紧一松）。下面我们就对这四种组合的政策效果分别进行介绍。

（1）**双松**。扩张性财政政策会增加政府购买降低税收导致总需求增加、利率上升，扩张性货币政策增加货币供给会导致利率降低，抵消一定的挤出效应使总需求增加，二者结合会导致总需求增加、物价水平上升、利率变化不确定。这种政策组合适用于社会总需求严重不足、生产资源大量闲置，衰退缺口明显，以解决失业问题、刺激经济增长为宏观调控主要目标的情况。

（2）**双紧**。紧缩性财政政策减少政府购买、增加税收会减少总需求、提高利率，紧缩性货币政策减少货币供给会提高利率、进一步减少总需求，二者结合会导致总需求减少、物价水平下降、利率提高。双紧政策适用于社会总需求极度膨胀、社会总供给严重不足，膨胀缺口明显，物价大幅度攀升，以抑制通货膨胀为首要政策目标的情况。

（3）**一松一紧**。扩张性财政政策增加政府购买降低税收会增加总需求、提高利率，紧缩性货币政策减少货币供给会提高利率，进一步强化挤出效应，总需求下降，二者结合的结果是总需求上升下降不确定、利率上升，物价水平上升下降不确定。这种政策组合适用于想增强政府对经济控制、减少私人投资、增加国有经济比重的政府。

（4）**一紧一松**。紧缩性财政政策减少政府购买增加税收会导致总需求下降和利率降低，扩张性的货币政策增加货币供给降低利率，刺激投资，总需求增加。二者结合是总需求增加减少不确定，利率降低，物价水平变动不确定。这种政策组合适用于政府投资规模过大、物价基本稳定，但私人投资不足、经济缺乏活力的情况。

我国实行的财政政策与货币政策与世界其他国家有所不同。比如我国的财政政策分为积极财政政策和从紧的财政政策，区别是政府投资的大小，并不影响税收。货币政策分为稳健的货币政策和从紧的货币政策，区别在于国家规定的利率的高低、贷款数量的多少等，并不影响货币发行量。例如 2007 年我国宣布实行从紧的货币政策后，广义货币供应量 M_2 反而高于往年。

22.3.3 自动稳定器

在西方各国对于宏观经济政策是存在不同意见的，支持者认为政府应该采取一定的措施来避免经济出现波动，稳定生产和就业，并且可以针对私人经济的变动做出反应以稳定总需求，同时央行可以通过调整货币供给量的方式来稳定物价、抑制通货膨胀。并且这些人对于宏观经济政策的效果也持乐观态度，认为政府和央行有能力实现自己的目标。

但也有些人反对政府的宏观经济政策，认为政府没必要干预经济的运行，即使出现问题，经济也有自我修复的能力。他们反对宏观经济政策的一个重要原因就在于这些政策的滞后性，宏观经济政策实施的结果往往不能够立竿见影，而是要经过一段时间之后才能显现出来，尤其是货币政策更是如此，据统计货币政策的时滞平均会达到6个月。由于政策的滞后，可能出现当政策的效力发挥出来的时候当时实施政策的条件已经发生变化了的情况，结果不仅不会发挥出政策应有的效果还可能起到反作用。那么能不能找到一些没有时滞的政策呢？事实是有这种方法的，那就是自动稳定器。

自动稳定器（automatic stabilizer）指的是经济系统本身存在的一种减少各种干扰对国民收入冲击的机制，能够在经济繁荣时期自动抑制膨胀，在经济衰退时期自动减轻萧条，无须政府采取任何行动。自动稳定器有很多种，比如个人和公司所得税、失业补助和其他福利转移支付、农产品价格维持机制，以及公司储蓄和家庭储蓄等。

税收是一种重要的自动稳定器，当经济陷入衰退，人们的收入下降的时候，不用改变税率就会减少税收，从而使人们的收入增加，这样就会刺激物品与服务的需求，使经济减缓波动的程度。而当经济繁荣、通货膨胀出现的时候，人们的收入会增加，税率不变的时候税收就会增加，从而减少人们的收入，这样就会起到抑制总需求的效果。

政府的低保、失业保险等也是一种自动稳定器，当经济衰退、失业增加时，政府的支出会增加，人们的收入增加，总需求会增长。而经济繁荣的时候政府的相应支出就会减少，使人们的收入减少，从而起到抑制总需求的效果。

其他自动稳定器的效果也是相同的。

自动稳定器虽然可以起到一定的作用，但作用是有限的，不可能完全依赖自动稳定器解决所有的问题，如果经济已经出现明显的波动，政府主动采取宏观经济政策进行调节还是必要的。

22.4 小结

本章我们介绍的宏观经济政策主要是财政政策和货币政策，但实际上宏观经济政策还包括其他政策，比如供给学派的供给政策等。而由于我国的特殊情况，有时我国把很多其他政策也称为宏观经济政策，比如产业政策、收入政策，甚至价格政策，等等。另外也有人会把对外经济政策称为宏观经济政策。但实际上，除了以财政政策和货币政策为代表的需求管理政策之外，其他的很难称得上宏观经济政策，因为那些政策或多或少都会涉及微观层面的问题，不能对所有的经济主体一视同仁。

至此，有关经济学原理的内容就全部讲完了，但学完本书的内容之后只能说对经济学原理达到了入门的水平，要想对经济学了解更多，还需要继续学习，进一步阅读中级甚至高级经济学的教材。另外经济学还有很多的分支学科和流派，这是一座庞大的知识宝库，我们只有选择继续学习，拓展自己的知识体系，才能提高自己认识世界、解释世界的能力。祝大家取得成功！

延伸阅读

有趣的经济学现象

在经济学的研究过程中，人们发现了很多有趣的经济现象，就是一些似乎与宏观经济运行并没有什么直接关系的问题与宏观经济波动存在一定的关系。这些现象是人们在偶然之中发现的，却一再得到验证，如何解释其中的原因成了很多经济学家很感兴趣的问题。在这些问题当中，有些可能已经给出了令人信服的解释，有些至今都是众说纷纭、莫衷一是，成了未解之谜。读者如果有兴趣可以自行到 http://www.wdjjlt.org/yl/forum.php?mod=viewthread&tid=1348 上阅览、学习。

关键词

宏观经济政策　充分就业　物价稳定　税收乘数　边际消费倾向　挤出效应　经济增长　国际收支平衡　财政政策　流动性偏好理论　自动稳定器

思考题（扫描右侧二维码查看答案参与讨论）

1. 什么是宏观经济政策，它包括哪些政策？
2. 宏观经济政策的目标有哪些？
3. 什么是财政政策？它包括哪两种类型？
4. 什么叫乘数效应，如何推导乘数？
5. 什么叫挤出效应？
6. 试分析乘数效应和挤出效应对财政政策的影响。
7. 什么是流动性偏好理论？
8. 改变货币供给量如何影响总需求？
9. 宏观经济政策使用的原则有哪些？
10. 财政政策和货币政策有哪些政策组合形式？其适用条件和效果是什么？
11. 什么叫自动稳定器？其发挥作用的原理是什么？

讨论与应用（扫描各题右侧二维码参与讨论）

1. 假设央行进行了 2 000 亿元的逆回购。

    （1）用流动性偏好理论以图形说明这种政策对利率的影响。

    （2）用总需求－总供给模型说明利率的这种变化对短期中产量和物价水平的影响。

(3) 当经济从其短期均衡转向长期均衡时，物价水平会发生什么变动？

(4) 物价水平的这种变动如何影响货币需求和均衡利率？

(5) 这种分析与货币在短期中有真实影响，但在长期中是中性的这一观点一致吗？

2. 假设政府减税500亿元，没有挤出效应，边际消费倾向是0.75。

(1) 减税对总需求的最初影响是多少？

(2) 这种最初影响之后额外的影响是多少？减税对总需求的总影响是多少？

(3) 与政府支出增加500亿元相比，减税500亿元的总需求影响有什么不同？为什么？

(4) 根据你对（3）的回答，你能想出一种既可以增加总需求而又不改变政府预算赤字的方法吗？

3. 假设政府支出增加了100亿元使物品与服务的需求增加了300亿元。

(1) 如果不考虑挤出效应的话，请估算边际消费倾向是多少。

(2) 现在如果考虑挤出效应，那么对边际消费倾向的估算是应该大于还是小于原来的值？

4. 当一个经济处于长期均衡时，发生了如下冲击。冲击之后该经济将会面对哪一类缺口，衰退缺口还是膨胀缺口？面对缺口政府应该采取什么样的宏观经济政策？为什么？

(1) 股票价格上涨，提高了居民手中股票的价值。

(2) 中美贸易战爆发，美国提高我国出口商品关税。

(3) 货币供给量增加，利率下降。

(4) 企业普遍认为经济将面临衰退。

(5) 预计战争的危险增加，国家大力发展军工产业。

(6) 产能过剩。

5. 下列情况会增加还是会减少你对货币的需求？为什么？

(1) 你的工资上涨了一倍。

(2) 你新安装了支付宝软件。

(3) 股市开始上涨，预计牛市就要到来了（假设你炒股）。

(4) 你们公司决定从下个月起按周发工资而不再按月发。

(5) 国家统计局公布最新的CPI数据表明有通货膨胀的趋势。

(6) 央行公布降低存贷款利率。

6. 假设政府支出增加，这种增加对总需求的影响是在央行保持货币供给不变，还是在央行承诺保持利率水平不变的时候大？解释原因。

7. 下列项目哪些属于政策主动采取的财政政策、哪些属于自动稳定器、哪些两个都不属于，请解释。

(1) 经济衰退时增加的失业救济金。

(2) 因交通拥堵修建的城市地铁工程。

(3) 为军队现代化建设而建造一艘航母。

(4) 因禽流感流行增加的公共卫生支出。

(5) 为保护农民利益而增加的农业补贴。

8. 你和室友在讨论政府应该如何应对经济衰退的问题。你的室友认为央行应该把利率降为零，他认为名义利率为零可以吸引更多的借贷和投资，零利率也会使消费者借更多的钱来购买物品与服务，这样就可以刺激总需求从而走出衰退。你同意他的这个观点吗？如果考虑到通货膨胀问题，你的答案会受到什么影响？

9. 假设经济处于高失业率和低产量的衰退中。
   （1）用总需求、总供给图形来说明当前的经济状况。
   （2）确定能够使经济恢复到自然产出水平的公开市场操作。
   （3）用货币市场图形说明这种公开市场操作的影响，并说明其引起的利率变动。
   （4）用类似（1）中的图形说明公开市场操作对产量和物价水平的影响。用文字解释为什么政策具有你在图中说明的情况。

10. 货币学派的创始人弗里德曼曾经把中央银行做了如下比喻："想象你的房子被加热器加热。加热器由一个恒温器所控制。当房子变得稍微过热时，恒温器关掉了加热器；当房子变得很冷时，恒温器又把加热器打开了。如果所有的事都按计划进行，房子的温度将会大致一直保持在设定的温度。

    现在假设恒温器与加热器不在同一个房间。实际上，恒温器所在的房间是加热器最后影响到的房间，比如在阁楼。而且加热器工作时必须使用的铁片非常老旧，至少花费20分钟才会开始工作。那么，恒温器不是使房间的温度更加稳定，而是会使温度剧烈地变化。如果房间很冷，那么恒温器会让加热器开始工作。但只有在阁楼暖和了以后，它才会让加热器停止工作。到那时，整个房子将会非常热。当它把加热器关闭时，直到阁楼冷下来它才会把加热器打开。到那时，整个房子会非常冷。"

    （在这个比喻中，恒温器是央行，房子是整个经济）

    （1）你认为弗里德曼在试图如何评价货币政策？
    （2）在恒温器的比喻中，货币政策会导致哪些意想不到的效果？财政政策会有相似的效果吗？如果有，那么它与货币政策有何不同？

参考文献

[1] 曼昆. 经济学原理（原书第7版）[M]. 梁小民，等译. 北京：北京大学出版社，2015.
[2] 克鲁格曼，韦尔斯，格雷迪. 克鲁格曼经济学原理（原书第2版）[M]. 黄卫平，等译. 北京：中国人民大学出版社，2013.
[3] 高鸿业. 西方经济学[M]. 7版. 北京：中国人民大学出版社，2018.
[4] 巴德，帕金. 微观经济学原理（原书第5版）[M]. 王秋石，等译. 北京：中国人民大学出版社，2004.
[5] 巴德，帕金. 宏观经济学原理（原书第7版）[M]. 檀学燕，译. 北京：清华大学出版社，2016.
[6] 索贝尔，格瓦特尼，斯特鲁普，等. 经济学：私人与公共选择（原书第12版）[M]. 王茂斌，等译. 北京：机械工业出版社，2009.
[7] 鲍莫尔，布林德. 经济学原理与政策（原书第9版）[M]. 方齐云，等译. 北京：北京大学出版社，2006.
[8] 哈克斯. 经济学原理指南（原书第6版）[M]. 梁小民，等译. 北京：北京大学出版社，2012.
[9] 纽马克. 应用微观经济学读本：市场的力量[M]. 刘勇，译. 上海：格致出版社，2011.
[10] 哈克斯. 曼昆经济学原理学习指南（原书第7版）[M]. 梁小民，译. 北京：北京大学出版社，2015.
[11] 坎宁安，凯利. 克鲁格曼、韦尔斯《微观经济学》学习指导[M]. 顾晓波，译. 北京：中国人民大学出版社，2010.
[12] 萨缪尔森，诺德豪斯. 萨缪尔森微观经济学学习指南（原书第19版）[M]. 萧琛，等译. 北京：人民邮电出版社，2014.
[13] 哈伯德，奥布赖恩. 经济学（原书第3版）[M]. 张军，等译. 北京：机械工业出版社，2011.
[14] 戈登. 宏观经济学（原书第12版）[M]. 姜广东，译. 北京：中国人民大学出版社，2016.
[15] 凯斯，菲尔. 经济学原理（原书第8版）[M]. 李明志，译. 北京：清华大学出版社，2011.
[16] 阿西莫格鲁，莱布森，李斯特. 经济学：微观部分[M]. 卢远瞩，等译. 北京：中国人民大学出版社，2016.

普通高等院校经济管理类应用型规划教材

课程名称	书号	书名、作者及出版时间	定价
商务策划管理	978-7-111-34375-2	商务策划原理与实践（强海涛）（2011年）	34
管理学	978-7-111-35694-3	现代管理学（蒋国平）（2011年）	34
管理沟通	978-7-111-35242-6	管理沟通（刘晖）（2011年）	27
管理沟通	978-7-111-47354-1	管理沟通（王凌峰）（2014年）	30
职业规划	978-7-111-42813-8	大学生体验式生涯管理（陆丹）（2013年）	35
职业规划	978-7-111-40191-9	大学生职业生涯规划与学业指导（王哲）（2012年）	35
心理健康教育	978-7-111-39606-2	现代大学生心理健康教育（王哲）（2012年）	29
概率论和数理统计	978-7-111-26974-8	应用概率统计（彭美云）（2009年）	27
概率论和数理统计	978-7-111-28975-3	应用概率统计学习指导与习题选解（彭美云）（2009年）	18
大学生礼仪	即将出版	商务礼仪实务教程（刘砺）（2015年）	30
国际贸易英文函电	978-7-111-35441-3	国际商务函电双语教程（董金铃）（2011年）	28
国际贸易实习	978-7-111-36269-2	国际贸易实习教程（宋新刚）（2011年）	28
国际贸易实务	978-7-111-37322-3	国际贸易实务（陈启虎）（2012年）	32
国际贸易实务	978-7-111-42495-6	国际贸易实务（孟海樱）（2013年）	35
国际贸易理论与实务	978-7-111-49351-8	国际贸易理论与实务（第2版）（孙勤）（2015年）	35
国际贸易理论与实务	978-7-111-33778-2	国际贸易理论与实务（吕靖烨）（2011年）	29
国际金融理论与实务	978-7-111-39168-5	国际金融理论与实务（缪玉林 朱旭强）（2012年）	32
会计学	978-7-111-31728-9	会计学（李立新）（2010年）	36
会计学	978-7-111-42996-8	基础会计学（张献英）（2013年）	35
金融学（货币银行学）	978-7-111-38159-4	金融学（陈伟鸿）（2012年）	35
金融学（货币银行学）	978-7-111-49566-6	金融学（第2版）（董金玲）（2015年）	35
金融学（货币银行学）	978-7-111-30153-0	金融学（精品课）（董金玲）（2010年）	30
个人理财	978-7-111-47911-6	个人理财（李燕）（2014年）	39
西方经济学学习指导	978-7-111-41637-1	西方经济学概论学习指南与习题册（刘平）（2013年）	22
西方经济学（微观）	978-7-111-48165-2	微观经济学（刘平）（2014年）	25
西方经济学（微观）	978-7-111-39441-9	微观经济学（王文寅）（2012年）	32
西方经济学（宏观）	978-7-111-43987-5	宏观经济学（葛敏）（2013年）	29
西方经济学（宏观）	978-7-111-43294-4	宏观经济学（刘平）（2013年）	25
西方经济学（宏观）	978-7-111-42949-4	宏观经济学（王文寅）（2013年）	35
西方经济学	978-7-111-40480-4	西方经济学概论（刘平）（2012年）	35
统计学	978-7-111-48630-5	统计学（第2版）（张兆丰）（2014年）	35
统计学	978-7-111-45966-8	统计学原理（宫春子）（2014年）	35
经济法	978-7-111-47546-0	经济法（第2版）（葛恒云）（2014年）	35
计量经济学	978-7-111-42076-7	计量经济学基础（张兆丰）（2013年）	35
财经应用文写作	978-7-111-42715-5	财经应用文写作（刘常宝）（2013年）	30
市场营销学（营销管理）	978-7-111-46806-6	市场营销学（李海廷）（2014年）	35
市场营销学（营销管理）	978-7-111-48755-5	市场营销学（肖志雄）（2015年）	35
公共关系学	978-7-111-39032-9	公共关系理论与实务（刘晖）（2012年）	25
公共关系学	978-7-111-47017-5	公共关系学（管玉梅）（2014年）	30
管理信息系统	978-7-111-42974-6	管理信息系统（李少颖）（2013年）	30
管理信息系统	978-7-111-38400-7	管理信息系统：理论与实训（袁红清）（2012年）	35